Karl Bartsch

Walther von der Vogelweide

Karl Bartsch

Walther von der Vogelweide

ISBN/EAN: 9783743330948

Hergestellt in Europa, USA, Kanada, Australien, Japan

Cover: Foto ©ninafisch / pixelio.de

Manufactured and distributed by brebook publishing software
(www.brebook.com)

Karl Bartsch

Walther von der Vogelweide

DEUTSCHE CLASSIKER

DES

MITTELALTERS

MIT WORT- UND SACHERKLÄRUNGEN.

BEGRÜNDET

VON

FRANZ PFEIFFER.

ERSTER BAND.

WALTHER VON DER VOGELWEIDE.

LEIPZIG:

F. A. BROCKHAUS.

1880.

WALTHER VON DER VOGELWEIDE.

HERAUSGEGEBEN

VON

F R A N Z P F E I F F E R.

— —

SECHSTE AUFLAGE,

HERAUSGEGEBEN VON KARL BARTSCH.

LEIPZIG:

F A B R O C K H A U S.

1880.

DEM ANDENKEN

.

LUDWIG UHLAND'S

GEWIDMET.

VORWORT

Die altdeutsche Literatur besitzt eine Reihe epischer, didaktischer und lyrischer Dichtungen, die durch ihren poetischen Gehalt wie durch ihre künstlerische Form in hohem Grade würdig sind, dem deutschen Volke der Gegenwart wiederum nahe gerückt zu werden. Daß dies bis jetzt entweder gar nicht oder nicht auf die rechte Weise geschah, ist eine unbestreitbare Thatsache. In der That sind, wenn wir etwa das Nibelungenlied ausnehmen, die Dichtungen des deutschen Mittelalters für die weit überwiegende Mehrzahl der heutigen Lesewelt verschlossene Bücher, Bücher, die außer den Fachgelehrten nur selten jemand anders als etwa aus Neugierde zur Hand nimmt, um sie dann recht bald und für immer wegzulegen.

Daß der Grund dieser betrübenden Erscheinung nicht in Gleichgültigkeit zu suchen ist, daß im Gegentheil in Deutschland mehr als in andern Ländern die Lust und Liebe zur alten nationalen Poesie vielfach lebendig ist, das beweisen die zahlreichen Übersetzungen und deren weite Verbreitung. Aus Übersetzungen lernt man aber den Geist der Vorzeit nur sehr unvollkommen kennen. Mittelhochdeutsche Gedichte auch nur erträglich ins Neuhochdeutsche zu übersetzen, ist ein Ding der Unmöglichkeit: es kann nicht geschehen, ohne daß der

schönste Hauch und Duft mit unbarmherziger Hand davon
abgestreift wird, und was dann übrig bleibt, ist höchstens
ein mattes Abbild des ursprünglichen Werkes. Zu diesem
aber, zur Quelle, muß die Gebildeten führen, wer ihnen von
altdeutscher Sprache, Kunst und Poesie den rechten Begriff
geben will.

Leider ist in dieser Beziehung vieles verabsäumt worden.
Statt die Leser zu sich heranzuziehen dadurch, daß man
ihnen die Wege ebnete, die zu diesen Schätzen führen, und
die Schranken hinwegräumte, die den Zugang wehren, ge-
schah von ihren Pflegern und Hütern, mit wenigen rühm-
lichen Ausnahmen, das gerade Gegentheil; nicht mit Absicht,
wie ich glaube, aber aus Ungeschick, aus Verkennung dessen,
was Noth thut, wenn das Altdeutsche nicht für immer eine
Wissenschaft von Gelehrten für Gelehrte bleiben soll. Einst
haben hierüber andere, gewiss richtigere Ansichten gegolten.

Als im Beginne dieses Jahrhunderts die wissenschaftliche
Erforschung des deutschen Alterthums, seiner Sprache und
Literatur, ihren Anfang nahm, ließ man nur selten ein altes
Denkmal im Drucke ausgehen, ohne ihm, in liebevoller Sorge
für den der Sprache Unkundigen, Anmerkungen oder ein
Glossar oder auch beides zugleich mit auf den Weg zu geben.
Es geschah dies in schlichter einfacher Weise: treu und an-
spruchslos gab man das eben erst Gelernte, Gefundene oder
Entdeckte hin, dankbar wurde es aufgenommen und in einem
feinen Herzen bewahrt. Die innere Wärme, die Lust und
Freude des Herzens, die aus diesen ersten, vielfach noch
unvollkommenen Versuchen, die Geisteserzeugnisse der Vor-
zeit der Gegenwart wiederum nahe zu legen, so deutlich her-
vorbricht, wirkte anregend, ja begeisternd und ist heute noch
geeignet, jeden Empfänglichen aufs wohlthuendste zu be-
rühren: ein edler Eifer und Wettstreit beseelte und verband
die Lehrenden und Lernenden, deren Kreis sich zusehends
erweiterte, und es ist nicht zu ermessen, wie ermuthigend
und fördernd diese lebendige, immer mehr sich steigernde
Theilnahme auf die Arbeiten jener Männer gewirkt, die das
deutsche Volk aus der Fremde wieder in die Heimat führten,

es sich selbst kennen und an sich glauben lehrten, und
wie mächtig sie zum raschen Aufschwunge der Wissenschaft
beigetragen hat, die vor andern die deutsche genannt wer-
den darf.

Bis gegen die dreißiger Jahre hielt unter den deutschen
Sprachforschern diese löbliche Sitte an, obwol die erklären-
den Bei- und Zugaben immer spärlicher und mit schlecht
verhehltem Widerwillen dargeboten wurden. Von nun an
blieben diese ganz weg und es begann jene Reihe glänzender
kritischer Ausgaben, die in die Abwesenheit aller und jeder
Erklärungen ihren Stolz setzen und dafür in einem Schwall
ungenießbarer Lesarten ein seliges Genügen finden. Die Fol-
gen dieser neuen Weise, die man, im Gegensatz zu jener
frühern sogenannten dilettantischen, die wissenschaftliche, die
methodische zu nennen liebt, liegen zu Tage. Man darf
sagen, daß gegenwärtig kaum jemand mehr ein altdeutsches
Buch kauft und liest, als wer muß, d. h. wer durch seinen
Beruf dazu veranlaßt und genöthigt ist: ein winziges Häuf-
lein von Lehrern und Schülern. Dahin ist es, dank dem in
Deutschland immer noch in Flor stehenden schulmeisterlichen
Klügel und Dünkel, nach so vielverheißenden Anfängen, mit
der deutschen Alterthumswissenschaft gekommen.

Es dürfte daher wol an der Zeit sein, daß die deutsche
Philologie auf der betretenen, zum Verderben führenden Bahn
innehält und andere, wir meinen jene alten, mit Unrecht ver-
lassenen Wege wiederum einzuschlagen wenigstens den Ver-
such macht. Ich habe seit Jahren gegen jenen verkehrten
Betrieb gekämpft, nicht mit Worten allein, sondern durch
die That, indem ich durch eine Reihe von Ausgaben alter
Denkmäler praktisch gezeigt habe, wie ich meine, daß man
es machen müsse, um die Laienwelt wiederum für die alt-
deutsche Literatur zu gewinnen. Obwol jene Werke nicht
zu den hervorragenderen Erscheinungen auf diesem Gebiete
zählen und daher selbstverständlich auch kein allgemeines
Interesse beanspruchen können, so hat mich doch der Erfolg
gelehrt, daß die jetzt herrschende Gleichgültigkeit keine un-
überwindliche und daß es immer noch nicht zu spät ist,

durch freundliches Entgegenkommen und sorgsame Berücksichtigung der Wünsche und Bedürfnisse der Leser die verscherzte Theilnahme der gebildeten Welt wiederzuerobern. In dieser Überzeugung habe ich gerne die Hand geboten zu einem Unternehmen, das sich die Aufgabe gestellt hat, zu billigen Preisen und in ansprechender Ausstattung der deutschen Lesewelt eine Auswahl der schönsten mittelhochdeutschen Dichtungen in commentierten, mit allen zum Verständniss dienenden Mitteln versehenen Ausgaben darzubieten. Daß die Ausführung eine des hohen Zieles, das wir uns gesteckt, würdige sein werde, dafür bürgen die Männer — lauter Namen von gutem Klang und bewährter Kraft —, die dem Unternehmen ihre Mitwirkung freudig und bereitwillig zugesagt haben. Gelingt es, was wir zuversichtlich hoffen, unsern vereinten Bemühungen, die vielfach herrschende Scheu vor den fremden und ungewohnten Lauten der alten Sprache zu überwinden, die Liebe zu den Dichtungen der Vorzeit, die nur schlummernde, nicht erstorbene, im Herzen unseres Volkes neu zu beleben und einem größern Kreise als bisher diese Quellen echter lauterer Poesie dauernd zu erschließen, so glauben wir etwas Großes gethan zu haben, etwas, das der strengen Wissenschaft, die stets nur Sache Weniger sein kann, nichts vergeben, sondern ihr hundertfach zu Gute kommen wird. Gehoben und getragen von der allgemeinen Gunst, gestärkt durch den Zufluß frischer junger Kräfte, wird sie vor dem jetzt ihr drohenden Stillstand, d. h. Rückschritt, bewahrt und neuen Zielen und neuen Siegen entgegengeführt werden.

Ich eröffne unsere Sammlung, die zunächst das Nibelungenlied, die Kudrun, die Werke Hartmann's von Aue, Wolfram's Parzival, Gottfried's Tristan, Rudolf's Wilhelm, nebst einer Auswahl von kleinern Erzählungen und geistlichen Dichtungen umfassen soll, mit den Gedichten Walther's von der Vogelweide, mit demjenigen unter den namhaften Dichtern also, der um seines ungemeinen Talentes und seiner vaterländischen Gesinnung willen vor Allen würdig ist, das Banner voranzutragen.

Früh schon zog dieser größte deutsche Lyriker des Mittelalters die Aufmerksamkeit unserer Gelehrten auf sich, und wie dauernd er sie zu fesseln wußte, beweist die ansehnliche Reihe der ihm gewidmeten Ausgaben, Erläuterungsschriften und Abhandlungen, von denen hier bloß die erste und die jüngste, die herrliche Schilderung Uhland's (Stuttgart 1822) und das Leben Walther's von Max Rieger (Gießen 1863: diese besonders wegen der gewissenhaften, sorgfältigen Forschung) rühmend hervorgehoben werden sollen. Gleichwol ist Walther nicht so bekannt, als er es zu sein verdient. Zwar sein Name ist keinem Gebildeten mehr fremd, aber seine Lieder haben gewiss nur Wenige gelesen, und dann zumeist nur in Übersetzungen, aus denen ein richtiges Bild von Walther's Kunst nimmermehr gewonnen werden kann. Verlockendes für einen im Altdeutschen nicht vollkommen Bewanderten hatten die beiden Ausgaben des Urtextes freilich nichts an sich, weder die mit fast nur historischen und kritischen Anmerkungen dürftig ausgestattete Lachmann'sche (Berlin 1827, 1843, 1853) und noch weniger die unlängst erschienene von W. Wackernagel und M. Rieger (Gießen 1862), die lediglich Schulzwecken dienen will und daher, außer einer sehr gelehrten Einleitung, nicht ein Wort der Erläuterung enthält.

Aus diesem Grunde wird sich eine Ausgabe des Originals, die durch einen ausführlichen Commentar das zu leisten sucht, was die beiden Vorgängerinnen beharrlich von sich gewiesen haben, wol hervorwagen dürfen. Den Plan dazu hatte ich schon vor Jahren gefaßt und auch ohne die Veranlassung, die ihn nun gereift, würde ich über kurz oder lang zur Ausführung geschritten sein. Eine solche Ausgabe bedarf keiner Entschuldigung oder gar Rechtfertigung: sie ist einfach ein Bedürfniss, dessen Befriedigung das deutsche Volk zu fordern ein Recht hat.

Alle Welt ist einig darin, daß die mittelhochdeutsche Lyrik, in weit höherem Maße als jede andere Dichtart, dem Verständniss des heutigen Lesers die größten Schwierigkeiten

darbietet. Man hat es hier nicht wie in der Epik mit ge-
gebenen Thatsachen, mit einer Reihe stetig fortschreitender
und sich entwickelnder Begebenheiten, sondern mit einem
bunten Wechsel individueller Stimmungen und Empfindungen
zu thun, aus einer Zeit überdies, die der Denk-, Gefühls-
und Sprechweise der Gegenwart viel zu ferne steht, als daß
sie ohne eindringendes Studium überall erfaßt und begriffen
werden könnte. Bei poetischen Werken dieser Art sind daher
commenticrte Ausgaben geradezu unentbehrlich. Sie zu lie-
fern ist Sache der Fachgelehrten. Wer sie sich, unter die-
sem oder jenem Vorwand, dennoch ersparen zu dürfen glaubt,
zeigt nur, daß ihm die eigene Bequemlichkeit mehr gilt, als
die Förderung der Erkenntniss. Diese auf jede Weise in den
weitesten Kreisen zu verbreiten, ist kein Preisgeben, sondern
eine hohe würdige Aufgabe der Wissenschaft.

Über Einrichtung und Beschaffenheit solcher Commentare,
über die Art und den Umfang der zu gebenden sprachlichen
und sachlichen Erläuterungen werden die Ansichten allerdings
vielfach auseinander gehen. Aber wer nichts wagt, gewinnt
nichts; gesetzt auch, daß der erste Versuch noch unvoll-
kommen bleibt, so wird es uns mit der Zeit, bei fortgesetzter
Übung und gutem Willen, schon gelingen, das richtige Maß
hierin zu treffen. Welchen Weg ich bei diesem ersten Wurfe
einzuschlagen hatte, war ich keinen Augenblick im Zweifel. Da
unsere Sammlung sich zum Ziele gesetzt hat, die Theilnahme
der Gebildeten für die mittelhochdeutsche Literatur zu ge-
winnen, genauere Kenntniss der alten Sprache aber nur bei
den Wenigsten vorausgesetzt werden kann, so mußte vor
allem auf jene weit überwiegende Zahl von Lesern Rück-
sicht genommen werden, «die vom Altdeutschen gar nichts
verstehen». Demgemäß habe ich meine Ausgabe eingerichtet,
so praktisch und dem Verständnisse diensam, als mir nur
möglich war, und dabei alles sorgfältig zu vermeiden gesucht,
was an die dem Laien unverständliche Geheimsprache der
Schule erinnern könnte. Die Erklärung durfte sich also nicht
auf die seltenen, in unserer Schriftsprache unüblichen Worte
und auf die Ausdrücke beschränken, die, zwar noch gebräuch-

lich, ihre Bedeutung verändert haben, sondern mußte auf
jede ungewöhnliche Wortform ausgedehnt werden. Öfter vorkommende Wörter und Formen sind in der Regel nur einmal,
bei ihrem ersten Anftreten im Buche, erklärt. Um jedoch den
Leser in den Stand zu setzen, die Stelle zu finden, wo das
geschehen ist, wurde ein besonderes Register aller erklärten
Wörter beigefügt.

Nicht immer sind es nur die Ausdrücke, mit denen das
Verständniss zu ringen hat. Es geschieht, in der Lyrik zumal,
häufig, daß jedes Wort eines Satzes klar und deutlich ist und
doch der Sinn dunkel bleibt, der nur längerem Nachdenken
und genauer grammatischer Kenntniss sich erschließt. Bei
allen solchen Stellen und überhaupt schwierigeren Satzbildungen wurde von dem wirksamsten Mittel der Erklärung, von
der Umschreibung, reichlicher Gebrauch gemacht.

Außer diesen Anmerkungen, die zur Bequemlichkeit des
Lesers unmittelbar unter den Text gesetzt worden sind, gehen
den einzelnen Gedichten Inhaltsangaben voraus, die namentlich
bei den Minneliedern, wo der Gedankenzusammenhang nicht
immer sogleich deutlich zu Tage tritt, unerläßlich scheinen.
Bei den Sprüchen ist dies weniger der Fall; um so nothwendiger waren hier sachliche Bemerkungen und Aufschlüsse über
die Zeitbestimmung und die historischen Beziehungen.

Noch ein Übriges glaubte ich thun zu müssen. Da zum
richtigen Verstehen richtiges Lesen und Betonen weit wichtiger
ist, als man insgemein glaubt, so schien es mir zweckmäßig,
über die Aussprache und über die Art, mittelhochdeutsche
Liederverse richtig zu lesen, kurze Anleitungen beizugeben.

In der äußern Anordnung der Gedichte bin ich von meinen
Vorgängern darin abgewichen, daß ich die Lieder und Sprüche,
strenger als bisher, geschieden und zwischen beide Abtheilungen in die Mitte den Leich gestellt habe. Diese Anordnung hat sich vor andern schon deshalb empfohlen, weil die
Lieder, mit geringen Ausnahmen, Liebeslieder, die Sprüche
dagegen fast durchwegs lehrhaften und politischen Inhalts sind.
Von den Liebesliedern gehört ein Theil jedenfalls in des Dichters früheste Zeit, darum haben sie auch ein Recht, an der

Spitze zu stehen. Die zuerst von G. A. Weiske (im Weimarischen Jahrbuch, 1, 357 ff.) theoretisch aufgestellte, später von W. Wackernagel praktisch durchgeführte Anordnung der Liebeslieder, die von der Ansicht ausgeht, sie seien ausschließlich an zwei Personen, an ein Mädchen niedern Standes und an eine Frau von vornehmer Geburt, gerichtet, scheint mir ohne alle thatsächliche Begründung und läßt sich mit dem dreißigjährigen rastlosen Wanderleben Walther's schlechterdings nicht in Einklang bringen. Ich habe daher die Lieder innerhalb dieser Abtheilung nach meinem Gutdünken geordnet.

Bei den Sprüchen richtete sich die Anordnung nach dem Alter der Töne und erst innerhalb dieser nach der sichern oder muthmaßlichen Entstehungszeit jedes einzelnen Spruches. Zu einer strengen Durchführung der chronologischen Reihenfolge ohne Rücksicht auf die Töne, wie Simrock sie versucht hat, konnte auch ich mich nicht entschließen, da der hiedurch etwa zu erreichende Gewinn mit dem Nachtheil, der aus dem Zerreißen der Töne entspringt, in keinem Verhältniss zu stehen scheint. Wer die historischen Gedichte nach ihrer Zeitfolge zu lesen vorzieht, findet dazu in dem S. 310 gegebenen Verzeichniss den nöthigen Behelf.

Zum Schlusse sei mir gestattet, ein Wort des Dankes auszusprechen für die mannigfache Förderung, die mir die Arbeiten meiner Vorgänger gewährt haben. Sie zu benützen hatte ich mit dem Rechte auch die Pflicht. Die Art, wie ich dies gethan, wird selbständiges Urtheil und sorgsame Prüfung nirgends vermissen lassen. Daß ich den von Lachmann und Wackernagel aufgestellten Texten nicht blindlings gefolgt bin, bedarf wol kaum der Versicherung und wird von Kundigen nicht übersehen werden. Eine Aufzählung und Rechtfertigung der von mir für nothwendig erachteten Textverbesserungen und Anderes wird seiner Zeit in meiner «Germania» gegeben werden; dort wollen meine Freunde auch ihrerseits den kritischen Apparat, wozu hier der Ort nicht ist, niederlegen.

WIEN, 20. Juni 1864.

FRANZ PFEIFFER.

VORWORT

———

Wenig über ein Jahr nach ihrem Erscheinen ist die erste starke Auflage vergriffen und eine neue nöthig geworden. Wie fest ich auch von der Zweckmäßigkeit des Unternehmens und dessen Gelingen überzeugt war, einen so raschen durchschlagenden Erfolg hatte ich doch nicht erwartet: er darf im Gebiete der altdeutschen Literatur, wo neue Auflagen zu den seltenen Ausnahmen gehören und dann erst nach Jahren, in großen Zwischenräumen, zu erfolgen pflegen, geradezu ein beispielloser genannt werden. Eine glänzendere Rechtfertigung und Bestätigung dessen, was im Vorwort zur ersten Auflage über den bisherigen verkehrten Betrieb der deutschen Philologie und deren eigensinnige Abkehr vom Leben und der Nation gesagt ist, konnte ich mir nicht wünschen: nun wird niemand mehr in Zweifel sein, an wem die Schuld lag und liegt, daß unsere alte Poesie, nach ihrer Wiedererweckung aus vielhundertjährigem Schlafe, so lange die Rolle des Aschenbrödels hat spielen müssen.

Die meisten größern deutschen Blätter, kritische wie politische, haben sich mit seltenem Einmuth aufs anerkennendste über das Unternehmen und dessen Ausführung ausgesprochen, und zahlreiche Zuschriften, die aus der Nähe und Ferne von mir ganz Unbekannten an mich gelangten, ließen mich in

oft rührender Weise erkennen, wie groß und nachhaltig der
Beifall war, womit dieser erste Versuch, der Gegenwart die
Dichtung der deutschen Vorzeit wieder nahe zu rücken, auf-
genommen wurde. Aber nicht die Laien allein, auch Fach-
genossen, Philologen und Literarhistoriker, darunter Namen
von berühmtem Klange, Männer, die zum Lesen und Ver-
stehen unserer alten Dichtungen keines Commentars bedür-
fen, haben unsere Sammlung mit Freuden begrüßt, weil sie
der Meinung sind, daß «was durch sie zur Belebung unserer
alten Literatur geschehe, zum Verdienstvollsten gehöre, was
man überhaupt seinem Volke erweisen könne». Freilich sind
die so denken und reden Männer, die ein Herz fürs Volk
haben und der Überzeugung leben, daß die deutsche Philo-
logie, wenn sie ihren wahren Beruf erfüllen soll, sich, mit
Durchbrechung der künstlich aufgeführten Scheidewände, auf
nationalen Boden stellen müsse, daß dort «die starken Wur-
zeln ihrer Kraft» ruhen.

Anders die s. g. kritische Schule. Für Ansichten und
Überzeugungen, wie die eben berührten, hat sie weder Sinn
noch Verständniss, denn die Wurzeln ihrer Kraft sucht und
findet sie ganz anderswo. Darum liebt sie es nicht, daß man
ihre Geheimnisse ausplaudert, und hält jeden Versuch, einen
größern Leserkreis an den Resultaten unserer gelehrten For-
schungen theilnehmen zu lassen und auf diesem Wege für
die alte Poesie zu erwärmen und zu begeistern, für einen
Verrath an der Wissenschaft, als deren Hort und Hüter sie
sich betrachtet. Es ist daher sehr begreiflich, daß unsere
Bestrebungen keine Gnade vor ihren Augen fanden, ja daß
sie es als ihre Pflicht erachtet hat, dem freveln Beginnen
entgegenzutreten und den Eindruck, nachdem er nicht mehr
wegzuleugnen war, so gut es eben gieng, zu schwächen.
Eitles Bemühen! Die Zeiten ihrer Alleinherrschaft sind längst
vorbei, und die beiden missgünstigen Stimmen, die sich aus
ihrer Mitte über den ersten Band der Sammlung und über
diese selbst haben vernehmen lassen, werden dem allgemei-
nen Beifall gegenüber wirkungslos verhallen; zeigen sie doch
jedem, dem es etwa noch verborgen war, daß die Schule

nicht nur keine Ahnung hat von dem, was unsere Ausgaben
wollen, sondern daß ihr auch vollständig die Fähigkeit ge-
bricht, in einfacher verständlicher Weise lehrend und unter
richtend vor die Gebildeten unsers Volks zu treten. Welcher
Leser von Geist und Geschmack muß sich nicht widerwillig
wegwenden, wenn ihm in dem als Probe gründlicher Erklä-
rung gegebenen Commentar des Liedes Nr. 2 auf vier engge-
druckten Großoctavseiten mit langweiligster Geschwätzigkeit
auseinander gesetzt wird, was in ein paar Sätzen weit deut-
licher und bündiger gesagt werden könnte. Schärfer läßt
sich in der That die Grenze nicht bezeichnen zwischen dem,
was in unsere für ein größeres Publikum berechneten Aus-
gaben gehört, und dem, was etwa in einem akademischen
Hörsaal am Platze sein mag.

Doch darf ich mir hier ein näheres Eingehen auf diese
Dinge wol erlassen. Lieber will ich, statt in unfruchtbaren
Erörterungen mich zu ergehen, meinen Dank hier nieder-
legen für die liebevolle Theilnahme, welche, wie Fedor Bech
und Reinhold Bechstein der ersten, so Karl Bartsch
und Rudolf Hildebrand der neuen Auflage haben ange-
deihen lassen. In Folge ihrer Bemerkungen und Anregungen
ist hier und da ein Versehen beseitigt, manches schärfer ge-
faßt und in den Anmerkungen vieles theils gekürzt, theils
erweitert worden, sodaß die zweite Auflage in Wahrheit eine
verbesserte genannt werden darf. Zu einer völligen Durch-
arbeitung, vielleicht auch theilweisen Umstellung der Sprüche
war es noch zu früh und reichte die mir zubemessene kurze
Frist nicht. Umsomehr freut es mich, auf ein inzwischen er-
schienenes Buch hinweisen zu können, das meiner Ausgabe
gewissermaßen zur Ergänzung dient. Ich meine ›Das Leben
Walther's von der Vogelweide« von Dr. Rudolf Menzel (Leip-
zig 1865). Des Verfassers Absicht war, eine, sämmtliche
Forschungen über Walther umfassende, abschließende Arbeit
zu liefern, und dies ist ihm sicherlich gelungen. Nur ist er
nach meiner Ansicht in dem Streben nach Vollständigkeit
öfter zu weit gegangen, indem er auf Meinungen und Hypothesen
Rücksicht nahm, die längst verdienter Vergessenheit anheim-

gefallen sind und aus ihrer Ruhe nicht hätten aufgestört werden sollen. Dadurch ist das Buch, nicht zu seinem Vortheil, in manchen Theilen etwas breit und schwerfällig geworden. Auf der andern Seite ist es jedoch mit so viel Wärme, Liebe und Hingebung an den Gegenstand geschrieben und verräth so viel gesundes Urtheil, feinen Sinn und Selbständigkeit der Forschung, daß es in der That einen Fortschritt bezeichnet und in der Walther-Literatur eine ehrenvolle Stelle einnimmt. Mehrere seiner von den bisherigen Ansichten abweichenden Zeitbestimmungen einzelner Sprüche, auf die ich hier nicht habe eingehen können, werde ich später an anderm Orte zu besprechen Gelegenheit finden.

WIEN, 15. März 1866.

FRANZ PFEIFFER.

VORWORT
ZUR DRITTEN AUFLAGE.

Die Freude, seinen Walther in dritter Auflage erscheinen zu sehen, hat Franz Pfeiffer nicht mehr erlebt. Wiewol stärker als die erste, hat doch auch die zweite Auflage in verhältnissmäßig sehr kurzer Zeit sich erschöpft, und die Thatsache, daß innerhalb fünf Jahren viertehalbtausend Exemplare eines altdeutschen Dichters abgesetzt wurden, gehört zu den erfreulichsten in der Geschichte unserer Wissenschaft.

Die Aufforderung der Verlagshandlung, die dritte Auflage zu besorgen, rückte mir die Frage vor, in wiefern es erlaubt und geboten sei, an das Buch eines verstorbenen Freundes die ändernde Hand anzulegen. Meine Betheiligung an der zweiten Auflage wies mir hier den richtigen Weg. Für diese hatte ich eine nicht unbeträchtliche Anzahl von Textver-

besserungen und Zusätzen zu den Anmerkungen beigesteuert.
Wie diesen Pfeiffer mit der ihn auszeichnenden Anerkennung
fremder Ansichten zum größten Theil Aufnahme vergönnte,
so durfte ich annehmen, daß das, was ich seitdem gefunden,
ebenfalls seiner Billigung sich erfreut hätte. Wiederholte
Beschäftigung mit dem Dichter und das Erscheinen der Aus-
gabe von Wilmanns führte zu einer vollständigen Durch-
arbeitung des kritischen Materials, deren Resultat ich an
anderm Orte besprechen werde. Nur das sei hier bemerkt,
daß, wie die zweite Auflage an 21, so diese dritte an 24
Stellen größere oder kleinere Veränderungen des Textes durch
mich erfahren hat.

Tiefer einschneidend wäre die von Pfeiffer selbst beab-
sichtigte (vgl. S. XVII) theilweise Umstellung der Sprüche
gewesen; sie habe ich daher unangetastet gelassen. Auch an
der Einleitung und an der Abhandlung über mittelhoch-
deutsche Aussprache und Verskunst habe ich nichts geändert,
wenn ich gleich in einigen metrischen Punkten von geringerer
Bedeutung nicht ganz die darin ausgesprochenen Ansichten
theile; nur mußten diejenigen Beweisstellen gestrichen werden,
welche in der neuen Auflage eine Veränderung erfahren hatten,
mithin als Belege nicht mehr dienen konnten.

Eine hoffentlich nicht unwillkommene Beigabe der vor-
liegenden Auflage bilden die am Schlusse des Bandes be-
findlichen Vergleichungstabellen mit den übrigen Walther-
Ausgaben; denn da jede Ausgabe eine andere Anordnung und
Zählung hat, so kann man sich nicht ohne Zeitverlust eine
Übersicht derselben verschaffen. Die Lachmann'sche allein
enthält den vollständigen Apparat, daher ist die Hinweisung
auf diese ganz besonders erwünscht erschienen. Die zweite
Tabelle, welche die Reihenfolge bei Lachmann zu Grunde legt,
läßt namentlich zu Tage treten, welche früher für echt erklärte
Gedichte von einem oder mehrern Herausgebern verworfen
worden sind.

Rostock, 15. December 1869.

KARL BARTSCH.

b *

VORWORT
ZUR VIERTEN AUFLAGE.

Der vierten Auflage von Pfeiffer's Walther habe ich nur die Versicherung vorauszuschicken, daß auch diesmal Text und Anmerkungen eine genaue kritische Revision erfahren haben. Die inzwischen erschienene Ausgabe von K. Simrock (Bonn 1870) bot dazu nächste Veranlassung. Ich habe der beigegebenen Vergleichungstabelle der Ausgaben auch die Nummernordnung des Simrock'schen Textes beigefügt, um ihre Vergleichung mit der vorliegenden zu erleichtern.

HEIDELBERG, 31. Juli 1873.

KARL BARTSCH.

VORWORT
ZUR FÜNFTEN AUFLAGE.

Am Texte fand ich in dieser fünften Auflage keine Aenderungen vorzunehmen, dagegen haben die Anmerkungen an manchen Stellen eine andere Fassung und Berichtigungen erfahren.

HEIDELBERG, 5. December 1876.

KARL BARTSCH.

VORWORT
ZUR SECHSTEN AUFLAGE.

Auch in dieser Auflage ist unter Benutzung der inzwischen erschienenen Waltherarbeiten manches in den Erklärungen verändert worden, der Text dagegen unverändert geblieben.

HEIDELBERG, 25. Februar 1880.

KARL BARTSCH.

EINLEITUNG.

In der Reihe lebendiger Dichtercharaktere, welche aus
dem deutschen Mittelalter hervorgegangen sind, nimmt Wal-
ther von der Vogelweide eine der ersten, unter den Lieder-
dichtern die oberste Stelle ein. Diesen hohen Rang haben
ihm schon seine Zeitgenossen freudigen Herzens eingeräumt:
bereitwillig und neidlos reichten sie ihm den dichterischen
Ehrenkranz dar, indem sie ihn, nach dem Tode Reinmar's
des Alten, als den Würdigsten erklärten, Anführer und Banner-
träger der Sängerschar zu sein. So Gottfried von Straßburg,
er selbst der Ersten Einer, in jener wundervollen Stelle des
Tristan (s. Bechstein's Ausgabe in *Deutsche Classiker des
Mittelalters*, VII. Band, 4792 ff.), wo er das Verstummen der
Nachtigall von Hagenau beklagt und also fortfährt:

> sô gebet uns etelichen rât!
> ein sælic man der spreche dar:
> wer leitet nû die lieben schar?
> wer wiset diz gesinde?
> ich wæne, ich si wol vinde,   5
> diu die baniere füeren sol:
> ir meisterinne kan ez wol,
> diu von der Vogelweide.
> hei wie diu über heide
> mit hôher stimme schellet!   10
> waz wunders si gestellet,
> wie spæhe s' organieret!
> wie si ir sanc wandelieret!
> ich meine ab in dem dône

1 *etelichen*, irgend einen. — 2 *spreche dar*, erkläre sich (beirathend).
3 *die lieben schar*, die anmuthige Schar der Nachtigallen = Minnesänger.
— 4 *wisen*, leiten, führen. *diz gesinde*, diese Genossenschaft (der Sänger).
— 5. 6 ich hoffe diejenige, welche das Banner tragen soll, wohl zu finden.
— 10 *mit hôher stimme*, mit einer Stimme, die aus andern mächtig hervor-
tönt. *schellen* swv., ertönen, erschallen lassen. — 11 *waz wunders*, wie viel
Wunderbares. *stellen*, anstellen, verrichten. — 12 *spæhe*, kunstvoll. — 13
wandelieren, verändern, verwandeln: es ist der kunstvolle Wechsel, die
Manigfaltigkeit der Töne und Weisen, gemeint. — 14 *ab* gekürzt für *aber*. —

dâ her von Zithêrône,   15
dâ diu gotinne Minne
gebiutet ûf und inne.
diu íst dâ z' hóve kámeraerin,
diu sol ir leitærinne sin!
diu wiset sî ze wunsche wol,   20
diu weiz wol, wâ si suochen sol
der minnen mêlôdie.
si unde ir cumpanie
die müezen sô gesingen,
daz sî ze fröuden bringen   25
ir trûren unde ir senedez klagen.

Aber auch der Nachruhm fehlte Walthern nicht. Von den
Dichtern der nächstfolgenden Zeit als ihr Haupt und Vorbild
betrachtet und gepriesen, lebte sein Andenken, obwol viel-
fach verdunkelt und sagenhaft entstellt, durch alle Jahr-
hunderte, in den Meistersängerschulen sogar bis zu deren
Erlöschen, fort, und die Gegenwart, vor deren Augen der
Fleiß unserer Gelehrten seine Werke im alten Glanze neu
wieder hat aufleben lassen, hat nicht gezögert, das Urtheil
der Geschichte in seinem vollen Umfange zu bestätigen.

In der That haben wir allen Grund, Walthern vor Andern
hoch und werth zu halten; steht er doch seinem innern Wesen
und seiner ganzen Richtung nach dem lebenden Geschlechte,
seinem Denken und Empfinden, näher als irgend ein Dichter
der Vorzeit. Die Gedanken und Anschauungen, die den
Geist und die Seele dieses großen Mannes erfüllten und in
seinen Liedern Leben und Gestalt empfiengen, sind fast die-
selben, die noch jetzt, nach mehr denn sechshundert Jahren
unablässigen, leider wenig erfolgreichen Ringens und Käm-
pfens, die Gemüther der Deutschen bewegen und durch-
glühen. Allerdings hat auch er, nicht unempfindlich gegen
die zarten Regungen des Herzens, der Sitte der Zeit gemäß.

15 *Zithêrên*] die Insel Cythera oder die Stadt Cythera auf der Insel
Kreta, wo Venus Aphrodite zuerst landete und ihr Tempel stand. Durch
den Zusatz: *ich meine* ab u. s. w. sagt Gottfried ausdrücklich, daß er
nicht Walther's Sprüche und politische Gedichte, sondern nur seine
Minnelieder hier im Auge hat. — 17 *gebiutet*, gebietet. *ûf und inne:* auf
und in welchem die Minne unumschränkte Herrscherin ist. — 18 *diu*]
nämlich die Nachtigall von der Vogelweide. *dâ z' = dâ ze:* die ist am
Hofe der Minne Hofmeisterin. — 20 *ze wunsche*, so gut man es wünschen
kann, auf's Beste. 22 die Liebesmelodie. — 23 *cumpanie*, Gesellschaft,
Genossenschaft. — 24 *müezen*, in Wunschsätzen: mögen. — 25 *ze fröuden
bringen*, in Freude verwandeln.

seine Muse und seinen Dienst jenem räthselhaften Wesen
gewidmet, das nicht Er und nicht Sie ist und doch, mit un-
widerstehlicher Gewalt, alle Welt in seine zugleich süßen
und schmerzlichen Fesseln schlägt; weit mächtiger jedoch
und tiefer ergriff und beherrschte ihn die Liebe zur Hei-
mat, zum Vaterlande, für das niemals ein Herz treuer
und wärmer geschlagen. Muthig und unerschrocken setzte
er für das kaiserliche Ansehen, für des Reiches Unabhängig-
keit von fremden unberechtigten Einflüssen sein gewaltiges
Wort ein und zu Deutschlands Ruhm und Preis ließ er seine
feurigsten Weisen erklingen, in Lied und Denkart ein wür-
diger Genosse des theuern, jüngst dahingeschiedenen Sängers,
dessen schon entschwebender Geist sich noch, nicht zufällig,
mit seinem, von ihm so schön geschilderten Vorgänger be-
schäftigte, den er, um der Eigenschaften willen, die auch ihn
zierten, vor allen geliebt hat.

Über Walther's Heimat und Geschlecht herrscht trotz aller
Bemühungen, es aufzuhellen, zur Stunde noch ein fast un-
durchdringliches Dunkel. Von den vielen Ansichten und Ver-
muthungen, die hierüber sind vorgebracht worden, zählt die-
jenige, welche Walther's Herkunft in die Maingegenden ver-
legt, wol die meisten und gewichtigsten Anhänger. Ich selbst
habe mich hiefür in einem besondern Aufsatze (s. meine Ger-
mania, 5, 1 ff.), mit guten Gründen, wie ich damals glaubte,
ausgesprochen. Jedenfalls hat Walther in Franken längere
Zeit gelebt, dort hatte er einen festen Wohnsitz, fühlte er
sich heimisch und fand seine letzte Ruhestätte. Daß er auch
dort geboren sei, konnte freilich nicht streng bewiesen, son-
dern höchstens wahrscheinlich gemacht werden. Nun bin ich
auch in dieser Beziehung wankend geworden.

Walther war von edler Geburt. Das steht so fest als
irgend etwas, und die dagegen gemachten Einwände beruhen
auf Missverständnissen oder willkürlichen Verdrehungen. Seine
Zeitgenossen, an ihrer Spitze Wolfram von Eschenbach, dessen
Zeugniss deshalb vom größten Gewicht ist, weil er ihn per-
sönlich kannte, und von den Spätern die meisten geben ihm
das Prädikat *hêr* (Herr), was, weit entfernt eine bloße Höf-
lichkeitsformel zu sein, gleichbedeutend mit *miles*, Ritter, ist
und in früherer Zeit ausschließlich Leuten adelichen Standes
zukam. Bei den Wenigen, die ihn *meister* nennen, geschieht
dies in so eigenthümlich bezeichnender Weise, daß an eine

Absicht, ihn dadurch zu einem bürgerlich-gelehrten Dichter stempeln zu wollen, gar nicht zu denken ist. Wenn Ulrich von Singenberg in seinem Nachrufe (s. S. 309) ihn *unsers sanges meister*, oder Reinmar von Brennenberg in seinem Spruche, wo alle übrigen aufgeführten Namen ohne jedes Prädikat erscheinen, *minen meister von der Vogelweide* nennt, so ist ohne Wort klar, daß sie ihn damit nur als meisterhaften Dichter, als ihren Lehrer in der Sangeskunst bezeichnen wollen. Noch deutlicher wird dies, wenn er in einem Athem Meister und Herr zugleich genannt wird, wie vom Marner: *lebt' von der Vogelweide noch min meister hêr Walther* und in der Überschrift des Würzburger Codex: *hie hebent sich die lieder an des meisters von der Vogelweide hern Walthers*.

War somit Walther ohne Widerrede ritterbürtiger Abkunft, so ist auf der andern Seite ebenso gewiss, daß er keinem vornehmen oder auch nur angesehenen und begüterten Geschlechte, sondern, wie die Mehrzahl der mittelhochdeutschen Dichter, die sich einen Namen gemacht, dem niedern, dem sogenannten Dienstadel angehörte. An seiner Wiege hat das Glück nicht gestanden und auch später hat es ihm nie gelächelt: nicht ein Tropfen ist ihm, wie er selbst uns erzählt, aus dessen Füllhorn zu Theil geworden. Darum ist in Urkunden oder sonstigen Aktenstücken von ihm oder seinem Geschlechte auch niemals die Rede.*) Das Besitzthum seiner Familie, von dem er den Zunamen empfieng, muß daher ein mehr als bescheidenes gewesen sein. Das läßt schon der Name Vogelweide vermuthen.

Im Althochdeutschen bedeutet nämlich *fogilweida* soviel wie *aviarium*, einen Ort also, wo Vögel entweder gehegt werden oder sich zu versammeln pflegen. Ähnlicher Namen, wie z. B. Vogelhaus, Vogelgarten, Vogelheerd, Vogelhof, gibt es überall in Deutschland eine große Menge. Es sind aber alles keine Dörfer, die so genannt werden, noch sonst größere Örtlichkeiten, sondern vereinzelte, zerstreut liegende Weiler, Höfe, Einöden, in der Regel mitten im Walde.

---

*) Auch die vor einigen Jahren aufgefundene Notiz in den Reiserechnungen des Bischofs Wolfger von Passau, wonach Walther im November (wahrscheinlich 1203) zu Zeiselmauer bei Wien von dem Bischof einen Pelzrock geschenkt bekam, ist genau genommen kein urkundliches Vorkommen.

Auch unter dem Vogelweide, von welchem Walther's Vor-
fahren den Namen erhielten, haben wir uns demnach keine
große Besitzung oder gar eine Burg mit ragenden Thürmen
und Zinnen zu denken, es war vielmehr nur das einfache
Gehöfte eines niedern Dienstmannes in der Lichtung eines
Waldes. In dieser stillen, nur von dem Gesange der Vögel
unterbrochenen Waldeinsamkeit mag Walther seine Kindheit
verlebt, und dort, im Verkehr mit den gefiederten Bewoh-
nern, sei es des väterlichen Hauses oder des umgebenden
Gehölzes, mag die Lust zum Gesange in dem zarten kind-
lichen Herzen zuerst geweckt worden sein.

Diese schon in meinem Aufsatz über Walther nieder-
gelegten Ansichten erhalten durch eine kleine Entdeckung,
die ich gemacht, unerwartete Bestätigung. Was unsern ver-
einten Nachforschungen nicht hat gelingen wollen, bin ich
nun nachzuweisen im Stande: die wirkliche Existenz eines
Ortes Vogelweide. Es ist keine späte, unsichere Quelle, aus
der ich meinen Nachweis schöpfe, sondern ein Denkmal,
dessen Abfassung der Lebenszeit unsers Dichters nicht zu
ferne steht. In dem unter der Regierung Meinhard's, Grafen
von Tirol und von 1286 Herzogs von Kärnten († 1295), in
deutscher Sprache geschriebenen, noch ungedruckten Urbar-
buche, in welchem die Einkünfte des fürstlichen Hauses in
Tirol verzeichnet werden (Original-Handschrift auf der k. k.
Hofbibliothek in Wien, Nr. 2699), finde ich unter der Rubrik:
der alte gelt (reditus antiquus) *im Wibtal* Bl. 28ᵃ zwischen
Mittenwalde und Schellenberch aufgeführt: *datz Vogelweide
an dem herbiste drin pfunt.* Über die Lage des Ortes
kann ein Zweifel kaum obwalten. Schellenberg liegt am
südlichen Abhang des Brenner, oberhalb Gossensas, Mitten-
walde zwei Meilen weiter unten im Thal, beide am Eisak:
dazwischen inne, etwa in der Nähe von Sterzing, im Eisak-
oder obern Wipthal muß Vogelweide einst gelegen haben. Einst,
denn jetzt ist der Hof, oder was es war, verschwunden und
nur an einem Walde scheint der Name noch haften geblieben
zu sein. In der Gemeinde Telfes (eine Stunde westlich von
Sterzing) findet sich nämlich ein Wald, der, in zwei Theile
getheilt, Vorder- und Hintervogelweide genannt wird.*)

---

*) Mittheilung des Hrn. Prof. Theodor Mairhofer in Brixen, der auf
gütige Verwendung meines Collegen Prof. Dr. A. Jäger diesen Winter am
Eisak mühsame Nachforschungen deshalb angestellt hat.

Dies Verschwinden erklärt sich leicht: das Gut war eben gar zu klein und unbedeutend; denn während die meisten daneben aufgezählten Höfe und Huben sechzehn, achtzehn, ja zwanzig und mehr Pfund an jährlichen Abgaben entrichten, zahlt Vogelweide bloß einen Herbstzins von drei Pfunden. Daher mag es gekommen sein, daß man es später zu einem benachbarten größern Gute schlug, in welchem dann mit seinem Bestand auch der Name untergieng.

Auf diesen meinen Fund besonderes Gewicht zu legen, hatte ich anfänglich, ich gestehe es, nur geringe Neigung: es wäre doch sehr wol möglich, daß es auch in andern Gegenden Deutschlands nun ebenfalls abgegangene Ortschaften desselben Namens gegeben hätte. Genauere Erwägungen mehrerer hierbei in Betracht kommender Umstände haben mich auf andere Ansichten gebracht. Es sei mir erlaubt, dieselben hier darzulegen.

Bekanntlich sind unsere großen Liederhandschriften, die Heidelberger, Weingartner und Pariser oder die sogenannte manessische, aus kleinern Sammlungen oder auch aus Liederbüchern, welche fahrende Sänger sich zu eigenem Gebrauche angelegt, hervorgegangen. Hiebei Kritik irgend welcher Art zu üben, war weder die Sache der Zeit überhaupt, noch auch der großen oder kleinen Sammler. Daher kommt es, daß manche Lieder in verschiedenen Handschriften unter verschiedenen Namen stehen, ja daß, wie z. B. in der Pariser, Lieder doppelt vorkommen und einmal diesem, das andere Mal jenem Dichter zugetheilt werden. In Folge dessen herrscht über die Verfasser vieler Lieder große Unsicherheit, die nur durch sorgfältige Forschung und genaue Betrachtung der Eigenart der betreffenden Dichter zuweilen behoben werden kann. Auch Walther ist diesem Schicksal nicht entgangen, und noch in Lachmann's Ausgabe sind auf die Autorität von Handschriften hin Lieder aufgenommen, die andere Handschriften mit mehr Recht unter andere Namen gesetzt haben.

Drei Sänger zumal sind es, deren Lieder mit denen Walther's zum Theil sind vermischt worden. Wie leicht dies geschehen konnte, wird sofort deutlich, wenn man bedenkt, daß wenigstens zwei derselben mit Walther in nähern, jedenfalls geistigen, wahrscheinlich auch persönlichen Beziehungen gestanden haben. Von dem Einen, von Reinmar, ist es so viel als gewiss: die rührende Klage über dessen Hingang

(s. Nr. 128) sowie die darin enthaltenen Anspielungen gestatten kaum einen Zweifel, daß er es hauptsächlich war, unter dessen Anleitung Walther in Œsterreich singen und sagen gelernt hat. Unsicherer ist dies bei dem zweiten, bei Ulrich von Singenberg; dagegen hat Walther's Kunst mächtig auf ihn gewirkt, ihr Einfluß macht sich in all seinen Liedern bemerkbar und zu ihm blickt er als zu seinem Meister empor (S. 309). Findet somit in den gegenseitigen Beziehungen dieser drei Dichter die theilweise Vermischung ihrer Lieder eine einfache und natürliche Erklärung, so dürfte dieselbe vielleicht auch in Bezug auf den Dritten nicht ganz zufällig sein, sondern aus einem ähnlichen Verhältnisse Beider hergeleitet werden.

Dieser Dritte ist Leutolt von Seven. Die von Seven, ein altes angesehenes Tiroler Geschlecht, waren Dienstleute der Bischöfe von Brixen. Ihre Stammburg (das alte Römercastell Savione, später Savene, jetzt Seben) liegt eine Meile unterhalb Brixen, hoch auf steilem Felsen am rechten Ufer des Eisak. Wenn die Angaben Reinmar's des Fiedlers nicht bloß auf einem Scherze beruhen, sondern ernst gemeint sind, so wäre Leutolt, von dem nicht weniger als elf Arten lyrischer Gedichte, in denen er sich versucht, aufgezählt werden, einer unserer vielseitigsten und fruchtbarsten Minnesänger gewesen. Leider sind davon nur wenige auf uns gekommen und selbst von diesen mußten mehrere, eben aus denen Walther's, erst für ihn zurückerobert werden. Dies ist von Wackernagel und Rieger in, wie mir scheint, überzeugender Weise geschehen und in ihrer Ausgabe Walther's S. 259 bis 270 findet sich nun sein Eigenthum, gleich dem des Ulrich von Singenberg S. 209—256, vereinigt beisammen.

Über Leutolt's Lebenszeit herrscht, da sein Name in Urkunden bis jetzt nicht hat nachgewiesen werden können, keine völlige Sicherheit. Doch wird vom Richtigen kaum weit abirren, wer ihn mit Walther in die gleiche Zeit setzt, jedesfalls gehört er in der Reihe der Sänger, welche den Höhepunkt der lyrischen Kunst bezeichnen, zu den ältesten. Waren Walther und Leutolt wirklich Zeitgenossen und Nachbarn (Vogelweide lag mit Seven im selben Thale, nur wenige Meilen davon entfernt), so konnte zwischen beiden leicht ein persönlicher Verkehr, ein gegenseitiger Antrieb und Wetteifer im Gesange stattgefunden und zugleich Anlaß gegeben

haben, daß ihre gleichzeitig und in derselben Gegend ent-
standenen Lieder in den Aufzeichnungen der Fahrenden ver-
mengt und unter falschem Namen sind eingetragen worden.
Wie wenn die in einem Tore Walther's (s. Nr. 56) ge-
dichtete Strophe:

 Hœrâ, Walther, wie'z mir stât,
 min trûtgeselle von der Vogelweide!
 helfe suoche ich unde rât:
 diu wolgetâne tuot mir vil ze leide.
 kunden wir gesingen beide,
 deich mit ir müeste bluomen brechen an der liehten heide!

von Leutolt an unsern Dichter gerichtet wäre? Natürlich fiele
dies in Walther's Jugendzeit, bevor er sich zur höhern Aus-
bildung in der Kunst nach Œsterreich begeben hatte.

In Tirol herrschte überhaupt um die Wende des zwölften
und dreizehnten Jahrhunderts und bis über die Mitte des
letzten hinaus eine rege Sangeslust, und nicht unansehnlich
ist die Zahl der Sänger, die das kleine Land hervorgebracht
hat. Außer Leutolt sind hier zu nennen der von Rubin (jetzt
Rubein, eine Viertelstunde von Meran bei Obermais im Etsch-
thal), dessen Geschlecht ebenfalls mit den Bischöfen von
Brixen in Verbindung stand, Walther von Metze (Metz un-
fern von Seven und Bozen), Wahsmut von Künzichen (ich
glaube Künzen in der Gemeinde Pfitz bei Sterzing). Auch
von diesen Dichtern sind einzelne Lieder unter jene Walther's
gerathen. Überdies werden sie von Spätern zuweilen neben
einander genannt (z. B. von Reinmar von Brennenberg:
Walther von Mezze, Rubin und einer hiez Wahsmuot, oder
vom Marner: *Wahsmuot, Rubin*), wie denn auch in den
größern Liederhandschriften sich vielfach eine Neigung zu
örtlichen Gruppierungen bemerkbar macht. Wenn daher in
der Weingartner Handschrift an eine Reihe von Sängernamen
aus Tirol und an Tirol grenzenden Gegenden: Wachsmut, Hilte-
bolt von Schwangau, Wilhelm von Heinzenburg (aus Grau-
bündten), Leutolt von Seven und Rubin sich unmittelbar Wal-
ther von der Vogelweide anschließt, so möchte ich das ebenso
wenig für etwas ganz Zufälliges halten, als die Zusammen-
stellung des Leutolt, des Walther von Metze und des Rubin
in der Pariser Handschrift, sondern bin geneigt, darin eine
Bestätigung zu finden, daß Walther ein Tiroler und daß das

am Eisak nachgewiesene Vogelweide in der That Walther's
Geburtsort ist.

Hiezu kommt noch ein weiteres wichtiges Moment. Als
gewiss darf betrachtet werden, daß die Entstehung des herr-
lichen Gedichtes (Nr. 188), worin er uns mit so ergreifenden
Worten den Besuch im Lande der Kindheit schildert, in
seine letzten Lebensjahre fällt. Lag des Dichters Heimat in
Tirol, so wissen wir dann genau, bei welcher Gelegenheit er
sie wiedersah. Es geschah während des Zuges, der im Juni
1228 dem Kaiser das kleine Kreuzheer aus Deutschland nach
den apulischen Häfen zuführte, denn in diesem befand sich
nach Rieger's, wie ich nun glaube, richtiger Darstellung, auch
Walther. Welcher Weg hiebei genommen ward, kann ich
zwar aus Mangel an Quellen nicht ganz bestimmt nachweisen,
doch ist es mehr als wahrscheinlich, daß es derselbe war,
der von den deutschen Kaisern auf ihren Römerzügen in der
Regel, zuletzt noch von Otto IV. 1209 und Friedrich II.
1220, eingeschlagen wurde: die Straße nämlich, die über
den Brenner, durch das Eisak- und Etschthal, nach Verona
führt. Auf dieser Fahrt, die der betagte Walther, wie mir
scheint, nicht sowol in der Absicht, selbst gegen die Hei-
den zu ziehen, mitmachte, als vielmehr um, wie früher
durch seine Sprüche, nun durch sein Beispiel die Lauen
zur Theilnahme am Kreuzzuge aufzumuntern, und von der
Sehnsucht getrieben, vor dem Ende noch einmal das Land
seiner Geburt wiederzusehen, hat er das Lied für die Kreuz-
fahrer gedichtet (Nr. 78), und ihr verdanken wir auch sei-
nen Schwanengesang, in welchem sich, der Sonne gleich
vor ihrem Untergange, die ganze Kunst, Tiefe und Innig-
keit des großen Dichters noch einmal in ihrer vollsten Pracht
und Schönheit offenbart.

Ohne mir einzubilden, durch die vorstehende Unter-
suchung Walther's Heimat mit unumstößlicher Gewissheit
festgestellt zu haben, glaube ich doch, daß nun für Tirol
gewichtigere Gründe als für jedes andere deutsche Land
sprechen. Streng genommen, steht die einzige Stelle, die
von mir und Andern als Beweis für Walther's fränkische
Herkunft früher ist aufgeführt worden, mit unserm Ergeb-
niss nicht einmal im Widerspruch. Als er jenen Spruch
vom Nürnberger Hoftag dichtete (Nr. 161), war er bereits
seit mehrern Jahren im Besitz des vom Kaiser empfange-

nen Lebens. Dieses lag aller Vermuthung nach in Fran-
ken. Dort hatte er nun seinen festen Wohnsitz, das Heim-
wesen, gefunden, nach dem er so lange sich gesehnt, daher
konnte er den fränkischen Adel die heimischen Fürsten nen-
nen, mit dem nämlichen Recht, womit ein naturalisierter
Franke dasselbe heute noch thun dürfte. Die Frage nach
der Herkunft bliebe hier wie dort eine offene. Bis zur Auf-
findung neuer Quellen sind wir daher berechtigt, das hier
nachgewiesene Vogelweide im Wipthal als Walther's Geburts-
ort zu betrachten.

Also doch ein Œsterreicher! Freilich nicht ganz so, wie
Lachmann gemeint hat, sondern nur in dem Sinne etwa, wie
man heute wol zuweilen den Hans Sachs einen Baier nennt.

Die Armuth und Noth, jene Mutter und Erzieherin so
vieler großer Geister, hat auch dieses Talent gezeitigt, in-
dem sie Walthern in jungen Jahren aus dem heimatlichen
Thal, wo sein dichterischer Genius zwar bereits die Flügel
geregt, aber kaum jemals zu so hohem Fluge sich aufge-
schwungen hätte, hinaustrieb in die Welt, ins öffentliche
Leben, und ihn zwang, sich der Poesie und Kunst ganz und
für immer in die Arme zu werfen. Kurz vor oder nach 1190
mag es gewesen sein, daß der etwa zwanzigjährige Jüngling
das väterliche Haus, das in seiner Beschränktheit dem Heran-
gewachsenen keinen Raum mehr bot, verließ und sich nach
Œsterreich begab, um dort die Ausbildung in der edeln
Sangeskunst zu suchen, deren auch der geborene Dichter
nimmermehr entrathen kann.

Zeit und Ort waren einem solchen Vorhaben so günstig
wie nur möglich. Die schönen Donaugegenden befanden sich
damals in einem so glücklichen und blühenden Zustand wie
kaum ein anderes deutsches Land. Die furchtbaren Ungar-
kämpfe, die ehedem unablässig an den Grenzen der Ostmark
getobt, hatten, wenn nicht ganz aufgehört, doch um vieles
von ihrer frühern Heftigkeit verloren, und an die Stelle der
allgemeinen Unsicherheit und Verwirrung war nun, zum ersten
male wieder seit langer Zeit, Ruhe und Friede, Gesetz und
Ordnung getreten. Die bürgerlichen Rechte und Freiheiten
wurden theils befestigt, theils erweitert, die Bevölkerung war
in stetiger Zunahme, Handel und Wohlstand in raschem Auf-
schwunge begriffen, und in Wien, das nächst Köln schon
damals durch Größe und Reichthum als die erste Stadt des

deutschen Reiches galt, entfalteten die Babenbergischen Herzoge ihren glänzenden Hofhalt und bildeten dort durch Pracht liebe und verschwenderische Freigebigkeit für Poesie, Kunst und Wissenschaft einen Mittel- und Anziehungspunkt, wie es in Deutschland keinen zweiten gab.

In dieses reichbewegte, glänzende Leben trat der schlichte Sohn der Berge, der außer seinem Talente nichts besaß, was er sein eigen nennen konnte, dessen «ganzer Reichthum sein Lied war». Nicht vergeblich durfte er dort um Einlaß bitten, wo Sänger und Spielleute stets willkommene Gäste waren: das allzeit offene gastliche Thor blieb auch ihm nicht verschlossen: oben fand er freundliche Aufnahme und Unterstützung und in Reinmar dem Alten einen Meister, wie ihn ein angehender Jünger der Kunst nur wünschen konnte. Die Jahre, die nun folgten, seine eigentlichen Lehrjahre in der Kunst des Singens und Sagens, waren die glücklichsten im ganzen Leben unsers Dichters. In sorgenfreier äußerer Lage und angenehmer Umgebung, ermuthigt durch den Beifall, der seinen Liedern in der Nähe und Ferne zu Theil ward, blickte er frohes Muthes und in gehobener Stimmung in die Zukunft und niemals ist die Erinnerung an diese erste selige Zeit der Jugend und der Liebe aus seiner Seele gewichen.

In diese Zeit seines ersten Wiener Aufenthalts, der mit dem Tode Herzog Friedrich's I. (1198) einen vorläufigen Abschluß erreichte, fällt ohne Zweifel der größere Theil der Frühlings- und Liebeslieder, der Wechselgespräche und Reihen, die in unserer Ausgabe voranstehen und deren Zahl einst leicht eine größere war, als wir jetzt überschauen. Diese Lieder gehören zu Walther's schönsten und frischesten Zwar hat er, wie wir von ihm selbst erfahren, bis in sein vorgerücktes Alter der Minne gehuldigt und zu ihrem Preise gesungen. Allein zwischen den Liedern der frühern und denen der spätern Periode herrscht doch ein fühlbarer Abstand. Während jene, die sich in Form und Haltung manchmal der Weise des Volksliedes nähern, durch leichte anmuthige Bewegung, durch Unmittelbarkeit der Empfindung, durch reizende Naivetät und eine Schalkhaftigkeit, die sich zuweilen bis zum Muthwillen steigert, deutlich verrathen, daß sie einer Zeit angehören, wo des Dichters Herz selbst noch in rascherem Takte schlug, lassen die andern ebenso deutlich den gedankenvollen Ernst, die gereifte Erfahrung des männlichen Alters erkennen. Die Vergleichung zwischen Einst und Jetzt drängt sich ihm, nicht zum Vortheil des Letztern, mehr und mehr auf und immer häufiger werden die Klagen über die allgemeine Abnahme der Freudigkeit, über die Verdrossenheit der Jugend und der Frauen, über den Verfall der Zucht und Sitte. Die Wärme des Gefühls und der Empfindung wird durch das Hervorbrechen einer kühlern Betrachtungsweise vielfach beeinträchtigt und in den Jubel und die Klage mischt sich die Lehrhaftigkeit, ja selbst die spitzfindige Erörterung, Elemente, die sich mit dem reinen lyrischen Ton des Liedes nimmer vertragen. Dieses Vorwalten der Reflexion verleiht dem Minnesange Walther's im Allgemeinen etwas Unlebendiges, manchmal sogar Trockenes, wie es denn nach Uhland's treffender Bemerkung nicht sowol die tiefere und anhaltende Leidenschaft, die zärtliche Innigkeit, das Versinken in éinem Gefühl ist, was seine Liebeslieder auszeichnet, als vielmehr der weitgreifende Gedanke und die lebendige Gestaltung. Überhaupt war diesem vielseitigsten der altdeutschen Liederdichter der Kreis des Minnesanges zu enge, er fühlte das Bedürfniss einer umfassendern Weltanschauung, er richtete das Lied auf die wichtigsten Angelegenheiten des Vaterlandes und der Kirche und bei diesen ist er mit voller Seele.

Ob auch ohne äußern Anlaß, ohne die Stürme, die an der Neige des 12. Jahrhunderts hereinbrachen und das Reich in seinen Grundfesten erzittern machten, Walther's Poesie diese Richtung, die ihn so sehr von seinen Kunstgenossen vor und nach ihm unterscheidet, jemals genommen hätte? Schwerlich. Denn wie jeder große Dichter ist auch er ein Kind seiner Zeit und unter ihren Einflüssen zu dem geworden, was er ist. Wäre Heinrich dem VI. ein längeres Leben beschieden gewesen und des Reiches Macht auf dem Höhepunkt geblieben, den sie unter ihm erreicht, so ist kaum anzunehmen, daß Walther sich von der Bahn der erotischen und ethischen Dichtung, auf der alle übrigen Lyriker wandelten, entfernt hätte. Jedenfalls ist es eine Thatsache, daß der unselige, mit Kaiser Heinrich's Tode anhebende Wahlstreit es war, der, ihn aus seiner behaglichen Ruhe am Wiener Hofe aufschreckend, aus seinem Geiste die ersten Funken patriotischer Begeisterung schlug. Die ältesten Gedichte, deren Entstehungszeit bestimmt werden kann (Nr. 8 ll), fallen, wenn nicht noch in des Kaisers Todesjahr, doch in den Anfang des Jahres 1198. Mit diesem großen und so verhängnissvollen Wendepunkt unserer Geschichte sehen wir Walther's Poesie das politische Gebiet betreten und jene Richtung einschlagen, der er durch volle dreißig Jahre unerschütterlich treu geblieben und von der er bis zu seinem Tode nie, auch nur um eines Fußes Breite, abgewichen ist.

Über die Wahl, die er zwischen den beiden Bewerbern um die deutsche Krone treffen sollte, war dieser klare, scharfblickende und gesinnungsvolle Geist keinen Augenblick schwankend: mit voller Entschiedenheit wandte er sich demjenigen zu, der durch seine Geburt auf die durch lange Gewohnheit geheiligte erbliche Nachfolge ein unbestreitbares Recht hatte, und auf dessen Seite alle standen, welche deutsch dachten und fühlten und des Reiches Größe und Wohlfahrt über die eigenen persönlichen Interessen stellten: Philipp von Schwaben. Noch von Wien aus erhob er seine Stimme zu dessen Gunsten, indem er das deutsche Volk aufforderte, Philipp die Krone aufzusetzen, und als sich durch Herzog Friedrich's Tod das bisherige Verhältniss gelöst und seines Bleibens dort nicht mehr war, begab er sich an des Königs Hof und in seinen Dienst (Nr. 98). Wie sehr sich Walther, auch aus persönlicher Sympathie, zu dem jungen süßen Mann, in dessen Lobe die Zeitgenossen einstimmig sind, hingezogen fühlte, zeigen die lebensvollen Schilderungen der zu Mainz erfolgten Krönung und der Magdeburger Weihnachtsfeier (Nr. 97. 100), und selbst aus dem Tadel über seine Widerwilligkeit im Geben und der Ermahnung zur Milde (Nr. 101. 102) spricht unverkennbar die herzlichste Zuneigung.

Über die Dauer dieses Verhältnisses zum staufischen Könige fehlt uns jede sichere Andeutung. Doch hat es wol nicht länger gewährt, als unbedingt nöthig war, kaum über das Jahr 1204 hinaus. Von diesem Zeitpunkt an, wo sich Philipp's Stellung befestigte, wo es ihm gelang, seinen Gegner in offener Schlacht aus dem Felde zu schlagen und die Herzen derer, die jenen zuerst erhoben, für sich zu erobern, und er in Folge dieses doppelten Sieges 1205 nun auch zu Aachen gekrönt wurde, von dieser Zeit an verstummt auch Walther's politische Dichtung, und weder Philipp's gewaltsamer Tod (1208) noch auch Otto's nunmehr einmüthige Erhebung auf den deutschen Thron und dessen Krönung zum römischen Kaiser (4. Oct. 1209) vermochten ihr einen neuen Ton zu entlocken.

Erst im Jahre 1210, als zwischen Otto und Innocenz der unheilbare Bruch eintrat, als der kaum zuvor Gesalbte mit dem Banne belegt wurde und neues schweres Unheil dem Reiche drohte, sehen wir Walther's patriotische Muse wieder aufwachen und gegen römische Machtsprüche und Intriguen für des Kaisers und des Reiches Recht mit jugendlicher Frische und Kraft sich erheben. Obschon gegen Otto, wegen seines Charakters und seiner Vergangenheit, nichts weniger als sympathisch gestimmt, schloß er sich ihm, als dem gesetzlichen Reichsoberhaupt, enge und mit der ihm eigenen Energie an, und trotz aller persönlichen Unbill, trotz der Demüthigungen und Täuschungen, die ihm von dem rohen und gewaltthätigen Fürsten als Dank für seine wichtigen Dienste zu Theil wurden, hielt er dennoch treu bei ihm aus, so lange er ihn als den rechtmäßigen Kaiser betrachten durfte. Nachdem mit der Schlacht bei Bouvines (27. Juli 1212) sein Glücksstern sich geneigt und er, gebrochen und hilflos ein volles Jahr lang von der Gnade der ihn widerwillig beherbergenden Kölner Bürger lebend, immer tiefer verkam, da konnte sich auch Walther nicht länger mehr der Überzeugung verschließen, daß Otto nur noch Schattenkaiser, ohne Macht und Bedeutung, und daß für Deutschlands Heil nichts mehr von ihm zu erwarten sei. Erst dann fiel auch Walther, der letzten Einer, von dem noch im Unglück Trotzigen ab und wandte sich dem neu aufgestiegenen Sterne zu, dem die Herzen der deutschen Patrioten mit freudiger Erwartung entgegenschlugen.

Diesmal sollten des Dichters Hoffnungen, wenigstens was seine Person betraf, nicht getäuscht werden. Nicht nur daß Friedrich II. das ihm von Otto gegebene, aber nie gehaltene Versprechen erfüllte, und seine großen und unleugbaren Verdienste um Kaiser und Reich mit einem Lehen belohnte, er gab ihm noch einen weitern Beweis seines ehrenden Vertrauens dadurch, daß er ihm die Erziehung seines unmündigen Sohnes, König Heinrich's VII., übertrug, beides wahrscheinlich auf Veranlassung und Betrieb des Erzbischofs Engelbert, der Walthern während seines Aufenthalts bei Otto zu Köln mochte kennen und nach seinem wahren Werthe schätzen gelernt haben. Freilich machte der störrische unbeugsame Sinn des verwahrlosten Knaben alle Bemühungen zu Schanden und nur zu bald war Walther genöthigt, sich offen von ihm loszusagen. Gleichwol bewirkte dieser Miss-

erfolg in dem gegenseitigen Verhältnisse keine Veränderung;
der Kaiser blieb dem Dichter hold und gnädig gesinnt, und
dieser stand ihm bis zu seinem letzten Athemzuge mit Rath
und That zur Seite, sei es, daß er ihm Worte der Ermah-
nung und Ermuthigung zur Ausdauer in seiner schwierigen
Lage zurief, oder daß er die verrätherischen Umtriebe der
emporstrebenden Landesherren aufdeckte und brandmarkte,
oder, wie schon früher, so auch jetzt wieder, mit dem Frei-
muth und der Unerschrockenheit eines Mannes, der von der
Gerechtigkeit seiner Sache durchdrungen ist, die ebenso ver-
werfliche als verderbliche Politik des römischen Hofes gei-
ßelte und verdammte.

Wie großen Antheil hieran das Gefühl der Dankbarkeit
gegen seinen kaiserlichen Gönner, dessen Gnade er ein sorgen-
freies Alter zu verdanken hatte, auch haben mochte, so ist es
dennoch nicht dieses, was seine ganze Haltung bestimmte,
sondern ein weit höheres und edleres: die Liebe zum Vater-
lande. Obschon durch seine Armuth genöthigt, ein unstetes
Wanderleben zu führen und die Milde von Fürsten und Herren
anzusprechen, so hat er sich doch niemals, gleich so vielen
seiner Zeitgenossen und Nachfolger in der Kunst, zu ge-
meiner Schmeichelei und Wohldienerei erniedrigt. Im Gegen-
theil tadelte er überall offen und rückhaltlos was ihm miss-
fiel, und wo seine Rügen und Strafreden ungehört verhallten,
da schüttelte er den Staub von den Füßen und zog stolz von
dannen. So an den Höfen in Kärnten, Thüringen, Meißen,
ja zuweilen auch am Wiener Hofe. Walther zeigte durch sein
Leben und Beispiel, wie man arm und doch unabhängig, wie
man unerbittlich gegen die Eingriffe der geistlichen Macht in
die weltlichen Rechte und Befugnisse, und doch daneben tief
religiös und fromm sein kann. Wie jeder Arbeiter seines
Lohnes werth ist, so durfte auch er für seine dem Einzelnen
wie der Gesammtheit geleisteten Dienste Ansprüche auf Dank
und Lohn erheben; aber selbst wenn diese unerfüllt blieben,
ließ er doch nicht von dem als recht Erkannten: hoch über
seinem persönlichen Vortheil stand ihm die Wahrheit, das
Recht und die Größe des Reiches, das er gegen äußere und
innere Feinde unablässig und mannhaft vertheidigte.

Und gerade hierin offenbart sich Walther's persönliche Be-
deutung und die Tüchtigkeit seines Charakters. Frei von
Selbstsucht und niedrigem Ehrgeiz, begeistert für das Gute

c*

und Schöne, durchdrungen von der großartigen Idee des deutschen Kaiserthums und mit all seinem Dichten und Denken den großen Angelegenheiten des Vaterlandes zugewandt, schritt er voll sittlicher Würde und Hoheit durch jene von gemeinem Eigennutz und unersättlicher Habgier beherrschte Zeit, auf deren dunklem Hintergrunde sich sein Bild um so heller und leuchtender abhebt. —

In der Hauptstadt des Frankenlandes, zu Würzburg, in dessen Nähe das ihm vom Kaiser verliehene Gut ohne Zweifel lag, hat Walther seine letzten Lebensjahre zugebracht und dort ist er, zu Anfang der dreißiger Jahre etwa, gestorben. Unter einer Linde in dem vom Kreuzgang umschlossenen stillen kühlen Grashofe des neuen Münsters, vordem Lustgarten genannt, hat dies starke treue Herz den Frieden und die Ruhe gefunden, welche die Welt, auf der es «nie auch nur einen halben Tag ganzer Freude genossen», ihm nicht gewährt hatte. Von seinem milden, liebevollen Sinne gibt ein schönes Zeugniss die alte Sage, welche erzählt: Walther habe in seinem letzten Willen verfügt, daß auf seinem Grabsteine täglich die Vögel gefüttert und getränkt werden sollen. Dieser noch im vorigen Jahrhundert vorhandene, nun aber verschwundene Grabstein trug folgende lateinische Inschrift:

Pascua qui volucrum vivus, Walthere, fuisti,
qui flos eloquii, qui Palladis os, obiisti!
ergo quod aureolam probitas tua possit habere,
qui legit, hic dicat: «Deus istius miserere!»

Weit besser als diese zwar gut gemeinten, aber weder nach Form noch Inhalt besonders gelungenen Verse, schöner auch als der im Anhang S. 309 mitgetheilte Nachruf des Ulrich von Singenberg, sind die einfachen, aber eben durch ihre Einfachheit ergreifenden Zeilen, die Hugo von Trimberg in seinem Renner, V. 1218, 1219, unserm Dichter gewidmet hat:

Hêr Walther von der Vogelweide,
swer des vergœz', der tæt' mir leide.

ÜBER MITTELHOCHDEUTSCHE AUSSPRACHE UND VERSKUNST.

I. DIE AUSSPRACHE.

Da die neuhochdeutsche Schriftsprache, gegenüber dem Mittelhochdeutschen des zwölften und dreizehnten Jahrhunderts, nicht allein in den Laut-, sondern auch in den Quantitätsverhältnissen manigfache Veränderungen erfahren hat, so ist es für den der alten Sprache Unkundigen, bevor er ans Lesen geht, unerläßlich, diese Verhältnisse und Unterschiede genau kennen zu lernen. Dazu sollen ihm die nachstehenden Bemerkungen behilflich sein.

A. VON DEN VOCALEN.

1. Einfache Vocale.

Die Vocale sind entweder kurze oder lange. Jene sind die ältern, ursprünglichen, und aus ihnen haben sich die langen erst allmählich entwickelt. Ein langer Vocal ist nämlich nichts anderes als die Verdoppelung eines kurzen, und der Unterschied zwischen beiden bezieht sich lediglich auf die Zeit, in welcher sie ausgesprochen werden; mit andern Worten: der lange Vocal hat das doppelte Maß des kurzen. Dies erhellt aufs deutlichste aus den ältesten hochdeutschen Sprachquellen des achten Jahrhunderts, wo die Länge des Vocals öfter durch Verdoppelung des kurzen bezeichnet wird: *jaar* (das Jahr), *feeh* (varius, bunt), *root* (ruber, roth); also genau so, wie jetzt noch in manchen Wörtern, z. B. Saat, See, Loos. Einfacher und zweckmäßiger als auf diese Weise und allgemein wird jetzt die Länge der altdeutschen Vocale durch den Circumflex ausgedrückt: *â, ê, î, ô, û*, und der Umlaut des *â* und *ô* durch Verschlingung derselben mit *e*, also *æ, œ* *(mære, schœne)*, dies zur Unterscheidung vom Umlaut des kurzen *a* und *o*; welch letztere *ä* (öfter, ja regelmäßig steht dafür *e*, z. B. *stat*, gen. *stete*) und *ö* geschrieben werden. Von diesen langen Vocalen sind *î* und *û* (mit Ausnahme von *dû*, welches unverändert geblieben, und *nû*, aus welchem 'nun' geworden) im Neuhochdeutschen nicht mehr vorhanden: jenes ist regelmäßig in *ei* (z. B. *bî, sî, blî, frî, lîp, wîp, zît =* bei, sei, Blei, frei, Leib, Weib, Zeit), dieses in *au* (z. B. *bû, rû, hûs, mûs, hût =* Bau, rauh, Haus, Maus, Haut) übergegangen.

Schwieriger als die Aussprache der langen Vocale ist für uns die der kurzen, und zwar aus dem Grunde, weil dieselben im Neuhochdeutschen ihre ursprüngliche Quantität vielfach eingebüßt haben und, namentlich in zweisilbigen Wörtern, die entschiedene Neigung vorherrscht, alle organischen Kürzen dort, wo sie nicht durch doppelte Consonanz geschützt werden, lang auszusprechen. Der Leser wolle es daher als ausnahmslose Regel betrachten, daß alle unbezeichnet gelassenen, d. h. nicht mit dem Circumflex versehenen Vocale kurz sind und daher auch kurz und scharf müssen ausgesprochen werden, gleichviel ob das Wort einsilbig oder zweisilbig, oder ob dem Vocal ein doppelter oder bloß einfacher Consonant folgt. Also *al, bal, schal, sol, vil, vol* wie unser all. Ball, Schall, soll, voll; *bat, trat, got* wie unser statt, Tritt, Gott; *lac, tac* wie Sack, Stock; *sach, sprach* gleich krach. Ferner die zweisilbigen *geben, schaden, sagen, voget, maget, komen, sumer, lesen, treten, biten* wie geben, sagn, Vogt, Magd u. s. w. Von der Aussprache dieser letztern wird indes bei der Silbenzählung noch ausführlicher die Rede sein.

2. Diphthonge.

Die Zahl der mittelhochdeutschen Doppellaute ist eine weit größere als in der heutigen Schriftsprache; sie beträgt, wenn von einigen ungewöhnlichern und in unserer Ausgabe

gemiedenen abgesehen wird. acht: *ei, eu, ie, iu. ou, öu.
uo, üe.* Von diesen haben sich im Neuhochdeutschen bloß
die drei ersten, nämlich *ei*), eu* und *ie* ziemlich unver-
ändert erhalten, während *ou* zu *au* (vgl. *tou, urloup, boum,
troum, ougen* = Thau, Urlaub. Baum. Traum, Augen), *uo*
zu langem *u* (z. B. *zuo, stuol. guot, muot* = zu, Stuhl, gut,
Muth) und ihre Umlaute *öu* und *üe* zu *äu* und langem *ü*
geworden sind: *böume, stöubelin; grüene, güete* = Bäume,
Stäublein; grün, Güte.

Der mhd. Diphthong *iu* ist seinem Ursprunge nach dop-
pelter Art, nämlich organisch und Umlaut des langen *u*.
Ersteres geht im Neuhochdeutschen theils in *eu* (z. B. *hiure,
tiure, riuwe, triuwe, niuwe, iuwer* - heuer, theuer, Reue,
Treue, neu, euer), theils in *ie* (z. B. im Præsens der starken
Verba: *ich biute, schiube, giuze* = biete. schiebe, gieße),
seltener in langes *ü* (*ich liuge, triuge* lüge, trüge) über.
Was das beim bestimmten Artikel und in der starken Flexion
des Adjectivs erscheinende, ebenfalls organische *iu* betrifft (im
Nom. sing. Fem. und im Nom. und Acc. plur. des Neutrums:
diu, guotiu, schaniu), so wird es im Neuhochdeutschen beim
Artikel zu *ie* (die), beim Adjectiv zu *e* geschwächt (gute,
schöne). Das durch den Umlaut aus *û* entstandene mhd.
iu ist durchwegs zu *äu* geworden (*miuse, hiuser* = Mäuse,
Häuser). In der Aussprache herrscht zwischen dem orga-
nischen und unorganischen *iu*, da beide auf einander reimen,
kein Unterschied; sie sind schriftgemäß auszusprechen.

Besondere Aufmerksamkeit erheischt die Aussprache des
ie, das nicht wie im Neuhochdeutschen ein bloß schein-
barer, sondern, gleich den übrigen, ein wirklicher Doppel-
laut ist. *die, hie, nie, wie, liebe, liet, liez* dürfen also
nicht nach neuhochdeutscher Weise wie langes *i*: di, hî, ni,
wî, Liebe, Lid, liß, sondern müssen diphthongisch, d. h. so
ausgesprochen werden, daß man beide Buchstaben, das *i*
und *e*, in derselben Weise, wie *au, ei, eu,* in Haus, Leid,
Leute, deutlich hört. Ein Klippe für den Ungeübten ist,
wie die Erfahrung lehrt, die Aussprache des Wortes *ie*

---

*) Doch hat dieses in den starken Præteritis der Ablautreihe î ei i i
eine Veränderung erlitten, indem es entweder zu *ie* (z. B. *schein, schrei,
schreip, blrip, meil, swei-, steic* = schien, schrie, schrieb, blieb, mied,
schwieg, stieg) oder zu kurzem i wurde (vgl. *greif, reit, leit, sneit, reiz,
sleich* = griff, ritt, litt, schuitt, riß, schlich).

(immer, irgend einmal) insofern, als er stets die Neigung haben
wird, dasselbe nach jetzigem Gebrauche, also wie *jê*, aus-
zusprechen, was ganz falsch wäre, da *ie* nicht auf *ê*, *mê*, *wê*,
sondern auf *gie*, *hie*, *nie* reimt, somit auch wie diese muß
ausgesprochen werden, und der vocalische Anlaut des Wor-
tes überdies auch daraus erhellt, daß es vorausgehende aus-
lautende Vocale elidierend· in sich aufnehmen kann; vgl. *ez
ensagte ir güete ie sunder wân* 21, 9. *ich lebte ie wol und
âne nît* 42, 1. *daz er gesahe ie græzer gebe* 83, 2. *und
brennet in dar umbe iedoch* 76, 36. *dâ von geswcic daz
bilde iesâ* 76, 18.

B. VON DEN CONSONANTEN.

In der Aussprache der Consonanten besteht zwischen dem
Mittel- und Neuhochdeutschen im Allgemeinen nur ein ge-
ringer Unterschied. Es sind folgende Punkte zu merken.

Nach einer allerdings nicht überall und ganz streng beob-
achteten Regel wird in der alten Sprache das inlautende
b, *d*. *g*, *v* im Auslaute zu *p*, *t*. *c* (oder auch *k*), *f*, d. h. es
tritt an die Stelle der Media die Tenuis; z. B. gen. *grabes*,
libes, *lobes*, nom. *grap*, *lip*, *lop*; gen. *eides*, *nides*, *werdes*,
nom. *eit*, *nit*, *wert*; gen. *slages*, *tages*, *ganges*, *langes*, nom.
slac, *tac*, *gane*. *lanc*; gen. *hoves*, *wolves*, nom. *hof*, *wolf*.
Daß der auf den Consonanten folgende Vocal es ist, der im In-
laute die Media schützt, geht daraus hervor, daß *b* und *g* auch
im Auslaute haften bleiben, wenn das darauf folgende Wort
vocalisch anlautet; vgl. *ez ist wol halb ein himelrîche* 5, 7.
manig ander 51, 4. *swer mir ist slipfig als ein îs* 176, 1. Im
Neuhochdeutschen ist diese Unterscheidung äußerlich zwar auf
gegeben, aber in der Aussprache dauert sie fort, indem wir zwar
Leib, Eid schreiben, aber gleichwol Leip, Eit (= Leibb, Eidd)
sprechen. Bei *g* schwankt die heutige Aussprache zwischen
g, *gg* und *ch*, vgl. Tag, Berg; Tagg, Bergg; Tach, Berch.
Im Anlaute müssen, da sie in den Handschriften willkür-
lich miteinander wechseln und im Althochdeutschen das
erstere weit überwiegt, *f* und *v* völlig gleich gelautet haben,
d. h. wie unser heutiges *f*; dagegen ist das inlautende *v*
wol etwas weicher, mit einer Hinneigung zu *w*, ausge-
sprochen worden. Das auslautende *c* hat, wo es an die Stelle
des inlautenden *g* tritt, wie *gg* in dem Worte Flagge (also

lac, tac, lanc = lagg, Tagg. langg), dagegen in *nac, blic,
kranc* (gen. *nackes, blickes, krankes*) wie *ck* und *k* geklungen,
mit dem starken, den oberdeutschen Mundarten jetzt noch
eigenthümlichen Gutturalton.

Größere Schwierigkeit als die eben besprochenen macht
dem an das Neuhochdeutsche Gewöhnten die Aussprache des
h und *z*. In Bezug auf das erstere ist zu bemerken, daß im
Mittelhochdeutschen das *h* niemals bloß als graphisches Zei-
chen, zur Bezeichnung der Länge eines Vocals verwendet
wird. Vielmehr ist es überall, also nicht bloß im An- und
Inlaute vor Vocalen, wie in *haben* und *sehen*, sondern auch
vor den Consonanten *s* und *t (hs, ht)* immer Spirans und
daher hörbar auszusprechen. Die Wörter *rehl, siht, niht,
lieht, wahsen, fürhten, geworht* dürfen also nicht etwa ge-
dehnt: *rêt, sît, nît, liet, wâsen, fürten, gewôrt*, sondern
müssen mit der im Neuhochdeutschen üblichen Aussprache
der Aspirata *ch: recht, sicht, nicht, liecht, wachsen, fürch-
ten, geworcht* gelesen werden. Umgekehrt wird dem Rich-
tigen nahe kommen, wer die mhd. Aspirata in *rechen. stechen,
dich, sich, sprichet, spräche* ausspricht wie in *nach, noch,
suche, machen, lachen*, mit dem gleich *cch* klingenden Guttural-
ton, der den Bewohnern der deutschen Alpenländer noch jetzt
eigen ist.

Obwol in den Handschriften und, diesen entsprechend,
auch in unserer Ausgabe eine äußerliche Unterscheidung nicht
stattfindet, gibt es doch im Mittelhochdeutschen zwei *z*-Laute,
die in der Aussprache streng auseinander zu halten sind. Das
eine *z* ist dem neuhochdeutschen *z* völlig gleich und lautet
wie *ts*. Es steht überall im Anlaut (*zart, zeigen, zorn, zuo,
zucken, zunge, zwei*), im Inlaut bloß in dem Fremdworte
kriuze (crux), im Auslaute in *diz* (wofür viele auch *ditz,
ditze*), außerdem noch in den Verbindungen *lz, nz, rz: salz,
holz, stolz; ganz, kranz, tanzen; swarz, wurz, herze, merze.*
Das zweite, wofür in Lehrbüchern und Ausgaben häufig *ȥ* ver-
wendet wird, hält in seinem Laute die Mitte zwischen *z* und *s*.
In der Blütezeit der mhd. Reimkunst. wo voller Gleichklang
oberstes Gesetz war, wurde dies *ȥ* niemals mit *z* oder *s* ge-
bunden; wol aber einerseits im 12. Jahrhundert, anderer-
seits von der zweiten Hälfte des 13. ab häufig mit *s: gras:
daz; wîz: prîs; grôz: lôs; ûz: hûs*. Daraus geht hervor,
daß der Laut des *ȥ* von dem des *s* nicht sehr weit kann ab-

gestanden haben. Wir dürfen es also gleich geschärftem *s* aussprechen, und zwar wie ß in langsilbigen *(máze, fliz, grüezen, úz)*, wie *ss* in kurzsilbigen *(daz, haz, ez; gazzen, czzen, gebizzen, genozzen)*.

Zum Schlusse noch eine Bemerkung über die anlautenden Lingualverbindungen *sl, sm, sn, sw,* an deren Stelle nun bekanntlich *schl, schm, schn. schw* getreten ist. Ihre Aussprache muß jedenfalls eine der Schreibung entsprechende, unaspirierte gewesen sein. genau wie sie in allen niederdeutschen Mundarten noch jetzt üblich ist, also *sláfen, smecken, snê, swach.*

II. DIE VERSKUNST.

Altdeutsche Verse richtig zu lesen ist nicht ganz so schwer, als man wol zuweilen darzustellen gesucht hat, aber doch auch nicht so leicht, als Mancher zu glauben geneigt sein mag: es muß eben wie alles gelernt sein, und hiezu ist einerseits Kenntniss der für den mittelhochdeutschen Versbau geltenden Regeln und Gesetze, andererseits einige Übung unentbehrlich. Mit Hilfe dieser beiden wird sich, auch ohne mündliche Unterweisung, Jeder bald die nöthige Fertigkeit im Lesen und Betonen erwerben, zumal wenn er den hier zum ersten Mal in umfassender und consequenter Weise angewendeten Zeichen (nämlich dem die Hebung bezeichnenden Accent, dem Apostroph und dem unter die zu verschleifenden Vocale gesetzten Punkt) die erforderliche Aufmerksamkeit schenkt. Überdies bietet der Versbau der mhd. Lyrik insofern weniger Schwierigkeiten dar, als mehrere in der epischen Poesie geltenden Betonungsgesetze darin gar nicht zur Anwendung kommen und sich die mhd. Liederverse, in denen schon früh eine Neigung zur Silbenzählung, zum regelmäßigen Wechsel von Hebung und Senkung, durchbricht und später zur völligen Herrschaft gelangt, von den heutigen im Ganzen nur wenig unterscheiden. Aus diesem Grunde darf ich mich hier auf die wichtigsten, auch für die Lyrik in Betracht kommenden Punkte beschränken. Doch ist es nothwendig, einige Bemerkungen allgemeiner Art vorauszuschicken.

Im Gegensatz zur antiken Verskunst, welche ausschließlich

von der Prosodie, vom Gesetze der Quantität, beherrscht wird, hat die deutsche von jeher, seit wir sie kennen, vorzugsweise auf der grammatischen Betonung, auf dem Accente, beruht, d. h. der deutsche Vers besteht aus einer bestimmten Anzahl Füße, stark betonter Silben, denen in der Regel andere minder betonte zu folgen pflegen. Jene nennt man Hebung (Arsis), diese Senkung (Thesis); die erstere wird metrisch durch den Acutus (´) bezeichnet, letztere durch den Gravis (`), in der Regel aber unbezeichnet gelassen.*) Auf die Quantität, auf die Länge und Kürze der Silben kommt es hiebei gar nicht an, indem auf der Hebung eine kurze, in der Senkung eine lange Silbe ebenso gut stehen kann als umgekehrt; nur das ist nöthig, daß die Hebung aus einer betonten, und zwar höher betonten Silbe besteht als die darauf folgende Senkung. Z. B. Walther Nr. 37, 13:

> *ich wéiz wòl, dáz diu liebè mác*
> *éin schǽnè wïp gèmáchèn wól:*
> *iedóch swílch wïp ie tügen dè pfláe,*
> *dáz ist diu, der mán wünschèn sól.*

Hier finden wir die kurzsilbigen Wörter *daz*, *mac*, *wol*, *pflac*, *der*, *sol* auf der Hebung, dagegen die langen *diu, ein, swelch, ie* in der Senkung; aber jene sind höher betont als diese.

Dem Verse eine bestimmte Zahl von Silben zu geben, liegt ursprünglich nicht im Charakter der deutschen Poesie. Nur die Hebungen werden gezählt, während vor und zwischen diesen die Senkungen theilweise oder auch ganz fehlen dürfen. Fälle der letztgenannten Art sind jedoch überaus selten, und auch die Verse mit nur theilweise fehlenden Senkungen stehen weit zurück gegen die Zahl derjenigen, in denen Hebung und Senkung regelmäßig wechseln. Und mit Recht, denn die Senkungen bilden ein wesentliches Moment im altdeutschen Vers, ohne welches er schwerfällig und von ermüdender Eintönigkeit würde. Mäßig und am rechten Orte, d. h. dort angewendet, wo die Gesetze der Betonung es verlangen, ist das Weglassen der Senkung in der Hand eines mit künstlerischem

---

*) Ich habe den Gravis einigemale bei Wörtern angewendet, auf denen, obwol sie in der Senkung stehen, dennoch ein Nachdruck liegt; z. B. 135, 11. 178, 4.

Sinne ausgerüsteten Dichters eines der wirksamsten Mittel,
um dem Verse Kraft und Nachdruck, Wohlklang und Ab-
wechselung zu geben. Das Fehlen der Senkung ist jedoch an
ein bestimmtes Gesetz gebunden, welches verlangt, daß dann
die erste Silbe oder Hebung entweder durch Vocal oder durch
Position (Consonantenverbindung oder Doppelconsonanz) lang
sein muß. Dies ist der einzige Punkt, wo auch im alt-
deutschen Vers das Princip der Quantität durchbricht und
zur Geltung kommt.

Aus dem Vorstehenden ergibt sich von selbst, daß die
Silbenzahl eine sehr verschiedene sein kann. In den viermal
gehobenen sogenannten kurzen Reimpaaren wechselt dieselbe
zwischen vier bis zehn, ja noch mehr Silben und dennoch
sind die Verse alle gleich lang. So haben Verse wie:

> *mies lóckéhté* Veldeken's Eneit 85, 12.
> *lánc, schárf, gróz, bréit* Iwein 459.
> *válsciu friuntschäft* Freidank 45, 8.

mit vier Silben, oder:

> *ich wǽne, friunt Hártmán* Iwein 7027.
> *dúrch ir érin gewin* Barlaam 289, 18.

mit sechs Silben genau dasselbe metrische Maß, wie:

> *bî dem brúnnen stúont ein bóum* Walther 3, 10.

mit sieben, oder:

> *ob ích mich sélbe rüemen sól* ebd. 36, 1.

mit acht, oder:

> *die lǽze ouch gót mit fröuden lében* Tristan 54.

mit zehn Silben, denn in allen sind die vier gesetzlichen
Hebungen enthalten.

Das bisher Gesagte gilt jedoch nur von der erzählenden
Poesie, zunächst den unstrophischen kurzen Reimpaaren, dann
auch von der strophischen, aber ungesungenen epischen Poesie.
In der Liederdichtung dagegen wurden, wie bereits bemerkt,
schon früh die Silben gezählt und gehören fehlende Senkungen
zu den seltenen Ausnahmen. Solche gewährt uns aber gerade
Walther, und zwar nicht bloß in den Liedern aus seiner
frühern Zeit, wie im Tagelicde, Nr. 3: *owé des úrlóubes* 47,

vielleicht auch *ril liep ist mir dáz* 24, sondern einige Male
auch in den spätern Sprüchen bei dreisilbigen Wörtern: *ich
bin des milten lántgráven ingesinde* 109, 1 und ebenso 156, 3;
ferner: *als hie vór bî éinem zónberáre Gérbrihte* 110, 2.
Doch stehen diese Beispiele so vereinzelt, daß sie der Regel
gegenüber kaum in Betracht kommen.

Dies vorausgeschickt kann ich zur Entwicklung derjenigen
Gesetze schreiten, welche in der altdeutschen Metrik die wich-
tigste Rolle spielen und die lyrische wie epische Poesie gleich-
mäßig beherrschen. Zuerst

A. VON DER BETONUNG.

Hinsichtlich der Betonung gilt im Deutschen das Haupt-
gesetz, daß die erste Silbe eines Wortes den höch-
sten Accent hat. Doch erleidet diese Regel, in der Ly-
rik zumal, manigfache Ausnahmen. Die wesentlichsten sind
folgende.

1. Alle Verba und die von diesen abgeleiteten Substantiva
und Adjectiva, die mit den untrennbaren Partikeln *be, ent,
er, ge, rer, ze (zer)* zusammengesetzt sind, haben regelmäßig
den Haupttou nicht auf der ersten Silbe, nämlich hier der
Partikel, sondern auf der Stammsilbe. Doch gilt auch dies
nicht überall und durchaus, indem die Partikel *ge* zuweilen
den Hauptaccent trägt, jedoch nur bei viersilbigen Fremd-
wörtern, z. B. *geridicret kléine* Iwein 6484. *er wás ab gé-
bründeret* Tristan 6615. *sus ríten sí gérotticret in* ebd.
3205. *ze hóre géprisántet nie* ebd. 3299. *mit gólde gé-
parrieret* Wigalois 182, 5. Walther gewährt hiefür ebenfalls
ein Beispiel: *ist nách ir wirde géfurrieret* 51, 24. Auch in
dem Worte *biderbe* liegt der Hauptton, den schon Otfried in
der jetzt üblichen Weise auf die zweite Silbe setzte, *bithérbi*,
durchaus nur auf der ersten, weshalb, um den Leser zu
richtiger Betonung zu zwingen, diese stets mit dem Accent
versehen wurde: *biderbe*. Genau auf dieselbe Weise wird
das Wort *lebendic* betont: *únd man in sît lébendic sách*
79, 41.

2. Die mit den untrennbaren Partikeln *al, un* und *ur*
componierten Wörter nehmen gleichfalls diesen den Hochton
ab, häufig in der erzählenden, in der Liederdichtung durch-
wegs die dreisilbigen, öfter auch die zweisilbigen, z. B.:

ê dûnne ich lánge lébte alsô 2, 22.
sól diu liebc an mir alsús zergän 46, 12.
mir'st diu ére unmǽre,
dá von ich ze jǽre würde unwért 63, 1. 2.
vor dér barmúnge urspringe 80, 150.
sî bǽse unkrût dar únder 124, 9.

Eine beachtenswerthe Ausnahme hievon machen die vier-
silbigen Wörter, indem hier die Accente, mit Überspringung
der Wurzelsilbe, auf die erste und dritte Silbe gelegt werden;
z. B. daz ist ein únsihtiger geist lwein 1391. waz sól ich
únsæligez wîp ebd. 1468. mir hât diu únsælige mágt ebd.
5267. diu únvertige Vénús Barlaam 259, 26. 29. Bei Walther
dreimal: wán ein únsælêgiu krâ 4, 29. éinen únsæligen lîp
64, 4. ûf éinen hôchvertigen wân 177, 2.

3. Aber noch in andern zusammengesetzten Wörtern zeigt
sich dieser Hang, Hebung und Senkung Silbe um Silbe wech-
seln zu lassen, ein Hang, der zuweilen zu ganz unnatürlicher
Betonung führt. Ein Beispiel dieser Art aus Walther bietet
außer dem vorhin angeführten Verse (vor dér barmúnge ur-
springe 80, 150) der folgende (wo jedoch die überlieferte
Wortstellung die Unregelmäßigkeit vermeidet):

daz wír ril túmben níht mit dér améizen rúngen 187, 24.

Weit häufiger und unbedenklicherer Art sind die Unregel-
mäßigkeiten der Betonung, welche zu Anfang des Verses, in
der der ersten Hebung vorausgehenden Senkung, dem so-
genannten Auftakt, vorkommen, dem überhaupt in der Lyrik
wie Epik eine größere Freiheit der Bewegung gestattet ist.
Ich führe aus Walther an:

herzóge úz Ósterrîche 108, 9. 152, 1.
Walthér, dû zürnest ânc nôt 77, 9.
Walthér, ich sólte lieben dir 86, 2.
beitét unz iuwer jágent zergê 95, 13.
sündiger lîp vergézzen 78, 49.
mehtiger gót, dû bist etc. 158, 1.
mæscháft ist éin selbwáhsen ére 174, 6.
zwischín zwein fréuden 187, 16.

Diese Betonung wird zuweilen schwebende, richtiger jedoch
versetzte Betonung genannt, indem der Hauptton von der

ersteu Silbe gegen die Regel auf die zweite verlegt wird, der
sonst nur der Neben - und Tiefton zukommt. Dies die bemerkenswerthesten Ausnahmen von der Haupt-
regel der deutschen Betonung, daß der höchste Ton eines
jeden Wortes auf die erste Silbe desselben fällt.

B. HEBUNG UND SENKUNG.

Das zweite, nicht minder wichtige Gesetz lautet dahin,
daß die Hebungen sowol als die Senkungen nur
einsilbig sein dürfen. Daraus entspringt eine Reihe von
Erscheinungen, welche die rhythmische Rede von der unge-
bundenen unterscheiden und dem heutigen Leser die meisten
Schwierigkeiten bereiten, nämlich Elisionen, Verschleifungen,
Wortverkürzungen u. s. w. Von diesen wird im folgenden
Abschnitt ausführlicher und im Einzelnen gehandelt werden.
Hier nur so viel, daß gegenüber der Senkung, welche mit
ein paar bestimmten Ausnahmen nicht nur lautlich, sondern
auch graphisch, einsilbig sein muß, die Hebung insofern
größerer Freiheit genießt, als auf ihr in verschiedener Weise
auch zwei Silben statt einer und überdies Kurzungen stehen
können, die jener verwehrt sind. Gleichwol ist auch hier,
wie sich zeigen wird, die Zweisilbigkeit nur eine scheinbare
und die Hebung in Wirklichkeit ebenfalls nur eine einsilbige.

C. SILBENZÄHLUNG.

Diese ist bei den mhd. Versen nicht so leicht und einfach
als bei unsern jetzigen. Vielmehr muß man genau zählen
können, da oft zwei Silben nur für eine gelten. Es kommen
hier besonders zwei Fälle in Betracht.
1. Verschlingung zweier durch Consonanten ge-
trennter Silben. Wenn nämlich auf einen kurzen Vocal
oder auf ein unbetontes e ein einfacher Consonant folgt und
darauf wieder ein unbetontes (in diesem Falle dann stummes) e,
so dürfen beide Silben in eine verschleift werden, d. h. inner-
halb des Verses dürfen sie es, im Reime müssen sie es
und gelten stets nur als einsilbig. Einfache Consonanten sind
hier aber alle diejenigen, welche nicht Position machen, also
die Liquiden *l*, *m*, *n*, *r* und *b*, *d*, *g*, *h*, *s*, *t*, *v*, *w*; z. B.
name, komen, himel, sumer; manec, künec, manen; geben,

*loben; schaden; klagen, legen, lege; sehen, jehen; lesen,
wesen; schate, biten, treten; haven, neve; triwen, frowe*
u. s. w. Einige Beispiele mögen dies deutlich machen.

waz mügen sie mir dá vón geságen?
swáz sie ságen, ich bín dir hólt 14, 22.
nu endárf es nieman wúnder némen   ob áne sórge
*   lébet daz mĭn* 15, 30.
die hérren jéhent, man sülez den fróuwen 67, 1.
ein niuwer súmer, ein niuwe zît 37, 1. 100, 10.
dấ si wónt, dá wónent wol tüsent mán 38, 17.
daz s' án den síten iht irre vár 51, 21.
bite sie dáz s' ir wîplich güete 53, 17.
dés was ie der váter gesélle 79, 31.
er'st íeze übr in wol rísen genóz 148, 10.
wer sléht den léwen? wer sléht den rísen? 181, 1.

Demgemäß haben *mugen, sagen* u. s. w. nur die Geltung
einer Silbe und sind einsilbig auszusprechen: *mugn, sagn,*
nemn, lebt, jehnt, sül'z, sumr, wonnt, sitn, bit, vatr,
lewn, risn. Selbstverständlich gilt dies auch für dreisilbige
Wörter. die unter denselben Verhältnissen zweisilbig gelesen
werden dürfen:

ich hære in số vil túgende jéhen 16, 1.
ir túot als éin wol rédender mán 16, 11. 24.
der vógele síngen 16, 22. 4, 4.
diu mir enfrémedet állin wîp 15, 8.

also *tugnde, redndcr, vogle, enfremdet.* Gute alte Hand-
schriften pflegen diese Wörter öfter auch so zu schreiben.

Diesen Verschleifungen zweier kurzen Silben zu einer, die
auch innerhalb des Verses bei irgend kunstreichern Dichtern
die Regel bilden, stehen Fälle gegenüber, wo dieselben Wör-
ter zweisilbig gebraucht, d. i. zu Hebung und Senkung ver-
wendet werden, z. B.

dáz ich disen súmer állen méiden múoz 6, 34.
wáz mac ich nû ságen mế? 14, 5.
als éz mĭn himel wélle sĭn 17, 12.
wéder ze hóre schámen noch án der stráze 25, 5.
und gát ir álten hút mit súmerláten án 31, 30.

Ja es ist sogar, vorab in der Liederpoesie, gestattet, Wörter
mit kurzem Wurzelvocal und folgender Liquida, namentlich
l und *r*, die nach den mittelhochdeutschen Lautgesetzen nur
einsilbig gesprochen und geschrieben werden, zweisilbig zu
schreiben und zu gebrauchen. Von dieser Freiheit macht
Walther nicht selten Gebrauch.

owě der mich dá wélen hieze 5, 27.
ich wil ál der wérlte swéren ūf ir līp 34, 19.
daz ich min léit verhélen kán 51, 2.
sie wīsent úns zem hímel und várent sie zer hélle 113, 5.
ir vínde ir súlt in síne stráze váren lán 153, 6.
niht vlúren, dir sint úngemézzen mäht und ēwekéit 158, 3.
der sól mit grimme erváren éllin kánicrúche 187, 3.
die mīne gespilen wären 188, 9.
möht' ich die lieben réise geváren über sê 188, 49.

Alle die Wörter also, in denen auf kurzen Wurzelvocal einer
der aufgezählten Consonanten folgt, lassen Verschleifung zu
und gelten im Reime stets nur als einsilbige.

Dasselbe kann geschehen in dreisilbigen Wörtern zwischen
zwei unbetonten *e*, von denen dann das eine stumm wird.
müezegen z. B. hat nach dem strengen Betonungsgesetze
auf der ersten Silbe den Hoch-, auf der zweiten den Tief-
oder Nebenton: *iuwer müezégen vrüge* Iwein 6275. Hier wird
egen als Hebung und Senkung, aber zweisilbig, betrachtet
und ausgesprochen; aber es kann dies *egen*, weil *g* ein ein-
facher Consonant ist, auch als einsilbig gelten, und wie *geben*.
legen ausgesprochen werden.

Derselbe Fall findet auch statt zwischen zwei Wörtern, wo
zwei nur durch einen einfachen Consonanten getrennte *e* zu-
sammenstoßen, denn auch hier ist Verschleifung zulässig.
Walther bietet hiefür zahlreiche Beispiele, die ich sämmtlich
verzeichne.

éz sint die gedánke des hérzen mīn 21, 21.
wol höher dánne der sánnen schīn 23, 6.
nú, Minne, bewáre ir'z únd beschéine 35, 39.
baz dánne gestéine dem gólde tuot 37, 18.
sö verwórrenlíche verkéren 53, 34.'
sie sín mě dan hálbe verzáget 67, 7.

sŏ gewürme dez flêisch verzért 87, 13.
ŭnser álter frŏne der stĕt 111, 10.
ahï wie kristenlïche der bábest 115, 1.
swer sich ze friunde gewinnen lât 175, 1.
uns léien wündert ümbe der pfáffen lére 132, 3.
und wáre eht niht wan dáz alléine drinne vermiten 145, 6.
dô ich dem künege brâhte dez méz 148, 8.

In den Handschriften wird diese Verschleifung, statt sie dem
Leser zu überlassen, zuweilen wirklich vollzogen; vgl.

Philippe setze en weisen ûf 81ll, 24.
nû krümbe'z bein, rît selbe dar 126ll, 13.

Auch die Verkürzungen *zer* = *ze der* 14. 14. 81l, 17. *zem*
= *ze dem* 177, 7 u. s. w. sind hier zu erwähnen, obwol sich
dieser Fall von den andern dadurch unterscheidet, daß das
e in *ze* kein ursprünglich unbetontes, sondern ein unbetont
gewordenes ist.

Der seltenste und von guten Dichtern in der Regel ge-
miedene Fall ist, wenn das erste langsilbige Wort mit einem
Consonanten endet und das zweite mit einem Vocal anfängt.
Bei Walther: *ir pfáffen ir sît verléitet* 111, 1, also *ir pfáffn
ir sît*, wie 138, 5: *dâ bî vert éinr in stárken bénnen.*

2. Verschleifung des auslautenden Vocals mit
dem anlautenden. Diese Verschleifung dient zur Ver-
meidung des Hiatus, dem die altdeutschen Dichter im Allge-
meinen nicht hold sind. Sie geschieht auf dreifache Weise.

a. Am häufigsten bei auslautendem schwachen oder stum-
mem *e*, das mit dem folgenden Vocal eine Silbe macht und
unter Umständen ganz unterdrückt wird (Synæresis, Elision).
Letzteres findet immer dann statt, wenn das Wort in der
Senkung und das folgende in der Hebung steht, und es
macht keinen Unterschied, ob es ein kurz- oder ein lang-
silbiges ist. Fälle der ersten Art sind: *ich trag' inme hérzen*
10, 7. *daz ich ir liep geb' ümbe leit* 32, 20. *sŏ hab' ich*
35, 28. *ich sag' in* 39, 7. *die klag' ich* 46, 4 u. s. w. Fälle
der zweiten Art bei Walther sind: *grüen' in dem wálde und
anderswâ* 2, 2. *swær' áls ein blî* 2, 17. *wær' üns der sú-
mer* 2, 21. *nü kius' ich den tác* 3, 32. *reht' áls den vogel-
linen* 3, 36. *hæt' ich* 6, 5. *dáz mües' üf* 6, 6. *swann' ich*

10, 2. *sold' ich* 10, 3. *gern' ich* 17, 5. *wîs' ünde wórt*
17, 9. *mach' ich* 17, 29. *dann' iemer* 26, 32. *frouw' ist*
46, 1. *schœn' ünde réine* 67, 26. *êr' ünde guot* 66, 15. *reht*
dann' ê 75, 5. *krinz' ünde dorn* 79, 20. *rós' âne dorn*
100, 9. In allen diesen und noch in andern Fällen wurde von
dem mit Unrecht aufgegebenen Apostroph Gebrauch gemacht.
denn es ist für den Leser nicht gleichgültig zu wissen, daß
nicht *gern*, *grüen*, *reht*, *schœn*, *swœr*, sondern *gerne. grüene,*
rehte, *schœne*, *swœre* die richtige mittelhochdeutsche Form ist.
Auch bei dem unbetont gewordenen *e* in der Präposition *ze*
wird die Elision stets vollzogen: *z'einem* 77, 6. 91, 6. *z'einer*
6, 2. 85, 8. *z'ende* 127, 2. *z'ihte* 13, 26. *z'ir* 54, 17.
z'Îsenache 1261, 2. *z'óren* 89, 10. *z'unstœte* 176, 4. *z'arm*
183, 4. Geschrieben dagegen wird das *e* in der Regel in
dén Fällen, wenn das Wort, dessen auslautendes *e* elidiert
wird, in der Hebung steht, z. B. in Nr. 4:

> *wünnecliche ensprungen* 3.
> *dâ ein lûter brunne entspranc* 7.
> *miner swœre ich gar vergaz* 17.
> *gerne sliefe ich iemer dâ* 28.
> *die begonde ich eiden* 39.

Hier ist also zu lesen *wünneclich ensprungen*, *brunn ent-*
spranc, *swœr ich*, *slief ich*, *begond ich*. Im Althochdeut-
schen, bei Otfried, ist dieser zu verschleifende Buchstabe mit
einem untergesetzten Punkte versehen. Auch bei Walther ist
dieser Behelf in Anwendung gebracht, aber nicht hier, son-
dern bei dem unter *e* verzeichneten schwierigeren Falle. Denn
die eben besprochenen Elisionen bilden so sehr die Regel,
·und die Ausnahmen, daß auslautendes *e* Hiatus macht, sind
bei Walther so selten, daß jeder Leser, einmal darauf auf-
merksam gemacht, sehr bald richtig elidieren wird und es
genügt, wenn die wenigen Ausnahmefälle verzeichnet werden.
Es sind folgende:

> *rîfe ünde snê* 2, 13.
> *fróuwe, és ist zît* 3, 41.
> *sô süoche ich, fróuwe, iuwern rât* 25, 6.
> *die sint güoter sinne âne* 113, 2.

d *

sie séhent mich bî in gérne, álsô túon ich sie 121, 3.
ob ír der pfáffen êre iht gerúochet 131, 12.
ich bin ze lìnqe árm qe·vìsen 150, 8.
von Kölne! ówê dés daz in diu érde mac getragen 162, 3.

Unbedenklicher und bei allen Dichtern vorkommend ist es,
wenn zwei betonte Vocale, deren erster einfach lang oder ein
Doppellaut ist, Hiatus machen; z. B. *dâ er* 135, 11. *dâ ich*
30, 10. 107, 2. *dâ ist* 154, 2. 3. *bî in* 121, 3. *bî ir*
132, 7. *sî alsô* 72, 7. *sî âne* 113, 7. *sî iu* 26, 8. *sô en-
ruoche* 55, 6. *sô ie* 1281, 3. *sô ir* 59, 23. *nû ist* 96, 9.
die erde 135, 3. *die unhöveschen* 108, 7. *hie ergraben*
133, 8. *sie ebene* 142, 10. *swie er* 4, 24. *iu undertán*
134, 8. *diu êre* 118, 5. *zuo im* 143, 3. *tuo ûf* 27, 32
u. s. w. In beiden Fällen können jedoch, sobald der Vers,
sei es auf der Hebung oder in der Senkung, Einsilbigkeit
verlangt, die Vocale miteinander verschleift werden (Syni-
zesis), und zwar in doppelter Art.

b. Wenn es diphthongisch auslautende Wörter betrifft,
z. B. *die ich, wie ist, die er, diu ist,* so wird der Aus-
sprache wegen die Verschleifung nicht dem Leser überlassen,
sondern graphisch vollzogen:

von einer máget, die'r im ze múoter häte erkorn 100, 2.
ine weiz niht wol, wie'z dar úmbe sî 21, 12.
gót der wálde's swie'z ergê 4, 26. 35, 10.
die'ch minne und niht erwérben mác 11, 2.
ine weiz wie'ch'z erwérben mác 61, 15.
dó gótes sún hie'n érde gíe 133, 1.
hie'st wól gelóbet 40, 27.
wér sol rihten? hie'st gekláget 67, 10.

Auch der bestimmte Artikel *die, diu* wird in dieser Weise
verschleift, z. B.

ist dáz ein minne d'ándern súochen sól 41, 4.
dô fúorte ich mînen kránechen trit in d'érde 98, 3.
swénne ez d'óugen sánte dár 21, 11.

Vgl. ferner 23, 9. 41, 10. 74, 19.

c. Anders bei *dâ, dô, jâ, sî* (illa), *dû, nû* (seltener bei
bî und *sî,* sit), wenn dieselben die Länge ihres Vocals ver-

lieren und kurz werden. Hier wird die graphische Verschmel-
zung nur ausnahmsweise vollzogen (z. B. *ja'n* 3, 39. 31, 12.
67, 14. *s'ime* 3, 52. *s'ist* 2, 6. 23, 24. 27, 32 u. s. w.
so'n 3, 40. 10, 14. 19, 10. 56, 24. *so'st* 38, 20. 51, 21.
55, 12. *du'n* 27, 30. *du's* 49, 3. 62, 24. *du'z* 13, 19),
in der Regel jedoch unterlassen. Aus diesem Grunde habe
ich mich nicht damit begnügt, den Vocalen in der bisher
üblichen Weise das Dehnungszeichen zu nehmen, sondern
habe, zur Erleichterung des Lesens, unter den zu verschlei-
fenden Vocal einen Punkt gesetzt: *da ęnsi* 13, 28. *da ęn-*
zwischen 17, 43. *da ęr* 27, 14. 79, 22. 36, 63. *ja ęnger*
15, 10. *ja ęnist* 90, 10. *swa ęr* 87, 11. *swa ęz* 48, 4. *da*
ist 21, 17. 39, 39. *swa ich* 68, 27. — *e ich* 4, 30. *si al*
46, 31. 69, 12. *si ęnbizzen* 34, 10. *si ęntuot* 24, 14. *si*
uns 26, 30. — *do ęr* 3, 4. 6, 21. *so ęnheizet* 32, 6. *so ęr-*
gét 571, 6. *so ęrkande* 68, 24. *so ęz* 79, 60. — *do ich* 27,
24. 77, 21. *so ich* 46, 24. 66, 27. 40. *so ist* 30, 30. 31.
31, 29. 35, 11 u. s. w. — *du Atzen* 126II, 13. *du ęnbist*
118, 10. *du ęnsolt* 62, 1. *nu ęnhán* 27, 7. *nu ęndarf* 15,
30. *nu ęnwelle* 9, 30. *nu ęnwirt* 75, 10. — *du iht* 27, 29.
nu ist 70, 11. 73, 4. 95, 8. 118, 6. — *du uns* 76, 35.

Verschieden von den im Vorstehenden aufgeführten Fällen
der Verschlingung und Verschleifung zweier Silben zu einer
sind folgende, die ich, als am passendsten Orte, hier an-
reihen will, da sie gleich jenen aus dem Gesetze der Ein-
silbigkeit der Hebung und Senkung entspringen.

1. Von zwei einsilbigen Wörtern büßt das erste seinen
auslautenden Consonanten ein und wird mit dem folgenden
vocalisch anlautenden Worte zu einer Silbe verschmolzen:
i'n = ich en 12, 6. 13, 6. 21, 13. 40, 18. *dêr = daz er*
65, 16. 98, 2. *deich = daz ich* 2, 33. 3, 26. 5, 28. 12, 13.
deis, deist, dêst = daz ist 3, 8. 44, 3. 48, 6. *êst = ez ist*
79, 33. *deiz = daz ez* 21, 18.

2. Anlehnung (Inclination). Einsilbige Wörter werden mit
Verlust ihres an- oder auch auslautenden Vocals mit einem
vorausgehenden verbunden; es sind *en, es, ez, ist, si,* zu-
weilen auch *daz: der'n* 90, 14. *ez'n* 15, 16. *die's* 31, 18.
sich's 91, 5. *mir's* 6, 7. 11, 18. *der'z* 91, 5. *ich'z* 3, 43.
6, 8. 17, 40. *man'z* 17, 37. *wil'z* 56, 12. *er'z* 16. 28. *mir'st*
53, 2. 63, 1. *der'st* 3, 23. *seite s' mir* 4, 44. *rinde s'* 40, 18.
an'z = an daz 186, 5.

3. **Wortverkürzungen.** Dieselben sind verschiedener Art
Die häufigste ist die der beiden kurzsilbigen Wörter *aber* und
oder, die zu *ab* und *od* verkürzt werden:

> *hâst ab dŭ der zwéier niht* 14, 29.
> *ir ist sánfte; ich bin ab úngesúnt* 26, 16.
> *wil ab iemau wésen frṓ* 58, 2.
> *weder ist ez übel od ist ez gúot* 51, 1.
> *od íe sô vil zuo z'íme gesprách* 76, 15.
> *od lâche ab ánderswâ* 140, 8.

Auch die Kürzung von *über* in *übr* ist nicht selten: *übr al*
78. 6. *übr aller* 79, 13. *übr in* 148, 10. *übr uns* 79, 14.
Sogar zweisilbige Wörter mit langer Penultima können in die-
ser Weise gekürzt werden; am meisten die Genetive des Pro-
nomen possessivum und des unbestimmten Artikels:

> *vil lîhte wirt mins múndes lóp mins hérzen sêr* 17, 30.
> *entslốz dins ṓren pórten* 80, 72.
> *sins húndes lóuf, sins hórnez dúz* 105, 13.
> *ez gienc eins táges — eins kéisers brúoder únde eins
> kúneges kint* 100, 1. 4.

Seltener Præpositionen:

> *únser álter frṓne der stĕt undr éiner úbelen troufe* 111, 10.

Dagegen wird *iuwer* mit Unterdrückung des *w* öfter zu *iur*
gekurzt:

> *dáz múes' úf iur hóubet* 6, 6.
> *der kéiser wúrde iur spíleman* 36, 38.
> *iur hánt ist kréfte und gúotes vól* 134, 4.

Alle diese Verkürzungen sind durch die Senkung veranlaßt,
welche außer den bereits angeführten Fällen, nämlich der
Synizese und der Verschleifung zweier einen einfachen Con-
sonanten umgebenden unbetonten *e*, endlich dem Auftakt,
worüber sogleich das Nähere, überall auch graphisch voll-
zogene Einsilbigkeit verlangt.

INHALT.

I. Lieder.

I.

LIEDER.

——— —

VORBEMERKUNG.

———

Die mittelhochdeutschen lyrischen Gedichte zerfallen ihrer Form nach in Lieder und Leiche. Bei den Liedern unterscheidet man zwischen Liedern im heutigen Sinne und zwischen Sprüchen. Jene wurden nur gesungen, diese konnten auch hergesagt oder recitiert werden; der Gegensatz von Lied und Spruch ist in der formelhaften Redensart *singen und sagen* ausgedrückt. Ursprünglich bedeutet Lied jede einzelne Gesangs-Strophe. Bei den ältesten Minnesängern, z. B dem Kürnberger, Dietmar von Eist, Meinloh von Sevelingen, dem Burggrafen von Regensburg, ja selbst bei Heinrich von Veldeken ist diese Art des lyrischen Gesanges noch die vorherrschende, d. h. ihre Lieder bestanden zumeist nur aus einer einzigen Strophe. Allmählich wurden zwei, drei und mehr gleichgebaute Strophen aneinander gereiht und zu einem bald mehr, bald minder in sich zusammenhängenden Ganzen verbunden. Eine solche Verbindung mehrerer Gesangs-Strophen zu einem Liede wurde in der alten Sprache durch den Plural *(diu liet)* ausgedrückt.

Daß die deutsche Lyrik, wie ursprünglich alle Poesie, nie ohne das Geleite der Tonkunst erschien, lehren schon die alten Bezeichnungen der Form des Liedes: Ton *(dôn)* und

1 *

Weise *(wise)*. Hierzu gesellt sich als Drittes das W o r t. Wort
und Weise werden häufig zusammen genannt und beide haben
gleiche Wichtigkeit. Unter Wort hat man den Text, das
Gedicht selbst, unter Ton die strophische Form, das Maß,
unter Weise die Melodie zu verstehen. Doch wird Weise
häufig auch für Ton gebraucht und umgekehrt, denn beide
stehen unter sich in unlösbarem Zusammenhange.

Die Formen der mittelhochdeutschen Lyrik sind keine
altüberlieferten; vielmehr sind sie, wie diese ganze Dichtart
selbst, recht eigentlich der Ausdruck der dichterischen Indi-
vidualität. Darum erfand sich jeder Meister nicht nur seinen
eigenen Ton, sondern auch die dazu gehörige Sangweise.
Das also entstandene Lied trug er selbst vor in Begleitung
eines Saiteninstrumentes (einer Geige oder Fiedel): er war
Dichter und Sänger in einer Person. Da aber die öftere
Wiederholung eines und desselben Tones als Zeichen der
Unkunst galt, und es unerlaubt war, die von einem Andern
erfundene Tonweise anders als etwa zu parodistischen oder
polemischen Zwecken sich anzueignen, so hören wir die Dich-
ter immer von neuem Sange, neuem Liede, neuem Tone reden
und sehen sie auch wirklich nach neuen Formen unablässig
suchen. Es darf als Regel betrachtet werden, daß zu jedem
Liede (bei den Sprüchen herrschte, wie wir sehen werden,
ein anderer Gebrauch) ein neuer Ton, eine neue Weise er-
funden wurde. Daher die erstaunliche Manigfaltigkeit strophi-
scher Formen in der mittelhochdeutschen Lyrik, deren Zahl
sich leicht auf einige Tausende beläuft.

Wie das Einfache immer auch das Ältere ist, so herrschte
im strophischen Bau der älteren Liederdichtung nur geringe
Abwechslung, es fehlen die verschränkten Reime, und nament-
lich fehlt die kunstvolle Gliederung, die später in der deut-
schen Lyrik Regel und Gesetz bildete: noch wandelt sie
deutlich in den Spuren der epischen Poesie, aus der sie sich
eben loszuringen und zu entwickeln begonnen hatte. Bei-

spiele dieses älteren einfachen Stils gewähren uns die vier
ersten Lieder Walther's, unter diesen besonders das vierte,
das sich von der ungesungenen Epik nur durch die geringere
und bestimmte Zeilenzahl so wie durch den regelmäßigen
Wechsel von stumpfen und klingenden Reimen unterscheidet,
im Übrigen aber, in den paarweis gereimten und viermal
gehobenen Versen, ja selbst in den drei gleichen Reimen am
Schlusse der Strophe, ganz nahe an sie tritt. Was an diesen
Liedern jedoch vor Allem auffällt und sie in Walther's früheste
Zeit weist, ist der Mangel der Dreitheiligkeit. Diese
erst ist es, welche die deutsche Liederdichtung zur Kunst
erhob, und daher mag es kommen, daß sie dem Grundsatze
der Dreitheiligkeit während des ganzen Mittelalters, in den
Schulen der Meistersänger noch weit länger, so beharrlich
anhieng, während die romanische zwar viele Weisen von drei-
theiligem Strophenbau darbietet, im Ganzen aber jene Regel
keineswegs vorherrschen läßt.

Wenn jede Kunst, sagt Uhland, für sich schon ihres
Maßes bedarf, wodurch sie eben zur Kunst wird, so kann
die Regel am wenigsten entbehrt werden. wo verschiedene
Künste zusammenwirken. Die Manigfaltigkeit des Minnesangs
besteht nicht in einem willkürlichen und schrankenlosen Er-
guß von Worten und Tönen, der Wechsel spielt über der
Regel, es ist die unendliche Gestaltung derselben Grundform.
Daher ist in der kunstmäßigen Lyrik jede einzelne Strophe
nach einer herrschenden Regel in sich gegliedert. Sie hebt
an und knüpft sich mit zwei gleichen Theilen, bei den
Meistersängern Stollen oder Aufgesang genannt; sie tönt
aus und löst sich mit einem dritten Theile, dem Abgesang.
Der Ausdruck Stolle ist der Baukunst entlehnt: Stollen sind
zwei gleiche Pfeiler, die ein übergelegter Balken verbindet.

Dies Gesetz der Dreitheiligkeit, das J. Grimm in seinem
Buche «Über den altdeutschen Meistergesang» (Göttingen 1811)
zuerst aufgedeckt hat, begegnet uns heutzutage noch in der

Tanzmusik, wo die beiden Hauptsätze den Stollen, das Trio
dem Abgesang entspricht.   Es ist wol auch damals von der
Tonkunst ausgegangen: aus dem Innern des Gedichts hat es
sich schwerlich entwickelt, denn der Inhalt schwebt unabhängig
durch die drei Gliederungen der Form, darin sehr ungleich
dem Sonett, das zwar nichts anderes als eine einzelne drei-
theilig gegliederte Strophe ist, dessen innerer Bau jedoch im
Verlaufe der Zeit eine ganz veränderte Gestalt gewonnen hat.

Um die Dreitheiligkeit, dieses wichtigste Gesetz der mittel-
hochdeutschen Lyrik, auch dem Auge erkennbar zu machen,
ist im Drucke je die erste Zeile der beiden Stollen und des
Abgesangs etwas eingerückt worden.

1.

FRÜHLINGSSEHNSUCHT.

Das Versmaß dieses Liedes, worin der Dichter die Zeit herbei-
wünscht, in der die Mädchen den Ball werfen, ist daktylisch, ein Rhyth-
mus, welcher der Betonung im Mittelhochdeutschen wenig angemessen ist.
Bei den Lyrikern des 12. Jhd. vielfach im Gebrauch, kam er später immer
mehr außer Übung und auch Walther hat ihn außerdem nur noch
zweimal (s. Nr. 7 und 172) angewendet. In unserm Liede jedoch ist die
Wahl dieses Versmaßes so wenig eine unabsichtliche als die fünfmalige
Wiederkehr desselben Reimes: man glaubt den Ball zu sehen, wie er
von Hand zu Hand fliegt. (Uhland.)

Úns hát der winter geschádet über ál:
heide unde walt die sint beide nú val.
dá manic stimme vil suoze inne hat.
sæhe ich die megde an der stráze den bal
werfen, só kœme uns der vogele schal.   5

Möhte ich verslâfen des winters gezit!
wache ich die wile, só hân ich sin nit,
daz sin gewalt ist só breit und só wit:
wëiz got, er lât och dem meien den strit:
só lis' ich bluomen dá rife nú lit.   10

---

1 *geschadet* ist wie *ges hât* zu lesen; der Winter hat uns allerwärts
Schaden, Nachtheil gebracht. — 2 *val*, gen. *calwes*. fahl, entfärbt. — 3 *dá
inne* gehören dem Sinne nach zusammen: worin, im Walde nämlich.
stimme, Vogelstimme. *suoze* adv., süß. das Adj. ist *süeze*. *hat* præt. von *hel-
ten*, erhallen, erklingen, ertönen. — 4 *mayet*, stf., nicht Magd, Dienerin,
sondern Jungfrau. *an*, auf
6 *möhte* præt. von *mugen*, *mügen*, können, die Macht haben — franz.
pouvoir, während *kunnen*, *künnen*, wissen, verstehen, das geistige Können
bezeichnet = franz. *savoir*; von jenem, ist die Macht, von diesem die
Kunst abgeleitet: o daß ich die Winterzeit verschlafen könnte. *ge-
zit* stf., Zeit. — 7 *wache ich*, muß ich wachen. *die wile* adv. acc., die
Zeit über, so lang. *nit haben* c. gen., etwas hassen; *sin* = des Winters; *nit*
hat im Mhd. meist die Bedeutung von Gehässigkeit, Zorn, Ingrimm, selte-
ner von Missgunst. — 8 *gewalt* im Mhd. regelmäßig ein Masc. — 9 *weiz
got*, wahrlich. *och*, geschwächt aus *ouch*, auch, schon; es kommt schon
noch die Zeit. *den strit tân*, das Feld räumen. vgl. Nr. 3, 46. — 10 *só*,
dann. *lis'* = *lise* 1. præs. von *lesen*, zusammenlesen, einsammeln, pflücken
dá, da wo nun Reif liegt). *lit* = *liget*, liegt.

2.

WINTERSÜBERDRUSS.

Dies Reimspiel mit den fünf Vocalen, worin der Dichter in launiger
Weise seinem Unmuth über den Winter und der Frühlingssehnsucht Luft
macht, ist vom Truchseß von St.-Gallen (v. d. Hagen's Minnesinger,
1, 293) und Rudolf dem Schreiber (ebd. 2, 264) nachgeahmt und über-
boten worden. Eine geistliche Parodie lieferte ein österreichischer Dichter,
der sogen. Seifried Helbling.

Diu werlt was gelf, rôt unde blâ,
grüen' in dem walde und anderswâ:
kléine vogele sungen dâ.
nû schrîet aber diu nebelkrâ.
pfligt s' iht ander varwe? jâ.   5
s'ist worden bleich und übergrâ:
des rimpfet sich vil manic brâ.

Ich saz ûf einem grüenen lê.
da ensprungen bluomen unde klê
zwischen mir und einem sê.   10
der ougenweide ist dâ niht mê:
dâ wir schapel brâchen ê,
dâ lit nû rîfe unde snê.
daz tuot den vogellinen wê.

---

1 *was*, war. *gelf*, von heller glänzender, eig. schreiender Farbe, von
gelfen, einen lauten Ton von sich geben. *blâ*, gen. *blâwes*, blau: die Erde
prangte in hellen bunten Farben. — 3 und 5 jeder Strophe sind ohne Auf-
takt. — 4 *schrîen*. schreien, zumal vom Krächzen des Raben und der
Krähe. *nebelkrâ*, die aschgraue Nebelkrähe, die in unsern Gegenden nur
in der kalten Jahreszeit weilt, daher ein Symbol des Winters. — 5 *pflegen*
c. gen., etwas haben, besitzen: hat sie (die Welt, Erde) nun etwa andere
Farbe? — 6 *bleich*, blaß, entfärbt, *übergrâ*, gen. *-grâwes*, überaus, über und
über grau, düster. — 7 *des*, adverbialer Gen. neutr., deshalb, daher, darum.
rimpfen, zusammenziehen, runzeln, nhd. rümpfen. *vil*, verstärkend: sehr,
gar. *brâ*, *brâwe*, Braue, Augenbraue: darum legt sich manche Stirne in
(unmuthige) Falten.
8 *lê* stm., gen. *lêwes*, ursprünglich Monument, Grab, dann wie hier
Hügel (= lat. clivus). — 9 *enspringen*, hervorspringen; sprießen. — 11 von
der (frühern) Augenweide ist hier nichts mehr übrig, vorhanden. — 12
schapel stn., Kranz von Laub und Blumen als Kopfschmuck der Jung-
frauen. *brechen*, pflücken: wo wir früher Kränze pflückten.
15 *sniâ*, *snî*, schneie, schnei! Wie hier tritt häufig an Imperative und
Interjectionen das Suffix *â* als Verstärkung. Die Einfältigen sprechen:
schnei nur zu, die Armen (wie ich) rufen: o weh! jene haben Freude am
Schneegestöber, diese klagen darüber. — 17 deshalb bin ich schwer wie

Die tôren sprechent: «sniâ snî!» 15
die armen liute: «owê, owî!»
dés bin ich swær' als ein blî.
der wintersorge hân ich drî:
swáz der und der andern sî,
der wurde ich alse schiere frî, 20
wær' uns der sumer nâhe bi.
É danne ich lange lebte alsô,
den krebz wolt' ich ê ezzen rô.
sumer, mache uns aber frô!
dû zierest anger unde lô. 25
mit den bluomen spilte ich dô,
mîn herze swebte in sunnen hô:
daz jaget der winter in ein strô.
Ich bin verlegen als Êsaû.
mîn sleht hâr ist mir worden rû. 30
süezer sumer, wâ bist dû?
jâ sæhe ich gerne veltgebû.
ê deich lange in solher drû
beklemmet wære, als ich bin nû,
ich wurde ê münech ze Toberlû. 35

cin Stück Blei, liegt es bleischwer auf mir. — 18 *wintersorge* gen. pl. statt
des üblichern *-sorgen:* ich habe drei Sorgen, die der Winter mir verur-
sacht. Sie sind die schmale Kost, die freudlose Zeit und die Kälte.
- 19 *swaz,* was, wie viel immer. *sî,* etwa ist, sein möge. — 20 *frî werden
eines dinges,* von etwas befreit, ledig, erlöst werden. *alse schiere,* alsbald.
— 19—21 wie viel dieser und der übrigen (Sorgen) auch sein mögen, ich
würde sie rasch los, wenn der Frühling nahte.
22. 23 *é,* eh, eher. *e danne,* bevor: bevor ich lange auf diese Weise
leben möchte, wollte ich lieber rohe Krebse essen. — 24 *aber,* abermals,
wiederum. — 25 *lô = lôh. lôch* stm., Gebüsch, Wald (lat. lucus). — 26. 27
spilte, swebte sind Conjunctive: da, dann würde ich mit den Blumen spie-
len (der Geliebten sie zum Kranze flechten) und mein Herz hoch in der
Sonne, im Sonnenschein, aufschweben. — 27 *hô = hôch,* wie *rô. lô = rôch,
lôch.* — 28 *ein strô,* ein Bund. Haufen Stroh, aber auch Strohhalm: der
Winter treibt das Herz in die Enge, macht, daß es sich in den kleinsten
Raum zusammenzieht.
29 *verligen,* in Trägheit versinken, durch Liegen unansehnlich wer-
den (vgl. verlegene Waare). *als,* wie, gleich. — 30 *sleht,* schlicht, glatt. *rû
= rûch,* rauh, struppig. Für *hâr* will Bechstein (German. XV, 445) mit
Bezug auf den Vergleich mit Esau lesen *hût.* — 31 *wâ,* wo. — 32 *jâ,* Aus-
ruf: traun, fürwahr. *veltgebû,* stm., Feldbau, Bestellung der Felder. — 33
deich = daß ich: bevor ich. *drû* stf. = *drúch,* Falle für wilde Thiere,
Fessel. — 34 *wære,* sein möchte. *nû,* nun, jetzt: wie ich es gegenwärtig
bin. — 35 *wurde,* Conjunctiv, würde. *munech,* Mönch. *Toberlû.* jetzt Do-
brilugk an der Dober, ehemals berühmtes vom Markgraf Dietrich von
Landsberg 1184 (1190) gestiftetes Cistercienserkloster, nun Stadt im preuß.
Reg.-Bez. Frankfurt. Der Name bedeutet·die schöne Wiese, Schönau
(slav. *dobry,* gut, schön. *lug,* Wiese. Au); die Gegend ist noch jetzt ver-
rufen als traurig und elend

3.

TAGELIED.

Tagelieder, auch Tageweisen genannt, sind Lieder, die vom Sange, womit der Wächter den Tag begrüßt, den Namen haben. Bei den Provenzalen heißt diese Gattung von Liedern *alba* (Morgenröthe). «Die Grundform der Tagelieder, wie sie aus der Mehrzahl derselben entnommen werden kann, ist diese: der Wächter auf der Burgzinne sieht den Morgenstern aufglanzen, er kündet mit Sange den Tag und warnt alle, die bei verstohlener Liebe weilen; die Schöne erschrickt an der Seite des entschlummerten Geliebten, die Gefahr drängt sie, ihn zu wecken, und es ergeht ein Abschied, süß und schmerzlich zugleich. Die Ausführung wechselt manigfach, indem bald dieser, bald jener Theil der gemeinsamen Grundlage, bald die eine, bald die andere der betheiligten Personen hervorgehoben wird oder zurücktritt; Gesang und Wechselrede sind in vielen Liedern mit Erzählung versetzt. Sänger von ernstem Sinne verschmähten diese Liederweise nicht: das Anstößige derselben ist dadurch gemildert, daß die Darstellung sich vorzugsweise auf die Schilderung der Gefahr und des Trennungsschmerzes nach kurzem Glücke richtet.» (Uhland.)

Das vorliegende Tagelied fällt, wie schon der zweimalige später von Walther gemiedene Reim *lieht: nieht* zeigt, in seine früheste Zeit und geht den Tageliedern Wolfram's leicht um ein Jahrzehnd voraus. Daß Letzterer der Erfinder oder doch der Erste sei, der diese Liedergattung in Deutschland eingeführt, ist eine unerwiesene Behauptung.

— — —

Friwentlichen lac
ein riter vil gemeit
an einer frouwen arme:　　er kos den morgen lieht,
do er in durch diu wolken　　so verre schinen sach.
diu frouwe in leide sprach:　　　　　　　　　　　　5
«wê geschehe dir, tac,
daz dû mich last bi liebe　　langer bliben nicht!
daz si dâ heizent minne　　deis niewan senede leit.»

— —

1 *friwentlic?en* adv., nach Art eines *friundes*, wie 9. 13. 35 *friunt, friwendinne*, Geliebter, Geliebte. — 2 *vil*, sehr. *gemeit* adj., schmuck, stattlich, auch lebensfroh. — 3 *an*, im Mhd. sagte man *an dem arme, dem bette, dem grase ligen. kos* præt. von *kiesen*, merken, sehen, wahrnehmen, *den morgen lieht*, den lichten Morgen, die Tageshelle, das Morgenroth. — 4 *do, da* als. *wolken* neutr., daher pl. *diu w. so verre* von fern her, von weitem.

«Friwendinne mîn,
dû solt din trûren lân.   10
ich wil mich von dir scheiden,   daz ist uns beiden guot.
ez hât der morgensterne   gemachet hinne lieht.»
«mîn friunt, nû tuo des nicht!
lâ die rede sin,
daz dû mir iht sô sêre   beswærest minen muot.   15
war gâhest alsô balde?   ez ist niht wol getân.»

«Frouwe mîn, daz si:
ich wil beliben baz.
nû rede in kurzen zîten   allez daz dû wil,
daz wir unser huote   triegen aber als ê.»   20
«mîn friunt, daz tuot mir wê.
ê ich dir aber bi
gelige, minor swære   der'st leider al ze vil.
nû mit mich niht ze lange!   vil liep ist mir daz.»

---

schînen, leuchten, glänzen. *sach* præt. von *sehen*, sah. — 5 *in leide*, betrübt. — 6 *wê geschehe dir*, weh dir! eine Verwünschung. — 7 *lâst* 2 præs. von *lân*, *lâzen*, lassen. *liep* stn., Geliebter, Geliebte. *langer* compar. des Adverbs. *nieht*, alterthümliche Form für *niht*, nicht. — 8 *minne* ist im Mhd. ziemlich gleichbedeutend und gleichumfassend mit dem heutigen: Liebe. Es bezeichnet die Liebe zu Gott, zu Freunden und Verwandten, besonders aber die Frauenliebe in jeder geistigen und leiblichen Beziehung. Dagegen bedeutet *liebe* den alten Dichtern die Freude, das Wohlgefallen, die Lust des Herzens. Darum der beständige Gegensatz von *liebe* und *leide*, Lust und Trauer, *liep* und *leit*, Erfreulichem und Schmerzlichem. *deis*, zusammengezogen aus *daz is* = *daz ist*. *niewan*, (auch *ni-*, *niuwan*), nichts als, nur. *senede* part. adj. für *senende*, schmerzlich verlangend. 11 *sich scheiden*, sich trennen, fortgehen, Abschied nehmen. *guot*, gut, nützlich. — 12 *hinne* adv. = *hie inne*, hier innen: der Morgenstern erhellt das Gemach. — 13 *des* gen. abhängig von *nieht*: thu das nicht. — 15 *daz*, auf daß, damit. *iht* adv. acc., irgend, etwa, hier wie häufig in Absichtssätzen in negativem Sinne = *niht*. *beswæren*, schwer machen, betrüben. *muot*, Gemüth. — 16 *war*, wohin. *gâhen*, eilen. *balde*, adv., schnell, rasch. *wol getan*, gut, recht gethan: es ist nicht recht, daß du so bald schon von dannen eilst. 17 *daz si*, so sei's. — 18 *baz* comp. zu *wol*, besser, mehr; *baz beliben*, länger dableiben. — 19 *wil* 2. præs. neben *wilt*, willst: nun mach es aber kurz mit dem was du noch zu sagen hast. — 20 *huote*, Hut, Bewachung: unsere Aufpasser. *triegen*, betrügen, täuschen. *als ê*, wie früher. — 22. 23 bevor ich wiederum bei dir liegen kann, werde ich viel Kummer zu leiden haben. *swære*, Schmerz, Leid. *der'st* = *der ist*, deren ist, wird sein. — 24 *mît* imper. von *miden*, meiden, fern bleiben. 25. 26 Das (sc. Meiden) wird nur so geschehen, daß ich nichts dazu thun kann, es nicht ändern kann. Nur wenn es völlig unmöglich ist, werde ich nicht kommen. — 26 *niene*, aus *nie* und *ne*, verstärkte Negation: durchaus nicht. — 27. 28 wenn ich aber auch, Herrin, nur einen Tag lang fern von dir bleiben muß, so ist doch mein Herz stets bei dir. — 28 *vone*, ältere Form für *von*. — 30 *sehen* = besuchen, aufsuchen. — 31 *ob*, wenn. *sîst*, seist: wenn du mir anders unwandelbar treu bist; in solchen abhängigen Sätzen, wo wir den Indic. brauchen, pflegt im Mhd. der Conj.

«Daz muoz alsô geschehen,   25
daz ich es niene mac.
sol ich dich, frouwe, mîden   éines tages lanc,
sô cnkumet min herze   doch niemer vone dir.»
«mîn friunt, nû volge mir:
dû solt mich schiere sehen,   30
ob dû mir sîst mit triuwen   stæte sunder wanc.
ôwê der ougenweide!   nû kius' ich den tac.»

«Waz helfent bluomen rôt,
sit ich nû hinnen sol?
vil liebiu friwendinne,   die sint unmære mir.   35
reht' als den vogellinen   die winterkalten tage.»
«friunt, dêst ouch mîn klage
und mir ein werende nôt.
ja'n weiz ich niht ein ende,   wie lange ich din enbir.
nû lige eht eine wile!   so'n getæt' dû nie sô wol.»   40

«Frouwe, es ist zît:
gebiut mir, lâ mich varn.
jä tuon ich'z durch dîn êre,   daz ich von hinne ger:
diu tageliet der wahter   sô lûte erhaben hât.»
«friunt, wie wirt es rât?   45
dä lâze ich dir den strît.
ôwê des úrlóubes,   des ich dich hinnen wer!
von dem ich habe die sêle,   der müeze dich bewarn.»

---

zu stehen. *mit triuwen*, in Treuen. *stæte*. beständig, treu, *sunder wanc*,
ohne Wank, unerschütterlich. — 32 weh des Anblicks! *kius'* = *kiuse*, seh'
ich, vgl. oben zu V. 3.
    33 = was hab' ich vom Sommer? — 34 *sît*, seit, nachdem, da. *hin-
nen*, von hier weg; von dannen. — 35 *unmære*, unlieb, unwerth, zuwider.
— 36 *reht' als*, gerade wie, vgl. 56 und Nr. 39, 34. — 37 *dêst* = *das ist*. —
38 *werende*. dauernd, anhaltend. *nôt*, Drangsal, Qual. — 39 *ja'n* = *jâ ne*:
fürwahr, ich weiß nicht. *ein ende*, genau, vollständig. *enbir* 1. præs. =
fut.. entbehren werde, von *enbern*, c. gen., ohne etwas sein. — 40 *eht* adv.,
bloß, nur; bleib nur noch eine Weile liegen. *so'n getæt' dû nie*: dann
thatest du nie; *tæte* ist die 2. præt. ind. von *tuon*.
    41 *es* gen. von *ez*, dessen: dazu ist es Zeit, es ist die höchste Zeit.
— 42 *gebiu'*, imper. von *gebieten*; *einem g.*, jemand verabschieden, ihn zie-
hen lassen. *varn*, ziehen, fortgehen. — 43 *durch dîn êre*, um deiner Ehre
willen. *ger*, begehre, verlange: daß ich fort von hier strebe. — 44 *erhaben*,
erhoben, begonnen. — 45 *des wirt rât*, dafür wird gesorgt, dem wird ab-
geholfen: was ist da zu thun? was läßt sich dagegen machen? — 46 *ei-
nem den strît lân*, vom Streite ablassen, jemand den Sieg überlassen, seinen
Willen lassen: vgl. Nr. 1, 9. *dâ*, nun so. — 47 *urloup* stm., die Erlaubniss
gehen zu dürfen: weh daß ich dich muß ziehen lassen. *hinnen*, dem Sinne
nach zu *urloubes* gehörig. *einen eines dinges wern*, jemand etwas gewähren.
— 48 *bewarn*, schützen, hüten.

Der riter dannen schiet.
'dô sende sich sîn lîp   50
und liez ouch sêre weinde   die schœnen frouwen guot.
doch galt er ir mit triuwen   daz s' ime vil nâhe lac.
si sprach: «swer ic geptlac
ze singen tageliet,
der wil mir wider morgen   bes'wæren minen muot.   55
nû lige ich liebes eine   reht' als ein senede wip.»

---

50 *sende* præt. von *senen*, schmerzliche Sehnsucht empfinden. *lîp*
steht häufig als Umschreibung an der Stelle des pers. Pron.: da war er
betrübt, schmerzlich bewegt. —51 *liez*, ließ zurück. *sêre weinde* (= *weinende*),
heftig weinend. — 52 doch vergalt (lohnte) er ihr durch Treue, daß sie
sich ihm hingegeben hatte. *daz s'* = *das si*. *nâhe ligen* heißt sonst von
Herzen zugethan sein, im Herzen tragen, was aber hier nicht zu passen
scheint, vielmehr muß es, in Übereinstimmung mit dem Vorhergehenden,
hier gleich *nâhe bî geligen* stehen. — 53 *swer*. wer immer. *ie*, jemals. —
53-55 das allmorgendliche Tageliedsingen bekümmert mein Gemüth. —
55 *wider*, gegen. — 56 *eine* adj., allein, frei von, ohne c. gen.: von meinem
Lieb verlassen.

4.

TRAUMDEUTUNG.

Der Zweck dieses launigen Liedes ist, die Bedeutung und Auslegung
der Träume zu verspotten; darum werden dem alten Weibe zwei selbst-
verständliche Wahrheiten in den Mund gelegt: daß zwei und eins drei
und der Daum ein Finger sei. Krähen und alte Weiber sind übrigens im
deutschen Volksglauben von böser Vorbedeutung (vgl. J. Grimm's Mytho-
logie, S. 1077. 1083).

Dô der sumer komen was
und die bluomen durch daz gras
wünnecliche ensprungen,
aldâ die vogele sungen,
dár kom ich gegangen   5
an einen anger langen,
dâ ein lûter brunne enspranc:
vor dem walde was sin ganc,
dâ diu nahtegale sanc.

Bî dem brunnen stuont ein boum,   10
dâ gesach ich einen troum.
ich was von der sunnen
gegangen zuo dem brunnen,
daz diu linde mære
mir küelen schaten bære.   15
bî dem brunnen ich gesaz,
miner swære ich gar vergaz:
schiere entslief ich umbe daz.

---

3 wonniglich aufsproßten, emporblühten. — 4 aldâ, verstärktes dâ,
dort, wo. Vers 4 und 6 jeder Strophe haben Auftakt. — 5 dar, dahin:
ich kam dorthin gegangen, wo die Vögel sangen, nämlich auf eine lange
Wiese. kom, getrübt aus quam, kam. — 7 brunne swm., Quelle. — 8 was sîn
ganc, nahm er seinen Lauf. — 9 nahtegale, gewöhnlicher nahtegal, ahd.
nahtigalâ (von naht und galan, singen, also: die Nachtsängerin).
11 Da erblickte ich einen Traum, hatte ich ein Traumbild. — 14 mære,
bekannt, berühmt, dann herrlich, lieb. — 15 bære, conj. præt. von bern,
hervorbringen: mir Schatten verschaffte, bereitete. — 16 gesaz, setzte mich
nieder. — 18 umbe daz, darum: deshalb schlief ich rasch ein.

Dô bedûhte mich zehaut,
wie mir dienten alliu lant,
wie mîn sêle wære   20
ze himel âue swære
und der lip hie solte
gebâren swie er wolte.
dâ newas mir niht ze wê: 25
·got der walde's, swie'z ergê.
schœner troum enwart nie mê.

Gerne sliefe ich iemer dâ,
wan ein únsæligiu krâ,
diu begonde schrien.   30
daz alle krâ gedien
alse ich in des günne!
si nam mir michel wünne.
von ir schrien ich erschrac:
wan daz dâ niht steines lac,   35
sô wær' ez ir suonetac.

Wan ein wunderaltez wip
diu getrôste mir den lip
die begonde ich eiden.
nù hât si mir bescheiden   40

---

19 *bedûhte*, däuchte. — 20 *alliu lant*, alle Reiche. — 22 *ze himel*, im
Himmel. — 23 *hie*, hier, hienieden. — 24 *gebåren*, sich gebährden, be-
nehmen. — 20-24 der Sinn ist: als wenn ich Beherrscher der Welt, und, was
ich auch auf Erden thun möchte, doch des Himmels sicher wäre. —
25 *niht ze*, Verstärkung der Negation, gar nicht schlecht, d. h. vor-
trefflich: ich befand mich herrlich, alles Leid war dahin. — 26 *walden*
c. gen., Gewalt haben über etwas, dafür sorgen. *swie'z ergê*, wie immer es
kommen möge. — 27 *enwart*, ward nicht: einen schönern Traum gab es nie.
28 Gerne hätte ich ewig da schlafen mögen. — 29 *wan*, wäre nicht
gewesen. *unsælic*, verwünscht. — 30 *begonde* = begunde, begann. *schrien*,
kråchzen. — 31 *gedien* = *gedîhen*, Fortgang haben, gedeihen: o daß es
allen Krähen so ergehen möchte, wie ich es ihnen gönne, d. h. daß sie
verwünscht seien. — 33 *nam*, benahm, raubte. *michel*, groß. — 35 *wan
daz*, nur daß, nur weil. *niht steines*, kein Stein: hätte ein Stein da gelegen,
es wäre ihr Tod gewesen. — 36 *suonetac*, der Tag der Sühne, des Ge-
richtes, der jüngste, letzte Tag.
37 *wan*, aber, indessen. *wunderalt*, ·sehr alt; in dieser Weise tritt
wunder zur Verstärkung vor viele Wörter: *wunderbalt, wundergrôz, wunderwol*.
— 38 tröstete mich. — 39 *eiden*, eidlich verpflichten, in Pflicht und Eid

waz der troum bediute.
daz merken wise liute:
zwêne und einer daz sin dri;
dannoch seite s' mir dâ bi,
daz min dûme ein vinger si.   45

---

nehmen. — 40 *bescheiden*, auseinandersetzen, auslegen. — 42 *merken* conj.:
darauf mögen kluge Leute merken, acht geben, nämlich: was nun kommt,
was sie mir gesagt hat. — 43 *sin*, dieser Conjunctiv ist abhängig von *beschri en*
in V. 40, nämlich: sie setzte mir auseinander, daß zwei und einer drei
seien. — 44 *dannoch*, sodann noch: überdies sagte sie mir noch. — 45 sprich-
wörtliche Redensart, vgl. W. Grimm, Gloss. Cass., S. 57 und Renner 8458-64.

5.

FRÜHLING UND FRAUEN.

Wie herrlich und herzerfreuend der Frühling mit all seiner Pracht
auch ist, so wird er doch durch eine edle, schöne Frau, die zierlich ge-
schmückt züchtig dahinschreitet, weit übertroffen. Wer sich von der
Wahrheit überzeugen wolle, möge sich beim Freudenfeste des Maien ein-
finden: der Dichter ist nicht im Zweifel, welchem von beiden er den Vor-
zug geben soll.

Sô die bluomen ûz dem grase dringent,
same sie lachen gegen der spileden sunnen,
in einem meien an dem morgen fruo,
und diu kleinen vogellîn wol singent
in ir besten wîse die sie kunnen,   5
waz wünne mac sich dâ genôzen zuo?
ez ist wol halb ein himelrîche.
suln wir sprechen, waz sich deme geliche,
sô ságe ich, waz mir dicke baz
in mînen ougen hât getân und tæte ouch noch. gesæhe ich daz. 10

Swâ ein edeliu schœne frouwe reine
wol gekleidet unde wol gebunden
durch kurzewîle zuo vil liuten gât,
hovelîchen hôchgemuot, niht eine,
umbe sêhende ein wênic under stunden: 15
alsam der sunne gegen den sternen stât:

---

1 *Sô,* wenn. — 2 *same, sam,* gleichwie, als wenn *lachen* conj. =
lachen, lachten. *spilede = spilende.* tunkelnd; vgl. Nr. 53, 31. — 3 *der meie*
swm., Mai, Frühling. — 5 *wîse,* Melodie. — 6 *wunne* gen. abhängig von
waz: welche Wonne. *dá zuo =* damit. *sich genôzen,* sich gleichstellen,
vergleichen. — 8 *sich gelichen,* gleich sein, gleichen. — 9 *dicke baz,* oft
noch besser. — 10 nicht nur gethan hat, sondern noch thun würde, wenn
ich es sehen könnte.
12 *wol gekleidet,* geputzt, in festlicher Kleidung, *wol gebunden,* mit
schönem *gebende* (zu 86, 14), mit schön aufgebundenem, geschmücktem, mit
Blumen bekränztem Haar. — 13 *durch kurzewîle,* wegen (zur) Kurzweil,
Unterhaltung; in große Gesellschaft. — 14 *hovelîchen,* hofgemäß, feingebil-
det und gesittet; *h. hôchgemuot,* in edler sittsamer Heiterkeit. *niht eine,*
nicht allein = in Begleitung. — 15 *under stunden,* von Zeit zu Zeit: zu-
weilen ein wenig sich umsehend, zurückblickend. — 16 *alsam,* gleichwie.
der sunne, die Sonne, wie öfter im ältern Mhd., als Masculinum = hervor-

der meie bringe uns al sin wunder,
waz ist dâ sô wünnecliches under
als ir vil minneclîcher lip?
wir lâzen alle bluomen stân   und kapfen an daz werde wip. 20

Nû wol dan, welt ir die wârheit schouwen,
gên wir zuo des meien hôchgezîte!
der ist mit aller siner krefte komen.
seht an in und seht an werde frouwen,
wederez daz ander überstrite,   25
daz bezzer spil ob ich daz habe genomen.
ôwê der mich dâ welen hieze,
deich daz eine durch daz ander lieze,
wie rehte schiere ich danne küre!
hêr Meie, ir müeset merze sin,   ê ich mine frouwen dâ verliure. 30

---

leuchtend vor den Jungfrauen ihres Gefolges, das um sie oder hinter ihr
gedacht ist. — 17 ff. wenn eine solche Frau in solcher Weise einhergeht,
dann möge uns der Frühling all seine wunderbare Fülle bringen, was be-
findet sich darunter so Wonnevolles als ihre liebreizende Erscheinung? —
20 kapfen, offenen Mundes schauen, gaffen. an ist präpos., nicht adv. wert,
trefflich.
    21 dan, dahin: nun, wol auf, macht euch dahin. welt, wollt. —
22 hôchgezît, Freudenfest. — 23 krefte, dat. von kraft, Macht, auch Menge,
Schaar. — 24 schaut auf ihn. — 25 wederez, welches von beiden, überstriten.
im Kampfe, Wettstreit übertreffen. — 26 ob ich nicht das bessere Spiel
(Partie, Theil) gewählt habe. — 27 ôwê. ach. — 27. 28 ach wer (wenn einer)
mich da wählen hieße, so daß ich das eine für das andere aufgeben müßte,
wie überaus rasch wäre dann meine Wahl getroffen! — küre conj. præt.
von kiesen, auswählen, aussuchen. — 30 hêr Meie, Personification: ihr müßtet
März sein, d. h. ich würde euch (so schön ihr auch seid) eher dem (un-
freundlichen) März gleichachten, als daß ich meine Herrin da verlöre,
wegen euch aufgäbe. Oder: es wäre noch eher möglich, daß ihr euch in
den März verwandelt, als daß ich bei dieser Wahl nicht meiner Herrin
den Vorzug vor euch gäbe.

6.

LIEBESTRAUM.

Wenn diese fünf Strophen, woran nicht zu zweifeln, wirklich ein
Lied bilden (Uhland S. 59 nennt es eine Tanzweise, einen Reihen), so
kann nur die unten vorgenommene, auch von Simrock befolgte Anord-
nung richtig sein, da sie allein einen logischen Fortschritt und Zusammen-
hang gewährt. In den ersten vier Strophen schildert der Dichter ein
liebliches Traumgesicht, in der fünften hofft er, das Traumbild in der
Wirklichkeit zu finden. Die Handschriften stellen die beiden letzten
Strophen um. Das Ganze für einen Scherz zu halten, dessen Spitze gegen
die breiten Frauenhüte ausläuft, ist überall kein Grund vorhanden.

— — —

"Nemt, fróuwe, disen kranz»,
álsô sprach ich z'einer wol getânen maget:
«sô zieret ir den tanz
mit den schœnen bluomen, als ir s' ûfe traget.

hæt' ich vil edele gesteine,   5
dáz mües' ûf iur houbet,
obe ir mir's geloubet:
sêt mine triuwe, daz ich'z meine.

Ir sit sô wol getân,
daz ich iu mín schapel gerne geben wil,   10
daz beste daz ich hân.
wizer unde rôter bluomen weiz ich vil,

die stênt sô verre in jener heide:
dâ sie schône enspringent
und die vogele singent,   15
dâ sule wir sie brechen beide.»

— — — — —

2 *wol getân*, schön, vgl. V. 9. — 4 wenn ihr sie (die Blumen) auf
(dem Kopfe) tragt: auf euerm Haupte gereicht auch der einfache Blumen-
kranz dem Tanze zur Zierde. — 5 *edele = edelez; daz gesteine* bedeutet
schon für sich Edelsteine. — 5. 6 besäße ich kostbare Edelsteine, so würde
ich damit euer Haupt schmücken. — 7 wenn ihr mir's glauben wollt. —
8 *sêt*, sg. *sê* (goth. *sai.*), ecce, sieh, da nimm. Nehmt meine Versicherung,
daß das meine Absicht, mein Ernst ist.
10 *iu* dat. plur. des pers. Pron., euch. — 11 *hân*, habe, besitze. — 12 *vil*
subst. c. gen., viel, viele. — 16 *sule wir = sulen wir*, wollen wir; das *n*
oder *en* kann in der 1. præs. pl. bei Inclination des Pron. wegfallen. Das
Blumenbrechen vor dem Walde oder auf ferner Aue gilt für bedenklich
und der Ausdruck wird doppelsinnig gebraucht (wie auch die verhüllte
Auspielung unten V. 24 und das Lied Nr. 9 zeigt); Rosen lesen und ein
Kuss von rothem Munde sind gleichbedeutend (vgl. Minnesangs Frühling
196, 22. Walther Lachm. 119, 46. Nithart 1, 18. MSH. 2, 173ᵇ).

2*

Si nam daz ich ir bôt
einem kinde vil gelich, daz êre hât:
ir wangen wurden rôt
same diu rôse, dâ si bî der liljen stât.   20
do erschamten sich ir liehtiu ougen,
doch neic si mir schône.
dáz wart mir ze lône:
wart mir's iht mêr, daz trage ich tougen.

Mich dûhte daz mir nie   25
lieber wurde danne mir ze muote was:
die bluomen vielen ie
von den boumen bî uns nider an daz gras.
seht, dô muost' ich von freuden lachen,
do ich sô wünnecliche   30
was in troume rîche:
dô tagete ez und muose ich wachen.

Mir ist von ir geschehen
daz ich disen sumer allen meiden muoz
vast' under d'ougen sehen: 35
lihte wirt mir eniu, so ist mir sorgen buoz
waz obe si gêt an disem tanze?
frouwe, durch iur güete
rucket ûf die hüete:
ôwê, gesæhe ich s' under kranze!   40

<hr>

18 *kint*, junges Mädchen. *êre*, Ehrgefühl, Scham. — 21 *sich erscha-
men*, in Scham gerathen; da schlug sie ihre leuchtenden Augen verschämt
nieder. — 22 *neic* præt. von *nîgen*, sich verneigend danken. *schône*, adv.,
freundlich. — 24 was mir dessen etwa noch mehr zu Theil ward, halte ich
geheim, was weiter geschah, bleibt mein Geheimniss. *tougen*, adv., heim-
lich, verhohlen.
    25 f. Mich däuchte, daß ich niemals vorher in freudigerer, glück-
licherer Stimmung war. — 27 *ie*, allezeit, fortwährend. — 28 *bî uns*, neben
uns. — 29 *von*, vor, aus. Aus Freude über dieses wonnevolle Glück, das
mir im Traume beschert war, mußte ich lachen. — 32 *muose*, mußte.
    34 *meiden = megeden*, Jungfrauen. — 35 *vast' = vaste*, adv., sehr, ge-
nau, eifrig. *under diu ougen* oder *under ougen*, ins Gesicht. — 36 *lihte* adv.,
vielleicht. *eniu*, jene: die ich im Traume sah. *mir ist buoz* c. gen., ich
werde von etwas erledigt, befreit: so bin ich meiner Sorgen, meines Kum-
mers quitt. — 37 *waz obe*, wie wenn, wer weiß ob nicht. Der auch ander-
wärts begegnende Ausdruck *an dem tanze gên* deutet auf eine mehr ruhige
Bewegung, verschieden vom *reien*, an welchem gesprungen wird. — *frouwe*
starker plur., ihr Frauen. *iur* (wie V. 6) gekürzt aus *iwer*, *iuwer*: um eurer
Güte willen, habt die Güte. — 39 diese Bitte des Dichters, die Hüte auf-
zurücken, damit er den Frauen ins Gesicht schauen kann, deutet auf die
besonders in Œsterreich (vgl. MSH. 2, 283^b) einst üblichen, das Gesicht
verdeckenden Schattenhüte (vgl. MSH. 1, 11^a. 26^a). — 40 *ôwê*, Ausruf des
sehnsüchtigen Verlangens: ach, erblickte ich sie doch mit dem Kranze ge-
schmückt!

7.

SCHŒNHEIT UND TUGEND.

Auch in diesem Liede ist das Versmaß ein daktylisches. Die erste
Zeile des Abgesangs, der eine Art Kehrreim bildet, reimt mit der ent-
sprechenden der zweiten Strophe. Solche in verschiedene Strophen ver-
theilte Reime heißen Körner, vgl. Nr. 11.

Wól mich der stúnde, daz ích sie erkande,
diu mir den lip und den muot hât betwungen,
sît deich die sinne sô gar an sie wande,
der si mich hât mit ir güete verdrungen!
daz ich gescheiden von ir niht enkan,   5
daz hât ir schœne und ir güete gemachet
und ír rôter múnt, der sô lieplichen lachet.

Ich hân den múot und die sínne gewendet
an die vil reinen, die lieben, die guoten:
dáz müez' uns béiden wol werden volendet   10
swes ich getar an ir hulde gemuoten.
swaz ich le freuden zer werlde gewan,
daz hât ir schœne und ir güete gemachet
und ír rôter múnt, der sô lieplichen lachet.

---

1 *Wol mich*, wohl mir: Heil der Stunde. *erkennen*, kennen lernen. —
2 *muot*, Geist, Seele, Gemuth: mich an Leib und Seele. *betwingen*, bezwingen,
unterwerfen. — 3 *sît deich*, seitdem ich. *die sinne*, die Gedanken. *sô gar*,
so gänzlich. *wande*, wandte, richtete. — 4 *güete*, das Gutsein, Trefflich-
keit. *verdringen einen eines dinges*, wegdrängen von etwas: deren sie mich
beraubt hat. — 5 *gescheiden*, sich trennen, losmachen. — 6 *schœne*. Schönheit.
9 Diese Zeile sowol als der Anfang klingen wieder in der schönen
Tanzweise Ulrich's von Lichtenstein: *wol mich der sinne, die mir ie ge-
riten die lêre* (Frauendienst ed. Lachmann S. 394, Wackernagel's Lese-
buch S. 673). — 11 *getar* 1. præs. von *geturren*, sich unterstehen, getrauen,
dürfen. *eines dinges an einen muoten*, etwas von einem verlangen, ihm zu-
muthen. Was immer ich von ihrer Güte verlangen darf, möge zu einem
guten, uns beide befriedigenden Ende gebracht werden. — 12 *freuden* gen.
plur. von *swaz* abhängig: alle die Freuden, die mir auf dieser Welt jemals
zu Theil wurden.

8.

EIN KUSS VON ROTHEM MUNDE.

————

Müeste ich noch geleben daz ich die rôsen
mit der minneclichen solde lesen:
sô wold' ich mich sô mit ir erkôsen,
daz wir iemer friunde müesten wesen.
wurde mir ein kus noch z'einer stunde   5
von ir rôten munde,
sô wær' ich an freuden wol genesen.

————

1 *müezen* hat in Wunschsätzen die Bedeutung von: mögen. *geleben,*
erleben. Möchte ich es noch erleben. — 3 *sich erkôsen*, sich traulich be-
sprechen, unterhalten. — 5 *z'einer stunde*, einmal. — 7 so wär' ich in Be-
zug auf Freude geborgen.

9.

UNTER DER LINDE.

Des Dichters Wuusch, mit der Geliebten Blumen zu brechen, gieng
in Erfüllung. Wie es damit gemeint ist, verräth dies reizende, durch
wunderbaren Wohlklang ausgezeichnete Lied, das der Sänger seiner Ge-
liebten in den Mund legt. Auch der Volkspoesie, bemerkt Simrock, ist
der Kunstgriff nicht fremd, Scenen dieser Art im Munde argloser Mäd-
chen mit dem Zauberlichte der Unschuld zu umstrahlen. Die erste Zeile
jedes Stollen ist daktylisch.

«Únder der linden
an der heide,
dâ unser zweier bette was,
dâ múget ir vínden
schône beide   5
gebrochen bluomen unde gras.
vor dem walde in einem tal,
tandaradei!
schône sanc diu nahtegal.

Ich kam gegángen   10
zuo der ouwe:
dô was min friedel komen ê.
dâ wárt ich enpfangen,
hêre frouwe!
daz ich bin sælic iemer mê.   15
kuste er mich? wol tûsentstunt:
tandaradei!
sehet, wie rôt mir ist der munt.

---

1 *linde* swf. — 2 *an.* auf. — 3 *dâ*, da wo. — 5 *beide* vgl. 10, 10. —
8 *tandaradei*, ein Menschen- oder Vögelstimmen nachgebildeter Ausruf,
wie sie in den Tanzliedern und Liedern mit Kehrreim häufig vorkommen.
Es ist nicht erweislich, daß sie aus der romanischen Lyrik entlehnt sind.
12 *friedel*. Geliebter. *ê*, vorher, früher. — 14 *hêr*, erhaben, vornehm,
heilig: hl. Jungfrau (Maria). — 16 *stunt*, hinter Zahlwörtern: Mal. *ander-
stunt*, zum zweiten Mal. Ob er mich geküsst hat? ja, wol tausendmal.

Dô hét er gemachet
alsô riche   20
von bluomen eine bettestat.
des wírt noch gelacher
innecliche,
kumt iemen an daz selbe pfat.
bi den rósen er wol mac,   25
tandaradei!
merken wâ mir'z houbet lac.

Daz ér bî mir læge,
wesse ez iemen
(nu enwelle got!), sô schamte ich mich.   30
wes ér mit mir 'pflæge,
niemer niemen
bevinde daz wan er und ich
unde ein kleinez vogellin:
tandaradei!   35
daz mac wol getriuwe sin.»

---

20 *alsô*, verstärkend, im Sinne von: sehr. *riche*, kostbar, herrlich,
schön. — 21 *bettestat*, Ort zum Ausruhen, Schlaf-, Ruhestätte. — 22 *lachen*
c. gen., über etwas lachen. — 23 *inneclîche*, von Herzen. — 24 *daz pfat*,
der Pfad, Weg: wenn jemand desselben Weges kommt. — 25 *bî den rôsen*.
an den Rosen: da wo die Rosen liegen. — 27 *mir'z* = *mir daz*.
28. 29 wüßte jemand, daß er bei mir gelegen habe (= hat). —
30 wörtlich: nun wolle Gott nicht: das verhüte Gott. — 31 was er mit
mir gethan, begonnen. — 32 *niemer niemen*, nimmer niemand, verstärkte
Negation. — 33 *bevinde*, erfahre. soll das erfahren. *wan*, außer. — 36 *ge-
triuwe*, zuverlässig, verschwiegen.

10.

ERGEBENHEIT UND VERSAGUNG.

Wunsch, die Heißgeliebte oft zu sehen, und Klage über ihre Sprödigkeit.

Ir vil minneclichen ougen blicke
rüerent mich alhie, swann' ich sie sihe,
in min herze: ôwê sold' ich sie dicke
sehen, der ich mich für eigen gihe!
eigenlichen diene ich ir,   5
dáz sol si vil wol gelouben mir.

Ich trag' inme herzen eine swære
der ich von ir lâzen niht enmac,
bî der ich vil gerne tongen wære
beide naht und ouch den liebten tac.   10
des enmac nû niht gesîn,
ez enwil diu liebe frouwe mîn.

Sol ich miner triuwe alsus engelten,
só'n sol niemer man getrûwen ir.
si vertrücge michels baz ein schelten   15
danne ein loben, daz geloubet mir.
wê, war umbe tuot si daz,
der mîn herze treit vil kleinen haz?

---

1 Die liebreizenden Blicke ihrer Augen. — 2 *rüeren*, treffen. *alhie* man hat sich beim Vortrag eine Handbewegung aufs Herz zu denken. *swann'*, wenn immer, so oft. *sihe*, sehe, erblicke. — 3 *solde*, könnte. *dicke*, oft. — 4 *sich einem für eigen jehen*, sich jemand zu eigen geben, erklären, daß man ihm ganz angehört. — 5 *eigenlichen* adv., als, wie ein Leibeigener. — 6 *vil wol*, Steigerung, sehr wohl.
7 *inme* = *in deme*. — 8 *der* abhängig von *niht*: die (sc. *swære*) ich durch sie, durch diejenige, nicht loswerden kann. — 10 *beide*, mit zwei oder drei durch *und* verbundenen Subst., bedeutet: so wol — als auch. - 11 das kann nun nicht geschehen, meine Herrin will es nicht.
13 *alsus*, so, auf diese Weise. *engelten* c. gen., Strafe für etwas leiden, es büßen müssen: soll dies der Lohn für meine Treue sein. — 14 *niemer man*, kein Mensch mehr. — 15 *vertragen*, ertragen, sich gefallen lassen. *michels baz*, weit eher, leichter. — 18 *einem haz tragen*, gegen jemand feindlich gesinnt sein. *vil kleinen*, sehr geringen: die mein Herz nichts weniger als haßt.

11.

WUNSCH UND GEWÄHRUNG.

Obwol die folgenden vier Strophen durch die überschlagenden Reime
(Körner) *sit: lit: nît: :it* mit einander zu einem Ganzen verbunden schei-
nen, so verbietet doch die Verschiedenheit des Inhalts in beiden Strophen-
paaren ihre Verbindung zu einem Liede. Außerdem ist nicht zu über-
sehen, daß in dem andern Liede die zweiten Stollen in der hs. Überliefe-
rung trochäisch anheben.

Das erste Lied ist ein sogenannter Wechsel, ein Gesprächslied zwi-
schen Ritter und Frau, worin sie sich gegenseitig ihre Liebe und Er-
gebenheit versichern

Got gebe ir iemer guoten tac
und lâze mich sie noch gesehen,
   die'ch minne und niht erwerben mac.
mich müet daz ich sie hœre jehen,
   wie holt si mir entriuwen wœre,   5
und saget mir ein ander mœre,
dés min herze minneclichen kumber lidet iemer sît.
ôwê, wie süeze ein arebeit!
ich hân ein senfte unsenftekeit.

«Got hât vil wol ze mir getân,   10
sit ich mit sorgen minnen sol,
   daz ich mich underwunden hân
dem alle liute sprechen wol.

---

1 frohe heitere Tage. — 4 *müen, müejen.* bekümmern, verdrießen,
vgl. das folgende Lied V. 18. — 5 *holt,* gewogen, geneigt. *entriuwen* adv.
dat. plur. mit *in,* traun, in Wahrheit. — 6 *mœre* stn., Geschichte, Erzäh-
lung. — 7 *des,* worüber. *minneclichen kumber.* Liebeskummer; vgl. 15, 3.
Wenn die 6te Zeile richtig überliefert ist, so ist der Sinn von V. 6. 7 fol-
gender: mich verdrießt, daß sie mich ihrer Neigung versichert und mir
auf der andern Seite einen Bescheid gibt, worüber mein Herz seitdem
fortwährend Liebeskummer empfindet. — 7 welch süße Mühsal, Qual, vgl.
Nr. 128[1], 12: *wie reine ein name!* — 9 eine angenehme Unannehmlichkeit,
Wort- und Gedankenspiel, wie es zumal Gottfried liebt. — 8. 9 dieser Be-
scheid erfüllt mich zugleich mit Freude und Leid.
10 *wol ze einem tuon,* jemand gut behandeln, gut, freundlich gegen
jemand handeln. — 12 *sich underwinden* (hier mit Ellipse von *des*), etwas
über sich nehmen, sich annehmen. — 10-13 nachdem ich unter Angst und
Sorge lieben muß, hat es Gott gut mit mir gefügt, daß ich denjenigen

im wart von mir in allen gâhen
ein küssen unde ein umbevâhen.   15
séht, dô schóz mir in miu herze daz mir iemer nâhe lit,
unz ich getuon des er mich bat.
ich tæte'z, wurde mir's diu stat.»

---

zum Geliebten erkoren, der von aller Welt gelobt wird. — 14 *in allen
gâhen* adv. dat. plur., in aller Eile. — 15 *umberâhen*, Umfangen, Umarmung.
— 16. 17 etwas, das mich fort und fort tief berührt (d. h. heiße Sehnsucht),
bis ich seine Bitte erfüllt habe. — 17 *unz*, bis. — 18 *ich tæte'z*, ich würde
es thun, wenn mir dazu die *stat*, die Gelegenheit, würde.

12.

UNLUST DER ZEIT.

Klage über die allgemeine Trübseligkeit und daß es ohne Spott nicht
mehr gestattet sei, sich dem Frobsinn hinzugeben, wie ehedem, wo der
Glückliche seine Fröhlichkeit zeigen durfte und sein Herz dem Frühling
entgegenjubelte.

Ich wære dicke gerne frô,
wan daz ich niht gesellen hân.
nû sie ab alle trûrent sô.
wie möhte ich'z eine denne lân?
ich müese ir vingerzeigen liden,   5
i'n wolte freude durch sie miden.
sus behalte ich wol ir hulde, daz sie'z lâzen âne nit:
wand' ich gelache niemer niht,
wan dâ ez ir dekeiner siht.

Ez tuot mir inneclichen wê,   10
als ich gedenke wes man pflac
in al der werlte wîlent ê.
ouwê deich niht vergezzen mac,
wie rehte frô die liute wâren!
frô kunde ein sælic man gebâren   15
unde spilet' im sin herze gein der wünneclichen zit.
sol daz nû niemer mêr geschehen,
sô müet mich daz ich'z hân geschen.

2 nur daß ich keine Gefährten habe: aber es will mir niemand in
der Fröhlichkeit Gesellschaft leisten. — 3 nû, da, weil nun. — 3. 4 wie
konnte ich bei der allgemeinen Traurigkeit allein sie aufgeben, allein fröh-
lich sein. — 5 daz eingerzeigen, das Deuten mit dem Finger, öffentlicher
Tadel: ich müßte es dulden, daß sie mit Fingern auf mich zeigten, wenn
ich nicht um ihretwillen der Freude entsagen wollte. — 6 i'n, i'ne = ich
en, ich ne. — 7 auf diese Weise, so aber erhalte ich mir ihre Gunst, ohne
mich ihrem Hasse auszusetzen. — 8 niemer niht, doppelte verstärkte Nega-
tion. — 9 van da, außer wo. dekein, keiner.
     10 inneclichen adv., tief innerlich, von Herzen. — 11 als, wenn. —
12 wîlent, adv., häufig mit ê verbunden: einst, vordem, vor alten Zeiten. —
15 frô] dô die Hss, vgl. Nr. 96, 12. sælic, beglückt, glücklich. — 16 spiln,
hüpfen; entgegenschlagen.

13.

GEGENSEITIGE LIEBE.

Bitte an die Geliebte, ihn nicht wie bisher gleichgültig zu übersehen, sondern ihn, falls sie sich vor den Spähern scheue, ihm offen ins Gesicht zu schauen, doch durch einen Blick auf die Füße zu grüßen. Sie, die er um ihrer Trefflichkeit willen vor allen Frauen liebe, möge sich be sinnen, ob er ihr etwas gelte: zur Liebe gehören zwei.

Bin ich dir unmœre,
des enweiz ich niht: ich minne dich.
einez ist mir swære:
dû sihst bi mir hin und über mich.
daz solt dû vermiden: 5
i'ne mac niht erliden
solhe liebe ân' grôzen schaden.
hilf mir tragen, ich hân ze vil geladen!

Sol daz sin din huote,
daz din ouge an mich sô selten siht?   10
tuost dû mir'z ze guote,
sône wîze ich dir dar umbe niht:
sô mit mir daz houbet
(daz si dir erloubet)
und sich nider an minen fuoz,   15
sô dû baz enmügest: daz si din gruoz.

1 *unmœre*, unwerth, gleichgültig, zuwider. Ob du mich liebst, weiß ich nicht, ich aber liebe dich. — 3 aber eines fällt mir schwer, drückt mich. — 4 neben mir vorbei und über mich hinaus. — 5 *vermiden*, unterlassen. — 6 *erliden*, ertragen: ohne großen Nachtheil (Schmerz) kann ich eine solche Liebe nicht ertragen. — 8 ich bin zu schwer belastet, nimm einen Theil der Bürde auf dich.
9 *huote*, Vorsicht: thust du das etwa aus Vorsicht (vor den Spähern), daß du mich so selten anblickst? — 11 *ze guote*, zum Nutzen, zum Vortheil; wenn es in meinem Interesse geschieht. — 12 *wîzen* c. dat., tadeln: so tadle ich dich deswegen nicht. — 13 *sô*, in diesem Falle; meide mein Haupt, d. h. meide es, mir ins Gesicht zu schauen, und sieh mir bloß auf die Füße. — 16 *sô dû baz enmügest*, wenn du nicht weiter (gehen, mehr thun) kannst, im Stande bist.

Swanne ich s' alle schouwe,
die mir suln von schulden wol behagen,
sô bist du'z min frouwe:
daz mac ich wol âne rüemen sagen.   20
edel unde riche
sint sie sumeliche,
dar zuo tragent sie hôhen muot;
lihte sint sie bezzer, dû bist guot.

Frouwe, nû versinne   25
dich, ob ich dir z'ihte mære sî.
eines friundes minne
diu ist niht, da ensî ein ander bî.
minne entouc niht eine,
si sol sîn gemeine,   30
sô gemeine, daz si gê
durch zwei herzen unde niwet mê.

---

17 *Swanne*, wann immer. *ich s' = ich sie*, die: ich alle diejenigen
betrachte, die. — 18 *von schulden*, aus zureichendem Grunde, mit Recht.
behagen, gefallen. — 19 *du'z = dû ez;* wie hier wird häufig das Neutral-
pronomen als Vorläufer gleichsam des Prädicats oder Subjects voran-
gestellt (vgl. Gramm. 4, 222): so auch Nr. 147, 8: *ich bin'z der sun*, 147, 10:
sît ir'z der beste. frouwe, Herrin, Gebieterin: du stehst hoch über allen,
die ich sah und die mir gefielen. — 20 *âne rüemen*, ohne Prahlerei. —
21 *edel*, von edler Geburt. — 22 *sumelich*, mancher: dabei *sie*, nicht das
partitive *ir*. — 23 *hôher muot*, stolzer Sinn, gehobene Stimmung. — 24 *bez-
zer*, von höherer Abkunft, wortspielend mit *guot*.
25 *nû*, nun, nachdem du weißt, was du mir bist, wie hoch ich dich
stelle, besinne, bedenke dich. — 26 *z'ihte*, zu irgend etwas, einigermaßen;
mære, lieb, werth, angenehm: ob ich dir etwas gelte, dir lieb sei. —
27. 28 eines Geliebten (Liebhabers) Liebe gilt nichts, wenn der andere,
entgegengesetzte Theil fehlt; Sprichwort: zur Liebe gehören zwei.
29. 30 einseitige Liebe führt zu nichts, sie muß gemeinsam, gegenseitig
sein. —31. 32 und zwar so gemeinsam, daß sie dringe durch zwei Herzen
und nicht weiter, d. h. sich auf zwei Herzen beschränke. *niwet*, ältere
Form von *niht* (ahd. *niowiht*).

14.

SCHŒNHEIT UND ANMUTH.

Auf den Vorwurf, daß er seinen Sang (und seine Liebe) keiner vornehmen Frau widme, antwortet der Dichter, daß Schönheit und Reichthum wenig Werth für ihn haben. Er zieht die Anmuth der Schönheit vor, verlangt dazu Treue und Beständigkeit, ohne welche auch jene ihm werthlos sei.

Hérzeliebez frouwelin.
got gébe dir hiute und iemer guot!
kúnde ich baz gedenken din,
des hæte ich willeclichen muot.
wáz mac ich nú sagen mê   5
wan daz dir nieman holder ist? ôwê dâ von ist mir vil wê.

Sie verwizent mir daz ich
sô nidere wende minen sanc.
daz sie niht versinnent sich
waz liebe si, des háben undâne!   10
sie getraf diu liebe nie,
die dâ nâch gnote und nâch der schœne minnent: wê,
wie minnent die!

Bi der schœne ist dicke haz:
zer schœne niemen si ze gâch.
liebe tuot dem herzen baz: 15
der liebe gêt diu schœne nâch.
liebe machet schœne wip:
des'n mac diu schœne niht getuon, sin' machet niemer lieben lip.

1 Geliebtes Mädchen. *frouwelin*: das Demin. bezeichnet die niedere Herkunft der Geliebten. — 2 jetzt und immerdar Glück, Heil. — 3 könnte ich meinen Gedanken über dich einen besseren Ausdruck geben (als *herzeliebez*). — 4 *willeclichen* adv., willig, bereitwillig. *muot haben eines dinges*, Verlangen, Lust, Absicht haben, etwas zu thun: dazu wäre ich gerne bereit. — 5 *mê*, weiter. — 6 *wan daz*, außer, als daß. Das bereitet mir Schmerz, Leid.
7 *verwizen* c. dat., einem vorwerfen, tadeln; verweisen. — 8 so Niedrigem meinen Gesang weihe, widme. — 10 *liebe*, Anmuth, Liebreiz. Dafür sollen sie keinen Dank empfangen; eine Verwünschung. — 11 *getraf*, bewegte, ergriff. — 12 *guot*, Geld, Vermögen, Reichthum.
13 *haz*. Hassenswerthes. — 14 *gâch*, jäh, schnell: lasse sich keiner von der Schönheit zu rasch fesseln, dahinreißen. — 16 *gêt nâch* = steht nach: die Anmuth geht der Schönheit vor. — 17 *schœne*, unflectierte Form; verschönt die Frau. — 18 macht niemals anmuthig.

Ich vertrage als ich vertruoc
und als ich iemer wil vertragen: 20
dû bist schœne und hâst genuoc.
waz mugen sie mir dâ von gesagen?
swaz sie sagen, ich bin dir holt
und nim din glesin vingerlin für einer küniginne golt.

Hâst dù triuwe und stætekeit,   25
sô bin ich din ân' angest gar,
daz mir iemer herzeleit
mit dînem willen widervar.
hâst ab dû der zweier niht,
sô müezest dû min niemer werden: ôwê, obe daz
                        geschiht!   30

---

19 *vertragen*, ertragen, hingehen, sich gefallen lassen; nämlich den
gegen meine niedere Minne ausgesprochenen Tadel. — 21 du bist schön
und reich genug. — 22 was wissen sie davon. — 23 mögen sie sagen was
sie wollen. — 24 *glesin vingerlin*. Fingerring von Glas, im Mittelalter
häufig getragen. Durch den Glasring, den der Dichter dem Goldreif einer
Fürstin vorzieht, ist die Armuth und niedrige Stellung der Geliebten an-
gedeutet.
  25 Bist du treu und beständig. — 26 *din ân' angest gar*, in Bezug
auf dich gänzlich unbesorgt. *din* wird durch den Satz mit *daz* näher be-
stimmt. — 27 *iemer*, jemals. — 28 *mit willen*, mit Vorsatz, absichtlich. —
29 nichts von den beiden: hast du aber weder Treue noch Beständigkeit. —
30 so wünsche ich dich niemals zu besitzen, so will ich nichts von dir.
Weh wenn das geschähe.

15

WEIBES UND MANNES HEIL.

Gesprächslied, Wechselrede zwischen Ritter und Frau. Er erklärt, nur in ihrem vollen Besitz Freude, Trost und Genügen zu finden. Auf ihre Erwiderung, daß er um seiner lautern Tugend und Treue willen über sie gebieten möge und daß seine Tüchtigkeit ihm die oberste Stelle in ihrem Herzen erworben, macht er seinem Entzücken in den Worten Luft, daß ihm Mannes Heil geschehen und nun niemand sich wundern dürfe, wenn sein Herz, so nah dem ihren, sorglos dahinlebe.

Mich hât ein wünneclicher wân
und ouch ein lieber friundes trôst
in seneclichen kumber brâht.
  sol der mit freude an mir zergân,
so'n wirde ich's anders niht erlôst,   5
ez'n kome als ich mir'z hân gedâht
  umb' ir vil minneclichen lip,
din mir enfremedet alliu wip,
wan daz ich s' durch sie êren muoz:
ja enger ich anders lônes niht von ir dekeiner, wan ir gruoz. 10

«Mit valschelôser güete lebt
ein man, der mir wol iemer mac
gebieten swie und swaz er wil.
  sin stæte mir mit freude gebt,
wan ich ouch sin vil schône enpflac.   15
daz kumet von grôzer liebe vil.

1 wân, Erwartung, Hoffnung. — 2 ein lieber friundes trôst, eine angenehme Zuversicht in Bezug auf die Geliebte. — 3 seneclich, verliebt: in Liebeskummer vorsetzt. — 4 zergân, vergehen, aufhören: soll der sich mir in Freude auflösen. — 5 ich's. ich dessen, davon, nämlich von Kummer. anders niht, auf keine andere Weise. — 6-9 es komme denn so, wie u. s. w., außer wenn meine Gedanken in Bezug auf die Liebenswürdige sich erfüllen, die mich allen Frauen entfremdet, nur daß ich dieselben um ihretwillen ehren muß. — 10 trann ich verlange von keiner von ihnen einen andern Lohn als ihren Gruß. 11 valschelôs, ohne Falsch, arglos, aufrichtig. güete, das Gutsein. — 13 swie, aus sô wie, wie auch immer. — 11 geben, schwaches, vom gewöhnlichen starken geben ganz verschiedenes Verbum, begaben: einem mit freude geben, jemand mit Freude beschenken (vgl. Gramm. 4, 713. mhd. WB. 1. 508); seine Beständigkeit erfüllt mich mit Freude. — 15 enpflegen c. gen., für jemand sorgen: weil auch ich stets freundlich für ihn bedacht war. — 16 vil gehört zu grôzen: das kommt von großer inniger Zuneigung. —

mir ist an ime, des muoz ich jehen,
ein schœnez wibes heil geschehen.
diu sælde wirt uns beiden schîn:
sîn tugent hât ime die besten stat   erworben in dem
              herzen mîn.»   20

Die mîne freude hât ein wîp
gemachet stæte und ungelôst
von schulden al die wîle ich lebe.
   genâde suoche ich an ir lip:
enpfâhe ich wünneclichen trôst,   25
der mac wol heizen friundes gebe.
ein mannes heil mir dâ geschach,
dâ si mit rehten triuwen sprach,
ich müese ir herzen nâhe sîn:
nu endarf es nieman wunder nemen,   ob âne sorge lebet
              daz mîn.   30

17. 18 in ihm ist mir, das muß ich gestehen, das größte Glück, das einer
Frau geschehen kann, zu Theil geworden. — 19 *sælde*, Glück, Heil.
schîn werden, sichtbar, offenbar werden: das Glück geht uns auf. —
20 *tugent*, Tüchtigkeit, edle Eigenschaft, sowol in Bezug auf den innern
Werth als äußeres Benehmen. *stat*, Stelle.
     21 *die mîne*) der vor das Pron. poss. tretende bestimmte Artikel
dient zur Verstärkung. — 22 *ungelôst*, unaufgelöst, unauflöslich. — 23 *von
schulden*, mit gutem Grunde, so lange ich lebe, für mein ganzes Leben. —
24 *genâde*, Geneigtheit, Gunst. *ein dinc suochen an einen*, jemand um etwas
angehen. — 26 *gebe* stf., Gabe, Geschenk, Gunst: *friundes gebe*, Geschenk,
wie es ein Freund, ein Liebender gibt. — 28 *mit rehten triuwen*, in rechter
Aufrichtigkeit. — 30 *dürfen*, nöthig haben, brauchen: nun braucht sich
niemand zu wundern, wenn (daß) mein Herz von Sorgen befreit ist.

16.

MANNESMUTH UND FRAUENSITTE.

Abermals ein Wechsel. Der Ritter bittet die Frau, da er schon so viel Treffliches von ihr erzählen gehört, um Unterricht und Anweisung zu einem würdigen Leben. Das ihr ertheilte Lob bescheiden von sich ablehnend verlangt sie, erst die Ansicht, die Gesinnung der Männer zu erfahren, bevor sie ihn über das, was den Frauen gefällt, unterrichte. Die Männer, erhält sie zur Antwort, verlangen von den Frauen Beständigkeit, züchtiges Wesen, freundlichen Gruß und einen lieblich redenden Mund. Umgekehrt gefalle den Frauen an den Männern: richtiges Urtheil, aufrichtiges Lob und maßvolle Heiterkeit.

Ich hœre in sô vil tugende jehen,
daz iu min dienest iemer ist bereit.
enhæte ich iuwer niht gesehen,
daz schâte mir an mîner werdekeit.
nû wil ich deste tiurre sin   5
und bite iuch, frouwe, daz ír iuch underwindet min.
ich lebete gerne, kunde ich leben:
min wille ist guot, nû bin ich tump,   nû sult ir mir die
                                                 mâze geben.

«Kund' ich die mâze, als ich enkan,
sô wære ich ze der werlte ein sælic wip.   10
ir tuot als ein wol redender man,
daz ir sô hôhe tiuret minen lip:
ich bin noch tumber danne ir sit.
nû waz dar umbe?   doch wil ich scheiden uns den strit:

1 so viel Gutes, Treffliches von euch sagen. — 2 stets bereit. — 3 *iuwer.* gen., abhängig von *niht.* nichts: wüßte ich nichts von euch, hätte ich euch nicht kennen gelernt — 4 *schâte = schadete:* brächte meinem Werthe, meiner Würdigkeit Nachtheil. — 5 *deste,* desto, um so mehr. *tiurre = tiurerer, tiuwerre,* theurer, werthvoller, vornehmer, edler. — 6 euch meiner annehmt, um mich zu unterrichten. — 7 ich lebte gern, wenn ich (recht=höfisch) zu leben wüßte, es verstände. — 8 *tump,* jung, unerfahren. *diu mâze,* Art und Weise: ihr sollt mir die Weise angeben, wie ich leben soll, um zu einem würdigen, tugendhaften Menschen mich auszubilden. 9 Verstände ich diese Kunst so gut, als es nicht der Fall ist, so wäre ich glücklich. — 10 *ze der werlte,* auf dieser Erde. — 11 wie ein beredter, erfahrener Mann. — 12 *tiuren,* theuer machen, im Werth erhöhen: daß ihr mich so hoch erhebt. — 14 *nû waz dar umbe,* nun, was thut es, was hat es zu sagen. *doch,* dennoch, gleichwol. *scheiden den strit,* die

3 *

tuot ir alrêrst des ich iuch bite   15
und saget mir der manne muot,   sô lêre ich iuch der
                                     wîbe site.»

Wir wellen, daz diu stætekeit
iu guoten wîben gar ein krône si.
kumt iu mit zühten sin gemeit,
sô stêt diu lilje wol der rôsen bi.   20
nû merket, wie der linden stê
der vogele singen,   dar under bluomen unde klê:
noch baz stât frouwen schœner gruoz.
ir minneclicher redender munt   der machet, daz man'n
                                     küssen muoz.

«Ich sage iu, wer uns wol behaget: 25
wan der erkennet übel unde guot
und ie daz beste von uns saget,
dem sîn wir holt, ob er'z mit triuwen tuot.
kan er ze rehte ouch wesen frô
und tragen gemüete   ze mâze nider unde hô,   30
der mac erwerben swes er gert:
welch wip verseit im einen vadem?   guot man ist guoter
                                        siden wert.»

(zwischen uns bestehende) Streitfrage entscheiden, schlichten. — 15 *alrêrst*
= *aller êrst*, zuerst. *des* gen., abhängig von *bite:* das, um was ich euch
bitte. — 16 *muot*, die Ansicht, Gesinnung der Männer. *lêren*, unterrichten,
belehren über etwas. *der wîbe site*, die Art der Weiber: wie die Frauen
es halten.
     17. 18 Wir (Männer) sind der Ansicht, Meinuug, daß die Treue, Be-
ständigkeit, die höchste Zierde für euch Weiber sei. *krône*, der höchste,
kostbarste Schmuck. — 19 *kumt iu*, ist euch beschieden; *sin gemeit = ge-
meitheit*, Fröhlichkeit, Heiterkeit; *mit zühten*, verbunden mit Sittsamkeit.
— 20 die Verbindung der Lilie mit der Rose gebrauchen die mhd. Dichter,
Walther voran, öfter zur bildlichen Bezeichnung des höchsten Inbegriffs
körperlicher sowol als sittlicher Reize, vgl. Nr. 6, 20. 17, 24. 149, 7. —
21 *stê*, anstehe, sie schmücke. — 23 *schœner gruoz*, freundlicher, süßer
Gruß. — 24 *redender munt*, Mund der freundlich zu reden weiß. *man'n*
= *man in*, den Mund.
     26 *wan der*, nur der welcher. — 27 *ie*, stets. — 28 wenn er es aus auf-
richtigem Herzen thut. — 29 *ze rehte*, in der rechten Weise. Dieselbe Be-
deutung hat in der folgenden Zeile: *ze mâze*, *wesen*, sein. — 30 *gemuete
tragen* (wie anderwärts *hôhgemüete*, *hôhen muot* Nr. 13, 23. *haz* Nr. 10, 18.
schame, *triuwe*, *zuht tragen)*, gesinnt, gestimmt sein: ist sein Sinn weder
zu unterwürfig, noch zu stolz. — 31 *erwerben*, erlangen. — 32 *vadem*, stm.,
Faden. Welche Frau würde ihm das Geringste abschlagen? Ein trefflicher
Mann ist des Feinsten, Besten, Kostbarsten würdig: er kann alles ver-
langen.

17.

DIE HERRLICHE FRAU.

Der Dichter will die wundervolle Schönheit der Geliebten in seinem
Sange preisen. Er beginnt mit ihrem Haupte, das ihm so wonnevoll wie
der Himmel erscheint, aus welchem ihm ihre Augen wie zwei Sterne
leuchten. Von den Augen kommt er zu ihren Wangen, die Gott aus Lilien
und Rosen gemischt, und geht zu ihrem zum Küssen einladenden Munde
über. Zuletzt lobt er Hals, Hände und Füße, und spielt auf ihre verborge-
nen Reize an, deren Anblick in ihm, als er sie einst aus dem Bade steigen
sah, erst Entzücken, dann aber schmerzliche Sehnsucht erweckt habe.

Si wunderwol gemachet wip,
daz mir noch werde ir habedanc!
ich setze ir minneclichen lip
vil werde in minen hôhen sanc.
   gern' ich in allen dienen sol: 5
doch habe ich mir disç ûz erkorn.
ein ander weiz die sînen wol:
die lobe er âne mînen zorn.
   hab' ime wis' ûnde wort
mit mir gemeine: lobe ich hie, sô lobe er dort.   10

   Ir houbet ist sô wünnenrîch,
als ez min himel welle sin.
   wem solde ez anders sin gelich?
ez hât joch himeleschen schin.
   dâ liuhtent zwêne sternen abe: 15
dâ müeze ich mich noch inne ersehen,

---

1 *wunderwol*, wunderbar schön. *gemachet* = *getân*, geschaffen, ge-
formt. — 2 *habedanc*, eig. nimm, empfange Dank: Dank mit Worten. —
3. 4 Ich räume ihrem lieblichen Leibe eine würdige Stelle ein in meinem
kunstvollen Gesang. — 5-10 ich bin gern bereit, allen Frauen zu huldigen;
doch habe ich mir diese auserwählt, ein Anderer kennt die Seinige: ich
habe nichts dagegen, wenn er diese lobt, selbst wenn es mit meiner Ton-
weise und meinen Worten (meinen eigenen Liedern) geschieht. — 7 *die
sînen*, schwache Form.
   11 *wunnenrîch*, beglückend, erfreuend. — 12 *als*, als wenn, wie
wenn. — 13 womit könnte es sonst verglichen werden? — 14 *joch*, auch:
dient zur Verstärkung. *schin* stm., Glanz. — 15 *dâ abe*, dar ab, davon, dar-
aus. *zwêne* masc. *sterne* swm. — 16 *dâ inne*, darin. *ersehen*, schauen;

daz si mir s' alsô nâhen habe!
sô mac ein wunder wol geschehen:
ich junge, und tuot si daz,
und wirt mir gernden siechen seneder sülte baz.   20

Got hâte ir wengel hôhen flîz:
er streich sô tiure varwe dar,
sô reine rôt, sô reine wîz,
hie rœseloht, dort liljenvar.
  ob ich'z vor sünden tar gesagen,   25
sô sæhe ich s' iemer gerner an
dan himel oder himelwagen.
ôwê waz lobe ich tumber man?
mach' ich mir sie ze hêr,
vil lîhte wirt mins mundes lop mins herzen sêr   30

Si hât ein küssen, daz ist rôt:
gewunne ich daz für mînen munt,
sô stüende ich ûf ûz dirre nôt
und wære ouch iemer mê gesunt.
  dem si daz an sîn wengel leget,   35
der wonet dâ gerne nâhe bî:
ez smecket, sô man'z iender reget,
alsam ez allez balsme sî.

---

spiegeln. — 17 *mir s'* = *mir sie*, nämlich die beiden Sterne (Augen). *nahen* adv., nahe. *haben*, halten. — 16. 17 o daß sie mir die Augen so nahe rückte, daß ich mich darin schauen könntel — 18 *sô*, dann; in diesem Fall könnte sich leicht ein Wunder ereignen. — 19 *jungen*, jung werden. *und* häufig vor bedingenden Nebensätzen in fragender Wortfolge: wenn. — 20 *mir gernden siechen*, mir Sehnsuchtskranken. *mir wirt baz* c. gen., ich werde von etwas erlöst, befreit. *seneder sülte*, von der Liebeskrankheit. *suh'*, gen. *sülte*.
  21 *flîz haben eines dinges*, Sorgfalt auf etwas verwenden. Gott verwandte auf ihre Wangen so große Sorgfalt. *wengel*, stn. demin. von *daz wange*. — 22 *streich* præt. von *strîchen*, streichen. *dar*, dahin. — 23 *reine*, schwache Form: so *reines* Roth etc. — 24 *rœseloht*, rosig; *liljenvar*, lilienfarbig. — 25 *vor sünden*, ohne mich zu versündigen. *tar*, mich getraue, darf. — 27 *himelwagen*, das Sternbild des großen Bären. — 29 *hêr*, vornehm, stolz: erhebe ich sie gar zu sehr, zu hoch. — 30 so kann es leicht geschehen, daß mein Lob meinem Herzen zum Schmerz gereicht.
  31 *küssen*, Kissen, Polster, so nennt der Dichter wortspielend die rothschwellenden Lippen. — 32 könnte ich das an meinen Mund bringen. — 33 *ûf stân*, erstehen, sich erheben. *nôt*, Drangsal: so würde ich dieser Pein, Last ledig. — 35. 36 wem sie das Kissen (den Mund) an die Wange legt, der wird sich freudig nahe hinzuschmiegen. — 37 *smecken*, riechen, duften. *sô*, wenn. *iender*, irgend, nur. *regen*, bewegen, berühren. — 38 *allez*, gänzlich, durchaus; als wenn es durch und durch aus Balsam

daz sól si lîhen mir :
sô dicke sô si'z wider wil, sô gibe ich'z ir.　　　40

Ir kel, ir hende, ietweder fuoz,
daz ist ze wunsche wol getàn.
ob ich da enzwischen loben muoz,
sô wæne ich mê beschouwet hân :
ich hæte ungerne «decke blôz!»　　　45
gerücfet, do ich sie nacket sach.
sie sach min niht, dô si mich schôz :
daz stichet noch als ez dô stach.
ich lóbe die reinen stat,
dà diu vil minnecliche ûz einem bade trat.　　　50

---

bestände. — 39. 40 das soll sie mir leihen: will sie es zurückhaben, so
geb' ich ihr es wieder, d. h. sie soll mich küssen, ich bin auf ihren
Wunsch stets bereit, die Küsse zurückzugeben, zu erwidern.
41 *kel* swf., der Hals. *ietweder*, jeder von beiden, beide. — 42 *ze wunsche*,
wie man nur wunschen kann, aufs Beste, Vollkommenste. — 43. 44 wenn
ich daneben (zwischen Hals und Fuß) etwas loben darf, so meine ich
allerdings noch mehr (weiteres) gesehen zu haben. — 45 *decke blôz*, Impe-
rativ, decke das Blößel ein Ausdruck aus dem Fechtunterricht, Zurul
des Lehrers. — 47 *min niht*, nichts von mir, mich nicht. *schôz*, traf, ver-
wundete (durch ihre Reize). — 48 *stichet noch*, schmerzt noch (wie eine
Wunde). *als*, aus *alse*, *alsô*, ganz so wie, wie. *dô*, damals. — 49 *loben*,
preisen. *die reinen stat*, die reine, schöne Stätte, den Ort, — 50 *trat*, stieg.

18.

TROST IM LEIDE.

Tadel der Unfreudigkeit unter Jungen und Reichen; Klagen über die
ungleiche Vertheilung der Glücksgüter; Heilmittel wider den Kummer
durch Erinnerung an treffliche Frauen und den Frühling; Bekenntniss,
daß dem Dichter seine Geliebte lieber sei als alles in der Welt. Auf
dieses Lied beruft sich Walther in Nr. 58.

Wil ab iemen wesen frô,
daz wir iemer in den sorgen iht enleben?
wê wie tuont die jungen sô,
die von freuden solten in den lüften sweben?
i'n weiz anders weme ich'z wizen sol,   5
wan den rîchen wize ich'z und den jungen.
die sint unbetwungen:
des stât in trûren übel und stüende in freude woi.

Wie frô Sælde kleiden kan,
daz si mir git kumber unde hôhen muot!   10
sô gît s' einem rîchen man
ungemüete: ôwê, waz sol dem selben guot?
min frou Sælde, wie si min vergaz,
daz si mir sin guot ze minem muote
nien' schriet, si vil guote!   15
min kumber stüende im dort bi sinen sorgen baz.

Swer verholne sorge trage,
der gedenke an guotiu wip — er wirt erlôst —
und gedenke an liehte tage:
die gedanke wâren ie min bester trôst.   20
gegen den vinstern tagen hân ich nôt,
wan daz ich mich rihte nâch der heide,
diu sich schamt ir leide:
sô si den walt siht gruonen, sô wirt s' iemer rôt.

Frouwe, als ich gedenke an dich,   25
waz din reiner lip erwelter tugende pfliget,
sô lâ stân! dû rüerest mich
mitten an daz herze, dâ diu liebe liget.
liep und lieber des enmeine ich niht,
dû bist aller liebest, daz ich meine: 30
dû bist mir alleine
vor ál der werlte, frouwe, swaz sô mir geschiht.

---

17 *verholne* adv., insgeheim, im Stillen. *sorge*, Kummer. *trage* conj.,
trägt. — 19 *liehte tage* = die sonnigen Tage des Sommers, die Sommer-
freude. — 21 auf die trüben (Winter-) Tage ist mir bange. — 22 ff. aber
ich richte mich nach der Heide, folge ihrem Beispiel: wenn ich an die
lichten Frühlingstage denke, so schäme ich mich meiner (unnöthigen)
Trauer, wie die Heide, die roth wird vor Scham, daß sie traurig war,
wenn sie den Wald grünen sieht. Das Heidekraut blüht, wie bekannt,
röthlich.
26 *erwelt*, auserwählt, ausgezeichnet: wie keusch und tugendhaft du
bist. — 27 *lâ stân*, laß ab, hör' auf. — 28 du triffst mich mitten ins Herz,
an die Stelle, wo das Liebsein liegt. — 29 dem Dichter genügt weder der
Positiv noch der Comparativ, er greift gleich zum Superlativ: nicht bloß lieb
und lieber, nein, du bist mir allerliebst, dich allein l ebe ich über alles,
was immer mir auch geschehen, was daraus entstehen mag.

19.

AN DIE ZUDRINGLICHEN FRAGER.

Den wahren Namen der Geliebten zu nennen, galt im Mittelalter bei
den deutschen wie bei den provenzalischen Minnesängern für die größte
Ungezogenheit. Der wiederholt an ihn gestellten Fragen der Neugierigen
erwehrt sich der Dichter dadurch, daß er sich bereit erklärt, den Namen
seiner Herrin zu nennen. Sie habe zwei Namen, lautet die spöttische
Antwort: Gnade und Ungnade; der eine mache reich, der andere arm;
dieser soll verfallen, wer ihn jener beraube. Er schließt mit dem Wun-
sche, von den unverschämten Spürern und ihrer Ungezogenheit künftig
unbehelligt zu bleiben.

Sie frâgent unde frâgent aber al ze vil
von miner frouwen, wer si sî.
daz müet mich sô, daz ich s' in allen nennen wil,
sô lânt sie mich doch danne frî.
Genâde und Ungenâde, dise zwêne namen   5
hât min frouwe beide und sint ungelich:
der eine ist arm, der ander rîch.
der mich des rîchen irre,   der müeze sich des armen
                             schamen.

Die schamelôsen, liezen sie mich âne nôt,
so'n hæte ich weder haz noch nit.   10
nû muoz ich von in gân, alsô diu zuht gebôt:
ich lâze in laster unde strît.
dô zuht gebieten mohte, seht, dô schuof si'z sô:
tûsent werten einem ungefüegen man,
unz er vil schône sich versan   15
und müose sich versinnen: sô vil was der gefüegen dô.

2 von, um, nach. — 3 müet, verdrießt, ärgert. — 4 frî, los, ledig, un-
behelligt. — 6 wiewol es Gegensätze sind. — 8 einen irren c. gen., ihn
woran hindern, stören. sich schamen c. gen., sich über etwas schämen: dein
müsse zu seiner Beschämung das zweite (die Ungnade) zu Theil werden.
8 âne nôt, unbelästigt. — 12 ich räume ihnen das Feld und überlasse
sie ihrer Schande. — 13 als die Befehle der Zucht noch etwas galten.
schaffen, machen, bewirken. — 14 werten, wehrten. wern c. dat., einen
hindern. — 15 schône sich versan, sich wohl überlegte, völlig zur Besinnung
kam. — 16 auf muose liegt ein Nachdruck: und war genöthigt, er mochte
wollen oder nicht: so groß war damals die Zahl der Wohlgezogenen.

20.

LOB DES SOMMERS.

Bitte an den Sommer, für das Lob, das er ihm spende, hin-
wiederum ihn zu trösten und ihm die Gunst der Geliebten zuzuwenden,
der alle seine Gedanken gewidmet seien und für die er stets neues Lob
finde.

Swie wol der heide ir manicvaltiu varwe stât,
sô wil ich doch dem walde jehen,
daz er vil mêre wünneclicher dinge hât.
noch ist dem velde baz geschehen.
sô wol dir, sumer. sus getâner cmzekeit!   5
sumer, daz ich iemer lobe dine tage,
mîn trôst, sô trœste ouch mine klage :
ich sage dir, waz mir wirret: diu mir ist liep, der bin ich leit.

Ich mac der guoten niht vergezzen noch ensol,
diu mir sô vil gedanke nimet.   10
die wîle ich singe, wil ich vinden iemer wol
ein niuwe lop, daz ir gezimet.
nû habe ir diz für guot (sô lobe ich danne mê):
éz tuot in den ougen wol, daz man sie siht,
und daz man ir vil tugende giht,   15
daz tuot wol in den ôren. sô wol ir des! sô wê mir, wê!

---

1 Wie gut auch der Heide ihre bunte Farbe steht, sie kleidet. —
3 *jehen* c. dat., zugestehen. — 4 noch besser ist es dem Felde geworden.
— 5 *emzekeit*. Thätigkeit, Fleiß. Heil dir, o Sommer, solches Fleißes (den
du an Heide, Wald und Feld gelegt hast). — 7 *trôst*] wie hier so nennt
Walther auch im nachfolgenden Liede den Sommer *trôst*, Hoffnung und
Helfer des Mannes, deshalb, weil er es möglich macht, die Geliebte, die
den Winter über fast unzugänglich ist, zu sehen und ihr zu nahen. —
8 *leit*, unlieb, verhaßt.
  9 *ensol*, werde nicht. — 10 *nimet*, wegnimmt: die meine Gedanken
so sehr in Anspruch nimmt. — 12 *niuwe* die unflectierte Form. —
13 *für guot haben*, vorlieb nehmen: für jetzt mag sie mit diesem (dem
folgenden) vorlieb nehmen, später lobe ich weiter. — 16 *sô wol ir des*, Heil
ihr darum.

21.

DIE AUGEN DES HERZENS.

Nur wer die Frauenliebe kennt, weiß, was rechte Freude ist. Da
ohne diese niemand taugt, so wünscht sie der Dichter bei der Geliebten
zu finden. So oft er auch die Augen nach ihr ausgesandt, stets haben
sie ihm entzückende Botschaft gebracht. Aber es sind nicht die leib-
lichen, sondern die Augen des Herzens, die Gedanken, womit er sie
überall erblickt. Der Dichter wäre glücklich und reich belohnt, wenn
auch sie ihn auf diese Weise, mit ihren geistigen Augen, sehen möchte.

Sumer unde winter beide sint
guotes mannes trôst, der trôstes gert:
　er ist rehter freude gar ein kint,
der ir niht von wibe wirt gewert.
　dâ von sol man wizzen daz,　　　　　　　　　　　　　5
daz man elliu wip sol êren　　und iedoch die besten baz.

Sit daz nieman âne freude touc,
sô wolt' ich vil gerne freude hân
　von der mir min herze nie gelouc,
ez ensagte ir güete ie sunder wân.　　　　　　　　　　10
　swenne ez d'ougen sante dar,
siht, sô brâhten s' im diu mære,　　daz ez fuor in
　　　　　　　　sprüngen gar.

I'n weiz niht wol wie'z dar umbe sî:
si'n gesach min ouge lange nie:

---

3 *rehter freude ein kint*, in Bezug auf wahre Freude unerfahren,
unwissend wie ein Kind: wen Frauenliebe nicht erfreut, der weiß nicht,
was rechte Freude ist. — 6 aber die besten am meisten, vor andern. *elliu*
neutr. pl. von *al. die*, nicht *diu*, dem Sinne nach construiert.
　7 *Sit daz*, da, sintemal. *touc* præs. des anom. Verbums *tugen*, brauch-
bar sein, taugen. Da ohne Herzensfreude (die liebende Frauen gewähren)
der Mann nichts werth ist. — 9 *gelouc* præt. von *liegen*, log. Von der-
jenigen, über die mein Herz mich nie täuschte, sondern stets mit voller
Gewissheit ihre Trefflichkeit verkündete. — 10 *sunder wân*, gewisslich. —
11 *ez*, das Herz. *d'ougen = diu ougen. dar*, dahin, zu ihr hin: das Herz
schickte die Augen als Boten aus. — 12 *diu mære* pl., die Kunde, Bot-
schaft. *varn*, sich von einem Orte zum andern bewegen. *in sprüngen varn*,
hoch aufspringen (vor Freude, Entzücken). *gar* adv., ganz, völlig.　　　•
　13 Ich weiß nicht recht, wie es damit steht: weiß der Himmel, wie
es zugeht. — 14 mein (leibliches) Auge hat sie schon lange nicht gesehen. —

sint ir mines herzen ougen bî,   15
sô daz ich ân' ougen sihe sie?
    da ist doch wunder an geschehen:
wer gap im daz sunder ougen,   deiz sie z'aller zit
                    mac sehen?

Welt ir wizzen, waz diu ougen sin,
dâ mit ich sie sihe durch elliu lant?   20
    ez sint die gedanke des herzen mîn,
die dâ sehent durch mûre und ouch durch want.
    hüeten swie sie dunke guot:
doch sô sehent mit vollen ougen   herze, wille und a!
                    der muot.

Wirde ich iemer ein sô sælic man,   25
daz si mich ân' ougen sehen sol?
    siht si mich in ir gedanken an,
sô vergiltet si mir mine wol.
    mînen willen gelte mir,
sende mir ir guoten willen: mînen den hab' iemer ir.   30

---

18 *im*, dem Herzen. *deiz = daz es:* wer verlieh ihm die Macht, sie ohne
Augen allezeit zu sehen?
    19 Welches die Augen seien, womit u. s. w. — 23 *hüeten* conj. con-
cessivus: mögen sie (die Merker, Aufpasser) sie bewachen, wie sie gut
dünkt, dennoch u. s. w. — 24 *der muot*, das Gemüth.
    25. 26 *wirde* 1 præs. von *werden*, werde. *iemer*, jemals: werde ich
wol jemals so glücklich sein, daß auch sie mich ohne Augen (d. h. mit
den Gedanken ihres Herzens) sehen wird? — 29. 30 *gelte*, *sende* conj. optat.,
bei welchem, nach alter Art, das Pronomen gerne wegbleibt: möge sie
meine Neigung durch die ihrige (durch Erwiderung) belohnen: die meine
gehört für immer ihr.

22.

BESELIGUNG EDLER LIEBE.

Klage, daß die schöne Jahreszeit niemals die Hoffnungen erfülle,
die er auf sie gesetzt habe, und daß seine Freude bloß in der Ein-
bildung bestehe. Nur in gegenseitiger treuer Liebe beruhe das Glück
und die Seligkeit des Mannes und Weibes, und ein Thor sei, wer ohne
sie lebeu zu können meine. Am Schlusse werden die Frauen ermahnt,
ihre Gunst nicht an Unwürdige wegzuwerfen.

Waz ich doch gegen der schœuen zît
gedinges unde wâues hân verlorn!
swaz kumbers an dem winter lît,
den wânde ich ie des sumers hân verborn.
sus saste ich allez bezzerunge für: 5
swie vil ich trôstes ie verlür,
sô hâte ich doch ze freuden wâu.
dar under misselanc mir ie:
i'n vant sô stæte freude nie,
si wolte mich ê ich sie lân.   10

Muoz ich nû sin nâch wâne frô,
so'n heize ich niht ze rehte ein sælic man
    dem ez sin sælde füeget sô,
daz im sin herzeliep wol guotes gan,
    hât ouch der selbe freuderichen siu   15
(des ich nû leider âne bin),

---

1. 2 *Waz gedinges unde wânes*, wie viele Hoffnungen, die ich auf
die schöne Jahreszeit gesetzt. — 3 alle Betrübniss, die mit dem Winter
verbunden ist, die der Winter mit sich bringt. — 4 *des sumers* adv. gen.,
im Sommer, während des Sommers. *verborn* part. præt. von *verhern*,
vermeiden, nicht haben: wähnte ich überhoben zu sein. — 5 *allez* adv., in
einem fort. *saste* præt. von *setzen*; *fürseten*, proponere, sich vorstellen,
trösten, Hoffnung machen: in dieser Weise hoffte ich immer auf Bes-
serung, Ersatz. — 6 *verlür* conj., verlöre; verlor. — 8 *dar under*, inzwischen:
blieben meine Hoffnungen stets unerfüllt. — 9. 10 ich fand nie so dauer-
hafte Freude, die nicht eher mich als ich sie verlassen hätte: alle meine
Freude war von keiner Dauer, sie nahm früher ein Ende als mir lieb war.
11 *nâch wâne*, aufs Gerathewohl, aufs Ungewisse hin. — 12 so bin
ich nicht wahrhaft glücklich. — 14 *gan*, gönnt; gibt, zukommen läßt. –

so'n spotte er niht dar umbe min,
ob im sin liep iht liebes tuot:
ich wære ouch gerne hôhgemuot,
möht' ez mit liebes hulden sin.   20

Er sælic man, si sælic wip,
der herze ein ander sint mit triuwen bî!
ich wil daz, daz ir beider lip
getiuret unde in hôher wirde sì.
vil sælic sin ir jàr und al ir zit!   25
er ist ouch sælic sunder strit,
der nimt ir tugende rehte war,
sô daz ez in sin herze gêt.
ein sælic wip, diu sich verstêt,
diu sende ouch guoten willen dar.   30

Sich wænet maneger wol begên,
sô daz er guoten wiben niht enlebe:
der tôre kan sich niht verstên,
waz ez im freude und ganzer wirde gebe.
dem lihtgemuoten dem ist iemer wol   35
mit lihten dingen, als ez sol:
swer wirde und freude erwerben wil,
der diene guotes wibes gruoz.
swen si mit willen grüezen muoz,
der hât mit freuden wirde vil.   40

---

16 âne sîn c. gen., frei sein von etwas, es nicht haben. — 17 spotten c. gen.,
über jemand spotten. — 18 liep stn., Geliebte. — 20 könnte es mit Erlaub-
niss, mit Zustimmung der Geliebten geschehen: würde mir ihre Gunst zu
Theil.
    21 beatus vir: Heil dem Manne und der Frau, vgl. die Anmerkung
zu Nr. 25, 3. — 22 der gen pl., deren. herze starker nom. pl. — 23 ich wil,
ich bin der Ansicht. ir beider lip = sie beide. — 25 sîn conj. optat., mögen
ihr ganzes Leben glücklich sein! — 26 sunder strit, ohne Widerrede.
Doch auch derjenige ist glücklich, der die Trefflichkeit zweier treu sich Lie-
benden so beobachtet, daß es ihm zu Herzen geht. — 29 sich verstân, ver-
ständig sein. — 30 einem solchen möge eine treffliche Frau, die zugleich
verständig ist, freundlich entgegenkommen.
    31 sich begén, leben: mancher wähnt ein treffliches Leben zu führen,
ohne daß er um gute Frauen sich kümmere. — 33 der Thor merkt, weiß,
begreift nicht. — 35 liht'gemuot, leichten Sinnes. — 36 liht, werthlos, ge-
ring. als ez sol, wie das bei ihm in der Ordnung ist, sich von selbst ver-
steht. — 37. 38 wer aber Ansehen und Freude erwerben will, der suche
guter Frauen Gunst zu verdienen. — 39 mit willen, aus freiem Antrieb,
gern grüezen muoz, freundlich grüßt. — 40 mit, nebst; häufig so viel wie
und; = wirde und freude.

Jâ hêrre, wes gedenket der,
dem ungedienet ie vil wol gelanc?
ez si ein si, ez sî ein er,
swer alsô minnen kan, der habe undanc,
und dâ bî guoten dienest übersiht. 45
ein sælic wîp diu tuot des niht,
diu merket guotes mannes site:
dâ scheidet si die bœsen von.
sô ist ein tumbiu sô gewon.
daz ir ein tumber volget mite. 50

41 *Jâ hérre*, Ausruf: ach Gott, **Herrgott**. *gedenken* c. gen., an etwas denken: was denkt sich der? — 42 *ungedienet*, ohne gedient zu haben: dem es stets mühlos glückte (der Frauen Gunst zu gewinnen). — 43 *ein si, ein er*. ein Weib, ein Mann. — 44 *undanc*, das Gegentheil von Dank: wehe der Frau, die auf diese Weise liebt und daneben treuen Dienst unbeachtet läßt. — 48 von den Guten trennt sie die Schlechten. — 49 *gewon* adj., gewohnt. — 50 *mite volgen* c. dat., begleiten: mit ihr geht, sich zu ihr hält.

23.

LIEBESSELIGKEIT.

Lied zu Ehren der Herrin, deren Liebe ihn in einen Freudentaumel
und deren Anblick ihn im kalten Winter mitten in den Mai versetzt.

Ích bin nû sô rehte frô,
daz ích vil schiere wunder tuon beginne.
lihte ez sich gefüeget sô,
daz ích erwirbe miner frouwen minne :
seht, sô stigent mir die sinne 5
wol hôher danne der sunnen schin. genâde, ein küniginne!

Ich ensach die schœnen nie
sô dicke, daz ich daz et ie verbære,
mirne spilten d'ougen ie.
der kalte winter was mir gar unmære : 10
ander liute dûhte er swære,
mir wás die wile als ich enmitten in dem meien wære.

Disen wünneclichen sanc
hân ich gesungen miner frouwen z'êren.
des sol si mir wizzen danc: 15
durch sie sô wil ich iemer freude mêren.
wól mac si min herze sêren :
waz danne, ob si mir leide tuot? si mac ez wol verkêren.

---

2 daß ich mich zu wunderbarem, ungewöhnlichem Thun aufgelegt
fühle. — 3 es kann leicht geschehen. — 5 die Sinne, der Geist. — 6 ge-
nâde wird in der Anrede sowol bittend als dankend gebraucht, hier:
seid gnädig, d. h. ich bitte. ein wird wie hier öfter vor den Vocativ ge-
setzt im Sinne von o: genâde, ein sælic wîp, ein süezer lip, vgl. mhd.
Wörterbuch 1, 419¹.
8 verbern, unterlassen. et ie, auch nur je: ich unterließ es kein ein-
ziges Mal, es geschah mir immer. — 7-9 Ich sah die Schöne nie, ohne
daß mir, was niemals unterblieb, stets die Augen (vor Freude) funkelten.
— 10 gar unmære, völlig gleichgültig. — 12 enmitten in dem meien, mitten
im Mai, Frühling.
15 dafür soll sie mir dankbar sein. — 16 durch sie, um ihretwillen. —
17 sêren, versehren, verwunden. — 18 waz danne, was thut's, wenn sie
mir auch Schmerzliches, Betrübendes zufügt? verkêren ins Gegentheil
verwandeln.

Dar enkunde nieman mir
geräten, daz ich schiede von dem wâne.   20
kêrte ich minen muot von ir,
wâ funde ich denne ein alsô wol getâne,
diu sô wære valsches âne?
s'ist schœner unde baz gelobt dan Hēlênę oder Diâne.

19 *Dar*, dahin, dazu. *enkunde*, könnte, vermöchte nicht. — 20 daß
ich von dem Glauben, der Hoffnung abließe. — 21 wendete ich meine Ge-
danken von ihr. — 23 *valsches âne*, ohne Falsch. — 24 sie ist schöner und
steht in besserem Lob, Ruf, ist lobenswürdiger als Helena oder Diana.

24.

DAS HALM-MESSEN.

Beruhigung des liebekranken Herzens durch ein Halmorakel.

In einen zwivellichen wân
was ich geseczen und gedâhte,
ich wolte von ir dienste gân,
wan daz ein trôst mich wider brâhte.
trôst mag ez rehte niht geheizen, ouwê des!   5
ez ist vil kûme ein kleinez trœstelin,
sô kleine, swenne ich'z in gesage, ir spottet min;
doch fröwet sich lützel ieman, er enwizze wes

Mich hât ein halm gemachet frô:
er giht, ich süle genâde vinden.   10
ich maz daz selbe kleine strô,
als ich hie vore sach von kinden.
nû hœret unde merket, ob si'z denne tuo:
»si tuot, si entuot, si tuot, si entuot, si tuot.«
swie dicke ich'z tete, sô was ie daz ende guot.   15
daz trœstet mich: dâ hœret ouch geloube zuo.

1 *zwivellich*, ungewiss, verzweifelnd (an allem Erfolg). *wân*, Meinung,
Vermuthung; Gedanken. In zweifelnde Gedanken *was ich gesezzen*, hatte
ich mich gesetzt, war ich vertieft, versenkt. — 3 daß ich meine Bemühung
um sie, meine Bewerbung aufgeben wolle. — 4 außer daß: hätte mich
nicht eine freudige Zuversicht zurück (davon ab) gebracht. — 5 so kann
man es eigentlich nicht nennen. *ouwe des!* weh deshalb, darum. — 8 *frö-
wen*, freuen *lutzel ieman*, wenig jemand = niemand. *er enwizze wes*, ohne
zu wissen, weshalb, worüber.
10 er sagt, ich solle noch die Gunst der Geliebten gewinnen. —
11 *kleine*, fein, zart. Unter dem Messen des Halmes haben wir dasselbe
Spiel zu verstehen, das heute noch unter Kindern und Erwachsenen im
Schwange ist und darin besteht, daß entweder die Knoten oder Ringe
eines beliebigen Halmes oder auch die Blätter der Sternblume (wie von
Gretchen im Faust), ja selbst die Knöpfe an Weste und Rock gezählt
werden. Doch ist zu beachten, daß W. den Halm ein *kleinez strô* nennt,
was die Deutung auf die Halmknoten unsicher macht. — 12 *hie vore*,
früher; *vore*, gewöhnlich *vor*. — 15 wie oft ich auch das Spiel wiederholte,
so war die schließliche Antwort stets eine günstige. Statt *tete* vermuthet
Lachmann als ursprüngliche Lesart nicht unwahrscheinlich *everte*, von
everen, wiederholen. — 16 seht, das ist mein Trost; dazu gehört allerdings
ein (guter) Glaube, fügt der Dichter in launiger Weise hinzu.

4 *

Swie liep si mir von herzen sì,
sô mác ich doch vil wol erliden,
daz ich ir si zem besten bì.
ich darf ir werben dar niht niden: 20
i'n mac, als ich erkenne, des gelouben niht,
daz s' ieman sanfte in zwivel bringen müge.
mir'st liep, daz die getrogenen wizzen, waz sie trüge,
wan alze lanc daz s' iemer rüemic man gesiht.

---

19 *zem besten*, so die Hs., der auch Lachmann folgte. Wackernagel
emendiert *zem lesten*, das hieße: wenn ich auch nur zuletzt, als der Letzte,
bei ihr sein kann. Aber auch dies gewährt noch keinen vollkommen
passenden Sinn. Der Dichter will ohne Zweifel sagen: obwol ich sie von
Herzen liebe, so kann ich es doch recht wohl ertragen, daß sie auch noch
Andere in ihrer Nähe duldet, mit ihnen verkehrt: ich brauche *ir werben
dar*. ihre Bemühungen um sie, die Huldigungen, die sie ihr darbringen,
nicht ungünstig zu betrachten: denn ich kann — und habe allen Grund
dazu — nicht glauben, daß sie mir so leicht Einer wankend machen könnne.
Mir ist sogar lieb, daß die betrogenen Bewerber wissen, was sie betrogen
habe (»nämlich ihre Zuversicht» Lachmanr): nur dauert es schon allzu
lange, daß sie sich die Huldigungen der Prahler gefallen läßt. — 24 *rüemic
man* ist Subject, *si* Object.

25.

DAS RECHTE MASS.

Die *Mâze*, die, gleich anderen Tugenden, z. B. die Ehre, Milde, Treue u. s. w., bei den alten Dichtern häufig wie hier personificiert erscheint und um ihre Lehre und Unterweisung angegangen wird, ist die Kunst, die Eigenschaft des Geistes oder Gemüthes, in Thun und Lassen stets das rechte Maß, die richtige Grenze zu finden. Diese Kunst galt im Mittelalter in höfischen Kreisen als das untrügliche Zeichen feiner Bildung und edler Gesinnung. Das Gegentheil ist die *Unmâze*, die Maßlosigkeit, Unbildung, Rohheit.

Aller werdekeit ein füegerinne
daz sit ir zewâre, frouwe Mâze.
er sælic man, der iuwer lêre hât!
dér endarf sich iuwer niender inne
weder ze hove schamen noch an der strâze.   5
durch dáz sô suoche ich, frouwe, inwern rât,
daz ir mich ebene werben lêret.
wirbe ich nidere, wirbe ich hôhe, ich bin versêret.
ich was vil nâch ze nidere tôt,
nû bin ich aber ze hôhe siech :   Unmâze, ir lât mich
âne nôt!   10

Nideriu minne heizet, diu sô swachet
daz der lip nâch kranker liebe ringet:

---

1 *füegerinne*, Zuwegebringerin: die Schöpferin, Urheberin alles Guten, Trefflichen. — 2 *zewâre*, wahrlich, in Wahrheit. 3 *er sælic man*] in dieser Weise wird im Mhd. dem Subst. oder Adj. häufig das Pronomen vorgesetzt (z. B. bei Walther: *er tôre, er gouch, er herre, si sælic wip, er vil guoter* u. s. w.), wo wir im Nhd. entweder ein nachdrückliches «der» oder auch «wie, welch» setzen. — 4. 5 der braucht sich euretwegen nirgendwo, an keinem Orte, weder bei Hofe drinnen noch auf der Straße zu schämen. — 6 *durch daz*, deshalb. - 7 *ebene* adv., im Gegensatz zu *nidere* und *hôhe*, im rechten Ebenmaße der Mitte. *werben*, handeln, thun, werben (hier: um Minne). — 9 *vil nâch*, nahezu, beinahe. *ze nidere, ze hôhe*, durch zu niedrige, zu hohe Werbung. — 10 *siech*, krank. *Unmâze*, das Gegentheil von *Mâze*, ebenfalls personificiert. *ir lât mich âne nôt*, laßt mich unbehelligt, in Ruhe! In dieser Weise wird das Pron. öfter zur Verstärkung vor den Imperativ gesetzt: vgl. *dû sende* Nr. 80, 65. *dû lâ*, Nr. 93, 3. Minnesangs Frühling 92, 21. 25.
11 Die Ausdrücke «hohe und niedere Minne» beziehen sich ebensowol auf die Missverhältnisse durch Verschiedenheit des Standes, als sie auch zuweilen die sittliche Höhe und Niedrigkeit der Personen, der Gesinnung und Neigung bezeichnen. *swachen*, erniedrigen. — 12 *der lip*, Um-

54 I. LIEDER.

diu minne tuot unlobeliche wè.
hôbiu minne heizet, diu daz machet
daz der muot nâch werder liebe ûf swinget: 15
diu winket mir nû, daz ich mit ir gê.
nu'n weiz ich, wes din Mâze beitet.
kumet herzeliebe, sô bin ich verleitet:
mîn ougen hânt ein wip ersehen,
swie minneclich ir rede sî,   mir mac wol schade von
ir geschehen.   20

schreibung für die Person. *kranc*, schwach, gering, unwürdig. *liebe*, Zu-
neigung. — 13 *diu*, diese. Diese Minne schmerzt, ohne Lob, Ehre einzu-
tragen. — 15 daß der Sinn, Geist, zu einem würdigen Gegenstand der
Neigung sich aufschwingt. — 17 *beiten*, warten, zögern. Ich möchte wissen,
warum die Maße zögert (mich aus der Unmaße zu retten durch ihre Unter-
weisung). -- 18 *herzeliebe*, Herzensneigung. *verleitet*, irre geführt: kommt
die Maße nicht bald, so folge ich rathlos meinem Herzensdrang. — 20 wie
lieblich, süß, ihre Rede auch sei, so kann mir doch leicht ein Schaden
von ihr widerfahren, kann sie mir ein Leid zufügen (dadurch, daß meine
Werbung um die für mich zu hoch Stehende ohne Erfolg bleibt).

26.

UNGLEICHE THEILUNG.

Beschwerde vor dem Throne der Frau Minne, daß sie, die er vor aller Welt gelobt, ihn mit Hohn behandle; Bitte, gerecht zu richten und auch die spröde Geliebte mit dem Pfeile zu treffen, womit sie ihn verwundet, oder aber auch seine Liebeswunde zu heilen. Im andern Falle droht der Dichter, sind wir beide geschiedene Leute.

Ich hân ir sô wol gesprochen,
daz sie maneger in der werlte lobet.
hât si daz an mir gerochen,
ôwê danne, sô hân ich getobet,
daz ich die getiuret hân   5
und mit lobe gekrœnet,
diu mich wider hœnet.
frouwe Minne, daz sî iu getân!

Frouwe Minne, ich klage iu mêre:
rihtet mir und rihtet über mich   10
der ie streit umb' iuwer êre
wider unstæte liute, daz was ich.
in den dingen bin ich wunt:
ir hât mich geschozzen
und gât si genozzen: 15
ir ist sanfte und ich ab ungesunt.

---

1 *einem wol sprechen*, Gutes von jemand reden, aussagen, hier: im Gesange gefeiert, vgl. 12,1, 9. — 3 *gerochen* part. von *rechen* stv., ein Unrecht bestrafen: hat sie mich dafür, wie für ein Vergehen, bestraft. — 4 *toben*, uusinnig sein, rasen: o weh, dann war ich ein Thor. — 5 *die*, diejenige. *tiuren*, im Werthe erhöhen, verherrlichen. — 6 *mit lobe krœnen*, mit dem höchsten Preise schmücken. — 7 *wider*, econtra. *hœnen*, mit Worten verächtlich machen, schmähen. — 8 das sei euch gethan: betrachtet das als eine euch zugefügte Beleidigung.
9 *mêre*, noch weiter.   10 *einem rihten*, einem zu seinem Recht verhelfen; *über einen rihten*, das Urtheil über einen sprechen, es an einem vollziehen. — 11 *streit*, stritt: der stets für eure Ehre, euer Ansehen gekämpft hat. — 12 gegen Treulose, Wankelmüthige. — 13 *in den dingen*, in diesem Kampfe.   14 *hât*, zusammengezogen für *habet*. *geschozzen*, mit dem (Liebes-) Pfeile verwundet. — 15 *genozzen*, ohne Beschädigung, Strafe zu leiden, unbeschädigt, unverletzt. In Sätzen, die von zwei Personen

Frouwe, lât mich des geniezen,
ich weiz wol, ir habet strâle mê:
muget ir s' in ir herze schiezen,
daz ir werde mir geliche wê?   20
muget ir, edeliu künegîn,
iuwer wunden teilen
oder die mine heilen?
sol ich eine alsus verdorben sîn?

Ich bin iuwer, frouwe Minne: 25
schiezet dar, dâ man iu widerstê.
helfet daz ich sie gewinne:
neinâ, frouwe, daz si's iht engê!
lât mich iu daz ende sagen:
unde engêt si uns beiden,   30
wir zwei sîn gescheiden:
wér solt' iu dann' iemer iht geklagen?

Entgegengesetztes aussagen, tritt auch umgestellte Wortfolge ein, d. h.
pflegt das zweite Pronomen dem Verbum nachzufolgen, während es im
Nhd. vorgesetzt wird: z. B. *sie wîsent uns zem himel und varent sie zer
helle* Nr. 113, 5. *so'st mir wol und ist in iemer wê* Nr. 55, 12. *sô ist si dort
und bin ich hie* Minnesangs Frühling 63, 36. *er lie in hie und schiet er dan*
Greg. 2928. *sô sint si worden rîche und leben wir jæmerlîche* Iwein 6406. —
16 *sanfte*, wohl: sie ist wohlauf. *ab*, aber: ich aber bin krank, verwundet.
17 *geniezen* c. gen., den Nutzen, Vortheil wovon haben: laßt es mir
zu Gute kommen (daß ich im Kampfe für euch verwundet bin). — 18 *diu
strâle* stf., Pfeil. — 20 *mir gelîche*, wie, gleich mir. — 22 *teilen*, d. h. zwi-
schen ihr und mir: auch ihr die Liebeswunde, an der ich leide, beibringen.
— 24 *verdorben*, zu Grunde gerichtet, verloren.
26 sendet eure Pfeile dorthin, wo man euch Widerstand leistet. —
27 *sie*, Sieg. — 28 *neinâ*, Interjection, verbittendes Nein: sorgt dafür, daß
sie ja nicht etwa davon verschont bleibe. — 29 laßt euch sagen, was
sonst zuletzt geschieht. — 30 *unde*, wenn. *engên*, entschlüpfen, entfliehen.
— 32 wer möchte euch sonst künftig jemals wieder eine Klage (zur Ent-
scheidung) vorlegen?

27.

MINNE DIE HERZENSBEZWINGERIN.

Abermals wendet sich der Dichter, da keiner der Freunde auf seine
Klage hören will, an die Minne mit der Bitte, sich seiner anzunehmen.
Sie sei es, die ihn des Verstandes beraubt, ohne den er nichts beginnen
könne; daher solle sie Platz für ihn ergreifen in dem Herzen der Ge-
liebten, ihrer Gewalt sei das nicht unmöglich.

Ich freudehelfelôser man,
war umbe mache ich manegen frô,
der mir es niht gedanken kan?
ôwê wie tuont die friunde sô?
jâ friunt! waz ich von friunden sage!   5
hæt' ich dekeinen, der vernæme ouch mîne klage.
nu enhân ich friunt, nu enhân ich rât,
nû tuo mir swie du wellest, minneclichiu Minne,   sit nie-
       man min genâde hât.

Vil minneclichiu Minne, ich hân
von dir verloren mînen sin.   10
dû wilt gewalteclichen gân
in mînem herzen ûz und in.
wie kunde ich âne sin genesen?
dû wonest an sîner stat, da er inne solte wesen:
dû sendest in dû weist wol war.   15
da enmac er leider eine erwerben niht, frô Minne: ôwê
       dû soltest selbe dar.

---

1 *freudehelfelôs*, ohne Freude und Hülfe, freud- und hilflos, ein
ähnliches Compositum ist *wünnefröudeherndiu heide*, wie Nr. 82, 10 eine
Hs. liest, und *lilierôsevarwe* Nr. 76, 19. — 3 *danken* c. gen., für etwas
danken. — 5 ja Freund, was rede ich von Freunden! — 6 besäße ich
einen; *dekein*, irgend einer, ullus. *ernemen*, wahrnehmen, verstehen.
— 8 *tuo mir*, mach' mit mir, was du willst. *eines genâde haben*, mit jemand
Erbarmen haben.
10 *von*, wegen, durch. *sin*, Verstand. — 11 *gewalteclichen* adv., mäch-
tig herrschend. — 13 *genesen*, leben, am Leben bleiben, hier: existieren.
— 14 du wohnst da, wo er (der Verstand) sein sollte: du hast seine Stelle
eingenommen. — 15 du verschickst ihn, — wohin, weißt du recht gut (näm-
lich zur Geliebten). — 16 da kann er leider allein, ohne deine Hilfe, nichts
erreichen, ausrichten. *selbe*, selbst. *dar*, dahin (gehen).

Genâde, frouwe Minne! ich wil
dir umbe dise boteschaft
gefüegen dines willen vil:
wis wider mich nû tugenthaft.   20
ir herze ist rchter freuden vol
mit lûterlicher reinekeit gezieret wol:
erdringest dû dâ dine stat,
sô lâ mich in, daz wir sie mit ein ander sprechen: mir
missegie, do ich s' eine bat.

Genædeclichiu Minne, lâ!   25
war umbe tuost dû mir sô wê?
dû twingest hie, nû twing ouch dâ:
versuoche, wer dir widerstê.
nû wil ich schouwen, ob dû iht tügest.
du'n darft niht jehen, daz dû in ir herze enmügest: 30
ez'n wart nie sloz sô manicvalt,
daz ez vor dir gestüende, diebe meisterinne.   tuo ûf!
s'ist wider dich ze balt.

---

17 *Genâde*, Erbarmen. — 18 *umbe dise boteschaft*, für diese Botschaft,
Sendung (die du an meiner Statt übernimmst). — 19 *gefügen*, machen,
daß es geschehe. *eines willen*, abhängig von *eil:* deinen Willen, alle deine
Wünsche ausrichten, erfüllen. — 20 *wis* imper., sei. *wider mich*, gegen
mich, mir gegenüber. *tugenthaft*, tüchtig, wacker, höflich: wie es der
Tugend geziemt. — 21 *freude*, hier: wer Freude macht. — 22 *lûterlich*,
rein, lauter. — 23 *erdringen*, durch Drängen erreichen: gelingt es dir
dort festen Fuß zu fassen. — 24 *missegen*, fehlschlagen.
25 *lâ*, laß ab, hör' auf. — 27 *twing = twin:* imper. von *twingen*,
nöthigen, drängen: du bedrängst mich, nun bedränge auch sie. — 29 *tugen*,
brauchbar sein, nützen: zu etwas förderlich, brauchbar bist. — 30 daß du
nicht in ihr Herz zu dringen im Stande seist. — 31 *manicvalt*, compliciert,
künstlich. — 32 *einem vor gestân*, vor einem stehen bleiben, ihm wider-
stehen. *diebe meisterinne*, Meisterin der Diebe: die du alle Diebe über-
triffst. *ûf tuon*, aufmachen, öffnen. *balt*, kühn, dreist.

28.

GEWALT DER MINNE.

Diese und die folgende Strophe, die, obwol im nämlichen Tone
wie das vorhergehende Lied gedichtet, doch damit in keinem Zusammen-
hange stehen, hält Simrock für doppelte Schlüsse, von welchen der eine
vor Rittern und Herren, der andere vor der Herrin gesungen ward.

Wer gap dir, Minne, den gewalt,
daz dû doch sô gewaltic bist?
dû twingest beide junc und alt:
dâ für kan nieman keinen list.
nû lobe ich got, sît dîniu bant   5
mich sulen twingen, deich sô rehte hân erkant,
wâ dienest werdeclichen lit.
dâ vone kume ich niemer: gnâde, küniginne,   lâ mich
dir leben mine zit!

1 *der gewalt*, die Gewalt, Macht. — 2 *doch* dient in der Frage als
Verstärkung. — 4 *dâ für*, dawider, dagegen. *der list*, List, Kunst. —
5 *dîniu bant*, deine Bande, Fesseln. — 6 *sô rehte*, so richtig, genau. —
7 wo der Minnedienst auf würdige, ehrenvolle Weise angewendet ist. —
8 davon komme, lasse ich nie: laß mein ganzes Leben dir geweiht sein.

29.

UNGUNST DES GLÜCKES.

Klage daß die Glücksgottin, wie er sich auch wende, ihm beharr-
lich den Rücken kehre, und Wunsch, daß ihre Augen am Nacken stün-
den, damit sie ihn auch wider ihren Willen beachten müßte.

Frô Sælde teilet umbe mich
und kêret mír den rucke zuo.
da enkan si niht erbarmen sich:
i'n weiz waz ich dar umbe tuo.
si stêt ungerne gegen mir: 5
louf' ich hin umbe, ich bin doch iemer hinder ir,
si'n ruochet mich niht ane sehen.
ich wolte, daz ir ougen an ir nacke stüenden: sô müeste
ez âne ir danc geschehen.

1 *Frô Sælde*, die Göttin des Glücks, Fortuna. *teilen*, austheilen (ihre
Gaben, Geschenke). *umbe mich*, rings um mich her. — 2 *rucke* stm.
Rücken. — 3 dabei versteht sie sich nicht darauf sich zu erbarmen. —
4 *tuo* ist der Conjunctiv (Ind.: *ich tuon*): *dar umbe:* in Bezug darauf. —
5 sie wendet sich mir ungern zu, zeigt mir ungern ihr Antlitz. — 6 *hin
umbe:* um sie herum. — 7 sie geruht nicht mich anzusehen. — 8 *der nac*,
der Nacken. *âne danc*, wider Willen.

30.

ZWIEFACHE HUT.

Nach einer Einleitung, daß die Welt nichts Erfreuenderes zu bieten
vermöge als Frauen und Frauenliebe, klagt der Dichter über den dop-
pelten Verschluß, der ihn von seiner angebeteten Herrin trenne: dort
mache fremde, hier eigene Hut sie unnahbar für ihn. Beider Schlüssel
zu walten, wäre Seligkeit für ihn. Gleichviel, die äußere Bewachung
vermag keine Trennung zu bewirken: sie selbst (ihre Person) können sie
einschließen, meine Liebe zu ihr nicht.

Waz hât diu werlt ze gebenne   liebers danne ein wip,
daz ein senede herze baz gefröwen müge?
    waz stiuret baz ze lebenne   danne ir werder lip?
i'ne weiz niht daz ze freuden hôher tüge,
    denne swâ ein wip von herzen meinet   5
den, der ir wol lebt ze lobe.
dâ ist ganzer trôst mit freuden underleinet:
disen dingen hât diu werlt niht dinges obe.

Min fröuwe ist zwir beslozzen,   der ich liebe trage:
dort verklûset, hie verhêret dâ ich bin.   10
    des éinen hât verdrozzen   mich nû manege tage,
sô git mir daz ander senelichen sin.
    solte ich pflegen der zweier slüzzel huote,
dort ir libes, hie ir tugent,
    disiu wirtschaft næme mich ûz senedem muote,   15
und næm' iemer von ir schœne niuwe jugent.

1. 3 *ze gebenne*, *ze lebenne*, gerundia = ad dandum, ad vivendum.
liebers gen., abhängig von *waz* in V. 1. — 3 *stiuren*, helfen. Was weckt,
erhöht mehr die Lebenslust? 4 ich kenne nichts, was mehr zu erfreuen
vermöchte. — 5 *denne swâ*, als wo, wenn. *meinen*, gesinnt, zugethan sein,
lieben. — 6 der ihr durch sein Verhalten zum Ruhme gereicht. — 7 *ganzer
trôst*, volle freudige Zuversicht, Gewissheit. *underleinen*, durch Zwischen-
lehnen stützen. — 8 die Welt hat nichts, was darüber gienge.
    9 *zwir* adv., zwiefach. *besliezen*, einschließen. *einem liebe tragen*,
jemand innig zugethan sein. — 10 *verklûsen*, in eine Klause einschließen,
einsperren. *verhêren*, hêr, stolz, vornehm machen. Dort (unter den Ihri-
gen, auf dem Schlosse) ist sie unnahbar wegen ihrer Hüter, hier, wo ich
mich aufhalte, am Hofe, durch ihr stolzes Wesen oder ihre Vornehmheit.
— 11 *verdriezen* unpersönl. c. gen. und acc.: das eine (jenes) verdroß mich.
manege tage, schon ziemlich lang. — 12 das andere (dieses) erweckt in
mir schmerzliche, sehnsuchtsvolle Gedanken. — 13 ff. wäre mir die Hut

Wie wenet huote scheiden   von der lieben mich,
die'ch mit stæten triuwen her gemeinet hân?
  soliche liebe leiden,   des verzihe sich:
ich dien' iemer ûf den minneclichen wân.   20
  mac diu huote mich ir libes pfenden,
dâ hab' ich ein trœsten bi:
si'n kan niemer von ir liebe mich gewenden.
twinget si daz eine, so ist daz ander fri.

über diese beiden Schlüssel (über ihre Person und ihre Tugend) anvertraut
(dürfte ich damit schalten und walten, wie mit meinem Eigenthum), diese
Thätigkeit, dieses Amt würde mich aus allem Schmerz erlösen, und von
ihrer Schönheit empfienge ich stets neue Jugend.
  17. 18 wie kann die Hut, Bewachung (= die Hüter) sich einbilden,
mich von der Geliebten zu trennen, der ich bisher mit unerschütterlicher
Treue zugethan war? — 19 *solich*, *solech*, ältere Form von *solch*. *leiden*,
leit machen, verleiden. *sich versihen* c. gen., auf etwas verzichten: das
gebe sie (die Hut) auf. — 20 *ûf den minneclichen wân dienen*, dienen in
der Hoffnung, daß die Liebe Erhörung finde. — 21 *pfenden* c. gen., be-
rauben: mag mir die Hut ihre Person auch entziehen, so bleibt mir da-
neben doch ein Trost: von meiner Zuneigung zu ihr kann mich niemand
abwendig machen. — 23 *si*, die *huote*.

31.

VEREITELTER VORSATZ.

Aus Unmuth über die Unempfindlichkeit der Geliebten, die er doch durch seinen Gesang verherrlicht, hatte sich der Dichter zu schweigen vorgenommen. Auf freundliches Zureden Anderer will er wieder singen wie früher, verlangt aber, daß sie in seine Klage einstimmen. Im vollen Gefühl seiner Geltung als Dichter macht er seine Herrin auf die übeln Folgen aufmerksam, die aus seinem Verstummen oder gar seinem Tode für sie entstehen würden, und schließt mit der Drohung einer noch derbern Züchtigung.

Lánge swigen des hât' ich gedâht:
nû mûoz ich singen aber als ê.
dar zuo hânt mich guote liute brâht:
die mugen mir wol gebieten mê.
ich sol singen unde sagen,   5
und swés sie gern, daz sol ich tuon: sô suln sie minen
                   kumber klagen.

Hœret wunder, wie mir ist geschehen
von mines selbes arebeit:
mich enwil ein wip niht ane sehen,
die brâhte ich in die werdekeit,   10
dâz ir muot sô hôhe stât.
ja'n wéiz si niht, swenn' ich mîn singen lâze, daz ir
                   lop zergât.

---

1 Ich hatte mir lange zu schweigen (nicht mehr zu singen) vorgenommen. — 2 aber als ê, wiederum wie früher. — 3 guote liute] darunter verstand man im Mittelalter sowol arme kranke, als auch ritterbürtige, Leute von »gutem Stande« (vgl. Homeyer's Glossar zum Sachsenspiegel, S. 438), hier ist guot jedoch wol in sittlichem Sinne zu verstehen: treffliche Menschen. — 4 die können mir noch mehr befehlen (zu thun). — 5. 6 sol, werde, will. — 6 gern, begehren, verlangen. sô, dagegen, andererseits. suln, sollen. klagen, beklagen, beklagen helfen.
7 wunder, Wunderbares. Vernehmt, was mir Sonderbares, Ungewöhnliches begegnet ist. — 8 mînes] so eine Hs.; es ist zuweilen vorkommende Erweiterung des gen. min; Wackernagel ergänzt den fehlenden Auftakt durch wan (w. von min s. a.). arebeit, Anstrengung; nämlich durch meine Bemühung, sie zu verherrlichen, brachte ich es dahin, daß sie u. s. w. — 10 in werdekeit bringen, zu Ehren, Würden bringen; in die, in solche. — 12 traun, sie weiß nicht, daß ihr Lob verschwindet, wenn ich mit meinem Sang aufhöre.

Hêrre, waz si flüeche liden sol,
swenn' ich nû lâze miuen sanc!
alle die s' nû lobent, daz weiz ich wol,   15
die scheltent denne ân' minen danc.
tûsent herzen wurden frô
von ir genâden, die's engeltent, scheide ich mich von
ir alsô.

Dô mich dûhte, daz si wære guot,
wer wás ir bezzer dô dann' ich?   20
dêst ein ende: swaz si mir getuot,
sô mác si wol verwænen sich,
nimet si mich von dirre nôt,
ir leben hât mînes lebennes êre: sterbet si mich, so ist
si tôt.

Sol ich in ir dienste werden alt,   25
die wile junget si niht vil.
so ist min hâr vil lihte alsô gestalt,
daz s' éinen jungen danne wil.
selfiu got, hêr junger man,
sô rechet mich und gât ir alten hût mit sumerlaten an!   30

---

13 *Hêrre,* Ausruf: Herrgott! *flüeche* gen. pl. abhängig von *waz:*
welche Verwünschungen sie erdulden wird. — 16 *scheltent,* als fut., die
werden (sie) dann wider meinen Willen schmähen. — 17. 18 durch ihre
Gunst (d. h. wenn sie mir gewogen wäre und ich ihren Preis zu singen
fortführe) würden tausend Herzen froh werden, die nun, wenn ich von ihr
mich lossage, darunter leiden (müssen). — 18 *die,* statt des grammatisch
genaueren *diu,* dem Sinne nach construiert.
20 wer war damals ihr nützlicher als ich? — 21 *dêst ein ende,* das
ist ausgemacht, steht fest. — 22 *sich verwænen,* erwarten, glauben: so darf
sie überzeugt sein. — 23 befreit, erlöst sie mich aus dieser Drangsal. —
24 ihr Leben hat durch meines Ehre: méin Leben gereicht ihr zum An-
sehen, Ruhme. *sterben* swv., sterben machen, tödten.
26 *die wîle,* während, in dieser Zeit. *jungen,* jung werden. —
27 *alsô gestalt* (part. perf. von *stellen*), so gestaltet, beschaffen (d. h. grau).
— 29 *selfiu = sô helfe iu,* feierliche Schwurformel, so wahr euch Gott
helfe, bei Gott beschwöre ich euch. — 30 *einen an gân mit einem dinge,*
mit etwas über einen kommen, ihn angreifen. *diu sumerlate,* Sommerlote,
der einjährige Schoßling. Peitschet ihr altes Fell mit jungen Baumreisern
(jungen Birkenruthen?). Vgl. *ach, der den selben schranzen die hût mit
stäben berte!* Hadamar's Jagd, 316. Die erste und letzte Strophe dieses
Liedes, allerdings sehr entstellt. singt der edle Moringer in dem Volks-
liede gleiches Namens (s. Uhland's Volkslieder, Nr. 298, Str. 30. 31) bei
seiner Rückkehr in die eigene Burg.

32.

LIEB' IST ZWEIER HERZEN WONNE.

Betrachtung über Wesen und Begriff der Liebe und Darlegung der
Nothwendigkeit der Gegenliebe.

Saget mir ieman, waz ist minne?
weiz ich des ein teil, so wiste ich's gerne mê.
swer sich rehte nû versinne,
der berihte mich, von win si tuot sô wê.
minne ist minne, tuot si wol: 5
tuot si wê, so enheizet si niht rehte minne.   sus enweiz
        ich, wie si danne heizen sol.

Obe ich rehte râten künne,
waz diu minne si, sô sprechet denne jâ.
minne ist zweier herzen wünne:
teilent si geliche, so'st diu minne dâ.   10
  sol ab ungeteilet sin,
sô enkan s' ein herze alleine niht enthalden: ôwê woldest
        dû mir helfen, frouwe min!

Frouwe, ich eine trage ze swære:
wellest dû mir helfen, sô hilf an der zit.
  si ab ich dir gar nimmere,   15
daz sprich endeliche: sô lâz' ich den strit

---

1 Kann mir jemaud sagen, was Liebe ist. — 2 wenn ich davon
etwas weiß (aus eigener Erfahrung), so wüßte ich gerne mehr davon,
wüßte es gerne ganz. — 4 *berihten*, zurechtweisen, unterrichten. *von wiu*
(instrum. von *waz*), weshalb, warum. — 5 wenn sie wohl thut, angenehme
Empfindungen erregt. — 6 *sus*. so; in diesem Falle.
7 Ich will zu rathen versuchen, was die Liebe sei: wenn ich das
Richtige treffe, so sagt: ja. — 10 theilen sie gleich, d. h. läßt jedes dem
andern sein ganzes Theil werden. — 12 *enthalden*, halten, festhalten, be-
herbergen: findet aber keine solche Theilung statt, so ist die Liebe für
éin Herz zu groß, kann es sie nicht fassen.
13 die Last, die ich allein zu tragen habe, ist mir zu schwer. —
14 *an der zit*, bei Zeiten. — 15 wenn ich dir aber etwa ganz gleichgültig
bin. — 16 *endeliche*, ganzlich, deutlich; offen. So gebe ich den Kampf auf. —

unde wirde ein ledic man.
dû solt aber einez wizzen, daz dich rehte   lützel ieman
      baz dann' ich geloben kan.

Kan mîn frouwe süeze siuren?
wænet si, daz ich ir liep geb' umbe leit?   20
sol ich sie dar umbe tiuren,
daz si'z widerkêre an mine unwerdekeit?
sô kund' ich unrehte spehen.
wê waz spriche ich ôrenlôser ougen âne?   den diu minne
      blendet, wie mac der gesehen?

---

17 *ledic.* frei: ledig vou Liebesbanden, vgl. *ich was ledec vor allen wîben*
Minnesangs Frühling 84, 37. — 18 *rehte,* wahrlich, gewiss. *lützel ieman,*
wenig jemand = niemand.
    19 *süeze,* Süßes. *siuren,* sauer, bit·er machen. Kann meine Herrin
Gutes mit Bösem vergelten, Liebe mit Haß erwidern? — 22 *widerkéren,*
umkehren, zurückwenden; damit sie es zu meiner Herabsetzung ver-
kehre, sie mich dafür herabsetze, erniedrige. — 23 dann habe ich mich
aufs *spehen,* scharfe Beobachten, nicht verstanden. — 24 *ôrenlôser ouges*
âne, ich zugleich ohrenlos und ohne Augen: Ohren- und Augouloser.

33.

MINNE UND UNMINNE.

Auf diese Strophe, worin der Behauptung, daß die (wahre) Liebe
sündhaft sei, widersprochen wird, beruft sich Walther im Liede Nr. 43.

Swer giht, daz minne sünde si,
der sol sich ê bedenken wol.
ir wont vil manic êre bî,
der man durch reht geniezen sol,
und volget michel stæte und dar zuo sælekeit: 5
daz iemer ieman missetuot, daz ist ir leit.
die valschen minne meine ich niht,   diu möhte unminne
                    heizen baz:
der wil ich iemer sin gehaz.

1 *giht* 3. pers. præs. von *jehen*, sagen. — 2 der soll es vorher recht
überlegen. — 3 mit ihr ist verknüpft: sie ist die Mutter mancher Vor-
züge, Tugenden. — 4 auf die man (als Minner) gerechten Anspruch hat.
— 5 *und volget*, und folgt ihr. hat sie im Geleite. — 7 *baz*. besser, eher. —
8 *gehaz*, feind.

5*

34.

WALTHER UND HILDEGUNDE.

Verwünschung derer, die ihn im Winter um seine Freude betrogen,
aber zugleich Bedauern, nicht so recht fluchen zu können. Den Neid
Anderer würde er gering achten, wenn nur diejenige ihn trösten wollte,
die er über alles zu lieben feierlich schwört und ohne die er weder froh
noch gesund werden kann.

Die mir in dem winter freude hânt benomen,
sie héizen wîp, sie heizen man,
disiu sumerzît diu mücze in baz bekomen.
ouwê daz ich niht fluochen kan!
leider ich enkan niht mère   5
wau daz übel wort «unsælic». neinâ, daz wær' alze sère!

Zwêne herzeliche flüeche kan ich ouch,
die flúochent nâch dem willen mîn:
hiure müezen s' beide esel und den gouch
gehœren, ê si enbizzen sîn.   10
wê in denne, den vil armen!
wesse ich, obe si'z noch gerûwe, ich wolde mich durch
got erbarmen.

Mán sol sîn gedultic wider ungedult:
daz ist den schamelôsen leit.
swen die bœsen hazzent âne sîne schult,   15
daz kumet von sîner frümekeit.

3 möge ihnen besser bekommen (als mir der Winter). — 6 *übel*, böse,
schlimm. *unsælic*, eine Verwünschung: verdammt. *neinâ*, nicht doch, ach
nein. *alze sére*, gar zu stark. — 7 *ouch*, noch. — 8 *nâch dem willen mîn.*
nach meinem Wunsch. Während ihm der Fluch *unselic* zu stark ist, ent-
sprechen die beiden folgenden besser seiner Absicht. — 9 *gouch*, Kukuk.
— 10 *enbizen* stv., essend oder trinkend genießen, speisen. Heuer müssen
sie den Esel und Kukuk hören, bevor sie den (Morgen-) Imbiß genommen
haben, d. h. nüchtern. Vom Kukuk ist der Aberglaube bekannt, daß wer
seinen Ruf frühmorgens nüchtern vernimmt, das ganze Jahr hungern
müsse. (Grimm's Myth., S. 643.) Über den Esel dagegen und seinen bösen
Angang ist ein weiteres deutsches Zeugniss bis jetzt nicht beigebracht,
wol aber wurde er unlängst aus Aristophanes als weissagendes Thier
nachgewiesen (s. Berliner Index lectionum, 1863/4, S. 7). — 12 wüßte ich,
ob sie über das mir zugefügte Böse Reue empfinden, so wollte ich um
Gottes willen Erbarmen haben (und die Flüche unterdrücken). Die Strophe
ist natürlich humoristisch gemeint und zugleich spottend.
15 wenn irgend einen. — 16 *frümekeit*, Tüchtigkeit. —

tröste mich diu guote alleine,
diu mich wol getrœsten mac, sô gæbe ich umbe ir
nîden kleine.

Ich wil al der werlte sweren ûf ir lip,
den éit den sol si wol vernemen!   20
sî mir ieman lieber, maget oder wip,
diu helle müeze mir gezemen.
hât si nû deheine triuwe.
sô getrûwet si dem eide und senftet mines herzen riuwe.

Hêrren unde friunt, nû helfet an der zit;   25
daz ist ein ende, ez ist alsô:
i'ne behalte mînen minneclichen strit,
so'n wirde ich niemer rehte frô.
mines herzen tiefe wunde
diu muoz iemer offen stên, si enküsse mich mit friundes
munde: 30
mînes herzen tiefe wunde
diu muoz iemer offen stên, si enheile s' ûf und ûz von
grunde;
mines herzen tiefe wunde
diu muoz iemer offen stên, si'n werde heil von Hiltegunde.

---

17 *tröste* ist Conj. des Prœt.: tröstete mich. — 18 *daz nîden = nît*, Haß,
Missgunst. *kleine*, wenig.
   19 *einem ûf den lip sweren*, jemand, indem man die Hand auf ihn
legt, schwören. — 22 *gezemen*, ziemen, angemessen sein. Ich leiste der
ganzen Welt (jedermann) den feierlichen Schwur, den sie wohl merken
möge, daß ich verdammt sein will, wenn mir jemand, sei es Jungfrau
oder Frau, lieber ist (als sie). — 23 *deheine*, irgend welche. Meint sie es
nun irgend gut mit mir. — 24 *senften*, lindern. *riuwe*, Leid.
   25 *an der zît*, bei Zeiten. — 27 *den strit behalten*, Sieger bleiben:
geh' ich aus meinem Liebeskampf nicht als Sieger hervor, kann ich ihre
Liebe nicht erringen. — 30 es sei denn, daß sie mich liebevoll küsst. —
32 von Grund aus. — 34 *Hiltegunde*] Wenn der feingebildete Walther seine
Geliebte Hiltegunde nennt, so kann dies aus dem zu Nr. 19 angegebenen
Grunde der wirkliche Name nicht sein, sondern der Dichter hat, indem
er auf das zum deutschen Sagenkreis gehörige Gedicht von Walther und
Hildegunde anspielt, diejenigen zum besten, die sich jenes unbescheidene
Nachspüren zu Schulden kommen ließen (s. Uhland 17, Simrock 1, 199).
— Die letzte Strophe ist durch zweimalige Wiederholung des Abgesanges
erweitert.

35.

ZWANG DER HUT UND DER LIEBE.

Auch hier wiederum Klage über die Verdrossenheit der Jugend, über die Merker, welche Freude und Liebesglück stören, und die unverschämten Frager nach dem Namen der Geliebten, die abermals mit Spott abgefertigt werden.

Es wǽre uns allen   einer hande sǽlden nòt:
daz man rehter freude schône pflæge als ê.
ein missevallen   daz ist miner freuden tòt,
daz den jungen freude tuot sò rehte wê.
wár zuo sol ir junger lip,   5
dà míte sie freude solten minnen?
hei wolten sie ze freude sinnen,
junge man, des hulfen noch diu wip.

Nû bín ich ienoch   frò und muoz bì freuden sin
durch die lieben, swie'z dar under mir ergât.   10
min schîn ist hie noch: so ist bî ir daz herze min,
dáz man mich vil ofte sinnelòsen hât.
sólten sie zesamene komen,
min líp, min herze, ir beider sinne
dà wæn' sie des wol wurden inne,   15
die mir dicke freude hânt benomen!

---

1 *einer hande*, einerlei, einer Art. — 2 nämlich: daß man sich wie ehedem der rechten (ehrbaren) Fröhlichkeit hingäbe. — 3 *ein misseoallen*, eine unliebsame Wahrnehmung. — 5 *war zuo*, wozu. *sol*, nützt, ist sonst gut. — 7 *hei*, Interjection der Freude und der Aufmunterung. *ze freude sinnen*, auf Fröhlichkeit denken. — 8 *hulfen* pl. præt. conj. von *helfen* c. gen., dazu wären noch die Weiber behilflich.
9 *ienoch* adv., immer noch. Ich für meinen Theil bin noch fröhlich. — 10 *dar under*, dazwischen. — 11 *der schîn*, die äußere Form, Gestalt, das Sichtbare. — 12 *sinnelòsen haben*, für sinnlos, geistesabwesend halten. — 1.4. 14 vereinigten sie sich wieder: wäre ich wieder im vollen ungetrennten Besitz meines Körpers und Herzens und ihrer Kräfte. — 15. 16 da, glaube ich, sollten es diejenigen wol inne werden, merken, die mich oft der Freude beraubt haben (d. i. die Wächter, Merker, Aufpasser, von denen gleich nachher die Rede ist). Der Dichter meint, er würde sie dann schon zu täuschen wissen.

Von dén merkǽren   kan nû nieman liep geschehen:
wan ir huote twinget manegen werden lîp.
   daz múoz beswæren   mich: swenn' ich sie solte sehen,
sŏ muoz ich sie mîden, sie vil sælic wip.   20
nóch müez' ich die zit geleben,
daz ích sie willic eine vinde,
sò dáz diu huote uns beiden swinde,
dâ mir wurde liebes vil gegeben.

   Vil máneger frâget   nâch der lieben, wer si sì,   25
der ich dienc und allez her gedienet hân.
   só des betrâget   mich, sô spriche ich: «ir sint dri,
den ich dienc: sô hab' ich zer vierden wân.»
dóch weiz si'z alleine wol,
diu mích hât sus zuo z'ír geteilet.   30
diu guote wundet unde heilet,
dér ich vor in allen dienen sol.

   Nû, fróuwe Minne,   kun sie minneclîchen an,
diu mich twinget unde alsô betwungen hât:
   brinc sie des inne,   daz diu minne twingen kan.   35
wäz ob minneclichiu liebe ouch sie bestât?
sŏ mac s' ouch gelouben mir,
daz ích sie gar von herzen meine.
nû, Minne, bewǽre ir'z und bescheine,
daz ich iemer gerne diene dir!   40

---

21 *müezen*, in Wunschsätzen: mögen. Noch hoffe ich die Zeit zu
erleben, möchte ich sie noch erleben. — 22 *willic*, freiwillig, mit ihrem
Willen. — 24 wo mir Liebes, Erfreuliches zu Theil würde.
26 *allez her*, die ganze Zeit her. — 27 *mich betrâget eines dinges*,
mich langweilt, verdrießt etwas. — 28 und auf die vierte hoffe ich noch. —
30 *zuo z'ir = zuo ze ir*, verstärktes zu ihr. *teilen*, austheilen. Die mich
auf diese Weise sich selbst ausgetheilt, als ihren Theil ausgewählt hat;
teilen heißt aber auch zertheilen, zerstücken, und hier ist es wol in
diesem Sinne zu verstehen: die mir in der oben angegebenen Weise
Leib und Herz für sich entzwei getheilt, auseinander gerissen hat. Dazu
passt dann auch besser das Folgende, worin gesagt ist, daß sie nicht nur
verwunden, sondern auch heilen könne.
33 *einen an komen*, an, über einen kommen, ihn treffen, ergreifen. —
36 *waz ob*, wer weiß, ob nicht. *bestân*, angreifen, anfallen. — 39 *bewæren*,
als wahr darthun, beweisen, bestätigen. *bescheinen*, sehen lassen, zei-
gen. — 40 *daz*, auf daß, damit.

36.

ERGEBUNG.

Ermahnung an die Geliebte, den ihm gegebenen Rath, Unbill ge-
duldig zu ertragen, selbst auch zu befolgen: es genüge nicht, gut zu
sein, man müsse auch gut handeln, und der Schönheit und Tugend zieme
die Huld. Gedanken seien frei, daher könne sie nicht hindern, daß man
ihrer begehre und sie preise. Um den Lohn ihrer Gunst (ihren Besitz)
würde Er und würde selbst der Kaiser ihr Spielmann werden. — Das
Versmaß betreffend ist zu bemerken, daß zwei Reime, wovon der erste
am Anfang, der andere am Ende der Zeile steht, bei den Meistersängern
Pausen genannt werden. Walther hat diese Versart noch einmal ge-
braucht Nr. 75. — Auffallend in diesem Liede ist das Vorkommen zweier
ungenauer Reime: 15 *getar: wâr* und 36 *genam: spileman*, fast die ein-
zigen, die bei Walther anzutreffen sind.

Ob ich mich selbe rüemen sol,
sô bin ich des ein hövescher man,
    daz ich sô manege unfuoge dol,
sô wol als ich'z gerechen kan.
    éin klôsenære, ob er'z vertrüege? ich wæne, er nein: 5
hæt' er die stat, als ich sie hân,
bestüende in danne ein zörnelîn.
ez wurde unsanfter widertân.
wie sanfte ich'z alsô læze sîn!
dâz únde ouch mê vertrage ich doch durch eteswaz.   10

---

2 *des* adv., deshalb, insofern. *hövesch*, feingebildet. — 3 *unfuoge*,
Unziemlichkeit, Roheit. *doln*, ertragen; sich gefallen lassen. — 4 *sô
wol als*, in Anbetracht, daß ich es so gut zu rächen vermochte. — 5 *ver-
trüege*) ob dies wol ein Klausner (ein frommer, von der Welt abgeschie-
dener Mann) ertragen, ruhig würde hingehen lassen? *er nein*, er nicht:
nein, gewiss nicht. — 6 *die stat haben*, gute, bequeme Gelegenheit haben,
etwas zu thun. — 7 *bestuende* conj. pret. von *bestân*; *mich bestât ein dinc*,
mich befällt, ergreift etwas. *zörnelîn*] auch nur ein kleiner Zorn. — 8 *un-
sanfte* adv., unsanft, unangenehm. *widertuon*, heimgeben, vergelten. —
9 seht, wie geduldig ich es ertrage! — 10 dies und anderes mehr lasse
ich mir gefallen, und zwar wegen etwas, aus bestimmtem Grunde. Dieser
Grund wird in der folgenden Strophe angegeben.

Frouw'. ir habt mir geseit alsô,
swer mir beswære mineu muot,
daz ich den mache wider frô:
er schame sich lihte und werde guot.
  diu lêre, ob si mit triuwen sî, daz schîne an iu!   15
ich fröwe iuch, ír beswæret mich:
des schamet iuch, ob ich'z reden getar,
làt inwer wort niht velschen sich
und werdet guot, sô habet ir wâr.
vil guot sit ir, wan daz ich guot von guote wil.   20

Frouw', ír sit schœne und sît ouch wert:
den zwein stêt wol genâde bi.
waz schadet iu, daz man inwer gert?
joch sint iedoch gedanke fri.
  wân unde wunsch daz wolde ich allez ledic lân: 25
und höveschent mine sinne dar,
waz mag ich's, gebent s' iu minen sanc?
des nemet ir lihte niender war,
sô hân ich's doch vil hôhen danc:
treit iuch min lop ze hove, daz ist min werdekeit.   30

Frouw', ír habt ein vil werdez dach
an iuch gelouft, den reinen lip:
ich wæn' nie bezzer kleit gesach,
ir sit ein wol bekleidet wip.

---

11 *geseit*, gesagt: ihr habt mir gerathen. Böses mit Gutem zu ver-
gelten, ihn dafür zu erfreuen (als Dichter, durch meinen Gesang). —
14 es könne leicht geschehen, daß er sich schäme und gut, freundlich
werde. — 15 *schîne*, der Conj. imperativisch gebraucht: falls die Lehre,
der Rath mit aufrichtigem Herzen gegeben ist, so werde sie an euch
offenbar, so befolgt ihn selbst! — 16 *fröwen*, erfreuen, Freude machen.
beswæren, betrüben. — 17 darüber schämt euch, wenn ich so sagen darf. —
18 *velschen*, falsch machen: straft nicht eure eigenen Worte Lügen. —
19 *wâr haben*, recht haben. — 20 *wan daz*, nur daß: ihr seid zwar sehr
gut, aber ich verlange von Guten auch Gutes, daß sie gut handeln.
21 *wert*, würdig, gut, vortrefflich. — 22 bei der Schönheit und Tugend
sollte auch die Huld sein. — 24 sind ja doch die Gedanken frei. — 25 Hoff-
nungen und Wunsche würde ich (meinerseits) fahren lassen, aufgeben. —
26 *höveschen*, den Hof machen, hofieren; wenn mein Geist sich liebevoll
euch neigt, um euch wirbt, sich mit euch beschäftigt, was kann ich da-
für, wenn er euch seinen Sang widmet, euch besingt? — 28 *lihte* adv.,
leichtlich; *niender*, nirgends: das beachtet ihr vielleicht gar nicht. —
29 ich aber empfange dafür großen Dank, großen Lohn. — 30 wenn mein
Lob euch, euern Namen, am Hofe preist, dort bekannt macht, so gereicht
das mir zur Ehre, ist mein Gewinn.
31 *wert*, von hohem Werthe, kostbar, herrlich. *dach*, Dach, Be-
deckung; Hülle. — 32 an *stoufen*, anziehen, anthun, zu *stiefen*, schlüpfen.
– 33 *ich wæn' nie*, ich glaube nicht, jemals ein besseres Kleid gesehen zu

sin　unde sælde sint gesteppet wol dar in.　　　　35
getragene wât ich nie genam,
wan dise næm’ ich, als gerne ich lebe:
der keiser wurde iur spileman
umb’ alsô wünnecliche gebe.
dâ, keiser, spil: nein, hêrre keiser, anderswâ!　　　40

---

haben. — **35** *steppen*, sticken. — 36 *getragene wât*, getragene Kleider. Im
Mittelalter war es Sitte, das fahrende Volk, zumal die Spielleute, neben
andern Gaben auch mit Kleidern, alten und neuen, zu beschenken. —
37 aber diese würde ich für mein Leben gern annehmen. — 38—40 für ein
so wonnevolles Geschenk *(gebe = gâbe)* würde selbst der Kaiser euer
Spielmann werden. Hier, o Kaiser, spiele auf! Doch nein, thu’ es nicht,
geh’ anderwärts hin, d. h. komme mir hier nicht ins Gehege. In der Er-
wähnung des Kaisers hier einen chronologischen Fingerzeig auf Kaiser
Heinrich VI. zu erblicken (s. Rieger, Leben, S. 58) ist kein Grund; son-
dern der Dichter will hier wie anderwärts nur sagen, seine Geliebte sei
so schön, daß sie selbst «für den Herrn der Erde nicht zu gering sei»;
vgl. Friedrich von Hausen (Minnesangs Frühling 49, 17): *der keiser ist in
allen landen, kust’ er si z’einer stunt an ir vil rôten munt, er jæhe im wære
wol ergangen.*

37.

PREIS DER LIEBENSWÜRDIGKEIT UND TUGEND.

Definition der Schönheit und Anmuth; diese steht über jener, die Krone beider aber ist die Tugend. Glücklich der Mann, dem von einer tugendhaften Frau Liebes geschicht; selbst wenn seine Bewerbung erfolglos bleibt, erhöht sie doch seinen Werth und sein Ansehen.

Ein niuwer sumer, ein niuwe zît,
ein guot gedinge, ein lieber wân,
din liebent mir enwiderstrit,
daz ich noch trôst ze freuden hân.
noch fröwet mich ein anderz baz   5
dan aller vogelline sanc:
swâ man noch wibes schœne maz,
dâ wart im ie der habedanc.
daz meine ich an die frouwen mîn:
dâ muoz noch mêre trôstes sîn.   10
s'ist schœner danne ein schœne wip:
die schœne machet lieber lip.

Ich weiz wol, daz diu liebe mac
ein schœne wip gemachen wol:
iedoch swelch wip ie tugende pflac,   15
daz ist diu, dér man wünschen sol.

2 *gedinge* stn., Hoffnung, Zuversicht. *liep,* angenehm, süß. —
3 *mir liebet ein dinc,* gefällt mir, ist mir angenehm. *enwiderstrit,* um
die Wette. — 4 *trôst hân ze freuden,* zuversichtliche Hoffnung haben, daß
etwas Erfreuliches geschieht. — 5 *baz,* besser, mehr. — 7 *maz,* abmessend,
vergleichend betrachtete. — 8 *im,* dem andern, was ihn mehr als alles
Genannte erfreute. *der habedanc,* Dank; Lob, Preis. — 9 *an die frouwen
mîn,* in Bezug auf meine Geliebte. — 10—12 «Noch mehr Trost, als bei
der Sommerzeit und dem bloßen Hoffen, ist an der Geliebten: denn ihre
Schönheit ist mehr als Schönheit, sie ist Anmuth» (Lachmann): erst die
Anmuth macht schön.
13 ff. Ich weiß recht gut, daß die Anmuth, der Liebreiz, die Frauen
verschönt (aber damit ist es noch nicht genug, nur) eine tugendhafte Frau
ist es, deren man begehren soll. — 16 *wünschen* c. ger., etwas wünschen. -

diu liebe stêt der schœne bi
baz dan gesteine dem golde tuot:
nû jéhet, waz dänne bezzer si,
hânt disiu beide rehten muot?   20
    sie hœhent mannes werdekeit:
swer ouch die süezen arebeit
durch sie ze rehte kan getragen,
der mac von herzeliebe sagen.

Der blic gefröwet ein herze gar,   25
den minnecliche ein wip an siht:
wie welt ir danne, daz dêr var,
dem ander liep von in geschiht?
    der ist cht maneger freuden rich,
sô jenes freude gar zergát.   30
waz ist den freuden ouch gelich,
dá liebez herze in triuwen stât,
in schœne, in kiusche. in reinen siten?
    swelch sælic man dáz hât erstriten,
ob er daz vor den fremden lobet,   35
sô wizzet, daz er niht entobet.

Waz sol ein man, der niht engert
gewerbes umbe ein reine wip?
si lâze in iemer ungewert,
ez tiuret doch wol sinen lip.   40

---

17 *schœne*, stf., Schönheit. Die Anmuth gereicht der Schönheit zu höherm
Schmuck als der Edelstein dem Gold; aber sagt, was kann es Besseres
geben, als wenn mit beiden edle Gesinnung sich verbindet? — 21 sie (alle
drei miteinander vereinigt) erhöhen den Werth des Mannes — 22 ff. wer
um ihretwillen (um eine mit diesen Eigenschaften ausgestattete Frau) die
Liebesmüh (*die süezen arebeit*, süße Qual) zu ertragen versteht, der kann
sagen, der weiß, was Herzensfreude ist.
    27 *welt*, von *wellen*, wollen; glauben, meinen. *varn*, sich befinden. —
25—28 wenn schon der liebevolle Blick einer Frau ein Herz zu erfreuen
vermag, wie meint ihr, daß dem zu Muthe ist, dem noch anderes An-
genehmes von ihnen zu Theil wird? *ander* ist verblümter Ausdruck für
den höchsten Minnesold, wie *mér* in Nr. 6, 24. — 29. 30 der ist wahrlich
reich an mancher Freude, wenn die Freude jenes (dessen, dem nur ein
Blick geworden) vergangen ist. — 34 *erstriten*, erkämpfen, erringen. —
35. 36 der ist nicht von Sinnen (thut nicht unrecht), wenn er vor Andern
sein Glück preist
    38 *gewerbes gern*, werben, eigentlich Verlangen tragen nach Be-
werbung. — 39. 40 selbst wenn sie ihn ganz unerhört ließe, so würde ihm
doch eine solche Bewerbung um eine tugendhafte Frau sehr (*wol*) zur

er tuo durch éiner willen sô,
daz er den andern wol behage:
sô tuot in ouch diu eine frô,
ob im diu ander gar versage.
dar an gedenke ein sælic man: 45
dâ lît vil sælde und êren an.
swer guotes wîbes minne hât,
der schamt sich aller missetât.

Ehre gereichen, seinen Werth erhöhen. — 43 *tuot*, macht. — 46 *dâ* und
an gehören zusammen: daran. — 48 *missetât*, jedes unrechte Thun, auch
ein kleines.

38.

DIE ZAUBERIN.

Der Dichter wundert sich, warum er seiner Frau vor andern ge-
falle, da er doch gar nicht schön sei und außer seiner geringen Kunst
nichts besitze, was eine Frau anziehen könne. Wolle sie sich an dieser
statt der Schönheit genügen lassen, so sei er für immer ihr eigen und
es bedürfe weiter keiner Zauberkünste, ihn an sie zu fesseln: ihre Tugend
und ihre Reize seien hinreichend, ihn zu bezaubern.

Mich nimt iemer wunder, waz ein wip
an mir habe ersehen,
    daz s' ir zouber leit an minen lip.
waz ist ir geschehen?
    si hât doch ouch ougen: 5
wie kunt, daz s' als übel gesiht?
ich bin aller manne schœnest niht,
daz ist âne lougen.

Habe ir ieman iht von mir gelogen,
so beschówe mich báz.   10
    s'ist an miner schœne gar betrogen,
wil si niht wan daz.
    wie stât mir min houbet!
dáz'n ist niht ze wol getân:
sie betriuget lihte ein tumber wân,   15
ob si'z niht geloubet.

2 *ersehen*. gewahren; entdecken. – 3 *daz zouber* neutr., *das zouber
legen an einen*, ihn bezaubern, es ihm anthun (hier: durch liebens-
würdiges Benehmen). — 6 *übel*, schlecht. — 7 ich bin doch nicht der
Schönste aller Männer. — 8 *âne lougen*, ohne Leugnen, unleugbar: das
steht fest.
    9 Falls ihr jemand von mir etwas vorgelogen hat — 10 so prüfe,
besehe sie mich genauer. — 11 *an miner schœne*, in Bezug auf meine
Schönheit. — 12 wenn sie nichts als das, nichts weiter will. — 14 das
ist nichts weniger als schön. — 16 sie betrügt, wiegt sich in thörichter
Selbsttäuschung.

Dâ si wont, dâ wonent wol tûsent man,
die vil schœner sint.
wan daz ich ein lützel fuoge kan,
so'st min schœne ein wint. 20
fuoge hân ich kleine:
doch ist si gemeine wol
unde sô, daz si vil liuten sol
iemer sin gemeine.

Wil si fuoge für die schœne nemen, 25
so'st si wol gemuot.
kan si daz, sô muoz ir wol gezemen
swaz si mir getuot.
sô wil ich mich neigen
und tuon allez daz si wil. 30
waz bedarf si denne zoubers vil?
ich bin doch ir eigen.

Lât iu sâgen, wie'z úmbe ir zouber stât,
des si wunder treit:
s'ist ein wîp, diu schœne und êre hât, 35
dâ bî liep ân' leit.
daz s' iht anders künne,
daz sol man gar übergeben,
wane daz ir wünneclichez leben
machet sorge und wünne. 40

19 *fuoge*, anständiges, gebildetes Benehmen, Geschicklichkeit, Kunst-
fertigkeit: abgesehen davon, außer daß ich einige Kunst besitze, ist's mit
meiner Schönheit nichts — 20 *ein wint*, ein Wind, d. h. gar nichts. —
21 Kunst besitze ich (allerdings) ein wenig. — 22 ff. der Dichter will
sagen: außer meiner Bildung und Kunst besitze ich nichts, was eine Frau
anziehen könnte; aber diese ist gering und überdies theilen sie viele mit
mir und ich glaube, daß das auch in Zukunft so sein werde; vgl. 13, 30. 31.
gemeine, sô gemeine.
25 Will sie mit der Kunst statt der Schönheit vorlieb nehmen. —
26 *wol gemuot*, edelgesinnt: hat den rechten Sinn; ist auf dem rechten
Wege. — 27 *sô muoz ir wol gezemen*, so schickt sich wohl für sie, steht
ihr wohl an. — 29 *sich neigen*, sich dankend verbeugen. — 31. 32 wozu
bedarf sie dann vieles Zaubers? ich gehöre ihr ja ohnedies zu eigen an.
33 wie es mit ihrem Zauber beschaffen ist, worin er besteht —
34 den sie in Fülle besitzt. — 35 *êre*, Tugend. — 36 *liep ân' leit*, unge-
trubte Freude, Heiterkeit. — 38 ff. daß sie außerdem noch etwas anderes
(Schlimmes, verwerfliche Zauberkünste) verstehe, das soll man *übergeben*,
d. i. zu glauben aufgeben, zu behaupten unterlassen: nur ihr reizendes
Wesen ist es, das mir Schmerz und Lust bereitet. — 39 *wane = wan*, nur.

39.

DEUTSCHLAND ÜBER ALLES.

Von der allgemeinen Verbreitung dieses Deutschlands Ehre ver-
kündenden Liedes gibt schönes Zeugniss eine Stelle im Frauendienst
(Lachmann's Ausg., S. 240). Als Ulrich von Liechtenstein auf der Ritter-
fahrt, die er als Königin Venus unternommen, gegen Wien reitet, be-
gegnet ihm einer seiner Diener, der ihm erfreuliche Botschaft von der
Geliebten zu melden hat. Der Bote darf den verkleideten Herrn nicht
anreden; er reitet daher bloß hinter demselben her und singt ein Lied,
wodurch er kund gibt, daß er gute Botschaft bringt. Dies Lied ist die
erste Strophe des folgenden Gedichtes. *Daz liet mir in daz herze klanc,
ez tet mir inneclîchen wol, wan ich dâ von wart freuden vol. ez dûht mich
süeze, ez dûht mich guot, von im wart ich vil hôchgemuot. mîn muot stuont
ûf gedingen hô. nû hœrt daz liet: daz sprach alsô.* Auf dieses berühmte
Lied beruft sich Walther Nr. 59, 14, zum Beweise, daß niemand besser
von deutschen Frauen gesungen habe als er.

Ir sult sprechen willekomen:
der iu mære bringet, daz bin ich.
allez daz ir habet vernomen,
daz ist gar ein wint: nû fraget mich.
ich wil aber miete: 5
wirt min lôn iht guot,
ich sag' iu vil lihte daz iu sanfte tuot.
seht, waz man mir éren biete.

Ich wil tiuschen frouwen sagen
solhiu mære, daz sie deste baz   10
al der werlte suln behagen:
âne grôze miete tuon ich daz.

1 Ihr sollt mich willkommen heißen. — 3 alles was ihr bisher ge-
hört habt. — 4 *gar ein wint*, gar nichts. — 5 *miete*, Lohn, Belohnung. —
6 fällt diese Belohnung irgend gut aus. — 7 so erzähle ich euch gar leicht
etwas, das euch wohl thut; angenehm ist. — 8 seht also zu, welchen
Preis man mir (dafür) biete.
9 *tiusch*, gekürzt aus *diutisch, tiutsch*, deutsch. — 9—11 ich will
den deutschen Frauen solche Dinge verkünden, für die Frauen habe ich
eine Nachricht. daß sie der Welt noch mehr (als bisher) gefallen werden.
— 12 dafür verlange ich keine große Belohnung. —

wáz wold' ich ze lône?
sie sint mir ze hêr:
sô bin ich gefüege und bite sie nihtes mêr,   15
wan daz sie mich grüezen schône.

Ich hàn lande vil gesehen
unde nam der besten gerne war:
übel müeze mir geschehen,
künde ich ie min herze briugen dar,   20
daz im wol gevallen
wolte fremeder site.
nû waz hulfe mich, ob ich murehte strite?
tiuschiu zuht gàt vor in allen.

Von der Elbe unz an den Rin   25
und her wider unz an der Unger lant
mugen wol die besten sin,
die ich in der werlte hàn erkant.
kan ich rehte schouwen
guot gelâz und lip,   30
sam mir got, sô swüere ich wol daz hie diu wip
bezzer sint dann' ander frouwen.

Tiusche man sint wol gezogen,
rehte als engel sint diu wip getàn.

_____

13 **was könnte ich auch verlangen?** — 14 *hér*, vornehm, hoch. Sie stehen
zu hoch über mir, als daß ich das, womit Frauen zu belohnen pflegen
(einen Kuss oder andern Liebesbeweis), verlangen dürfte; darum bin
ich höflich und bitte sie um nichts weiter, als daß sie mich freund-
lich grüßen.
17 *lande* gen. pl. von *rit* abhängig: viele Länder. — 20 f. hätte ich
es jemals dahin, übers Herz gebracht, an ausländischen Sitten Gefallen
zu finden. — 22 *der site* stm., Sitte, Gebauch, Volksart. — 23 *unrehte*
adv., unrecht, unrichtig. *striten*, mit Worten sowol als mit Waffen
streiten. Was nutzte es mich auch, wenn ich Falsches behauptete?
26 *her wider*, wiederum zurück. — 28 *hàn erkant*, kennen gelernt
habe. — 30 *gelàz* stm., Benehmen. 29 ff. falls ich mich anders auf Beobach-
tung von edler Bildung und körperlicher Schönheit verstehe, so möchte
ich, so wahr mir Gott helfe, wol schwören, daß hier die Frauen besser
sind als anderwärts. Daß hier durch Gegenüberstellung von *wip* und
frouwen der in einem besondern Liede (Nr. 69) behandelte Unterschied
beider ausgesprochen werden soll, liegt nicht im Wortlaut dieser Stelle;
es müßte heißen: *dann' andersweà die frouwen*, und selbst dann machte
der Dichter, der in jener Strophe dem Namen *wip* den Vorzug vor *frouwe*
gibt, nur einen trivialen Spaß, den ihm niemand zutrauen wird. — 31 *sam*
betheuernd: so wahr, *mir got* sc. *helfe*.
34 *rehte als*, recht, gerade so wie. —

swer sie schiltet, der'st betrogen: 35
ich enkan sin anders niht verstân.
tugent und reine minne,
swer die suochen wil,
der sol komen in unser lant: da ist wünne vil.
lange müeze ich leben dar inne!   40

---

35 *der'st* = *der ist. betrogen*, verblendet, bethört. — 36 ich kann es
nicht anders auffassen, oder: sonst verstehe ich es nicht.

FEHLER UND TUGENDEN.

Wer sich um eine treffliche Frau bemüht, dem ziemten viele Tugenden. Nur zweier könne er sich leider rühmen, Schamhaftigkeit und Treue, und selbst diese gelten jetzt nicht mehr. Auch von seiner Herrin behaupte man, daß sie nicht ganz fehlerfrei sei; doch könne er nichts Tadelnswerthes an ihr finden, als daß sie nur ihren Freunden, nicht aber ihren Feinden, Schmerz bereite. Dafür habe sie Schönheit und Ehre in vollem Maße, und das sei des Lobes mehr als genug.

———————

Der alsô guotes wibes gert, als ich dà ger,
wie vil der tugende haben solte!
nû hân ich leider niht dà mite ich sie gewer,
wan obe si ein lützel wolte.
zwô tugende hân ich, der sie wilent nâmen war,   5
scham únde triuwe:
die schadent nû beide sêre. schaden nû alsô dar!
ich bin niht niuwe:
dem ich dà gan, dem gan ich gar.

Ich wânde daz si wære missewende fri.   10
nû sagent sie mir ein ander mære,
sie jehent daz niht lebendes âne wandel si:
so ist ouch min frouwe wandelbære.
i'n kan ab niht erdenken waz ir missestê,

———————

1. 2 Wer sich, gleich mir, um eine so treffliche Frau bewirbt, wie viele gute Eigenschaften sollte der nicht haben! — 3 *einen mit einem dinge gewern*, ihn mit etwas bezahlen, befriedigen. — 4 es wäre denn, daß sie mit einem Geringen, mit Wenigem vorlieb nehmen wollte. — 5 die einst Beachtung fanden, etwas galten. — 6 *scham*, Schamhaftigkeit. — 7 diese beiden gereichen einem nun zum Nachtheil. *schaden* conj. concess., mögen sie nur zu schaden fortfahren: mag es immerhin sein. — 8 ich bin kein Neuling, nicht erst von heute: kehre mich nicht an die neue Sitte. Simrock erklärt *niuwe* als «karg», unter Berufung auf die Bedeutung des Wortes in süddeutschen und rheinischen Mundarten. — 9 *gan* præs. des unregelmäßigen Verbums *gunnen* c. dat., günstig sein: wem ich zugethan bin, dem bin ich's *gar*, ganz: d. h. ich werde deswegen jene beiden Tugenden nicht fahren lassen.
10 *diu missewende*, das Abweichen vom Bessern zum Schlechtern, Tadel, Makel. — 12 *daz wandel* (das Neutrum erhellt aus V. 20: *zwei w.*), Veränderung, Fehler. — 14 *missestân*, schlecht anstehen: was Böses, Tadelnswerthes an ihr ist. —

6*

wan éin vil kleine: 15
si schadet ir vinden niht und tuot ir friunden wé.
làt sí daz eine,
swie vil ich suoche, i'n vinde's mé.

Ich hân iu gar gesaget waz ir missestât,
zwei wandel hân ich iu genennet: 20
nû sult ir ouch vernemen waz si tugende hât:
der sint ouch zwô, daz ir s' erkennet.
ich seite iu gerne tûsent: ir'n ist niht mê dâ
wan schœne und êre:
die hât si beide volleclîche. hât si? jâ.   25
waz wil si mêre?
hie'st wol gelobet, lob' anderswâ.

---

15 außer eine große Kleinigkeit. — 18 *i'n rinde's mé*, ich finde dessen
nicht mehr: weiter kann ich, wie viel ich auch suche, nichts an ihr
finden (was ihr übel steht).
20 Zwei Fehler, nämlich daß sie ihren Feinden nichts zu Leide, ihren
Freunden wehe thut. — 22 *zwó* fem., *zwéne* masc., *zwei* neutr. — 24 außer
Schönheit und Tugend. — 25 *hât si?* besitzt sie diese wirklich? — 27 *hie'st*
= hier ist. Damit ist sie reichlich gelobt, ein besseres Lob kann man
nicht ersinnen, lobe (ruft der Dichter sich selbst zu) auch anderswo.

41.

GEISTIGE NÆHE.

Anklang an das Thema vom geistigen Schauen, das im Liede Nr. 21
behandelt ist.

Min frouwe ist underwilent hie:
sô guot ist si, als ich des wæne, wol,
wan ich schiet mich von ir noch nie.
ist daz ein minne d'andern suochen sol,
  sô wirt si vil dicke ellende   5
mit gedanken, alse ich bin.
min lip ist hie, sô wont bi ir min sin:
der wil von ir niht, dêst ein ende.
nû wolde ich, dêr ir tæte gnote war
und min dar under niht vergæze. waz hilfet, tuon ich
      d'ougen zuo? sô sehent sie durch herze dar.   10

---

1 *underwîlent* adv. dat. pl., von Zeit zu Zeit, zuweilen. *hie*, hier;
bei mir. 1—3 Ihrer Güte traue ich es zu, daß auch sie zuweilen (in Ge-
danken) bei mir ist, denn ich trennte mich noch nie von ihr. — 4 *ist daz*,
ist es wahr, richtig, nothwendig, daß die eine Minne die andere suchen muß.
— 5 *ellende* adj., der in einem andern Land, in der Fremde ist: d. h. so
wird sie mit Gedanken ebenso oft abwesend (bei mir) sein, als ich (bei
ihr) bin. — 6 *alse*, wie. — 9 *dêr*, daß er (*der sin*, die Gedanken). *war*
tf., Achtsamkeit. *guote war tuon* c. gen., mit Sorgfalt auf etwas acht
haben. — 9. 10 mein Wunsch ware, der *sin* möchte sie immer fest im
Auge haben und dennoch mich darüber nicht vergessen.

42.

GEGEN DIE LÜGNER.

Bedauern, daß die Lügner so offen ihr Unwesen treiben und überall
Verwirrung, Schaden und Schande stiften.

Ich lebte ie wol und âne nît,
niwan der lügenære werdekeit.
daz wirt ein lange wernder strît:
ir liep muoz iemer sîn mîn herzeleit.
éz erbarmet mich vil sêre,   5
daz s' als offenliche gânt
und niemen guoten unbeworren lânt.
unstæte, schande, sünde, unêre,
die râtent s' iemer swâ man s' hœren wil.
ôwê daz man sie niht vermîdet! daz wirt noch maneger
    frouwen schade und hât verderbet hêrren vil.   10

1 Ich würde stets angenehm und ohne Verdruß leben. — 2 *niwan,*
wäre nicht das Ansehen der Lügner, sähe ich nicht die Lügner so in An-
sehen stehen. — 3 das wird ein lange dauernder Kampf werden, ein
Kampf, der sobald nicht (d. h. nie) ausgefochten wird. — 4 was sie er-
freut, wird mich stets betrüben. — 5 *erbarmet,* thut mir weh, betrübt mich.
— 6 daß sie es so offen treiben. — 7 *unbeworren,* unverwirrt; unbehelligt.
— 9 *swâ,* überall wo. — 10 *sie vermîdet,* ihnen aus dem Wege geht.

43.
STILLER HASS.

Der Dichter erzählt, daß man ihn wegen des Liedes (Nr. 33), worin
er den Unterschied zwischen der wahren und falschen Liebe dargelegt
habe, insgeheim hasse und verfolge, und bittet die Frauen, falls er ver-
trieben würde, sich seiner anzunehmen.

Noch dulte ich tougenlichen haz
von einem worte, daz icn wilent sprach.
waz mac ich's, zürnent s' umbe daz?
ich wil noch jehen daz ich ê dâ jach.
ich sane von der rehten minne,   5
daz si wære sünden frî:
der valschen der gedähte ich ouch dâ bî,
und rieten mir daz mine sinne,
daz ich sie hieze unminne: daz tet ich.
nû vêhent mich ir undertâne. als helfe iu got, werd' ich
         vertriben, ir frouwen, sô behaltet mich.   10

1 *Noch*, hier wie Z. 4, verstarkt: noch immer, fortwährend. *tougen-
lich*, geheim. — 3 *was mac ich's*, was kann ich dafür, wenn sie mir darob
zürnen? — 10 *vêhen*, anfeinden, hassen. *ir undertâne*, die der Unminne
ergeben sind, ihr fröhnen. *werd'* ist Conjunctiv: sollte ich vertrieben werden.
behaltet mich = rettet mich, eig. gebt ihr mir Aufenthalt, Schutz.

44.

WEISE UND DOCH RATHLOS.

Gelöbniss, sich vor den falschen Freunden und Wortverdrehern
künftig besser in acht zu nehmen.

Mac ieman deste wiser sin,
daz er an siner rede vil liute hât,
deist an mir kleine worden schîn:
ez gât diu werlt wol halbe an minen rât
unde bin ich doch verirret,   5
daz ich lützel hie zuo kan.
ez mac wol helfen einen andern man:
ich merke wol, daz ez mir wirret,
und wil die friunt nû baz erkennen mê.
die guotin mære niht verkêrent: wil ieman lôser mit mir
            reden, i'n mac, mir tuot daz houbet wê.   10

1—3 Wenn jemand dadurch, daß Viele auf seine Rede horchen,
weiser werden kann, so hat sich das doch bei mir nur wenig offenbart,
bestätigt. — 6 hie zuo kan, hierfür, hierin (zu thun) weiß: obgleich wol
die halbe Welt sich von mir belehren läßt, so weiß ich mir doch selbst
kaum zu rathen. — 9 erkennen, kennen lernen. mé, künftighin. — 10 ver-
kêren, verdrehen. lôs, unwahrhaft, treulos. i'n mac, (ich werde sagen,)
ich kann nicht, ich habe Kopfweh: so werde ich Kopfweh vorschützen.

45.

UNDANKBARKEIT DER GELIEBTEN.

Beschwerde über die Undankbarkeit der Geliebten, deren Belohnung
in seinen Augen größern Werth habe als alle Anerkennung fremder, ihm
gleichgültiger Frauen.

Ich gesprach nie wol von guoten wiben
was mir leit, ich wurde frô:
senede sorge kunde ich nie vertriben
minneclicher danne alsô.
wol mich, daz ich in hôhen muot   5
mit minem lobe gemachen kan   und mir daz sanfte tuot!

Ôwê, wolte ein sælic wip alleine,
sô getrûrte ich niemer tac,
der ich diene, und hilfet mich vil kleine
swaz ich sie geloben mac.   10
daz ist ir liep und tuot ir wol:
wan si vergizzet iemer min,   sô man mir danken sol.

Fremediu wip diu dankent mir vil schône:
daz sie sælic müezen sin!
daz ist wider miner frouwen lône   15
mir ein kleinez dänkelin.
si habe den willen, den si habe:
min wille ist guot, und klage diu werc,   gêt mir an den iht abe.

1. 2 Nie habe ich die guten Frauen gerühmt, ohne, wenn ich be-
trübt war, froh zu werden: so oft ich auch in Leid war, das Lob der
guten Frauen machte mich stets froh; vgl. *alsô trûric wart ich nie, swenn'
ich die wolgetânen sach, min senedez ungemach zergie*, Minnesangs Früh-
ling 36. 20. — 4 *minneclicher*, angenehmer. — 5 *wol mich*, glucklichpreisender
Ausruf: wohl mir, Heil mir. *in*, ihnen. — 6 und mir das (zugleich) wohl thut.
7 *Owê*, Ausruf der Trauer: ach wenn nur eine herrliche Frau wollte.
— 8 so würde ich keinen Tag mehr trauern. — 9 *der ich diene* ist Appo-
sition zu *wip*: wenn die treffliche, der ich diene; aber es hilft, nützt nur
wenig. — 10 *swaz*, wie viel auch. — 11 *daz*, nämlich mein Lob. — 12 *wan*,
außer; nur daß sie.
14 *daz*, o daß, daß doch. — 16 *dänkelin*, Diminutiv von *danc*, ein
kleiner Dank. Dieser Dank ist mir aber fur den (entbehrten) Lohn mei-
ner Herrin nur ein geringer Ersatz. — 17. 18 doch wie auch ihr Wille
(ihre Gesinnung, Absicht?) sein mag: mein Wille ist gut und ich beklage
es bloß, wenn die Werke hinter dem Wollen zurückbleiben. *mir gêt abe
an einem dinge*, mir fehlt es an etwas.

46.

VERLORNE LIEBESMÜH'.

Beschwerde, daß die Geliebte, der er gerne Sonne, Mond und Sterne als eigen zu geben wünschte, ihn um seine Jugend betrogen habe; ihren besten Freunden sei sie gram, mit den Feinden kose sie: das könne kein gutes Ende nehmen.

Mîn frouw' ist ein ungenædic wip,
dáz s' an mir als harte missetuot.
nû brâht' ich doch einen jungen lip
in ir dienest unde hôhen muot.
ôwê dô was mir sô wol: 5
wie'st daz nû verdorben!
waz hân ich erworben?
anders niht wan kumber, den ich dol.

Ôwê mîner wünneclicher tage,
waz ich dér an ir versûmet hân!   10
daz ist iemer mines herzen klage.
sol din liebe an mir alsus zergân.
lide ich nôt und arebeit,
die klag' ich vil kleine:
mîne zit alleine,   15
habe ich die verlorn, daz ist mir leit.

I'n gesach nie houbet baz gezogen:
in ir herze kunde ich niht geschen.
ie dar under bin ich gar betrogen:
daz ist an den triuwen mir geschehen.   20

---

1 *Mîn frouwe(e)*, meine Herrin, Geliebte. *ungenædic*, grausam. — 2 *misse-tuon*, übel handeln; daß sie mich gar so übel behandelt.
9 Ach um meine fröhliche, glückliche Jugendzeit! — 10 *waz der*, was davon, wie viel deren hab' ich durch sie verloren! — 11 *iemer*, ewig. — 12 wenn meine Lust ein solches Ende nehmen soll. — 16 das thut mir weh.
17 *houbet*, Haupt, Antlitz. *baz gezogen*, schöner geformt, gebildet. — 19 *ie dar under*, stets dazwischen: während dem habe ich mich gründlich getäuscht. — 20 und das ist der Dank für meine Treue.

mōhte ich ir die sternen gar,
mânen unde sunnen
z'eigen hân gewunnen,
daz wær' ir, so ich iemer wol gevar.

I'n gesach nie sus getâne site,   25
daz s' ir besten friunden wære gram.
swer ir vient ist, dem wil si mite
rûnen; daz guot ende nie genam.
ich weiz wol wie z ende ergât:
vint und friunt gemeine   30
der gestêt si alleine,
sô si mich und jene unrehte hât.

Miner frouwen darf niht wesen leit,
daz ich rite und frâge in fremdiu lant
von den wiben, die mit werdekeit   35
lebent (der ist vil manegin mir erkant)
und die schœne sint dâ zuo.
doch ist ir deheine,
weder grôz noch kleine,
dér versagen mir iemer wê getuo.   40

---

21 die sternen gar alle, sämmtliche Sterne. — 22 der mâne, swm., der
Mond. — 23 z'eigen = ze eigen, als Eigenthum. gewunnen, erworben. —
24 das wäre das Ihre, gehörte ihr, so wahr als es mir immer glücklich
ergehen soll: bei meiner Seligkeit.
25 sus getân, solch. site ist hier Plural; ein solches Benehmen. —
26—28 ihren treuesten Freunden ist sie gram, feindselig; mit ihren Fein-
den hält sie vertrauliche Zwiesprache. — 28 einem mite rûnen, heimlich
mit jemand flüstern, sich bereden. — 30 vint und friunt sind Nomin., die
außer der Construction stehen, und nachher durch der aufgenommen wer-
den. gemeine, insgesammt. — 31 alleine, verstärktes eine. eine stên c.
gen., verlassen sein von. Von Feinden sowol als Freunden wird sie gänz-
lich verlassen sein, sie werden sich alle von ihr zurückziehen. — 32 einen
unrehte haben, jemand auf unrechte, verkehrte Weise behandeln: nicht
hält wie es recht ist, d. h. jeden nach seinem Werthe.
33 wesen, sein: braucht nicht leid zu sein. — 34 rite und frâge =
fragend reite. frâgen von oder auch umb' einen, sich nach jemand erkun-
digen. — 35 mit werdekeit, auf würdige, ehrenvolle Weise. — 38 ff. doch
befindet sich unter ihnen keine, deren Versagen, Abweisen (Korb) mich
schmerzte. Diese letzte Zeile erinnert an das Uhlandische: Sie konnten's
halten nach Belieben, von Einer aber thut mir's weh.

47.

BESTÄNDIGKEIT.

Klage, daß seine Treue und Ausdauer unbelohnt bleibe, ja ihn zu
Grunde richte. Hoffnung und Bitte, daß dies anders werden und ihm der
endliche Lohn nicht entgehen möchte.

Stæte ist angest unde ein nôt,
i'n weiz niht, ob s' êre sî:
si git michel ungemach.
sit diu liebe mir gebôt,
daz ich stæte wære bî,   5
waz mir leides sit geschach!
lât mich ledic, liebe min frô Stæie!
wan ob ich si's iemer bæte,
sô íst si stæter vil dann' ich:
ich muoz von miner stæte sin verlorn, din liebe en
                                underwinde ir sich.   10

Wér sol dem des wizzen danc,
dem von stæte liep geschiht,
nimt der stæte gerne war?
dem an stæte nie gelanc,
ob man den in stæte siht,   15
seht, des stæte ist lûter gar.
alsô habe ich stæte her gerungen:
noch enist mir niht gelungen.

1 *Stæte*, Ausdauer. Beständigkeit. *nôt*, Drangsal, Gefahr. - 2. 3 ich
weiß nicht, ob sie auch Ehre bringe, aber das weiß ich, daß sie große
Unruhe, Sorge verursacht. — 4 *diu liebe*, die Geliebte. — 5 *stæte* ist Dativ:
daß ich mich der Stæte anschlösse, ihr folgte. — 6 wie viel Leid hatte ich
seitdem zu dulden! — 7 laßt mich los. *min frô*. Madame; *frô* gekürzt
aus *frou*, *frouwe*. Stæte personificiert wie die übrigen Tugenden: Ehre,
Maße, Minne. — 8 *wan ob*. denn wenn. *biten* c. gen., um etwas bitten. —
9 weit beständiger, standhafter als ich (nämlich im Versagen). — 10 *von*,
durch, wegen; so auch V. 20; es sei denn, daß die Geliebte sich ihrer
annehme.
11 *einem danc wizzen* c. gen., jemand für etwas danken, ihn dafür
loben. — 12 etwas Angenehmes widerfährt. — 13 wenn der die Treue gern
beobachtet, sie bewahrt. — 14 *gelingen*, glücken: der mit Hilfe der Be-
ständigkeit nie etwas erreichte, und den man dennoch an der Beständig-
keit festhalten sieht. — 16 ganz aufrichtig. — 17 *her*, bisher, bis jetzt. —

daz wénde, sælic frouwe min,
daz ich der valschen ungetriuwen spot   von miner stæte
iht müeze sin.   20

Hæte ich niht min freuden teil
an dich, herzeliep, geleit,
sô möht' es wol werden rât.
sit min freude und al min heil
nû, dar zuo min werdekeit,   25
niht wan an dir einer stât,
solte ich dan min herze von dir scheiden,
sô müest' ich mir selben leiden:
daz wære mir niht guot getân.
doch sôlt dû des gedenken, sælic wîp,   daz ich nû
lange kumber hân.   30

Frouwe, ich weiz wol dinen muot:
daz dû gerne stæte bist,
daz hab' ich befunden wol.
jâ hât dich vil wol behuot
der vil reine wibes list,   35
der guot wîp behüeten sol.
sús freut mich din sælde und ouch din êre
unde enhân niht freude mêre:
nû sprich, bin ich dar an gewert?
dû solt mich, frouwe, des geniezen lân   daz ich sô rehte
hân gegert.   40

19 wenden, rückgängig machen: mache daß das anders wird. — 20 Gegen-
stand, Zielscheibe des Spottes. iht, nicht etwa.
21 teil stn., was einem als Besitz zugetheilt ist: was ich an Freuden
besitze. — 22 auf dich gesetzt, gebaut. — 23 so könnte wol Rath geschafft
werden; hätte es nichts zu sagen. — 24 sît nû, nachdem aber. — 25 dar
zuo, überdies. — 26 nur auf dir allein beruht. — 28 leiden, leid, zuwider
werden. — 29 nicht recht an mir gehandelt. — 30 mein Kummer schon
lange währt.
31 Ich kenne deine Gesinnung recht gut. — 33 bevinden, finden, er-
fahren, erkennen. — 34 behuot, behütet, bewahrt. — 35 der list, Klugheit:
die unschuldige (angeborne) weibliche Klugheit. — 37 sus, daher. — 38 keine
weitere, darin besteht meine ganze Freude. — 39 wird mir diese Freude
von dir gewährt? — 40 geniezen lân c. acc. der Person und gen. der Sache,
jemand für etwas belohnen, es ihm zu Gute kommen lassen: du sollst es
mir zu Gute kommen lassen, daß ich auf so ehrbare Weise geworben habe·

48.

DER MINNE RECHT.

Diese und die beiden folgenden Strophen desselben Tones sind von Lachmann und den Übersetzern in verschiedener Reibenfolge zu einem Liede vereinigt worden; Rieger hat die dritte besonders gestellt. Alle drei stehen aber durch ihren Inhalt in keinem Zusammenhang miteinander, daher hier jede für sich auftritt.

Daz ich dich sô selten grücze,
frouwe, deist ân' alle mîne missetât.
ich wil daz wol zürnen müeze
liep mit liebe, swa ez von friundes herzen gât.
trûren unde wesen frô,
sanfte zürnen, sêre süenen, deis der minne reht: diu
herzeliebe wil alsô.

2 das ist meinerseits durchaus keine unrechte That. — 3. 4 *ich wil*, ich meine: zwei Geliebte dürfen nach meiner Ansicht wol miteinander zürnen, wenn es aus treuem Herzen kommt. — 5. 6 abwechselnd Trauer und Heiterkeit, leichter Zorn und innige Versöhnung, das ist das der Minne zukommende, gebührende Recht, so will es herzliche Liebe.

49.

ÜBLE AUSREDE.

Dû solt eine rede vermiden,
frouwe. des getriuwe ich dînen zühten wol;
tætest dû s', ich wolde'z niden,
als die argen sprechent dâ man lônen sol:
«hæte er sælde, ich tæte im guot.»   5
er ist selbe unsælic, swer daz gerne sprichet unde nie-
mer diu gelîche tuot.

---

2 das erwarte ich von deiner Wohlerzogenheit. *zuht*, Artigkeit,
Höflichkeit. —3 würdest du sie dennoch thun, das wäre mir zuwider,
verhaßt. — 4 *arc*, böse, karg: wie nämlich die Knauser reden, wenn sie
lohnen sollen. — 5 wäre er zum Glücke bestimmt, nicht von vornherein
zum Unglück geboren. — 6 *diu* instrumentalis, *diu gelîche*, dem ent-
sprechend: wer gern so spricht und doch nie danach thut, der ist selbst
ohne *sælde*.

50.

FLUCHT DER TAGE.

I'ne gesach nie tage slichen
sô die mine tuont: ich warte in allez nâch.
wesse ich, war sie wolten strichen!
mich nimt iemer wunder, wes in si sô gâch.
lihte mugen sie zuo deme   5
komen, der ir niht sô schône pfliget: sô lâ sie denne
schinen, ob sie wizzen, weme.

1 *slichen*, eigentlich langsam, leise gehen; hier: dahinschwinden. —
2 *varten*, acht haben, spähen, schauen. *allez* adv. acc., immerfort. —
3 *wesse*, wüßte. *war*, wohin. — 4 *wes*, warum: warum sie so eilig sind. —
5 es ist leicht möglich, daß sie zu einem kommen, der sie nicht so gut
behandelt, wohl anwendet (wie ich). — 6 nun so laß sie scheinen (leuch-
ten, *tac* öfter = *sunne)*, wenn sie wissen, wem (für wen), d. h. wol:
mögen sie meinetwegen (statt mir, der ich sie gut anzuwenden weiß und
dem sie enteilen) drauf los scheinen, wenn sie auch nicht wissen, für wen.

51.

SCHÜCHTERNE LIEBE.

Frage, ob ihm die Kunst, den Kummer zu verbergen, zum Vortheil
oder Nachtheil gereiche, und wie es komme, daß er, der so Manchem
aus der Liebesnoth geholfen, sich selbst nicht helfen könne? Aber der
Geliebten gegenüber fehle ihm die Gabe der Rede und wisse er weniger
zu sagen als ein Kind; ein Gedanke, der auch Nr. 54 wiederkehrt. Doch
hofft er, daß ihm dies bei ihr, die mehr auf die gute Gesinnung als auf
Worte sehe, nichts schaden werde.

Weder ist ez übel od ist ez guot,
daz ich min leit verhelen kan?
man siht mich dicke wol gemuot:
sô trûret manig ander man,
   der minen schaden halben nie gewan.   5
so gebäre ich aber dem geliche
als ich si hôher freuden riche.
nû mücze ez got gefüegen sô,
daz ich iedoch von wären schulden werde frô.

Wie kunet, daz ich sô manegem man   10
von sender nôt geholfen hân
   und ich mich selben niht enkan
getrœsten, mich entriege ein wân?
   ich meine ein wip, diu'st guot und wol getân:
diu lât mich aller rede beginnen,   15
i'n kan ab endes niht gewinnen.

1 *Weder* entspricht im ersten Glied einer Doppelfrage genau dem lat.
utrum. — 2 *verhelen*, verbergen, verheimlichen. — 3 f. mich sieht man oft
heiter, während umgekehrt mancher trauert, der nicht die Hälfte meines
Leides zu tragen hat. — 6 ich jedoch benehme mich so, als wenn ich
reich an hohen Freuden (voller Freuden) wäre. — 8 *müezen* bedeutet in
Wunschsätzen nicht müssen, sondern mögen. — 9 *iedoch*, doch noch.
von wären schulden, aus vollen, triftigen Gründen: daß ich rechten Grund
zur Freude habe. *werde* ist Conjunctiv.
11 *von sender nôt helfen*, von Liebesgram befreien. — 13 es sei denn,
daß ein Wahn, leere Einbildung, mich trüge: daß ich nur durch Selbst-
täuschung mich zu trösten vermag. — 14 *meinen*, in Sinn und Gedanken
haben, lieben. — *diu'st = diu ist.* — 15 *beginnen* c. gen., etwas anfangen,
beginnen. Sie erlaubt mir alles zu reden, was ich will, ich kann aber

dar umbe wære ich nû verzaget,
wan daz s' ein lützel lachet, sô si mir versaget.

Si sehe daz s' innen sich bewar
(si schînet ûzen freuden rîch),   20
daz s' an den siten iht irre var,
sô wart nie wip sô minneclîch:
so'st êt ir lop vil frouwen lobes entwich,
ist nàch ir wirde géfurrieret
diu schœne, diu sie ûzen zieret.   25
kan ich ir denne gedienen iht,
des wirt bi solhen êren ungelòuet niht.

Swie noch min freude an zwivel stât,
den mir diu guote mac vil wol
gebüezen, ob si's willen hât,   30
so'n ruoche ich waz ich kumbers dol.
si fràget mich des nieman frâgen sol,
wie lange ich welle an ir beliben:
si'st iemer mêr vor allen wiben
ein wernder tròst ze freuden mir.   35
nù müeze mir geschehen als ich geloube an ir.

Genuoge kunnen deste baz
gereden, daz sie bi liebe sint:

damit nicht zum Ziele kommen, nämlich nicht dazu, ihr meine Liebe zu
gestehen und sie um die ihrige zu bitten. — 18 *wan daz s'*, außer daß
sie: wenn sie nicht ein wenig lachte, so oft sie mein Gespräch von
diesem Ziel ablenkt.
     19 f. Sie sehe zu, daß sie innen sich bewahre (äußerlich scheint sie
fröhlich, lebenslustig): wenn sie vorsichtig ist und sich im Herzen hütet,
daß sie nicht auf falsche Wege kommt, die Sitte, den Anstand nicht ver-
letzt, so u. s. w. — 21 *irre varn*, fehl gehen, einen Fehltritt thun. —
23 *êt*, nun einmal. *der entwich*, das Entweichen, die Flucht: so macht ihr
Lob das vieler Frauen entweichen, übertrifft es. — 24 *nâch*, entsprechend.
furrieren, füttern. Wenn der Schönheit, die sie von außen schmückt, der
innere Worth entspricht. — 26 kann ich ihr dann nur einigermaßen mich
ergeben zeigen (als Dichter, mit *lobe*), so bleibt bei solcher Tugend mein
Lohn, Dank dafür nicht aus.
     28 *an zwivel stân*, zweifelhaft, ungewiss sein. — 30 *den zwivel büe-
zen*, den Zweifel, die Ungewissheit, heben, benehmen. *willen haben* c. gen.,
etwas wollen, zu etwas entschlossen sein. — 31 *ruochen*, achten, besorgt
sein, sich kümmern. *doln*, leiden, dulden: so ist es mir gleich, was ich
jetzt leide. — 32 *frâgen* c. gen., nach etwas fragen, sich erkundigen.
Vielleicht ist *frâge û* zu lesen; sie möge nur einmal fragen. — 33 an einem
beliben, bei jemand ausharren, ihm anhängen. — 34. 35 sie ist mir für
immer eine beständige unvergängliche Hoffnung auf Freude. — 36 möchte
mir doch geschehen, wie ich es von ihr erwarte.
     37. 38 *Genuoge*, gar manche. Viele verstehen um so besser zu reden,

swie dicke ich ir noch bi gesaz,
sô wesse ich minner danne ein kint 40
und wart an allen minen sinnen blint.
des wære ich anderswâ betœret:
dis' ist ein wip, diu niht gehœret
und guoten willen kan ersehen.
den hân ich, sô mir iemer müeze liep geschehen! 45

_____

wenn sie bei der Geliebten sind. *das*, vorausgesetzt daß, wenn. — 39 wie
oft ich bisher an ihrer Seite saß. — 40 *minner*, minder, weniger: so wußte
ich weniger als ein Kind. — 41 *blint*, unvermögend zu sehen. *an sinnen
blint*, am Verstande geblendet, vgl. Nr. 91. 15: *an witzen blint*. — 42 *des*,
dadurch. *anderswâ*, anderswo, bei einer Andern. *betœren*, äffen, betrügen.
— 43. 44 diese jedoch ist eine Frau, die nicht (auf Worte) hört, sondern
auf den guten Willen, die redliche Gesinnung schaut. — 45 diesen guten
Willen besitze ich, so wahr ich jemals etwas Freundliches erwarte, auf
Glück hoffe.

52.

LIEBESGLAUBE.

Gegen die Zweifler, ob der Minnesang und die Liebesklagen von
Herzen gehen, und die Betrüger, welche Liebe heucheln und Gegenliebe
mit so süßen Worten begehren, daß ein Weib nicht mehr wissen kann,
wie die Männer es meinen.

Maneger fråget waz ich klage
unde gibt des einen, daz ez iht von herzen gê.
   der verliuset sine tage,
wand' im wart von rehter liebe weder wol noch wê.
   des ist sin geloube kranc: 5
swer gedæhte   waz diu minne bræhte,
   der vertrüege minen sanc.

Minne ist ein gemeinez wort
und doch ungemeine mit den werken: dêst alsô.
   minne ist aller sælden hort,   10
âne minne wirdet niemer herze rehte frô.
   sit ich dén gelouben hân,
frouwe Minne,   freut ouch mir die sinne!
   mich müet, sol min trôst zergân.

Min gedinge ist, der ich bin   15
holt mit rehten triuwen, daz s' ouch mir daz selbe si:
   triuget dar an mich min sin,
sô ist minem wâne leider lützel freuden bî.

---

2 *giht* 3. præs. von *jehen*, sagen, erklären: und behauptet das Eine,
d. h. in einem fort. *iht* = nicht. — 3 *sîne tage verliesen*, seine Zeit ver-
lieren (durch unnütze Reden, unwahre Behauptungen). — 4 *wand(e)*, denn. —
5 *des*, darum, deshalb. *sîn geloube*, sein Glaube an die Wahrheit der
Sängerminne. *kranc*, schwach. — 6 *waz*, was alles, d. h. was für Lieb
und Leid. *bræhte* = bringt; wie häufig ist hier der Conjunctiv vom vor-
hergehenden nachgezogen. — 7 *vertrüege*, ließe gelten.
   8 *gemeine*, allgemein bekannt, gewöhnlich, gebräuchlich. — 9 *un-
gemeine*, ungewöhnlich: alle kennen das Wort Liebe, aber nur wenige
kennen sie ihrem Wesen nach. *dêst alsô*, so ist es, das ist nun einmal
so. — 10 *aller sælden hort*, Schatz, Fülle, Inbegriff alles Glückes. —
12 *sît*, nachdem, da. *den gelouben*, diesen Glauben. — 14 *müen, müejen*,
beschweren, bekümmern: wenn meine Zuversicht zu nichte werden soll. —
   15 *der gedinge*, Hoffnung, Zuversicht. — 17 täusche ich mich darin. —
18 so steht meiner Hoffnung wenig (= keine) wirkliche Freude zur Seite,

neinâ, hêrre! s'ist sô guot,
swenne ir güete   erkennet min gemüete,   20
daz si mir daz beste tuot.

Wiste si den willen min,
liebes unde guotes des wurd' ich von ir gewert.
wie möht' aber daz nù sin,
sit man valscher minne mit sô süezen worten gert,   25
daz ein wip niht wizzen mac
wer si meine?   disin nôt alleine
tuot mir manegen swæren tac.

Der diu wip alrêrst betrouc,
der hât beide an mannen unde an wiben missevarn.   30
i'n weiz waz diu liebe touc,
sit sich friunt gein friunde niht vor valsche kan bewarn
frouwe, daz ir sælic sit!
lât mit hulden   mich den gruoz verschulden,
der an friundes herzen lit.   35

---

bleibt die gehoffte Freude unverwirklicht. — 19 f. *neinâ hêrre*, Herr Gott.
das wird nicht sein, sie ist so gut, daß sie mir, sobald ihr gutes Herz er-
kennt, wie ich gegen sie gesinnt bin, das Beste thun wird.
  22 Wüßte sie meine Gesinnung. — 24 wie wär' dies aber möglich,
nachdem u. s. w. — 27 *meine*, aufrichtig liebe. — 28 *tuot*, macht, ver-
ursacht; manchen trüben Tag.
  29 *alrêrst*, zuerst, zum ersten Mal. *betrouc* præt. von *betriegen*, be-
trog — 30 *beide — und*, sowol — als auch. — *missevarn*, unrecht ver-
fahren, handeln, sich vergehen. — 31 *touc* præt. von *tugen* noch werth
ist. — 32 *friunt gein friunde*, der Liebende gegen die Liebende (und um-
gekehrt). — 33 *daz ir sælic sit*, mögt ihr davor bewahrt bleiben, möge die
Sælde euch in ihre Obhut nehmen. — 34 *verschulden*, Ursache sein, ver-
dienen: laßt mir huldvoll noch den Gruß zu Theil werden, der in liebem
dem Herzen wohnt.

53.

BESELIGUNG DER LIEBE.

Ein freundlicher Blick und Gruß von der Geliebten versetzt den
Dichter in freudige Anfregnng und ermuthigt ihn zu weitern kühnern
Hoffnungen, deren Eifüllung er von der wunderbaren Gewalt der Minne
zuversichtlich erwartet.

Ganzer freuden wart mir nie sô wol ze muote:
mir'st geboten daz ich singen muoz.
  sælic sî diu mír daz wól verstê ze guote!
mich mant singen ir vil werder gruoz.
  diu min iemer bât gewalt,   5
diu mac mir wol trûren wenden
unde senden   freude manievalt.

Git daz got, daz mir noch wol an ir gelinget,
seht. sô wære ich iemer mêre frô:
  diu mir beide herze und lip ze freuden twinget,   10
mich betwanc nie mê kein wip alsô.
  ê was mir gar unbekant
daz diu minne twingen solde
swie si wolde,   unz ich'z an ir bevant.

Süeze Minne, sit nâch diner süezen lêre   15
mich ein wîp alsô betwungen hât,
  bite sie, dáz s' ir wiplich güete gegen mir kére!
sô mac mîner sorgen werden rât.

durch ir liehten ougen schîn
wart ich alsô wol enpfangen,   20
gar zergangen   was daz trûren mîn.

Mich freut iemer, daz ich alsô guotem wibe
dienen sol ûf minneclichen danc:
   mit dem tröste ich dicke trûren mir vertribe
unde wirt mîn ungemüete kranc.   25
endet sich mîn ungemach,
sô weiz ich von wârheit danne,
daz nie manne   an liebe baz geschach.

Minne, wunder kan dîn güete liebe machen
und dîn twingen swenden freuden vil: 30
   wan dû lêrest leit ûz spilnden ougen lachen,
swâ dû mêren wilt dîn wunderspil;
   dû kanst freudenrichen muot
sô verworrenliche verkêren,
daz dîn sêren   sanfte unsanfte tuot.   35

---

19 durch ihre hellen leuchtenden Augen hindurch. — 20 fand ich so herr-
lichen Empfang (Aufnahme bei ihr). — 21 *gar zergangen*, gänzlich ver-
schwunden. Nach *alsô* würden wir einen Satz mit *daz* erwarten.
   23 *einem dienen ûf ein dinc*, dienen in der Hoffnung, es zu er-
halten. — 26 meine Missstimmung, Betrübniss vergeht. — 27 *von wârheit*.
durch die Wahrheit, in Wahrheit.
   29 *liebe* ist gen., abhängig von *wunder*: deine Güte kann eine Fülle
von Lust und Freude erwecken, bereiten. — 30 *twingen* stn., Bedrängniss,
hier das Gegentheil von *güete*. *swenden*, schwinden machen, vernichten. —
31 ff. denn wo immer du dein wunderbares Spiel *mêren* (d. h. eifrig üben)
willst, lehrst du Herzeleid aus funkelnden Augen lachen; umgekehrt
kannst du freudigen Sinn in so verworrener Weise ins Gegentheil ver-
kehren, daß dein Verwunden zugleich wohl und wehe thut.

54.

LIEBESZAUBER.

Der Dichter wünscht ein sorgenfreies Leben fuhren zu können, und
fragt, ob ihm niemand, gegen reichliche Entschädigung, seine Freude
borgen wolle. Von der, die er liebt und auf der alle seine Freude ruht,
hofft er doch noch ein Lächeln zu erwerben; leider benehme ihm, wenn
er sich zum Gespräche bei ihr niederlasse, ein Blick ihrer Augen allen
Verstand, und die schönste Rede, die er sich vorher ausgedacht, sei so-
gleich vergessen.

Hèrre got, gesegene mich vor sorgen,
daz ich vil wünnecliche lebe.
wil mir ieman sine freude borgen,
daz i'm ein ander wider gebe?
die vind' ich vil schiere ich weiz wol wâ: 5
wan ich liez ir wunder dâ,
der ich wol mit sinnen
getriuwe ein teil gewinnen

Al mîn freude lit an einem wibe,
der hérze ist ganzer tugende vol,   10
únde ist sò geschaffen an ir libe,
daz mán ir gerne dienen sol.
ich erwirbe ein lachen wol von ir,
des muoz si gestaten mir:
wie mac si'z behüeten?   15
ich fröwe mich nâch ir güeten.

---

1 gesegenen *vor einem dinge*, durch Segnen vor etwas bewahren,
schützen. — 2 *lebe* conj., leben möge. — 3 *borgen*, auf Sicherheit, gegen
Versprechen der Rückgabe anvertrauen, leihen. — 4 *i'm*, zusammenge-
zogen aus *ich im. ein ander*, eine andere Freude; dafür zurückgebe (als
Dichter, durch meinen Gesang). — 5 *wâ*, wo, an welchem Ort. — 6 *wan*,
denn. *wunder*, ungewöhnlich große Menge: *ir wunder*, deren eine Fülle.
dâ, dort. — 7 *der* gen. pl., deren, abhängig von *ein teil. mit sinnen*,
mit Klugheit, Geschicklichkeit: von denen ich mir wol einen Theil zu
verschaffen getraue.
10 *der herze*, deren Herz. — 11 und sie ist körperlich so schön ge-
bildet. — 13 ich bringe es schon noch dazu, daß sie mich anlacht. —
14 das muß sie mir erlauben. — 15 *behueten*, wehren, verhindern. —
6 *nâch*, auf. *güeten* dat. pl.

Als ich under wilen z'ir gesitze,
sô sí mich mit ir reden lât.
sô benimt si mir sô gar die witze,
daz mír der lip alumbe gât. 20
swénne ich iezuo wunder rede kan,
sihet si mich einest an.
sô hân ich's vergezzen.
waz wolde ich dar gesezzen?

---

17 *Als*, wenn. *under wilen*, zuweilen. *z'ir* = *ze ir*, zu ihr. *gesitze*, mich
setze. — 19 *diu witze*, Bewusstsein, Klugheit, Verstand, Besinnung. —
20 *alumbe*, ringsum: daß sich mein Körper im Kreise dreht, daß mir
schwindelig wird. — 21 *iezuo*, jetzt, in diesem Augenblick. *wunder rede
kan*, eine Fülle von Worten mir zu Gebote steht. *kan*, weiß. — 22 *einest*
adv., ein einziges Mal. — 24 was nützte es mir nun daß ich mich zu ihr
hinsetzte?

55.

VIER WORTE.

Heiterer Blick in die Zukunft, und Hoffnuug, durch Gewährung
seiner Wünsche, deu Gegnern wirklicheu Grund zu Haß und Neid zu
geben. Die spitzfindige und darum schwer mit klaren Worten wieder-
zugebende Unterscheidung zwischen Freundin uud Frau, Freund und Ge-
selle in der dritten und vierten Strophe ist mehr der französischen als
der deutschen Lyrik gemäß.

Die verzagten aller gnoten dinge
wænent, daz ich mit in si verzaget.
ich hân trôst, daz mir noch freude bringe
der ich minen kumber hân geklaget.
obe mir liep von der geschiht,　　　　　　　　5
sŏ enruoche ich wes ein bœser giht.

Nit den wil ich iemer gerne liden:
frouwe, dâ solt dû mir helfen zuo,
daz sie mich von schulden müezen niden,
sô min liep in herzeleide tuo.　　　　　　　　10
schaffe daz ich frô gestê,
so'st mir wol und ist in iemer wê.

Friundin unde frouwe in éiner wæte
wolte ich an dir einer gerne sehen.
ob ez mir sô rehte sanfte tæte,　　　　　　　15
alse mir min herze hât verjehen.

1 *verzagen*, ein *zage* werden, den Muth verlieren. Diejenigen, die
den Glauben an alles Gute verloren haben, meinen, auch ich sehe die Zu-
kunft so schwarz. — 3 *trôst*, feste Hoffnung, Zuversicht. — 4 *der* mit
Ellipse von *die*: diejenige welcher. — 6 *ruochen*, Rücksicht nehmen, sich
kümmern: so kümmere ich mich nicht, was ein Böser sagen mag.
7 *Nit*, Haß, Missgunst. — 8 dazu sollst du mir behilflich sein. —
9 *von schulden*, mit Grund. — 10 *min liep*, meine Freude, mein Glück:
wenn mein Glück (das mir von dir zu Theil gewordene) ihnen (den Nei-
dern) Herzeleid macht. — 11 *schaffen*, einrichten, machen, sorgen für etwas.
13 *friundin* und *frouwe*, beide Begriffe stehen unflectiert an der Spitze
des Satzes: vgl. 117, 4. 119, 5. *wæte* dat. von *wât*, Kleid. *in einer wæte*,
in éiner Person. Mein heißer Wunsch wäre, in dir zugleich meine Ge-
liebte und meine Gebieterin zu erblicken, (um zu versuchen), ob es mir

friundin dast ein süezez wort:
doch sô tiuret frouwe unz an daz ort.

Frouwe, ich wil mit hôhen liuten schallen,
werdent díu zwei wort mit willen mir: 20
sô lâz óuch dir zwei von mir gevallen,
daz s' ein keiser kûme gæbe dir:
friunt und gesélle diu sin din,
sô si friundin unde frouwe min.

so wohl thäte, als mein Herz mir gesagt hat. — 18 *tiuren*, werth machen,
verherrlichen. *daz ort*, die Spitze, das Ende; doch ehrt das Wort Frau
(Herrin) bis ans Ende, ist das Ehrenvollste von allen, geht über alles.
      19 *liuten* ist dat. pl. von *lût*, Laut. Klang. Stimme. *mit hôhen liu-
ten*, mit hellem Freudenruf, vgl. *hô-hlûtes* in Wolfram's Tuurel, Str. 167, 3 B.
schallen, lärmen, lauter Lust sich hingeben. — 20 *mit willen*, gern. Willst
du mir die zwei Worte gönnen. — 22 zwei Worte, wie selbst ein Kaiser
sie dir nicht besser, schöner zu geben vermöchte. — 23 *geselle*, Haus-
genosse, Freund, Geliebter. Ich erlaube dir, mich Geliebter und Freund
zu nennen, ich hinwieder nenne dich Freundin und Frau.

56.

VERGÄNGLICHKEIT DES IRDISCHEN GLÜCKES.

«Vom rechten Maß in Traurigkeit und Frohsinn. Man soll nicht
groß thun mit dem Glücke, das einem besonders bei Frauen widerfährt,
sondern sich harmlos freuen; man soll aber auch nicht trauern, wenn
man glücklich ist, sondern wohlgemuth sein. Was ihn betrifft, so ist er
sogar wohlgemuth ohne Herzensfreude, und vielleicht eben, weil er keine
hat, denn mit Herzensfreude ist immer Herzeleid verbunden. So aber,
da er beide vermeidet, würde er von keinem Ungemach wissen, wenn ihn
Gedanken nicht verfolgten. Aber oft bemeistern sie sich seiner so ganz,
daß er nichts um sich her vernimmt und alles überhört, was die Leute
ihm zureden. Hier sind keine Liebesgedanken gemeint, sondern Ge-
danken über die Vergänglichkeit und Falschheit des irdischen Glücks,
nach welchem er sich künftig nicht mehr zu sehnen vornimmt.» Simrock

Ich bin als unschedeliche frô,
daz man mir wol ze lebenne gan.
tougenliche stât min herze hô:
waz tôuc zer werlte ein rüemic man?
wê den selben, die sô manegen schœnen lip   5
habent ze bœsen mæren bräht!
wol mich, daz ich's hân gedâht:
ir sult sie miden, guotiu wip.

Ich wil guotes mannes werdekeit
vil gerne hœren unde sagen.   10
swer mir anders tuot, daz ist mir leit:
ich wil'z ouch allez niht vertragen.

1 *unschedeliche* adv., unschädlich. *frô*, fröhlich. *unschedeliche frô*.
d. h. ich bin fröhlich, ohne daß es der Geliebten (durch Prahlerei über
die empfangene Gunst) zum Nachtheil gereicht. — 2 *ze lebenne* dat. des
Gerundiums: ad vivendum. *gan*, gönnt. — 3 *tougenliche* adv., heimlich.
hô = *hôch*: ich bin still vergnügt. — 4 *touc*. taugt. *zer werlte*, in der Welt.
rüemic, eitel, prahlerisch. — 5 *sô manegen schœnen lip*, so manche Schöne.
— 6 *ze bœsen mæren*, in übles Gerede, in schl mmen Ruf. — 7 wohl mir,
daß ich das bedacht habe.
9. 10 Ich bin gerne bereit, von Guten Gutes zu hören und zu sagen.
11 *swer*, wer immer: wenn man mir. — 12 *vertragen*, geschehen, sich ge-
fallen lassen: gleichwol bin ich nicht gesonnen, alles ruhig hinzunehmen.

rüemær' unde lügenære. swâ die sîn,
den verbinte ich minen sanc,
unde ist âne minen danc,   15
ob s' álsô vil geniezen min.

Maneger trûret, dem doch liep geschiht
ich hân ab iemer hôhen muot,
únde enhábe doch herzelíebes niht.
daz ist mir alsô lihte guot: 20
herzeliebes swaz ich des noch ie gesach,
dâ was herzeleíde bi.
liezen mich gedanke fri,
so'n wiste ich niht umb' ungemach.

Als ich mit gedanken irre var,   25
sô wil mir maneger sprechen zuo:
só swîg' ich und lâze in reden dar.
waz wil er anders daz ich tuo?
hæte ich ougen oder ôren danne dâ,
sô kund' ich die rede verstân: 30
swenne ich ire niht enhân,
so'n kan ich nein, so'n kan ich jâ.

Ich bin einer, der nie halben tac
mit ganzen freuden hât vertriben:
swaz ich freuden ie dâ her gepflac,   35
der bin ich eine hie beliben.

---

13 *rüemære*, Prahler, wo die auch sein mogen. — 14 *verbieten*, den Ge-
brauch von etwas untersagen; denen verbiete ich, sich meines Sanges zu
bedienen. — 15. 16 und es geschieht gegen meinen Willen, wenn sie auch
nur so viel (wobei man sich eine Bewegung mit dem Finger zu denken
hat) Genuß, Vortheil von mir haben.
17 *liep*, Erfreuliches. *geschiht*, geschieht, widerfährt. — 18 ich aber
bin immer wohlgemuth, heiter. — 19 ob ich gleichwol kein *herzeliep*,
Herzensfreude, herzliche Neigung, hege. — 20 *alsô*, auch so, eben so. *lihte*,
leicht. vielleicht. *guot*, kommt mir zu gut. — 21 *swaz ich des*, was immer
ich dessen. — 22 *dâ bî*, dabei; damit war verbunden. *herzeleide* fem.,
Herzeleid, Liebeskummer. — 23 *frî*, los, ledig; in Ruhe. — 24 so wußte
ich von keinem Kummer.
25 Wenn ich mit meinen Gedanken ungewiss hin und her schweife. —
26 zu mir reden. — 27 *dar reden*, drauflos-, fortreden. — 28 was kann er sonst
wollen, daß ich thue. — 29 *dâ*, dort, wo er steht und redet: wären meine
Augen und Ohren anwesend. — 31. 32 indem, da nun aber das bei mir
nicht der Fall ist, so kann ich weder nein noch ja (sagen). — 31 *ire* gen.
plur., die ältere Form von *ir;* bezieht sich auf *ougen* und *ôren*.
34 *mit ganzen freuden*, in vollem, ungetrübtem Glück. *vertriben*,
verbracht. — 35. 36 was ich von Freuden noch hatte, deren bin ich nun

nieman kan hie freude vinden, si zergè
sam der liehten bluomen schin:
des'n sol sich daz herze min
niht sénen nâch válschen freuden mê.   40

---

beraubt, die sind auch noch fort. — 37 *hie*, hier, hienieden. *si zergé*, sie
vergehe denn; in solchen Bedingungssätzen, die eine Beschränkung des
Vordersatzes ausdrücken, pflegt in der Regel die Negation zu stehen
(si'n zergé); doch kann sie auch fehlen, der Sinn bleibt derselbe. — 39 *des*,
darum. — 40 *niht mé*, nicht mehr, weiter.

57.

LIEBESHOFFNUNG UND ENTSAGUNG.

I.

ICH WIL NÛ MÊRE ÛF IR GENÂDE WESEN FRÔ.

Wünschen und Wähnen, erzählt uns der Dichter, sei von Jugend auf seine liebste Beschäftigung gewesen, habe oft seinen Kummer verscheucht und ihn, in der Einbildung wenigstens, froh und glücklich gemacht. Er zeigt dies an einem Beispiel, und nimmt sich vor, nachdem die Trauer über die Sprödigkeit ihm nichts gefruchtet habe, es mit der Heiterkeit zu versuchen, die ihr leicht lieber sei, als jene. Kümmere sie sich um beides nicht, so gewähre doch das eine mehr Vergnügen als das andere. Zum Schluß warnt er die Frauen, ihn nicht länger so geringschätzig wie bisher zu behandeln.

Ich wil nû mêre ûf ir genâde wesen frô
sô verre als ich vor sneden sorgen iemer mac.
i'n wéiz des niht, ob allen liuten si alsô:
nâch eime guoten kúmet mir éin sô bœser tac,
daz ich ze freuden niht enkan.   5
so ergêt ein scheiden: des pflac ich von kinde gerner
                                    denne ie man.
i'n ruoche wer min drumbe lachet:
zewâre wünschen unde wænen   daz hât mich dicke frô
                                    gemachet.

Ich wünsche mir sô werde, daz ich noch gelige
bî ir sô nâhen, deich mich in ir ouge ersehe,   10

---

1. 2 Ich will nun fernerhin in der Hoffnung auf ihre Gunst mich der Freude hingeben, sofern dies mein Liebeskummer zuläßt. — 3 ob es allen Leuten so ergeht — 5 daß ich zur Freude unfähig bin. — 6 *scheiden*, Auslegung, Deutung. Dann verfalle ich aufs Deuten und Auslegen, dem ich mich von Kind auf lieber als irgend jemand hingegeben habe. — 7 ich kümmere mich nicht, ob man mich deshalb auslacht. — 8 *zewâre*, wahrlich. 9 *werde* adv., auf würdige, ehrenvolle Weise, zur Freude. — 10 *ouge* ist hier der starke Dat sing.: daß ich mich in ihrem Auge spiegle, vgl.

und ich ir alsò volleclìchen an gesìge,
swes ich sie denne fràge, daz si mir's verjehe.
sô spriche ich: «wil du's iemer mê
beginnen, dù vil sælic wîp, daz dù mir aber tuost sô wê?»
sô lachet si vil minnecliche.   15
wie nù, swenn' ich mir sô gedenke,   bin ich von wün-
                      schen niht der riche?

Min ungemach, daz ich durch sie erliten hàn
swenn' ich mit senenden sorgen alsò sère ranc,
sol mich daz alsò kleine wider sie vervàn,
hàn ich getrûret àne lôn und àne danc.   20
sô wil ich mich gehaben baz:
waz ob ir freude lieber ist dan trûren? seht, ich wünsche
                      ouch daz.
und sint ir denne beide unmære,
sô spilte ich doch des einen gerner   dan jénes daz
                      gar verloren wære.

Ôwê daz mir sô manegin missebieten sol!   25
daz klage ich hiute und iemer rehter hövescheit.

Nr. 17, 16. — 11 *collecliche* adv., vollständig. *einem an gesigen*, über einen
siegen, ihn bewältigen. — 12 so daß sie mir auf jene Frage Antwort gibt,
d. h. mir zusagt, gewährt, was immer ich sie bitte. — 13 *iemer mé*, fortan
noch, fernerhin. — 14 *beginnen* c. gen., etwas thun. *aber*, abermals, wie-
derum. — 16 wie nuu, bin ich nicht der Reiche, d. h. der, dem alle
Wünsche gewährt sind, glücklich durch meine Wünsche, wenn ich mir's
in Gedanken auf diese Weise ausmale? —
18 *ringen*, sich mühen, kämpfen. — 19 *kleine* adv., wenig. *vervàn*,
vercàhen, zu Wege bringen, ausrichten. *mich vercàt ein dinc wider einen*.
mich nützt etwas bei einem, einem gegenüber. — 21 *sich gehaben*, sich
benehmen. — 18–21 wenn mein Ungemach, das ich im heftigen Kampfe
mit dem Liebesgram um ihretwillen erduldet habe, mir bei ihr so geringen
Vortheil bringt und ich ohne Lohn und Dank getrauert habe, so will ich
mich besser benehmen, es mit der Heiterkeit versuchen. — 22 wer weiß,
ob Frohsinn ihr nicht lieber ist als Trauer? Das wäre auch mein Wunsch;
auch ich wäre lieber fröhlich.   23 f. wenn sie aber gegen beide gleich-
gultig ist, so unterhielte ich mich doch lieber mit der Freude, als mit
jener (der Trauer), die ganz vergeblich wäre. — 24 *spiln* c. gen., sich mit
etwas unterhalten, vergnügen.
25 ff. Der Dichter beschwert sich über die unglimpfliche Behandlung
von Seite so mancher Frauen (denn daß diese gemeint sind, zeigt der
zweimalige Ausdruck *schapel*); das zeuge nicht von rechter Bildung. Zu-
dem gebe es nur wenige unter ihnen, denen ihr jungträulicher Kranz so
gut stehe, die so tadellos seien, daß er ihnen nicht ein lange dauerndes
Herzeleid bereiten könnte, und fern von ihnen sein möchte. Nur daß er
so gerne bei ihnen sei, darin liege sein Unglück. Er sei einmal da (könne
nicht fern bleiben), darum müsse er die üble Behandlung dulden. Doch
wurde, wer sich anständig, höflich gegen ihn benähme, ihn rücksichts-
voller behandelte, sich selbst ehren, sich eines Kranzes von kostbareren
Blumen (als den gewöhnlichen) würdig zeigen. — 26 *hiute und iemer*, Ver-

ir ist joch lützel, den ir schapel stê sô wol,
i'n fünde in doch ein lange werendez herzeleit
und wære êt von in anderswâ.
wan daz ich gerne bî in bin, daz ist der schade: ich
     bin eht dâ.   30
des muoz ich missebieten liden.
iedoch swer sîne zuht behielte, dem stüende ein schapel
     wol von siden.

---

stärkung von *iemer*, s ets, vgl. Nr. 14, 2. — 29 *ê* (= 30 *eht*), auch: und
von denen ich auch anderwärts (ferne) sein, deren Nähe ich meiden könnte.

II.

ICH WIL NIHT MERE ÛF IR GENÂDE WESEN FRÔ.

Der Dichter, der im vorigen Liede noch auf die Gunst der Geliebten gehofft hatte, entsagt nun dieser Hoffnung, indem er klagt, daß sie die erste Hälfte seiner Rede (wol ob ihrer kühnen Anspielungen) missfällig aufgenommen und ihm sie zu singen gänzlich verboten habe. Er fügt sich diesem Befehl, indem er Andern überläßt, jenen ersten Theil zu singen und zu sagen: ich für meine Person will den Anstand beobachten und jedes Extrem vermeiden. Das verlangt die Ehre, um derentwillen ich noch ganz anderes unterlassen würde. Erwächst mir auch daraus kein Vortheil, steht es so schlecht, unsicher in der Welt, so schließe ich meine Thür, ziehe mich von der Welt zurück.

Mir ist mîn êrriu rede enmittenzwei geslagen:
daz eine halbe teil ist mir verboten gar,
 daz müezen ander liute singen unde sagen.
ich sol ab iemer miner zühte nemen war
 und wünneclicher mâze pflegen.   5
umb' einez, heizet êre, lâze ich noch vil dinges under wegen.
und mag ich des niht mê geniezen,
stêt ez als übel ûf der strâze,   sô wil ich mine tür be-
                                       sliezen.

1 êrre, compar. von êr, früher. enmittenzwei = mitten enzwei, in der Mitte entzwei. — 3 ander liute, andere Sänger. — 7 des, d. h. meines ehrenhaften Entsagens: wird mir dás auch nicht mehr zugute angerechnet.

58.

LOB DES WINTERS.

Aufforderung zur Fröhlichkeit unter Rückbeziehung auf das Lied
Nr. 18, dessen erste Zeilen mit dem Tadel über die Trübseligkeit der
Jungen und der Reichen hier wiederholt werden. Sommer und Winter
seien beide Lobes und Ehren werth (vgl. Nr. 21, 1. 2). Doch passe für
ein Paar, das ohne Furcht vor Entdeckung die Liebe genießen kann,
besser der Winter, der zwar kurze Tage, dafür aber lange Nächte habe.

Nû sing' ich, als ich ê sanc:
«wil ab ieman wesen frô?
daz die richen haben undanc
und die jungen haben alsô!»
wiste ich, waz in würre (daz möhten sie mir gerne sagen), 5
sô hulf ich ir schaden klagen.

Swâ sô liep bî liebe lit
gar von allen sorgen frî,
ich wil, daz diu winterzît
dén zwein wol erteilet si.   10
sumer unde winter,   der zweier êren ist sô vil.
daz ich beide loben wil.

Hât der winter kurzen tac,
sô hât er die langen naht,
daz sich liep bî liebe mac   15
wol erholn, daz ê dâ vaht.
waz hân ich gesprochen? owê, jâ hæte ich baz geswigen.
sol ich iemer sô geligen!

---

5 *wiste*, conj. præt von *wizzen* ; Nebenformen sind *wisse, weste, wesse*.
würre conj. præt. von *werren*, intrans. c. dat., stören, hindern. Wüßte ich,
was ihnen fehlte, — das könnten sie mir immerhin anvertrauen.
7 *Swâ sô*, wo immer. — 8 ganz frei von allen Sorgen. — 9. 10 *er-
teilen* c. acc. und dat., jemand etwas durch Urtheilsspruch zuerkennen:
dén beiden kommt, meine ich, die Winterzeit freilich zugute. — 11. 12 zwar
hat sowol der Sommer als der Winter jeder seine großen Vorzüge, wes-
halb beide zu loben sind.
16 *vaht* præt. von *vehten*, angestrengt thätig sein, sich abarbeiten;
sich von der vorher ausgestandenen Mühe und Angst erholen kann. —
17. 18 doch was sag' ich? ach, ich hätte lieber schweigen sollen, wenn
ich jemals so liegen soll (wie ich es eben geschildert habe).

8*

59.

GEGEN DIE NEIDER UND VERLÄUMDER.

Gegen die Zweifler und ihre Behauptung, daß nun alle Freude erstorben und aller Gesang verstummt sei, macht der Dichter geltend, daß alles seine Zeit habe: wenn diese komme, werden auch Freude und Gesang wieder aufleben. Den Bosbaften, die bei den Frauen seinen Sang verdächtigen, entgegnet er, daß er allerdings zwischen Guten und Bösen unterscheide: jene habe niemand mehr gelobt als er. (Beziehung auf das Lied Nr. 39.) Daher der Haß und Neid, die zum Glück sich selber verunehren, dem Tüchtigen jedoch nicht zu schaden vermögen.

Die zwivelære sprechent, ez si allez tôt
und lebe nû nieman, der iht singe.
nû mugen sie doch bedenken die gemeinen nôt,
wie al diu werlt mit sorgen ringe.
kumt sanges tac, man hœret singen unde sagen: 5
man kan noch wunder.
ich hôrte eine kleine vogellin daz selbe klagen
(daz tet sich under):
«ich singe niht, ez welle tagen.»

Die lôsen scheltent guoten wîben mînen sanc   10
und jehent, daz ich ir übel gedenke.
nû pflihten alle wider mich und haben danc:
er sî ein zage, der dâ wenke.

---

1 der zwivelære, Pessimist, Schwarzseher. — 2 iht, etwas. — 3 die gemeinen nôt, die allgemeine Noth (bedrängte Lage des Reiches). — 5 sanges tac, der Tag zum Singen, vgl. 68, 21; wenn es wieder zu singen Zeit ist, die öffentlichen Zustände dazu angethan sind. singen und sagen, diese bei den mhd. Dichtern häufig wiederkehrende Zusammenstellung (vgl. Walther Nr. 57", 3. 31, 5. 107, 8. 187, 2) bezieht sich auf den Gegensatz zwischen lyrischer und epischer Dichtung, zwischen Lied und Spruch (Erzählung). — 6 man, verblümt für: ich. wunder, erstaunliche Menge, sehr viel. — 7 kleine, die unflectierte Form. — 8 sich under tuon, sich ducken, verschlüpfen. — 9 ez welle = ez enwelle, es sei denn, daß es tage. — Der Sinn der Strophe ist: wie der Vogelsang nicht bei Nacht, sondern beim Tagesanbruch beginnt, so wird auch in Deutschland der über der allgemeinen Noth verstummte Gesang wieder aufheben, wenn bessere Zeiten kommen.
10 der lôse, der Treu- und Tugendlose, Böswillige. — 11 eines übel gedenken, übel von jemand reden. — 12 pflihten und sagen sind conj. concess., nun mögen sich alle gegen mich verbinden, ich sage ihnen Dank dafür: ein Feigling ist, wer ausweicht, Ausflüchte sucht (wo er Rede

ob wer tiuschen wîben ie gespræche baz?
wan daz ich scheide   15
die guoten von den bœsen: seht, daz ist ir haz.
lobt' ich sie beide
geliche wol, wie stüende daz?

Ich bin iu eines dinges holt, Haz unde Nît:
sô man iuch ûz ze boten sendet,   20
daz ir êt ie sô gerne bî den biderben sît
und daz ir iuwern hêrren schendet.
ir spehere, sô ir niemen stæten muget erspehen,
den ir verkêret,
sô hebet iuch heim in iuwer hûs: ez muoz geschehen,   25
daz ir unêret
verlogenen munt und twerhez sehen.

---

stehen soll). — 14 ob jemals Einer besser von den deutschen Frauen ge-
sprochen habe (als ich)? *wer*, irgend wer; für *etewer*, wie *waz* 68, 48 für
etewaz — 15 *wan daz*, nur daß: aber allerdings mache ich zwischen Guten
und Bösen einen Unterschied: deshalb ihr Haß. — 18 *wie stüende daz*,
wie ziemte, schickte sich das?
    19 *eines dinges*, wegen etwas. *Haz*, *Nit* personificiert. *Nit*, Neid,
Missgunst. — 20 *ze boten*, als Boten, auf Kundschaft aussendet. — 21 f. daß
ihr stets so gerne bei den Tüchtigen seid und dadurch (weil ihr nichts Ta-
delnswerthes bei ihnen findet) euren Herrn (d. h. der euch als Boten aus-
gesandt = der Hasser, Neider) in Schande bringt. — 21 *êt ie*, nun einmal,
immer. — 23 *spehere*, Spion. *sô*, wenn. — 24 *verkêren*, vom Rechten ab-
bringen, verdrehen, verläumden. — 25 *sich heim heben*, sich nach Hause
begeben; es kann nicht fehlen, ausbleiben, daß ihr nicht. — 26 *unêren*, in
Schande bringen. — 27 *verlogenen munt* = *haz*. *twerch* adj., gen. *twerhes*,
quer. *sehen* stn., Sehen, Blick: schelen Blick = *nit*.

60.

ERLOGENE FREUDE.

Geständniss, daß er der Welt zu Gefallen Freude erheuchle und
damit sich selbst und Andere betrogen habe. Erst wenn die Deutschen
wieder gut werden und die Geliebte ihn für das Leid entschädigt, könne
auch er wieder froh werden.

Bi den liuten nieman hât
wæn' hovelichern trôst denn' ich:
sô mich senediu nôt bestât,
sô schîne ich geil und trœste mich.
alsô hân ich dicke mich betrogen   5
und durch die werelt manege freude erlogen:
daz liegeu was ab lobelich.

Maneger wænet, der mich siht,
min herze sî an freuden hô.
hôher freude hân ich niht   10
und wirt mir niemer, wan alsô:
werdent tiusche liute wider guot
und trœstet si mich, diu mir leide tuot,
sô wirde ich aber wider frô.

1 *Bi den liuten*, unter den Menschen, vor der Welt. — 2 *wæn'*, glaube
ich. *hovelicher trôst*, hofgemäße Zuversicht. Vor der Welt weiß sich nie-
mand mit mehr Anstand und Fassung zu benehmen als ich. — 4 *geil*,
fröhlich, lustig. — 6 *durch die werelt*, um der Welt, der Leute willen. —
7 das Lügen war aber löblich, d. h. untadelig, ja rühmlich.
11 *wan alsô*, außer auf diese Weise, es sei denn, daß Folgendes ge-
schieht. — 14 *aber* und *wider*, wiederum: Verbindung zweier Synonyma
zur Verstärkung des Begriffs.

61.

UNDANK DER WELT.

Verzicht auf die irdischen Freuden, die nichts sind als Trübsal und
Noth; Klage über den Undank der Welt, die den Thoren bevorzuge und
treuen Dienst uubelohnt lasse; Unterschied zwischen Einst und Jetzt.

Leider ich muoz mich entwenen
vil maneger wünne, der min ouge an sach.
war nâch sol sich einer senen.
der sich geloubet swes hie vor geschach?
der weiz lützel waz daz si, gemeit.   5
daz ist seneder muot mit gerender arebeit.
unsælic sî daz ungemach!

Ich hân ir gedienet vil,
der Werlte, und wolte ir gerne dienen mê,
wan daz s' übele danken wil   10
und wænet, daz ich mich des niht verstê.
ich verstên mich's wol an eime site:
des ich aller sêrest ger, sô ich des bite,
sô git si'z einem tôren ê.

I'n weiz wiech'z erwerben mac.   15
des man dâ pfliget. daz widerstuont mir ie.
wirbe ab ich sô man ê pflac,

---

1 sich entwenen c. gen., sich entwohuen, eig. sich gewöhnen, etwas
entbehren zu können. — 2 der, deren = die: der Genetiv ist nachgezogen
vom Vorhergehenden (sog. Attraction); ebenso 3. 4 swes = des swaz. — 4 sich
geloubeu c. gen., von etwas abstehen, es aufgeben. sich dessen eutschlagen.
— 3 ff. wonach soll sich einer sehnen, der das, was einst geschah, auf-
gegeben, der mit der Vergangenheit abgeschlossen hat? der weiß wenig,
was Lebensfreudigkeit ist, sie ist nichts als unbefriedigte Sehnsucht und
verlaugende Mühsal. Verwunscht sei das Ungemach!
8 ff. Ich habe der Welt (der höfischen Gesellschaft) vielfach gedient
und würde es noch ferner thun; aber sie dankt mir übel dafür und wahut.
ich merke es nicht. — 11. 12 sich verstên c. gen., etwas wahrnehmen, mer-
ken. — 12 an eime site, an einem Gebrauch, einer Gewohnheit. — 13 f. wenn
ich um das, was ich am heißesten wünsche, bitte, so giut sie es einem
Thoren eher als mir.
16 des man dâ pfliget = die Mittel, die man jetzt anwendet, um es
zu erwerben. widerstuont, widerte mich an. —

daz schadet mir lihte.   sus enweiz ich wie.
doch verwæne ich mich der Fuoge dâ,
daz der ungefüegen werben anderswâ   20
genæmer si dan wider sie.

---

18 somit weiß ich nicht, wie (ich's machen, anfangen soll). — 19 *ver-wænen* refl. c. gen., von jemand erwarten. *Fuoge* ist hier ohne Zweifel als Personification aufzufassen. — 20 daß die Werbung der Unanstün-digen, Unbescheidenen anderwärts ungenehmer sei als ihr gegenüber, bei ihr.

62.

AN DIE FRAU WELT.

Mahnung an d e Welt, ihn, der ihr stets treu gedient und nie einen
Fuß breit von ihr gewichen, zu belohnen; sie könne seiner fernern Er-
gebenheit gewiß sein. Sie dürfe nicht hoffen, ihm zu entschlüpfen, anch
ér könne sich winden und drehen. Schließlich die Bitte, dem Rathe der
Weisen und Verständigen zu folgen und sich nicht durch unerfahrene
Thoren zu Grunde richten zu lassen.

Werlt, du ensolt niht umbe daz
zürnen, obe ich lônes man.
grüeze mich ein wênic baz,
sich mich minneclichen an!
dû maht mich wol pfenden   5
und min heil erwenden:
daz stêt, frouwe, in dinen henden.

Dû hâst lieber dinge vil,
der mir einez werden sol.
Werlt, wie ch daz verdienen wil!   10
doch solt dû gedenken wol,
obe ich ie getræte
fuoz von miner stæte,
sit dû mich dir dienen bæte.

Wie sol ich gewarten dir,   15
Werlt, wilt alsô winden dich?
wænest dich entwinden mir?
nein, ich kan ouch winden mich.

1 umbe daz, deshalb. — 2 wenn ich dich an den (verdienten) Lohn
erinnere. — 4 sich, sieh, blické. — 5 freilich kannst du umgekehrt. pfin-
den, berauben. — 6 erwenden, rückgängig machen.
   9 der einez, von denen eines (wenigstens eines). werden, zu Theil
werden. — 10 wie werde ich mich dessen würdig zu machen suchen! —
12 f. getræte conj. præt., trat; ob ich jemals. — 13 fuoz, einen Fuß breit.
von miner stæte, wankte; seitwärts trat. — 14 bæte 2. præt. sing.: seit der
Zeit, daß du mich dir zu dienen batest.
   15 gewarten c. dat., auf jemand schauen, warten, um ihm zu dienen
oder zu folgen. — 16 winden, sich winden, drehen (um sich einer Ver-

dû wilt sêre gâhen,
unde ist vil unnâhen   20
dáz ich dir noch sül versmâhen.
Ľuç weiz wie din wille stê
wider mich: der mine ist guot
wider dich. waz wilt du's mê,
Werlt, von mir wan hôhen muot?   25
wilt dû bezzer wünne,
danne man dir günne
freude und der gehelfen künne?

Werlt, tuo mê des ich dich bite:
volge wîser liute tugent.   30
dû verderbest dich dâ mite,
wilt dû minnen tôren jugent.
bite die alten êre,
daz si wider kêre
unde ab din gesinde lêre.   35

---

pflichtung zu entziehen). — 19 du hast große Eile. — 20 *unnâhen* adv. dat.,
unnahe, entferut. — 21 *versmâhen*, verächtlich oder geringfügig erscheinen.
sül, werde. Und doch ist die Zeit noch fern, wo ich dir gering scheine,
du mich nicht mehr brauchst, mich entbehren kannst.
  22 Ich weiß nicht, wie du gegen mich gesinnt bist. — 23 ich meine
es gut mit dir. — 24. 25 was verlangst du mehr von mir als freudige, ge-
hobene Stimmung. — 26 f. verlangst du bessere Wonne, als daß man dir
Freude gönnt und dazu zu verhelfen versteht?
  29 Thu's weiter, um was ich dich bitte. — 32 du richtest dich da-
mit zu Grunde, wenn du die Jugend der Thoren liebst, d. h. junge, un-
erfahrene Leute (statt meiner) als Rathgeber nimmst. — 35 *ab*, wiederum.
daz gesinde (der Werlt) = die höfische Gesellschaft.

63.

EHRLICH WÄHRT AM LÄNGSTEN.

Unwerth der Ehre, welcher Schande folgt, und des Genusses, den man durch Reue erkaufen muß. Nur wer sich in fester Schanze hält, altet in Ehren. Auf das Herz muß man beim Manne sehen, denn mancher scheint von außen gut und ist doch innen voll Falschheit. In der ersten Strophe weist der Dichter offenbar auf ein bestimmtes Liebesverhältniss, das ihm nicht ehrenvoll oder anständig genug ist.

————

Mir'st diu êre unmære,
dâ von ich ze jâre wurde unwert
unde ich klagende wære:
«wê mir armen hiure! diz was vert.»
alsô hân ich manegen kranz verborn   5
und bluomen vil verkorn:
jâ bræche ich rôsen wunder, wan der dorn.

Swer sich sô behaltet,
daz im nieman niht gesprechen mac,
wünneclîche er altet: 10
im enwirret niht ein halber tac.
des ist frô, swenn' er ze tanze gât,
der herze ûf êre stât:
wê im, des sin geselle unêre hât.

Man sol iemer frâgen   15
von dem man, wie'z umb' sin herze stê

————

1 *Mir'st* = *mir ist*. *unmære*, unwerth, gleichgültig. 2 *ze jâre*, übers Jahr. *wurde*, conj. *unwert*, verachtet. — 3 und bei der ich klagen mußte. — 4 *hiure*, heuer. *vert* adv., im vorigen Jahr. — 5 *alsô*, auf diese Weise. *verbern*, nicht haben: ist mir mancher Kranz entgangen. — 6 *verkorn* part. præt. von *verkiesen*, nicht beachten, verachten, auf etwas verzichten. — 7 traun, ich würde der Rosen die Fülle brechen, wäre nicht der Dorn.
8 *sich behalten*, sich bewahren, in der Hut halten. — 9 *sprechen* c. dat., Übles aussagen, etwas vorwerfen. — 11 den stört nicht auch nur ein halber Tag. — 12. 13 darüber freut sich, wenn er zum Tanze geht, diejenige (Frau, Mädchen), deren Herz, Sinn auf Ehre gerichtet ist. — 14 Weh dem, der seinen Gefährten (Freund, Geliebten) in Schande bringt, ihm zur Unehre gereicht.

swen des wil betràgen,
der enruochet, wie diu zît zergê.
maneger schinet vor den fremden guot
und hât doch valschen muot: 20
wol im ze hove, der heime rehte tuot.

---

17 *b·trágen* (gehört zu *tráge* adv. von *træge*) unpers. c. acc. und gen.,
langweilen, verdrießen. — 18 den kümmert es nicht, wie die Zeit vergeht,
wie er sie verthuc. — 17. 18 «Wem eine solche Frage lästig fällt, kümmert
sich nicht darum, ob er gut oder schlecht lebt.» Benecke. — 21 wer zu
Hause (im Stillen) recht thut, handelt, dem gebührt, daß es ihm auch am
Hofe (in der Öffentlichkeit) wohl ergehe.

64.

SCHŒNHEIT OHNE TUGEND.

Traurige Empfindungen bei dem Gedanken, daß in dieser bosen Zeit die Schonheit nichts mehr gelte.

Wer gesach ie bezzer jâr?
wer gesach ie schœner wip?
daz entrœstet niht ein hâr
einen únsælígen lip.
wizzet, swem der anegenget an dem morgen fruo,   5
deme gêt ungelücke zuo.

Ich wil einer helfen klagen,
der ouch freude zæine woi,
daz in alsô valschen tagen
schœne ir tugent verliescn sol.   10
hie vor wære ein lant gefröwet umb' ein sô schœne wip:
waz sol der nû schœner lip?

---

3 *entrœstet*, macht nicht froh, gibt nicht freudige Zuversicht. *niht ein hâr*, bildlich: nicht im Geringsten. — 4 einen zum Unglück Bestimmten. — 5 *anegenget*] der *anegunc* ist das Vorzeichen, das frühmorgens beim Antritt des Weges oder beim Beginn eines Unternehmens entgegenkommt. Der deutsche Volksglaube kennt einen guten und bösen Angang. Zu jenem gehört der Wolf, die Taube, ein Bucklichter, Aussätziger, zu diesem ein Geistlicher, ein Hase, ein Blinder, ein Lahmer u. s. w., vgl. Grimm's Mythologie, S. 1072 ff. — 6 *zuo gén*, begegnen, widerfahren.
7 ff. Ich will einer (der Herrin eines solchen *unsæligen*), der ebenfalls Freude ziemte, klagen helfen, daß. — 10 *tugent* bedeutet hier Kraft, Macht. Werth. — 11 vor Zeiten hätte eine so schöne Frau genügt, ein ganzes Land zu zieren. Was aber soll ihr nun, in diesen falschen Tagen, die Schönheit?

65.

TRAURIGER ZUSTAND DER WELT.

Gegen die Behauptung der Alten, daß es in der Welt niemals trost-
und freudloser ausgesehen habe, hat der Dichter heftige Einsprache er-
hoben. Nun muß er zugeben, daß sie recht haben; denn die irdischen
Glücksgüter fallen dem zu, der es nicht verdient. Gott hat dem Einen
Geist, dem Andern Gut gegeben; daher sollte man einen reichen Thoren
mindestens nicht höher achten als einen klugen Armen. Das Lied schließt
mit dem innigen Wunsche, Gott möge der Last und Sorge aller ein Ziel
setzen.

Die grisen wolten'z überkomen,
diu werlt gestüende trûreclicher nie
und hæte an freuden abe genomen.
doch streit ich zorneclichen wider sie·
sie möhten's wol gewalten,   5
ez wurde niemer wâr.
mir was ir rede swâr.
sus streit ich mit den alten,
die hânt den strit behalten
nŭ wol langer denne ein jâr.   10

Min ouge michel wunder siht:
die'z wirs verdienen kunnen vil dann' ich,
daz den sô schœne heil geschiht.
sô wê dir, Werlt, wie kumt ez umbe dich!
ist got solch ebenære,   15
dér git dem einen sin,

---

1 *grîse* swm., der Graue, Greise, Alte. *überkomen* c. acc., etwas be-
haupten, eigentlich durch Gründe oder List überwinden, überreden. —
4 *strît* præt. von *strîten*, stritt: doch widersprach ich ihnen unwillig. —
5 *gewalten* c. gen., über etwas Gewalt haben, es behaupten: sie könnten
das behaupten, aber es würde doch nicht wahr. Die Hss. haben *wol ge-
dagen* = schweigen; Wackernagel liest *vol gealten*. — 7 *swâr* adj., schwer,
lästig, druckend. — 9 *den strît behalten*, obsiegen im Wortstreit, Recht
behalten.
12 *wirs* compar. zu *übele*, wie *baz* zu *wol*: schlimmer; weniger. Zu
wirs gehört *vil*. — 14 wohin kommt es mit dir? — 15 *ebenære*, Eben-,
Gleichmacher. — 16 *sin*, Geist, Verstand. —

dem andern den gewin,
sô wæne ich alsô mære
ein richer tôre wære
sô ich áls ich armer bin.   20

Hie vór, dô s' alle wâren frô,
dô wolte nieman hœren mine klagè.
nû ist in sumelichen sô,
daz sie mir wol gelouben swaz i'n sage.
nû müeze got erwenden   25
al unser arebeit
und gebe uns sælekeit,
daz wir die sorge swenden.
ouwê möht' ich'z verenden!
ich hân noch ein sunder leit.   30

---

17 *gewin*, Erwerb, Geld, Reichthum. — 18 *alsô mære*, ebenso lieb. —
19 ff. vertheilt Gott die Loose der Menschen so, daß er dem Einen Ver-
stand, dem Andern Reichthum zu Theil werden läßt, so sollte der reiche
Thor ebenso (d. h. nicht mehr) geachtet sein wie ich in meiner Armuth,
arm wie ich bin (aber mit *sin* begabt). In der Welt ist es aber anders: man-
cher genießt unverdientes Heil.
23 *in* dat. pl., ihnen. *sumeliche*, pl. einige, manche. -- 24 *i'n = ich
in*, ich ihnen. — 25 *erwenden*, rückgängig machen: unserer Mühsal ein
Ziel setzen. — 28 *swenden*, vertilgen, zu nichte machen. — 29 *verenden*,
abthun, ganz beenden: könnte ich's durchsetzen (daß alles wieder würde
wie ehedem). — 30 aber mich drückt noch ein besonderes Leid.

66.

VERFALL DER ZUCHT.

Der Dichter findet sein freudloses Leben in die Länge unerträglich.
Das Glück kümmere sich nicht um ihn, Treue und Zucht seien ohne
Geltung, und Ansehen und Reichthum fallen dem Bösen zu. An der
Schlechtigkeit der Männer seien die Frauen schuld, deren Liebe nun
nicht mehr wie ehedem durch edles Benehmen, sondern durch Ungezogen-
heit erworben werde. Allerdings gebe es noch rühmenswerthe Ausnahmen,
aber wenn die Welt sich nicht bald bessere, so werde er das Singen blei-
ben lassen.

Âne liep sô manic leit,
wer möhte daz erliden iemer mê?
wære ez niht unhôvescheit,
sô wolte ich schrîen: «sê, gelücke, sê!»
gelücke daz enhœret niht   5
und selten ieman gerne siht
swer triuwe hât.
ist ez alsô, wie sol min iemer werden rât?

Wê, wie jâmerlich gewin
vor mînen ougen tegeliche vert.   10
deich sô gar ertôret bin
mit mîner zuht und mir daz nieman wert!
mit den getriuwen alten siten
ist man zer werlte nû versniten:
êr’ unde guot   15
hât nû vil lützel ieman, wan der übele tuot.

1 Ohne Erfreuliches so viel Betrübendes. — 2 *erliden*, ertragen, aus-
halten. *iemer mê*, in die Länge. — 3 *unhôvescheit*, was der feinern Sitte
zuwiderläuft, Roheit. — 4 *sê* Interjection, sieh, nimm hin; wird in der
Schweiz noch jetzt als Lockruf gebraucht. So wollte ich das Glück durch
Zuruf zu mir locken. — 8 wie soll mir jemals geholfen, soll es besser mit
mir werden?
9. 10 Ach täglich muß ich sehen, wie wenig mit der Treue erreicht
wird. — 11 *deich* Contraction aus *daz ich*. *ertôren*, zum Thoren werden.
12 *wern* c. acc. und dat., jemand von etwas abbringen: und mich niemand
davon abbringt (nämlich von meiner *zuht* und deren übeln Folgen). —
14 *versnîden*, bildlich: tödten: mit den alten treuen Sitten ist man jetzt
in der Welt verloren. — 16 *lützel ieman*, wenig jemand = niemand: zu
Ehre und Reichthum gelangt jetzt niemand mehr, außer wer Böses thut.
übele adv. —

Daz die man als übel tuont,
dast gar der wibe schult, dêst leider sô.
dö ir muot ûf êre stuont,
dô was diu werlt ûf ir genâde frô.   20
ahi wie wol man in dô sprach,
dô man die fuogc an in gesach!
nû siht man wol,
daz man ir minne mit unfuoge erwerben sol.

Lât mich zuo den frouwen gân,   25
sô íst daz nû min aller meistin klage,
so ich ie mêre zühte hân.
sô ich ie minner werdekeit bejage.
sie swachent wol gezogenen lip,
cz'n si ein wol bescheiden wip;   30
der meine ich niht:
diu schamt sich des, swâ iemer wibes scham geschiht.

Reiniu wip und guote man,
swaz der nû lebe, diu müezen sælic sîn!
swaz ich den gedienen kan,   35
daz tuon ich noch, daz sie gedenken mîn.
ic mitten sô künd' ich in daz:
diu werlt enstê dan schiere baz,
sô wil ich leben
sô ich nû beste mac und mincn sanc ûf geben.   40

---

18 *dast* und *dêst = daz ist.* — 20 *ûf genâde frô sîn*, sich freuen, in
der Erwartuug Gnade, Gunst zu finden. — 21 *ahî.* Ausruf der Freude,
des Verlangens. *einem wol sprechen*, gut von jemand reden.
25 *Lât mich*, nehmt an daß ich; vorausgesetzt daß, wenn ich. Vgl.
75. 13. — 26 *aller meistiu*, allergrößte. — 27 daß ich, je wohlgezogener, an-
ständiger ich mich betrage, um so weniger Achtung, Ansehen erlange. —
29 *swachen*, gering achten, verachten. *lip*, Umschreibung für das Pron.:
den Wohlgezogenen (Mann). — 30 es sei denn, daß sie eine verständige
Frau ist. — 31 *der* ist gen., die mein' ich nicht. — 32 *sich schamen* c.
gen., sich über etwas schämen. *scham*, Beschämung: wo immer etwas
geschieht, das den Frauen zur Schande gereicht.
36 *noch*, dennoch, gleichwol, fernerhin. *daz*, auf daß, damit. —
37 *ie mitten* adv., mittlerweile, inzwischen; aber das will ich ihnen im
voraus sagen: wenn es mit der Welt nicht bald besser wird. — 39. 40 so
will ich, so gut es geht, zu leben versuchen und meinen Sang aufgeben.

67.

ANKLAGE UND VERTHEIDIGUNG.

Die im vorigen Liede gegen die Frauen erhobene Anklage wird hier
wiederholt, aber den Rittern in den Mund gelegt. Doch haben die Frauen
sich vertheidigt und den Männern die Schuld au dem Aufhören der Fröh-
lichkeit zugeschoben. «Die zweite Strophe läßt schließen, daß die Herrin
diese Beschuldigungen ubel genommen und Walthern vorgeworfen habe,
er sei mit seinem Preise der Frauen zu Ende, er fange nun an sie zu
schmähen. Er unterscheidet wieder zwischen bösen und guten: jene
könne er nicht loben, für diese sei er an Lob noch so reich als je. Als
Beweis scheint die dritte Strophe hingestellt, die in der That ein sehr
geschicktes und verbindliches Lob der Herrin enthält. Das nicht ganz
erhaltene Schlußgesetz kehrt wieder zur obigen Behauptung zurück und
räth Frauen und Pfaffen, sich von den Bösen ihres Geschlechtes oder
Standes fern zu halten, damit sie nicht mit ihnen zu Grunde gehen.»
Simrock.

In Betreff des Versmaßes ist zu bemerken, daß hier eine Abweichung
von der Regel stattfindet, indem der Abgesang den beiden Stollen nicht
folgt, sondern vorausgeht.

_____

Die hêrren jehent, man sülez den frouwen
wizen, daz diu werlt sô stê:
sie sehen niht frœlich' ûf als ê,
sie wellen allez nider schouwen.
iedoch hân ich die rede gehœret: 5
sie sprechent. daz in freude stœret,
sie sin mê dan halbe verzaget
    beidiu libes unde guotes,
niemen helfe in hôhes muotes.
wer sol rihten? hie'st geklaget.   10

_____

1 *Die hêrren* die Ritter. Über die Betonung von *süle:* s. Einleitung.
— 2 *wizen*, strafen, tadeln. Man solle den Frauen den Vorwurf machen,
ihnen die Schuld beimessen, daß es in der Welt so (traurig) stehe. —
3. 4 *sehen, wellen* sind Conjunctive: die Ritter sagen, daß sie nicht wie ehe-
dem den Blick freudig emporrichten, sondern immerfort niederschlagen.
— 5 *die rede*, die Gegenrede der Frauen, eig. Verantwortung vor Gericht,
Rechtfertigung. — 6 ff. sie sagen, was ihnen die Freude stört, verdirbt, das
sei dies, sie hätten beinahe allen Muth, alle Hoffnung in Bezug auf Leben
und Gut verloren. — 9 *helfen* e. gen. und dat., einem zu etwas behilflich
sein. — 10 Aufforderung: wer wird in dieser gegenseitigen Anklage, Be-
schuldigung, Recht sprechen: wo ist der Richter?

Ein frouwe wil ze frevelliche
schimpfen, ich hab' ûz gelobet.
si tumbet, obe si niht entobet:
ja'n wart ich lobes noch nie sô riche.
torste ich vor den wandelbæren,   15
sô lobte ich die ze lobenne wæren.
dés enhaben deheinen muot:
  íne gelobe sie niemer alle,
  swie'z den lôsen missevalle,
sie newerden alle guot.   20

Ich wéiz sie, diu daz niht ennîdet,
daz man nennet reiniu wip:
sô rehte reine so'st ir lip,
daz si der reinen lop wol lîdet.
ér engap ir niht ze kleine,   25
der sie geschuof: schœn' unde reine,
dér diu zwei ze samene slôz,
  wie gefuoge er kunde sliezen!
  ér solt' iemer bilde giezen,
der daz selbe bilde gôz.   30

Sich krenkent frouwen unde pfaffen,
daz sie sich niht scheiden lânt:
die den verschamten bi gestànt.
die wellent lihte ouch mit in schaffen.
. . . .   35
. . . .

11 *frevelliche* adv., vermessen, das Recht verletzend. — 12 *schimpfen*,
scherzen. Es ist ungerechtfertigter, grausamer Spaß von einer Frau (wenn
sie sagt), ich sei mit meinom Lob zu Ende. — 13 *tumben*, unverständig
sein: sie ist uuverständig oder gar von Sinnen. — 14 in der That war ich
au Lob noch nie so reich. — 15 *torste* præt. von *turren*, den Muth haben,
sich getrauen. *wandelbære*, wankelmüthig, tadelnswerth. — 17 darauf
mögen sie sich keine Hoffnung machen. — 19 *die lôsen*, die Leicht-
fertigen. — 20 *sie newerden*, es sei denn, daß alle gut, brav werden.
  21 Ich kenne diejenige, kenne eine (bestimmte), die keinen Neid
darüber empfindet, wenn man keusche Frauen lobt. — 24 *lîdet*, erträgt. —
25. 26 der sie schuf (Umschreibung für: Gott), hat sie nicht zu kärglich
(er hat sie reichlich) bedacht. — 26 der die beiden, Schönheit und Keusch-
heit, zusammenfügte, wie kunstvoll, harmonisch, hat er das zu thun ver-
standen! — 29. 30 *bilde* stn., das Bildniss. *bilde giezen*, bildlich: ein Bild-
niss. eine Gestalt schaffen. Solche vollkommene Frauen sollte Gott immer
schaffen.
  31 *sich krenken*, *kranc* d. i. schwach machen, schwächen, ernie-
drigen. 32 daß sie sich (von den Lôsen) nicht trennen lassen. 33 *ver-
schamt* der sich zu schämen aufgehört hat = V. 38 schamlos. —

9*

wê, daz zwêne als edele namen
    mit den schamelôsen werbent!
sicherliche sie verderbent,
sie newellen's sich erschamen. 40

---

37 *name*, Stand: Frauen und Priester. — 38 *werben*, umgehen, in Verbindung treten. — 40 *sich erschamen* c. gen., über etwas in Scham gerathen: es sei denn, daß sie schamerfüllt davon ablassen.

68.

GUTE LEBENSART.

«Um sein unminnigliches Singen zu entschuldigen, stellt Walther V. 17. 18 den Satz auf, daß man sich nach der Welt richten müsse, wie er schon in der ersten Zeile sein neuerdings angenommenes unfrohes Wesen mit der allgemeinen Abnahme der Fröhlichkeit entschuldigt hat. Er weiß sich beides als gute Lebensart auszulegen. Die dritte Strophe bedient sich des so erstrittenen Rechtes, unminniglich zu singen; die vierte fährt darin fort, indem sie eine neue Beschwerde gegen die Frauen erhebt: sie machen keinen Unterschied unter den Männern und werden so Schuld an der allgemeinen Verderbniss.» Simrock.

—

Zwô fuoge hân ich doch, swie ungefüege ich sî;
der hân ich mich von kinde her vereinet:
ich bin den frôn bescheidenlicher freude bî
und lache ungerne swâ man bi mir weinet.
durch die liute bin ich frô,   5
durch die liute wil ich sorgen.
ist mir anders danne alsô,
waz dar umbe? ich wil doch borgen.
swie sie sint, sô wil ich sîn,
daz sie niht verdrieze mîn.   10
manegem ist unmære
swaz einem andern werre: der si ouch bî den liuten swære.

Hie vor dô man sô rehte minneclichen warp,
dô wâren mine sprüche freuden riche:

---

1 *fuoge*, gute Eigenschaft, Geschicklichkeit, Gewandtheit. *ungefüege*, ungeschickt, plump, unbeholfen. — 2 *sich vereinen* mit gen. oder einem diesen Casus vertretenden Satze: in den Besitz von etwas kommen, sich etwas zu eigen machen: die habe ich mir angeeignet, erworben. *von kinde her*, von Kind auf, seit meiner Kindheit her. — 3 *bî sîn einem*, einem nahe sein, helfen; c. gen., in Bezug auf etwas beistehen: ich nehme gerne Antheil an der verständigen Heiterkeit der Fröhlichen. — 5. 6 *durch*, um: um der Leute willen bin ich froh und traurig. — 7 ist mir anders zu Muthe als so (wie ich mich zeige, stelle). — 8 *waz dar umbe*, was weiter, was thut's? *borgen*, auf Borg nehmen (nämlich Freud und Leid). — 10 daß sie meiner nicht überdrüssig werden. — 11 *unmære*, gleichgültig. — 12 *werre* conj. præs.; *mir wirret*, mich stört, verdrießt; was einem Andern fehle. Es gibt viele, die für das Leiden Anderer keine Theilnahme haben. *swære*, zur Last, überlästig: der sei den Leuten, in deren Gesellschaft er sich befindet, auch lästig, zuwider.
13 liebreich handelte, sich liebenswürdig benahm. — 14 *freuden rîche*, reich an Freuden = Freude spendend. —

sît daz diu minnecliche minne alsô verdarp,   15
sît sanc ouch ich ein teil unminnecliche.
iemer als ez danne stât,
alsô sol man danne singen:
swenne unfuoge nû zergât,
sô sing' aber von höveschen dingen.   20
noch kumt freude und sanges tac:
wol im der's erbeiten mac!
der'z gelouben wolde,
so erkande ich wol die fuoge, wenn' unde wie man singen solde.

Ich sanc hie vor den frouwen umbe ir blôzen gruoz, 25
den nam ich wider mime lobe ze lône.
swa ich nû des geltes sô vergebene warten muoz,
dâ lobe ein ander, den sie grüezen schône.
swâ ich niht verdienen kan
einen gruoz mit mime sange,   30
dar wend' ich vil hêrscher man
miuen nac od ein mîn wange:
daz kît: «mir ist umbe dich
rehte als dir ist umbe mich.»
ich wil mîn lop kêren   35
an wîp, die kunnen danken: waz hân ich von den überhêren?

Ich sage iu, waz uns den gemeinen schaden tuot.
diu wip gelichent uns ein teil ze sêre,

---

15 *sît daz*, seitdem. — 16 *ein teil*, zum Theil. *unminnecliche* adv., unlieb-
lich, tadelnd, scharf, grob. — 17 *danne*, eben, gerade. — 20 *sô sing'*,
Ellipse von *ich*. — 21 *sanges tac*, der Tag, die Zeit, wo man wieder singen
kann. — 22 *erbeiten* c. gen., etwas erwarten. — 23, 24 wer mir glauben
wollte (der sei versichert), daß ich recht gut die passliche Art und Weise
verstünde, wann und wie man singen soll.
    26 *wider*, gegen, für mein Lob. — 27 *gelt*, Vergeltung, Bezahlung,
Lohn. *vergebene* adv., vergeblich. — 28 *grüezen* ist conj.: derselbe steht,
weil es ungewiss ist, ob sich ein solcher finden wird. — 31 *dar*, dahin.
hêrsch = *hêrisch*, vor:uehm, stolz. — 32 *nac*, der Nacken. *daz wange* stn.,
die Wange. Denen kehre ich stolz meinen Rücken oder eine Seite meines
Gesichtes zu. — 33 *kît* præs. von *kweden*, *queden*, sagen: das heißt: es ist
mir so viel an dir gelegen, wie dir an mir: wie du mir so ich dir. — 35.
36 nach *wip* interpungieren die Herausgeber stark; dadurch legen sie der
Stelle einen Sinn unter, den sie nicht hat: von dem im folgenden Liede
ausgesprochenen Unterschied von Frau und Weib ist aber hier keine Rede.
Der Dichter sagt vielmehr: ich will mein Lob den Frauen zuwenden, die
zu danken verstehen. — 36 *überhêr*, übervornehm, -stolz.
    37 Was uns den offenkundigen allgemeinen Schaden thut. — 38 *ge-
lichen*, gleichstellen, -setzen: die Frauen stellen uns etwas (ironisch =

daz wir in alsô liep sin übel alse guot:
seht, dáz gelichen nimet uns freude und êre. 40
schieden uns diu wip als ê,
daz sie sich ouch liezen scheiden,
daz gefrumte uns iemer mê,
mannen unde wiben beiden.
waz stêt übel, waz stêt wol, 45
sit man uns niht scheiden sol?
edeliu wip, gedenket,
daz ouch die man waz kunnen: gelichen s'iuch, ir sit gekrenket.

— — — —

viel) zu gleich, unterscheiden zu wenig. — 39 *daz*, so daß. *alsô*, ebenso.
So daß sie in ihrer Liebe keinen Unterschied machen zwischen bös' und
gut. — 40 *daz gelichen*, diese Gleichstellung. — 41 machten sie wie früher
einen Unterschied unter uns (zwischen Guten und Bösen). — 43 *gefrumte*,
nützte, brächte Vortheil. — 45. 46 was ist schlecht, was gut, wenn man
zwischen uns nicht unterscheidet? — 47 *gedenket*, bedenkt. — 48 *waz*, etwas.
kunnen, verstehen. *gelichen* ist conj. Wenn auch sie euch (Gute und
Böse) gleichstellen, so seid ihr erniedrigt.

—

69.

WEIB UND FRAU.

Dieses Lied, worin der Name Weib über den Namen Frau gestellt wird, war namentlich der Anlaß zu dem bekannten Streite zwischen Frauenlob und Regenboge (v. d. Hagen's Minnesinger, 2, 315ᵇ f.) über den Vorzug von Weib und Frau. «Der Grund dieses Vorzugs ehrt unsere Sänger: er beruht darin, daß in solchem Gegensatz das Wort Frau nur den zufälligen Vorrang höherer Geburt, der Name Weib dagegen das innere Wesen edler Weiblichkeit bedeutet.» Uhland. Klar ist dies in folgenden Stellen: *ron geburte ein frouwe ist si und von tugende ein wîp* (Ulrich von Lichtenstein v. d. Hagen's Minnesinger, 2, 56ᵃ); *man muoz si eine frouwen nennen von ir hôhen art — si ist von tugenden ein guot wîp* (Docen's Miscellaneen, 1, 110).

Wip muoz èt iemer sin der wibe höhste name
und tiuret baz dan frouwe, als ich'z erkenne.
swâ nû deheiniu sî, diu sich ir wipheit schame.
diu merke disen sanc und kiese denne.
under frouwen sint unwip,   5
under wiben sint sie tiure:
wibes name und wibes lip
die sint beide vil gehiure.
swie'z umb' alle frouwen var,
wip sint alle frouwen gar.   10
zwivellop daz hœnet,
als under wilen frouwe: wip dêst ein name der s' alle krœnet.

---

1 *hôhste* die schwache Form = *hôhster*. *hôch*, an Werth übertreffend, vorzüglich. Der Name Weib ist die schönste Benennung, die man dem Weibe geben kann. — 2 *tiuret baz*, ehrt mehr, ist ehrenvoller. *als ich's erkenne*, so viel ich weiß, verstehe. — 3 *swâ*, wo irgend. *wipheit*, weibliches Wesen, Weiblichkeit: hier so viel wie: des Namens Weib. — 4 *merken*, genau acht geben auf etwas. *kiese*, wähle. — 5 *sint*, gibt es. *unwip*, was den Namen Weib nicht verdient, schlechtes Weib. — 6 *tiure*, selten: im Sinne von: gar nicht vorhanden. — 8 *gehiure*, familiaris, lieblich, traulich. — 9 doch wie es auch mit allen Frauen stehen möge. — 10 Weiber sind alle Frauen: der Name Weib begreift auch die Frauen in sich (nicht umgekehrt). — 11 *zwivellop*, zweifelhaftes, zweideutiges Lob. *hœnen*, entehren. — 12 *frouwe*, der Name, die Benennung Frau. Dagegen ist die Benennung Weib ein Name, der alle (das ganze weibliche Geschlecht) schmückt.

70.

DER MINNE SITTE.

Der Dichter tadelt die Abneigung der Minne gegen das Alter und den Manncsernst, und ibre kindische Vorliebe für Jugend und Thoren. Ohne ihr den bisherigen Dienst ganz aufzukündigen, will er ihn doch fortan auf das kleinste Maß beschränken. In ähnlicher Weise wie hier Walther warf schon Heinrich von Veldeken den Frauen vor, daß sie graues Haar hassen und neues Zinn dem alten Golde vorziehen (Minnesangs Frühling 62, 11).

Minne din hât einen site,
daz si den vermiden wolde.
daz gezæme ir baz.
si beswæret manegen mite,
den si niht beswæren solde.   5
wê, wie zimt ir daz?
ir sint vier und zweinzic jâr
vil lieber danne ir vierzic sin   und stellet sich vil übel,
                           siht s' iender grâwez hâr.

Minne was mîn frowe sô gar,
daz ich wól wist' al ir tougen.   10
nu ist mir sô geschehen:
kumt ein junger iezuo dar,
sô wird' ich mit twerhen ougen
schilhend' an gesehen.
armez wip, wes müet si sich?   15
weiz gót wan daz si liste pfliget   und tôren tringet, s'ist
                           doch elter vil danne ich.

1 *der site*, Brauch, Gewohnheit. — 2 *da: si*, wenn sie doch. *ver-miden*, unterlassen; aufgeben. — 3 *gezæme*, geziemte; stünde ihr besser an. — 4 *mite = dâ mite*, wie Iwein 650⁰. Erec 1059: damit beschwert, belastigt, betrübt. — 8 *sich stellen*, sich anstellen; *sich übele st.*, sich wehleidig gebährden. *iender*, irgendwo.
9 *frowe*, Herrin, Gebieterin: der Minne war ich so ganz ergeben. — 10 *daz tougen* stn., Geheimniss. Daß ich um alle ihre Heimlichkeiten wußte. — 12 *iezuo*, jetzt. *dar*, daher. — 13 *twerch*, schief, schel. — 14 *schilhende*, schieleud, von der Seite. — 15 *wes*, warum. — 16 weiß Gott, nur daß (obschon) sie (Toiletten-) Künste übt und damit Thoren täuscht, so ist sie doch viel älter als ich.

Minne hât sich an genomen
daz si gêt mit tôren umbe
springend' als ein kint.
war sint alle ir witze komen?   20
wes gedenket si vil tumbe?
s' ist joch gar ze blint.
daz s' ir rûschen nienen lât
und füere als ein bescheiden wip! si stôzet sich, daz
                          ez mir an mîn herze gât.

Minne sol daz nemen für guot,   25
under wîlen sô si ringet,
daz ich sitzen gê.
ich hân alsô hôhen muot
alse der vil hôhe springet.
wê, waz wil si's mê?   30
anders diene ich swâ ich mac.
besuoche wâ die sehse sîn: von mir hât s' in der wochen
                          ie den sibenden tac.

---

17 *sich an nemen*, sich befassen, unterfangen, angewöhnen. — 18 *mit tôren*, d. i. jungen unerfahrenen *(tumben)* Leuten. — 19 *springen*, hüpfen. — 20 *diu witze*, Verstand: wo ist ihr Verstand hingekommen? — 21 was denkt die Thörichte? — 23 *rûschen*, rauschende, geräuschvolle Bewegung; doch gäbe auch *rutschen*, wie die Würzburger Hs. liest, sich hin und her bewegen, einen guten Sinn. *nienen* = *niene en*, verstärktes *niht*. Möchte sie doch ihr geräuschvolles Umherfahren lassen und sich wie ein verständiges Weib bewegen. — 24 *si stôzet sich*, d. h. wenn sie so blind und unvernünftig springend umherfährt, wird sie sich stoßen, daß es mir leid thut, mich erbarmt.
25 *für guot nemen*, gut, freundlich aufnehmen: sie soll es mir nicht übel nehmen. — 26. 27 daß ich, während sie ringt, sich müht, abarbeitet, mich hinsetze. — 30 was verlangt sie mehr, weiter (als hohen Muth). — 31 *anders* gen. adv., außerdem, sonst (d. h. wenn ihr das nicht genügt); wo ich kann; wo es mir gefällt. — 32 *besuochen*, suchen, versuchen. Die Minne mag zusehen, wo man ihr die sechs Wochentage dient; von mir hat sie nur noch einen, den siebenten zu beanspruchen, d. h. wol den Sonntag, also so gut wie gar nichts, da man weder arbeitet noch weltlichen Geschäften nachgeht, sondern der Ruhe pflegt. Vielleicht eine Anspielung auf das mosaische Gebot, Exodus 20, 9. 19: sechs Tage sollst du arbeiten und alle deine Dinge beschicken, aber am siebenten Tage ist der Sabbath deines Herrn, da sollst du kein Werk thun.

71.

FREUDLOSE ZEIT.

Klage über die Verderbniss der Welt, wo Treue, Zucht und Ehre
verschwinde und Gesang und Schönheit nicht mehr zu erfreuen vermögen.
Eine andere Strophe desselben Tones steht unter Nr. 8.

Waz sol lieplich sprechen? waz sol singen?
waz sol wibes schœne? waz sol guot?
    sit man nieman siht nâch freuden ringen,
sit man übel âne vorhte tuot,
    sit man triuwe, milte, zuht und êre   5
wil verpflegen sô sêre,
sô verzagt an freuden maneges muot.

6 *verpflegen*, zu pflegen aufhören, aufgeben.

72.
KLAGE ÜBER DEN VERFALL DER KUNST.

Rohe Tonweisen haben den edeln Gesang an den Höfen verdrängt,
seine Würde liegt darnieder, die Roheit hat gesiegt. Die das rechte
Singen stören, deren ist jetzt ungleich mehr, denn die es gerne hören.
Die so vermessen lärmen, thun wie die Frösche im See, denen ihr Schreien
so wohl gefällt, daß die Nachtigall davon verstummt, so sie gerne mehr
sänge. Man sollte dieser Roheit Schweigen gebieten und sie von den
Burgen stoßen, zu den Bauern, von denen sie gekommen ist.

Unter diesen unhöfischen Weisen, die in den ritterlichen Gesang
eindrangen, ist, wie Uhland schon früher vermuthet und in seiner Ab-
handlung über das Volkslied näher begründet hat, jene Gattung von Lie-
dern gemeint, die man unter dem Namen Dorfpoesie begreift und deren
Erfinder oder doch Hauptvertreter Neidhart ist. Das Lied gehört wol in
dieselbe Zeit mit den Sprüchen Nr. 107. 108.

Ôwê hovelichez singen,
daz dich ungefüege dœne
solten ie ze hove verdringen!
daz sie schiere got gehœne!
ôwê, daz din wirde alsô geliget,   5
des sint alle dine friunde unfrô.
daz muoz eht sô sîn, nû si alsô:
frô Unfuoge, ir habt gesiget.

Der uns freude wider brâhte,
diu relt únd gefüege wære,   10
hei wie wol man des gedæhte,
swâ man von im seite mære!
éz wær' ein vil hovelicher muot,
des ich iemer gerne wünschen sol.
frouwen unde hêrren zæme ez wol: 15
ôwê daz ez nieman tuot!

---

1 *hovelichez singen* = *hovescher sanc* (s. Nr. 107, 5. 108, 4), Gesang,
wie er dem Hofe, der gebildeten Gesellschaft angemessen ist. — 2 *un-
gefüege*, roh, ungeschlacht. — 4 *daz sie got gehœne*, eine Verwünschung
schiere, bald. — 5 *geliget*, daniederliegt. — 7 *eht*, halt, nun einmal; *nû*
sei es so. — 8 *frô*, gekürzt, wie regelmäßig vor Personennamen, = *frouwe*.
Unfuoge, personificiert, Unkunst, Roheit.
9 *Der* = wenn einer; so auch V. 33. *wider*, zurück. — 10 *relte*,
anständige Freude. — 11 *hei*, wie rühmend würde man seiner gedenken! —
12 wo immer man von ihm erzählte. — 13 f. das wäre höfische Gesinnung,
auf die mein ganzes Wünschen gerichtet ist. — 15 *hêrren*, Ritter, dann
auch der hohe Adel und die Fürsten.

Die daz rehte singen stœrent,
der ist ungeliche mêre
danne die ez gerne hœrent.
des volg' ich der alten lêre: 20
    ich enwil niht werben ze der mül;
dà der stein sô riuschend' umbe gàt
und daz rat sô mánege unwïse hât,
merket wer dà harpfen sül!

Die sô frevellichen schallent,   25
der muoz ich vor zorne lachen,
    daz s' in selben wol gevallent
mit als ungefüegen sachen.
die tuont sam die frösche in eime sê,
den ir schrien alsô wol behaget.   30
daz diu nahtegal dà von verzaget,
sô si gerne sunge mê.

Der unfuoge swigen hieze,
waz man noch von freuden sunge,
    und sie abe den bürgen stieze,   35
daz si dà die frôn iht twunge!
wurden ir die grôzen höve benomen,
daz wær' allez nâch dem willen min:
bien gebüren lieze ich sie wol sin,
dannen ist s' ouch here komen.   40

---

18 deren sind (leider) ungleich mehr. — 20 darum folge ich dem alten Rath, Spruch. — 21 *werben*, sich umthun, thätig sein: vgl. Freidank 127, 25: *mich dunket niht daz iemen sül ze lange harpfen in der mül.* Neidhart 69, 37: *swaz ich ir gesinge, deist gehärphet in der mül. ze,* in. — 23 *unwise,* schlechte Melodie.
    25 f. Darüber muß ich vor Zorn lachen, daß diejenigen, die auf so freche Weise lärmen, sich selbst wohl gefallen. — 31 *verzaget*, den Muth zu singen verliert. — 32 *sunge*, sänge.
    35 Dieser Vers ist Fortsetzung von V. 33. In dieser Weise werden häufig zwei zusammengehörige Sätze durch einen Zwischensatz getrennt; man übersetzt richtig, wenn man mit diesem anfängt: wie viel würde man noch von Freude singen, wenn einer die Unfuge schweigen hieße und ...
— 39 *bien*, Contraction = *bî den.* — 40 *dannen here*, daher.

73.

FRÜHLINGSERINNERUNGEN.

Ein Frühlingslied mit wehmüthigen Erinnerungen an entschwunden›
fröhlichere Zeit, ohne Zweifel in Walther's spätern Jahren und nach einer
schweren Krankheit gedichtet, die er nicht zu überstehen erwartet hatte.

Der rife tet den kleinen vogelen wê,
daz sie niht ensungen.
    nû hôrte ich s' aber wünneclîche als ê:
nu ist diu heide entsprungen.
    dâ sach ich bluomen striten wider den klê,   5
weder ir lenger wære.
miner frouwen scite ich disiu mære.

Uns hât der winter kalt und ander nôt
vil getân ze leide.
    ich wânde, daz ich iemer bluomen rôt   10
sæhe an grüener heide.
    joch schâte ez guoten liuten, wære ich tôt,
die nâch freuden rungen
und ie gerne tanzten unde sprungen.

Versûmde ich disen wünneclichen tac,   15
sô wær' ich verwâzen
    und wære an freude ein angestlicher slac:
dennoch müese ich lâzen
    al mine freude, der ich wilent pflac.
got gesegen' iuch alle: 20
wünschet noch, daz mir ein heil gevalle.

---

4 nun prangt die Heide in neuem Grün. — 5 *wider*, gegen. — 6 *weder
ir*, welches von ihnen beiden, d. h. Blumen und Gras wuchsen *enwider-
strît*, um die Wette.
    10 ich glaubte, daß ich niemals wieder. — 12 es wäre doch wol
ein Verlust für gute Menschen, wenn ich (und mit mir mein Gesang)
todt wäre.
    15 *versûmen*, unbeachtet, unbenutzt hingehen lassen. — 16 *verwâzen*
part. von *verwâzen* stv., verdammen, verwünschen, zu Grunde richten:
so wäre ich verloren und es wäre für die Freude ein schrecklicher, tödt-
licher Schlag. — 18 *dennoch*, sodann noch: überdies müßte ich fahren las-
sen, dahingeben. — 19 *wilent*, weiland, einst. — 21 *gevallen*, zufallen.

74.

VERMÄCHTNISS.

Um allen Lrbstreitigkeiten nach seinem Tode vorzubeugen, verfügt der Dichter in ironischer Weise über seine bewegliche und unbewegliche Habe, indem er sein Unglück den Neidern, seinen Kummer den Lügnern, seine Thorheiten den falschen Minnern und den Liebesschmerz den Frauen vermacht. Doch ist es noch nicht an dem, er kehrt zurück, um zu erklären, daß er nun erfahren habe, womit man die Frauen haufenweise gewinnen könne: nämlich durch Verschwören von Leben und Seligkeit. Er besinnt sich aber wieder und verwunscht, in ironisch höhnender Weise, jene, die sich solcher Mittel bedienen.

———

Ich wil nû teilen, ê ich var,
mîn varnde guot und eigens vil,
    daz iemen dürfe striten dar,
wan den ich'z hie bescheiden wil.
al mîn ungelücke wil ich schaffen jenen   5
die sich hazzes unde nîdes gerne wenen,
    dar zuo mîn unsælikeit.
mîne swære   haben die lügenære,
mîn unsinnen   schaffe ich die mit valsche minnen,
den frowen nâch herzeliebe senediu leit.   10

Nû bitet, lât mich wider komen:
ich weiz der wîbe willen wol.
    ich hân ein jehe von in vernomen,
dâ mite ich mänege erwérben sol.

- -- — -

1 *teilen*, testamentarisch über eine Hinterlassenschaft verfügen. *varn*, ziehen, reisen, abfahren; dieser Ausdruck verglichen mit V. 11 enthält den Doppelsinn von Tod und Abreise (s. Rieger S. 65). — 2 *varnde guot*, fahrende, bewegliche Habe. *eigen*, ererbtes Grundeigenthum. — 3. 4 damit niemand darum zu streiten braucht, als diejenigen, denen ich es bestimmte. *iemen* im abhängigen Satze wie häufig statt des negativen *niemen*. — 5 *ungelücke*, das einzelne Misslingen, Unglücksfälle. *schaffen*, (testamentarisch) vermachen. — 6 *sich wenen* c. gen., sich gewöhnen, gewohnt sein. — 7 *dar zuo*, dazu, überdies noch. *unsælikeit*, das Unglück, das, fatalistisch gedacht, auf einem ruht. — 9 *daz unsinnen*, das Thörichtsein: meine Thorheiten vermache ich denjenigen, welche. *der valsch*, Treulosigkeit, Falschheit.
11 Nun wartet (bevor ihr euch in meine Habe theilt) und laßt mich zurückkehren. — 13 *ein jehe* stf., Aussage, Aeußerung.

ich wil lip und êre und al mîn heil verswern;   15
wie mac sich deheiniu danne min erwern?
nein ich, weizgot, swaz ich sage!
got der solde   rihten, obe er wolde,
die sô swüeren,   daz in d'ougen ûz gefüeren
und sich doch eines stiezen inme tage.   20

---

17 nicht doch, was immer ich auch da sage, ich werde es bei Gott
doch nicht thun. — 18 f. diejenigen, die in dieser Weise schwören,
sollte Gott strafen, daß ihnen die Augen aus dem Kopfe führen und
sie sich (infolge dessen) wenigstens einmal im Tage anstießen. Das Aus-
fahren der Augen ist göttliche Strafe, die z. B. im Annolied V. 831 (ed.
Bezzenberger) einen Leugner Gottes und Lästerer der Heiligen trifft.

75.

AM LEBENSABEND.

Wol vierzig Jahre und darüber, versichert uns hier Walther, habe
er von der Minne gesungen. Aber Vortheil habe es ihm keinen gebracht,
darum sagt er sich los von ihr: sein Minnesang möge nun Andern dienen,
ihre Huld sei dafür sein Lohn. Noch strebe er mit unverdrossener Emsig-
keit nach sittlicher Würde, wie er es von Kindheit auf gewöhnt sei; nicht
ganz ohne Erfolg, denn wie arm und gering er auch sei, stehe er doch
in Ansehen und Achtung bei den Tüchtigen. Die Würdigkeit zu bewah-
ren bis ans Ende sei das Höchste, was man hienieden erwerben könne.

In diesem und dem nächstfolgenden Liede desselben Tones wird in-
sofern von der Regel abgewichen, als der Abgesang oder der dritte un-
gleiche Theil in der Mitte zwischen beiden Stollen steht.

Ir reinen wip, ir werden man,
ez stêt alsô, daz man mir muoz
êr' unde minneclichen gruoz
noch volleclicher bieten an.
des   habet ir von schulden græzer reht dann' ê: 5
welt ir vernemen, ich sage iu wes.
wol   vierzic jâr hab' ich gesungen oder mê
von minnen unde als iemen sol.
dô was ich's mit den andern geil :
nu enwirt mir's niht, ez wirt iu gar.   10
min minnesanc der diene iu dar
und iuwer hulde si min teil.

---

4 *volleclicher*, in größerer Fülle, reichlicher. — 5 dazu habt ihr von
Rechts wegen noch größere Verpflichtung als früher. — 6 *wes* adv. gen.,
warum. — 7 *wol*, leicht. *oder mé*, oder mehr, darüber. — 8 *unde als iemen*
sol, und zwar wie jemand muß, d. h. gebührender Weise. Darum mache
ich um so mehr Anspruch auf Ehre und Gruß. — 9 damals war ich mit den
Andern fröhlich, lustig darüber (nämlich über meinen Minnesang). —
10 nun habe ich nichts mehr davon, es ist ganz euer. — 11 *einem dar*
dienen, jemand nach einer bestimmten Richtung hin behilflich sein. —
12 *huld*, Gunst.

Lât mich an eime stabe gân
und werben umbe werdekeit
mit unverzageter arebeit,   15
als ich von kinde hân getân,
    sô   bin ich doch, swie nider ich si, der werden ein,
genuoge in miner mâze hô.
daz   müet die nideren; obe mich daz iht swache? nein,
die bíderben hânt mich deste baz.   20
    diu wernde wirde diu'st sô guot,
daz man ir'z hœhste lop sol geben.
ez'n wârt nie hovelicher leben,
swer sô dem ende rehte tuot.

---

13 f. *an eime stabe gân* ist bis vor kurzem allgemein aufgefaßt und
übersetzt worden: wie ein alter Mann, Greis, am Stabe gehen. Aber das
passt weder zum Vorausgehenden noch zum Nachfolgenden. An einem
Stabe gehen heißt hier so viel als zu Fuß gehen und steht im Gegensatz
zu Reiten. Wie viel ich auch Andere in meinem langen Leben glücklich
gemacht habe, mir ist davon nichts geblieben. Setzt den Fall, daß ich
arm, nicht, wie es einem Edeln ziemt zu Pferd, sondern (gleich einem
Sänger der niedersten Art) zu Fuß, mit unverdrossener Thätigkeit, wie
ich von Kind auf gethan, um Ehre ringen müßte, so bin ich doch, wie
gering, niedrig ich auch sei, der Werthen (Edeln) einer, und in einer
Stellung, hoch genug, um meiner Bescheidenheit zu genügen — 19 *müet*,
ärgert. *die nideren*, die niedrig, gemein Denkenden. *swache*, erniedrige,
herabsetze. — 21 *diu wernde wirde*, der dauerhafte Werth. — 24 *swer sô*
= als wer, als wenn einer.

76.

DER WELT LOHN.

Walther rüstet sich zur letzten Fahrt. Mit dem Wunsche, daß es seiner Seele wohl ergehen möge, entsagt er der irdischen vergänglichen Liebe, um sich nun der göttlichen ewigdauernden zuzuwenden. Klage über den Unbestand und Undank der Welt, die außen schön und innen hohl und leer sei; was sie früher gegeben, nehme sie wieder zurück und für den, der tausendmal Leib und Seele für sie gewagt, habe sie bloß Hohn und Spott. Der Dichter schließt mit der Drohung, daß die Reihe auch bald an sie kommen werde.

Min sêle müeze wol gevarn!
ich hân zer werlte manegen lip
gemachet frô, man unde wip:
künd' ich dar under mich bewarn!
lobe ich des libes minne, deis der sêle leit: 5
si gibt, ez si ein lüge, ich tobe;
der wâren minne gibt si ganzer stætekeit,
wie guot si si, wie s' iemer wer.

lip, lâ die minne, diu dich lât,
und habe die stæten minne wert: 10
mich dunket, der dû hâst gegert,
diu si niht visch unz an den grât.

Ich hâte ein schœnez bilde erkorn:
ôwê daz ich ez ie gesach
od ie sô vil zuo z'ime gesprach!   15
ez hât schœn' unde rede verlorn.

1 Meine Seele möge gut fahren (d. h. zum Himmel, nicht zur Hölle). — 2 *zer werlte*, in der Welt. *manegen lip*, manchen. — 4 verstünde ich mich dabei nur selbst zu sichern. — 7 sie sagt, daß nur die wahre (göttliche) Liebe von Bestand sei. — 8 *wer*, dauere. — 11 mich dunkt, die Liebe, nach der du verlangt hast. — 12 *visch unz an den grât*, sprichwörtliche, auch sonst im Mittelhochdeutschen begegnende Redensart: ganz, durchaus Fisch sein. Hier: die (irdische) Liebe ist nicht rein von fleischlicher sinnlicher Lust, nicht durchaus echt. Vgl. *lânt die vröude, diu iuch lât, si ist niht visch unz an den grât*, Mone's Schauspiele des Mittelalters, 1, 213. Umgekehrt wird von Maria gesagt, sie sei *visch unz an den grât* (vgl. Mhd. Wörterbuch, 1, 567). 13 *daz bilde*, die äußere Bekleidung, Hülle eines Wesens, Erscheinung. — 15 *sô vil*] s. die Anmerk. zu Nr. 56, 16. —

dà   wonte ein wunder inne, daz fuor i'ne weiz war.
dà von gesweic daz bilde iesâ:
sin liljerôsevarwe wart sô karkervar,
daz ez verlôs smac unde schin.   20
    min bilde, ob ich bekärket bin
in dir, sô là mich ûz alsô,
daz wir ein ander vinden frô:
wan ich muoz aber wider in.

Werlt, ich hân dinen lôn ersehen: 25
swaz dû mir gist, daz nimest dû mir:
wir scheiden alle blôz von dir.
scham dich, sol mír alsô geschehen.
    ich   hân lip unde sêle (des was gar ze vil)
gewâget tûsentstunt durch dich.   30
nû   bin ich alt und hâst mit mir din gampelsj il.
ist mir daz zorn, sô lachest dû.
    nû lache uns eine wile noch:
din jâmertac wil schiere komen
und nimet dir swaz du uns hâst benomen   35
und brennet dich dar umbe iedoch.

---

17 das Bild war von einem wunderbaren Etwas bewohnt; das entflob, ich
weiß nicht wohin. – 18 infolge dessen verstummte es. *iesâ*, alsogleich.
– 19 *tiljerôsevarwe* (vgl. zu Nr. 27, 1), ein doppeltes Compositum: aus
Lilien und Rosen gemischte Farbe (wie Milch und Blut). *karkervar*, ker-
kerfarbig, fahl. – 20 *smac unde schin*, Duft und Glanz. Daß man unter
diesem Bilde, wie Rieger S. 77 will, den schönen Leib der einst gelieb-
ten, nun gestorbenen Frau, zu verstehen habe, ist zu bezweifeln. Nach
Simrock bezeichnet das Bild des Dichters eigenen Leib, in den er bei der
Auferstehung wieder zurückkehren muß (Z. 24). – 21 *bekärket*, eingekerkert.
– 24 *in*, d. h. in das Bild; denn für immer kann ich nicht aus meinem
Lebenskreise heraus.
    30 *gewâget*, aufs Spiel gesetzt. *tûsentstunt*, tausendmal. *dich*] d. h.
die (Hof-)Welt. – 31 *gampelspil*, Scherz, Spaß, Possenspiel, von *gampen*
(auch *gumpen*), hüpfen, springen, scherzen. Die junge Welt versteht ihn
nicht mehr, spottet seiner. – 34 *jâmertac*, Tag des Leidens, der Klage.
wil, wird. *schiere*, bald, rasch. – 36 damit ist die Glut der Hölle gemeint.

77.

ABSCHIED VON DER WELT.

Der Teufel hat ein Wirthshaus, genannt Welt; für die Freuden, die man darin genossen, muß man ihm am Ende die Zeche bezahlen. Dies ist hier dargestellt in einem Zwiegespräch zwischen Walther und der Welt, die als Aufenthaltsort und zugleich als der Inbegriff irdischer Freuden und irdischen Sinnes gedacht ist. Als letzterer erscheint sie personificiert. Daß die Welt von vorn schön und liebreizend, von rückwärts aber häßlich und grauenerregend sei, ist eine alte vielverbreitete Allegorie, die in mhd. Zeit zweimal, in einem epischen Liede des Guotære (v. d. Hagen's Minnesinger, 2, 41 f.) und in der Erzählung «Der Welt Lohn» von Konrad von Würzburg zu poetischem Ausdruck gelangt ist Dieser legt dem Diener der Welt einen bekannten Dichternamen bei, Wirnt von Grafenberg. W. Wackernagel hat es wahrscheinlich zu machen gesucht, daß hier eine Verwechslung mit Walther stattgefunden und daß dessen beide Lieder (Nr. 76 und 77) die erste und nächste Veranlassung zur ganzen Sage gegeben haben (s. Zeitschrift für deutsches Alterthum, 6, 151 ff.).

Frô Werlt, ir sult dem wirte sagen,
daz ich im gar vergolten habe:
   mîn grôziu gülte ist abe geslagen,
daz er mich von dem brieve schabe.
   swer ime iht sol, der mac wol sorgen: 5
ê ich im lange schuldic wære, ich wolte ê z'einem juden
            borgen.
er swîget unz an einen tac:
sô wil er danne eine wette hân,   sô jener niht vergelten mac.

  «Walthér, dû zürnest âne nôt:
dû solt bî mir beliben hie.   10
   gedenke weich dir eren bôt,
waz ich dir dines willen lie,

2 im gar vergolten, ihn gänzlich bezahlt. — 2 gülte, Schuld. abe slahen, erstatten, abtragen. — 4 daz, sagt ihm, daß. brief, Urkunde, Schuldbrief. schaben, kratzen, radieren: von dem brieve schaben, vom Schuldbrief auslöschen, tilgen. — 5 wer ihm etwas schuldig ist, dem kann wol bange sein. — 6 z'einem juden borgen, von, bei einem Juden Geld entleihen. — 8 eine wette stn., ein Pfand. Wenn jener nicht bezahlen kann. dazu außer Stand ist, so verlangt er dann ein Pfand, d. i. die Seele.
11 weich = wie ich. Diese Contraction steht schon bei Otfried, I, 3, 29. II, 8, 18. — 12 lâzen, zulassen, geschehen lassen: wie oft ich deinem

als dû mich dicke sêre bæte.
mir was vil inneclichen leit, daz dû daz ie sô selten tæte.
bedenke dich, din leben ist guot: 15
sô dû mir rehte widersagest,   sô wirst dû niemer wol
                    gemuot.»

Frô Werlt, ich hân ze vil gesogen,
ich wil entwonen, des ist zit.
din zart hât mich vil nâch betrogen,
wand' er vil süezer freuden git.   20
do ich dich gesach reht' under ougen,
dô was din schouwen wünnen rich, des muoz ich jehen
              al sunder lougen :
doch was der schanden alse vil,
dô ich din hinden wart gewar,   daz ich dich iemer schel-
                    ten wil.

«Sit ich dich niht erwenden mac,   25
sô tuo doch éin dinc, des ich ger :
gedenke an manegen lichten tac
und sich doch under wilen her,
niuwan sô dich der zit betrâge.»
daz tæte ich wunderlichen gerne, wan deich fürhte
              diue lâge.   30
vor der sich nieman kan bewarn.
got gebe iu, frouwe, guote naht: ich wil ze hereberge
                    varn.

_____

Willen nachgab, ihn erfüllte. — 13 sêre, inständig. bæte, batest. —
15 du führst ein angenehmes Leben. — 16 rehte widersagen, wirklich Fehde
ankünden.
    17 Die Welt ist hier als Mutter gedacht, Walther als Säugling. ze
vil, zu lang. — 18 entwonen, sich entwöhnen, ablactari. — 19 der zart, müt-
terliche Liebkosung, Zärtlichkeit. vil nâch, nahezu. — 20 er, d. i. der zart.
— 21 under ougen, ins Gesicht. — 22 din schouwen, dein Anblick. al sunder
lougen, ohne alle Widerrede. — 23 der schanden alse vil, so viel des
Schmählichen, Scheußlichen.
    25 erwenden, zur Umkehr bewegen. — 29 niuwan, nur. mich be-
trâget e gen., ich empfinde Langeweile, Verdruß über etwas. Bloß wenn
dir die Zeit lang wird. — 30 wunderlichen adv., wunderlich, sehr, überaus.
wan deich, nur daß ich, aber ich. diu lâge, Hinterhalt, Fallstrick. —
32 guote naht, als allerletzter Abschied, wie später noch im Volkslied. ze
hereberge varn, das Nachtlager aufsuchen, zur Ruhe sich begeben.

78.

KREUZLIED.

Ich habe die beiden nachfolgenden Kreuzlieder an den Schluß dieser Abtheilung gestellt, nicht nur, weil ich nun für erwiesen halte, daß sie in des Dichters letzte Jahre fallen, sondern weil sie mir durch ihren Inhalt den schicklichen Übergang einerseits zum Leich, andererseits zu den historischen Gedichten, den Sprüchen, zu bilden scheinen. Von dem ersten meint Rieger S. 41, es sei im Sommer 1228 auf dem Zuge des Kreuzheeres nach den apulischen Häfen, vor der Ankunft am Meere, das andere nach der Ankunft in Palä-tina, doch vor der Öffnung der heiligen Stätten gesungen. Obwol ich in Bezug auf jenes Grund zu haben glaube, Rieger's Ansicht nicht zu verwerfen, wird es mir doch beim zweiten, je öfter ich es lese, um so unwahrscheinlicher, daß es im heiligen Lande gedichtet ist und auf Walther's Anwesenheit daselbst einen sichern Schluß gestattet. In welchen Jubel würde der Dichter, wäre seine Sehnsucht wirklich erfüllt worden, ausgebrochen sein! Statt dessen erhalten wir eine kühle, trockene, schwunglose Erzählung vom Leben und Leiden Christi, die nicht nur an Gedankenreichthum und dichterischem Gehalt weit hinter die Kreuzlieder anderer Dichter zurücktritt, sondern auch mit der ergreifenden Herzlichkeit und der wehmuthsvollen Resignation, die alle Gedichte aus des Dichters letzten Jahren durchzieht, in schreiendem Widerspruche steht. Man kann Rieger beistimmen, wenn er das gänzliche Zurücktreten des persönlichen Denkens und Empfindens in diesen Liedern dadurch zu erklären sucht, daß Walther sie so hat dichten wollen, jeder Pilger sie sich aneignen und aus seinem Innern nachsingen konnte. Hält man aber eine solche Objectivität in damaliger Zeit für möglich, so ist obige Annahme in Betreff der Art und Zeit der Abfassung gar nicht mehr nöthig: ohne den Fuß von der Stelle zu rühren, konnte der zurückbleibende betagte Sänger sie zur Aufmunterung und Erbauung der dahin ziehenden Kreuzfahrer gedichtet haben.

Vil süeze wære minne,
berihte kranke sinne;
got, durch din anebeginne
bewar die kristenheit!
din kunft ist frônebære   5

1 *wære*, wahrhaft. Der heilige Geist, der die Liebe ist. — 2 *berihten*, zurechtweisen. *kranke sinne*, einen schwachen Geist. — 3 *anebeginne* stn., Beginn: bewahre, o Gott, die Christenheit wegen dessen, in welchem du uns zu lieben angefangen hast, durch den du Mensch geworden bist. Mit *din anebeginne* ist auf die Menschwerdung Gottes, seinen Eintritt in die Welt, die Offenbarung der süßen, wahren Minne hingedeutet. 4 *bewarn*, schützen, retten. — 5 *kunft*, Ankunft; deine Menschwerdung. *frône-*

übr al der werlte swære:
der weisen barmenære,
hilf rechen disiu leit!
erlœser ûz den sünden,
wir gern zen swebenden ünden,   10
uns mac din geist enzünden,
wirt riuwic herze erkant.
din bluot hât uns vergozzen
den himel ûf geslozzen:
nû lœsen unverdrozzen   15
daz êrebernde lant;
verzinsen lip und eigen:
got sol uns helfe erzeigen
ûf den, der manegen veigen
der sêle hât gepfant.   20

Diz kurze leben verswindet,
der tôt uns sündic vindet:
swer sich ze gote gesindet,
der mac der helle engân.
bi swære ist gnâde funden: 25
nû heilen Kristes wunden,
sin lant wirt schiere enbunden,
dêst sicher sunder wân.
küngîn ob allen frouwen,
lâ wernde helfe schouwen: 30
din kint wart dort verhouwen,
sîn menscheit sich ergap:

bære, herrlich, erhebend. — 6 swære, Druck, Leid. — 7 der weise, die Waise.
barmenære, Erbarmer. — 10 sweben, sich hin und her bewegen. diu unde,
die Woge. Wir verlangen zum wogenden Meer, sehnen uns nach der
Seefahrt ins gelobte Land. — 12 wenn das Herz reuig gefunden wird. —
13 uns vergozzen partic. Satz, für uns vergossen. — 15 lassen, von den Fesseln
befreien: nun wollen wir losen. — 16 êrebernde, ehren-, ruhmvoll; die Hss.
lesen herebernde, was kaum richtig ist, eher hercebernde, bedauernswerth,
vgl. Lobgesang 45, 10. — 17 verzinsen, als Zins hingeben, zahlen: bringen
wir Leben und Gut zum Opfer — 18 sol, wird. erzeigen, erweisen, darthun:
leisten. — 19 ûf. gegen. veige adj., zum Tode bestimmt. Gegen den, der
manchem dem Tode Verfallenen die Seele gepfändet, geraubt hat (der Teufel).
22 findet, trifft uns in Sünden. — 23 sich gesinden ze einem, sich in
das Gefolge eines Andern be.eben, als Diener sich ihm anschließen. —
25 zugleich bei der Noth wird auch die Hilfe gefunden: vgl. wo die Noth
am höchsten, da ist die Hilf' am nächsten. — 26 heilen, heilen wir, laßt
uns heilen. — 27 enbinden, losreißen, befreien. — 28 sunder wân, gewiss-
lich, ohne trügerische Hoffnung. — 30 laß uns dauernde Hilfe sehen. —
31 verhouwen, hauend verwunden, tödten. — 32 die Menschheit (Christi)
gab sich hin: leistete keinen Widerstand. —

sîn geist müez' uns gefristen,
daz wir die diet verlisten.
der touf sie seit unkristen:				35
wan fürhtent sie den stap,
der ouch die juden villet!
ir schrien lûte erhillet:
manc lop dem kriuze erschillet:
erlœsen wir daz grap!				40

Diu menscheit muoz verderben,
suln wir den lôn erwerben.
got wolde durch uns sterben,
sin trôst ist ûf gespart:
sîn kriuze vil gehêret				45
hât maneges heil gemêret;
swer sich von zwivel kêret,
der hât den geist bewart.
sündiger lip vergezzen,
dir sint diu jâr gemezzen:				50
der tôt hât uns besezzen,
die veigen âne wer.
nû hellen hin geliche
dâ wir daz himelriche
erwerben sicherliche				55
bi dulteclîcher zer!
got wil mit heldes handen
dort rechen sinen anden:

33 gefristen, am Leben, bei Kräften erhalten. - 34 daz, auf daß, dam t.
diet, gentes; hier die Heidenschaft. verlisten, überlisten. — 35 der touf,
die Taufe, das Christenthum. sie seit, nennt sie. der unkristen, Nichtchrist,
Heide. — 36 wan, warum nicht; doch weniger eine Frage als eine Auffor-
derung. der stap] der Stab ist das Wahrzeichen der richterlichen Gewalt,
mit dem Stab hegte der Richter das Gericht und an den Stab wurde ihm
gelobt (vgl. stabon Nr 126¹, 16 und Grimm's Rechtsalterthümer, S. 761). -
37 villen, eigentlich das Fell abziehen, schinden; dann staupeu, schlagen,
züchtigen. — 38 erhellen, ertönen. — 39 erschellen, erschallen.
  41 Diu menscheit, das Menschliche, Irdische in uns, der Leib. —
44 ûf gespart, aufgehoben, zurückgelegt (als ein Schatz, für die Nachwelt,
für uns). — 45 gehêret, geheiligt, heilig. 46 hat das Glück von vielen
vermehrt, manchem zum Heile gereicht. — 47 zwivel = religiöse Zweifel.
— 48 der geist, die Seele. — 49 vergezzen, gedankenlos. — 50 gemezzen, ge-
zählt. — 51 besitzen, umstellen, belagern. - 52 die wehrlos dem Tode Ver-
fallenen. - 53 geliche hellen, übereinstimmen; dann bedeutet aber hellen
auch sich schnell bewegen, eilen, geliche, alle zugleich, insgesammt, und
hier ist wol die letztere Bedeutung anzunehmen: nun laßt uns insge-
sammt dorthin eilen, wo. — 56 dulteclich, geduldig. diu zer ist das wofür
man zehrt, Aufwand, Unkosten: mit geduldiger Hingebung. — 58 der ande,
Zorn, Verdruß: das Leid, was man ihm angethan. —

sich schar von manegen landen
des heilegeistes her!   60

Got, dine helfe uns sende!
mit dîner zesewen hende
bewar uns an dem ende,
sô uns der geist verlât,
vor hellcheizen wallen,   65
daz wir dar in iht vallen!
ez ist wol kunt uns allen,
wie jæmerliche ez stât,
daz hêre lant vil reine,
gar helfelôs und eine.   .   70
Jerûsalêm, nû weine,
wie dîn vergezzen ist!
der heiden überhêre
hât dich verschelket sêre.
durch dîner namen êre   75
lâ dich erbarmen, Krist,
mit welher nôt sie ringen,
die dort den borgen dingen.
daz s' uns alsô betwingen,
daz wende in kurzer frist!   80

---

59 *schar* conj. præs. von *scharn*, sich in Scharen abtheilen, ordnen. —
60 *heilegeist*, Contraction für *heilecgeist:* das Heer des heiligen Geistes, das
Kreuzheer.
      62 *zesewe,* adj., recht. *hende,* dat. von *hant,* Hand. — 64 *geist,* Seele.
- 65 *der wal,* das Aufkochen, Wogen: vor der Lohe des höllischen Feuers.
— 66 *iht* = *niht.* — 70 *helfelôs,* hilflos. *eine,* allein, verlassen. — 73 *diu
überhêre,* Übermuth. — 74 *verschelken, verschalken.* zum *schalc,* Knecht,
machen. — 77—79 *ringen, dingen, betwingen* sind Conjunctive. — 78 *der
borge,* Bürge, *diu borge,* Aufschub. *dingen* c. dat., mit jemand unterhan-
deln. *«den borgen dingen* kann schwerlich etwas anderes heißen als: den
Waffenstillstand unterhandeln.» (Benecke, Mhd. Wörterbuch, 1, 164.)
J. Peters (im Programm von Leitmeritz 1871) will die Lesart von A *borgen*
festhalten und es im Anschluß an Stalder's Idiotikon 1, 202 durch Fratzen-
gesicht, Hochmuthstenfel (auf die Heiden bezogen) erklären.

79.

IM GELOBTEN LANDE.

Nû alrêst leb' ich mir werde,
sit mîn sündic ouge siht
lant daz hêre und ouch die erde,
dem man vil der êren giht.
mir'st geschehen, des ich ie bat: 5
ich bin komen an die stat,
dâ got menneschlichen trat.

Schœniu lant rich unde hêre,
swaz ich der noch hân gesehen,
sô bist du'z ir aller êre.   10
waz ist wunders hie geschehen!
daz ein maget ein kint gebar
hêre übr aller engel schar,
was daz niht ein wunder gar?

Hie liez er sich reine toufen,   15
daz der mensche reine si;
dô liez er sich hie verkoufen,
daz wir eigen wurden frî.
anders wæren wir verlorn,
wan sin sper, kriuz' unde dorn: 20
wê dir, heiden, deist dir zorn!

---

1 *alrêst = allerêrst*, verstärktes *êrst*. Nun erst hat das Leben Werth
für mich. — 3 = *daz hêre lant*. — 4 *jehen* c. dat. und gen., von jemand
etwas sagen: das man so sehr rühmt und preist. — 5 mir ist zu Theil ge-
worden, warum ich stets gebeten habe. — 7 *menneschlichen* adv., mensch-
lich, als Mensch. *trat*, wandelte.
8 *hêre*, herrliche. — 10 so bist du die Krone ihrer aller, über alle
erhaben. — 11 wie viel Wunderbares ist doch hier geschehen!
15 *er reine*, er der Reine, Makellose.   18 *wir eigen*, wir Unfreie,
Leibeigene. — 20 *wan*, wäre nicht: ohne seinen Speer, das Kreuz und die
Dornenkrone (die Marter, die er für uns erlitten), wären wir verloren —
21 *der heiden*] darunter verstand man im Mittelalter namentlich auch die
Mohammedaner. *mir ist zorn*, ich erzürne mich, gerathe in Zorn.

Do er sich über uns wolde erbarmen,
hie leit er den grimmen tôt.
er vil riche übr uns vil armen,
daz wir kœmen ûz der nôt.   25
  daz in dô des niht verdrôz,
dast ein wunder alze grôz.
aller wunder übergenôz.

Hinnen fuor der sun zer helle
von dem grabe. da er inne lac.   30
des was ie der vater geselle
und der geist. den nieman mac
  sunder scheilen: êst al ein.
sleht und ebener danne ein zein.
als er Abrahâme erschein.   35

Do er den tievel dô geschande
daz nie keiser baz gestreit.
dô fuor er her wider ze lande.
dô huop sich der juden leit.
daz er hêrre ir huote brach   40
und man in sit lebendic sach.
den ir hant sluoc únde stach.

Dar nâch was er in dem lande
vierzic tage: dô fuor er dar.
dannen in sin vater sande.   45
sinen geist. der uns bewar,
  den sant' er hin wider ze hant.
heilic ist daz selbe lant,
sin nam ist vor gote erkant.

---

24 übergen'z. der seinesgleichen nicht hat.
29 Hinnen. von hinnen. — 31 darin war sein steter Begleiter, Ge-
nosse, der Vater und der heilige Geist. — 33 sunder scheiden, absondern, los-
trennen. êst = er ist. al ein, alles eins: sie bilden Eins. — 34 sleht, einfach.
gerade. eben, gleich, glatt. der zein, Rohr, Stab, Gerte. — 35 Genesis cap. 18.
36 geschenden, zu Schanden machen. — 38 zurück auf die Erde. —
39 sich heben, anheben, anfangen. — 40 daß er wie ein Fürst, Gebieter,
ihre (Grabes-)Hut durchbrach, trotz ihrer Wache vom Grabe erstand. —
42 sluoc unde stach, geschlagen und gestochen hatte.
44 dar. dannen. dahin, woher. — 45 sande, gesandt hatte. — 47 hin
wider, hierher zurück.

In diz lant hât er gesprochen   50
einen augeslichen tac
dâ diu witwe wirt gerochen
und der weise klagen mac
und der arme den gewalt,
der dâ wirt mit ime gestalt.   55
wol im dort, der hie vergalt!

Unser lantrehtære tihten
fristet dâ niemannes klage,
wan er wil ze stunt dâ rihten,
so çz ist an dem lesten tage: 60
und swer dheine schult hie lât
unverebenet, wie der stât
dórt, da er pfánt noch bürgen hât!

Ir enlât iuch niht verdriezen
daz ich noch gesprochen hân.   65
sô wil ich die rede besliezen
kurzlich, und iuch wizzen lân:
swaz got mit der werelt ie
wunderliches noch begie,
dáz huop sich und endet hie   70

Kristen, juden unde heiden
jehent, daz diz ir erbe si:

---

50 *einen tac sprechen*, einen bestimmten Termin zur Gerichtsverhand-
lung ansetzen. — 51 *angeslich*, angstvoll, Angst erregend: den jüngsten
Gerichtstag. — 53 *der weise*, orbus. — 54 *der gewalt*, Vergewaltigung. —
55 *gestalt* part. praet. von *stellen*, anstellen: die man au ihm hier verubt. —
56 *vergalt*, bezahlt, gebüßt hat.
57 *lantrehtære*, judex terrae. *tihten*, das Erfinden, Urtheilsspruch;
juristische Spitzfindigkeiten, Erfindungen. — 58 *fristen*, aufschieben, hintan-
halten. — 59 *ze stunt*, sogleich, auf der Stelle. — 62 *unverebenet*, unaus-
geglichen, unberichtigt. — 63 wie wird der dort stehen! Daß man dem
jüngsten Gericht weder Pfänder noch Bürgen stellen könne, sondern jeder
für seine Sünden selbst einstehen müsse, ist eine sprichwörtlich oft (auch
bei Walther Nr. 89, 5) vorkommende Redensart (s. Simrock 1, 219).
64. 65 Wenn euch, was ich bisher gesprochen habe, nicht zu lang
wird. — 68—70 die wunderbaren göttlichen Geschicke der Welt nahmen
hier (im gelobten Lande) ihren Anfang, hier werden sie auch enden.

got mücz' ez ze rehte scheiden
durch die sine namen dri.
al diu werelt stritet her: 75
wir sin an der rehten ger,
reht ist daz er úns gewer.

---

75 kämpft, streitet um das Erbe: richtet ihren Streit hierher, auf
dieses Land. — 76 *diu ger*, das Verlangen, Begehren: unser Anspruch ist
der berechtigte, darum ist es in der Ordnung, daß er ihn uns erfülle.

II.

LEICH.

VORBEMERKUNG.

(NACH L. UHLAND.)

--

Von den Liedern durchaus verschieden und eine eigenthümliche Erscheinung im Gebiete der alten Kunstformen sind die Leiche (vgl. darüber Jac. Grimm, «Über den altdeutschen Meistergesang», S. 63—70, 181 f., 191), Gedichte größern Umfangs, in denen mancherlei Töne in buntem Wechsel zu einem weithin gezogenen Ganzen verbunden sind. Doch ist auch hier die schon bezeichnete Richtung der deutschen Liederkunst nicht verleugnet, indem nicht etwa durch das Aushalten oder Wiederauffassen gleicher Reime die mannigfaltigen Theile zusammengehalten werden, sondern der Zusammenhang nur im Bau dieser Theile beruhen kann. So wenig man berechtigt ist, diese Gedichte für Werke regelloser Willkür zu erklären, so schwierig ist es gleichwol, ihre Regel und Grundform zu erfassen. Verschiedene Töne, willkürlich zusammengereiht, würden wieder als Einzelnes auseinander fallen; irgend ein Gesetz der Verbindung, wenn auch tiefer liegend, wodurch die einzelnen Theile zum Ganzen werden, ist daher künstlerisch nothwendig. Sich mit der Einheit des Inhalts zu begnügen, passt nicht für jene Zeiten

und am wenigsten für diese Gedichtart, welche eben im In-
halt so zerflossen ist. Auch hier vermißt man die nähere
Kenntniss der Musik und des Tanzes, wodurch sich manches
aufhellen möchte. Dennoch liegen Wahrnehmungen vor, die
zu weiterm Erfunde führen können.

Man bemerkt in den Leichen zweierlei Bestandtheile, einen
gemessenern und. besonders gegen das Ende hin, einen freiern.
Jener bildet sich aus Reimgebänden, welche niemals zur drei-
theiligen Strophe werden, aber sich, wie Stollen eines Auf-
gesangs, wiederholen und zwar in mehrfacher, theils unmittel-
barer, theils durch andere Töne unterbrochener Wiederkehr:
denn statt der Lösung in einen Abgesang springt der Leich
zu neuen Aufgesängen über oder es entfalten sich die den
andern Bestandtheil ausmachenden Reimfolgen von freierm
Ergusse. Diese als Abgesang des nächstvorgehenden Auf-
gesangs zu betrachten, scheint nicht zulässig, denn vorerst
würden die frühern Aufgesänge, denen sich kein solcher
freierer Theil anschloß, doch nicht abgesungen sein, man
müßte denn wieder einen Aufgesang für den Abgesang des
andern ansehen, auf beide Weise würde man aber nur sehr
unklare und unförmliche Strophen herausbringen; sodann
macht es sich bemerklich, daß geschlossene Strophen über-
haupt nicht zu Stande kommen sollen: nicht bloß stellt das
fortwährende Aufsingen durch die mehrfache Wiederholung
der gleichen Gebände und durch die Anreihung neuer sich
nachdrücklich hervor, sondern wir können auch keinen sol-
chen Abschluß in der Mitte des Gedichtes annehmen, ohne
dieses für eine leblose, bloß mechanische Zusammenschiebung
verschiedener Töne zu erklären. Sollten selbst vollständige
Strophen sich vorfinden, so werden uns doch diese, so wie
sie sich wiederholen, ebenfalls zu Stollen.

Die Form der Leiche scheint durchaus im Größern aufgefaßt werden zu müssen: nicht der einzelne Aufgesang löst sich im einzelnen Abgesang, sondern was sich in sonstigen Liederstrophen klar und leicht übersichtlich im Einzelnen darlegt, die Zusammensetzung aus dem Gleichen, Gemessenern, und dem Ungleichen, Freiern, ist bei den Leichen nur im Ganzen und durch dieses zerstreut vorhanden. eben in den bisher bezeichneten zweierlei Bestandtheilen, die sich auf das manigfaltigste ablösen und verweben.

Im Übrigen bildet diese Gedichtform keine Glanzseite der mittelhochdeutschen Lyrik: künstlich in ihrem Bau und zugleich ungebunden im Raume, fuhrt sie selbst treffliche Sänger ins Weitläufige und Leere. Auffallend ist es, daß sie dennoch schon frühzeitig vorkommt. Schon in der althochdeutschen Periode geschieht ihrer Erwähnung, und wirklich haben sich aus dieser Zeit einige Leiche erhalten, wenn auch deren Zahl keine so große ist, als man da und dort anzunehmen scheint, denn nicht jedes unregelmäßig gebaute Gedicht ist darum schon ein Leich. Auch in den volksmäßigen Epen des 12. Jahrhunderts finden wir sie öfter erwähnt, so im König Rother (ed. Rückert V. 172. 176. 2512. 2522) und im Nibelungenliede (ed. Bartsch Str. 2002. 2007); sie werden gefiedelt oder geharft. Begreiflich ist aber hier nicht von unserer künstlichen Form die Rede, die Bedeutung ist allgemeiner und bezieht sich zunächst auf das Spiel. Im Althochdeutschen bedeutet nämlich *leich* modus, chorus, psalmus; gothisch ist *laiks* Tanz, von *laikan*, springen. Hiernach ist also *leich* ursprünglich Spiel, gespielte Melodie.

Dieser Bestimmung für das Saitenspiel ist auch die spä-

tere besondere Art, die sich den allgemeinen Namen an-
geeignet, treu geblieben. Ulrich von Liechtenstein meldet.
wie er einen Leich mit hohen und schnellen Noten gesungen
habe, wofür ihm mancher Fiedler gedankt und der auch gut
zum Singen war (Frauendienst ed. Lachmann S. 422, 14 ff.).
Mehrere Leiche schließen damit, wie die Saite oder der
Fiedelbogen zerspringt (Ulrich von Wintersteten, Minnesinger
ed. v. d. Hagen 1, 142; der Tanhauser, ebd. 2, 85^b). Zum
Tanze bestimmt zeigen sich viele Leiche durch den Inhalt,
wie durch ausdrückliche Benennung (*só wolde ich frœlich
singen den kinden disen reigen*: MSH. 1, 137^b. *gerne ich
sunge dien, die singent und bringent disen sanc durh ir
ére für*: ebd. 1, 146^b). In dem Wechsel der Töne erkennen
wir die Irrgänge des Reigens, in dem raschen Reimschlag
den Auftritt der Tanzenden (*springent hübsche trite*: ebd.
1, 147^a). Lebendige Handlung ist besonders in solchen Tanz-
leichen, die der Sänger mit Liebesklage anhebt und dann,
das innere Leid niederdrückend, sich in die Wirbel des
Tanzes wirft: *Swaz ich gesinge, daz fröut mich in herzen
niht, ich tanze, ich springe, é daz mir liep von ir geschiht*
(Heinrich von Sax: MSH. 1, 91^a; vgl. ebd. 1, 138^b).

Dieser sichtbaren Verbindung des Leiches mit dem Tanze
thut es keinen Eintrag, daß er sich, frühe schon, auch
anderartigen Gegenständen zugewendet. Wir finden nicht
nur Leiche, die gänzlich der Liebesklage gewidmet sind,
sondern auch mehrere geistliche, und am Schlusse statt des
lustigen Heia hei! ein frommes Amen. Frauenlob hat sogar
das Hohe Lied zu einem Leiche bearbeitet. Man hat auch
solche fremdartige Dinge doch mit dem Tanze zu verbinden
gesucht. In den wunderlichen Leichen des Tanhauser (MSH.
2, 81 ff.) wird bald der Herzog Friedrich von Österreich

gepriesen, bald das Lob aller milden Fürsten gesungen,
bald ein Liebesabenteuer erzählt, bald allerlei Gelehrsamkeit
in Erdkunde, Fabellehre und Rittergedichten possenhaft aus-
gekramt, zum Schlusse aber folgt gewöhnlich noch der Auf-
ruf zum Tanze und die Darstellung des letztern in raschem
Sprunge der Zeilen. Glücklich ist der Übergang von der
Aufzählung fabelhafter Frauen zum Lobe der eigenen, wie
sie unterm Rosenkranze am Reigen geht (MSH. 2, 86ª). Ein
andermal ist die Erzählung seltsam mit dem Tanze verwoben
(ebd. 2, 88). Man sieht in diesen Leichen den Vorsinger
oder Sprecher heraustreten, er hält seinen Vortrag, den die
Gesellschaft ruhig anhört; sowie er aber bei den raschern
Gängen angekommen, wird alles lebendig, und wirbelnd
schlingt sich der Reigen. Ein Leich Konrad's von Würz-
burg, worin geklagt wird, daß der Gott des Streites den der
Minne verdrängt habe, endigt gleichfalls mit der Aufforderung
zum Tanze (MSH. 2, 312 ff.).

Zu den wenigen geistlichen Leichen gehört der nach-
folgende Walther's. Nachdem sich der Dichter, unter Be-
rufung auf das apostolische Glaubensbekenntniss, als gläu-
bigen Christen zu erkennen gegeben, wendet er sich an den
dreieinigen Gott, mit der Bitte, sich des schwachen sün-
digen Menschen anzunehmen, damit er d r Bosheit und den
Lockungen des Erzfeindes nicht erliege. Sodann wird — und
dies bildet den Hauptinhalt des Leiches — die jungfräuliche
Mutter Christi und ihre Fürbitte bei ihrem Sohne angegangen,
auf daß er sich des Geschöpfes seiner Hand erbarme und
die Reue, die von Sünden reinigende, in sein Herz sende.
Die Bilder und Gleichnisse, die er hier zum Lobe der hei-
ligen Jungfrau verwendet, sind kein Eigenthum des Dichters,
sondern Gemeingut der ganzen christlichen Welt; aber in

dem Takt und Geschmack, womit er aus einer Überfülle
solcher Attribute seine Wahl trifft, verräth sich sein unge-
meines Talent, das sich dann in seiner vollen Größe zeigt,
wenn man mit dem Leiche, seiner maßvollen Haltung und
der darin sich offenbarenden tiefen Frömmigkeit, die goldene
Schmiede des Konrad von Würzburg oder den, fälschlich
dem Gottfried von Straßburg zugeschriebenen, Lobgesang
auf Christus und Maria vergleicht.

80

L E I C H

Got, diner trinitâte.
die ie beslozzen hâte
din fürgedanc mit râte,
der jehen wir mit driunge·
diu drie ist ein einunge,   5
  Éin got, der hôhe hêre.
(sin ie selbwesendin ère
verendet niemer mêre):
der sende uns sine lêre
uns hât verleitet sêre   10
die sinne ûf mancge sunde
der fürste ûz helle abgründe

---

3 *der fürgedanc*, das Vorausdenken. — 4 *der trinitâte jehen*, pro-
fiteri trinitatem, an die Dreifaltigkeit glauben; bekennen, daß sie ist.
driunge, Verdreifachung. — 5 *diu drie*, Freiheit. *einunge*, Einheit. —
6 *der hôhe hêre* ist Apposition wie Tristan 2488: *ei got, der rîche* und
unten V. 79: *ein got, der ie gewesende*. — 7 *selbwesende*, durch sich selbst
seiend; honor substantialis. Der Sinn von V. 1 - 7 ist: Gott, an deine
Dreifaltigkeit, die durch vorbedachtigen Rathschluß von jeher in dir ver-
einigt war, glauben wir mit Verdreifachung: die Dreiheit ist eine Einheit,
ein hoher hehrer Gott, dessen durch sich selbst seiende Ehre nie ein
Ende nimmt. Es ist dies eine poetische Umschreibung einer Stelle des
apostolischen Glaubensbekenntnisses: ich glaube, daß die drei Namen ein
Gott sind, der von Ewigkeit her war und immer sein wird, ohne Anfang
und ohne Ende. — 10 *verleiten*, irreführen. — 12 *helle* ist gen., abhängig
von *abgrunde* stn., Abgrund: der Höllenfurst. —

Sin rât und blœdes fleisches gir
die hânt geverret, hêrre, uns dir.
sit disiu zwei dir sint ze balt   15
und dû der beider hâst gewalt,
Sô tuo daz dinem namen ze lobe
und hilf uns, daz wir mit dir obe
gelîgen und daz din kraft uns gebe
sô starke strete widerstrebe,   20
Dâ vón din nâme si gêret
und ouch din lop gemêret.
dâ von wirt ér gunêret,
der uns dâ sünde lêret
Und der uns ûf unkiusche jaget.   25
sin kraft von diner kraft verzaget.
des si dir iemer lop gesaget
und ouch der reinen süezen maget,
von der uns ist der sun betaget,
der ir ze kinde wol behaget.   30
Magt unde muoter, schouwe   der kristenheite nôt,
dû blüende gerte Ârônes,   ûf gênder morgenrôt,
Ezechiêles porte,   diu nie wart ûf getân,
durch die der künec hêrlîche   wart ûz uud in gelân!
alsô diu sunne schinet   durch ganz geworhtez glas,   35
alsô gebar diu reine Krist,   diu maget und muoter was.

---

13 *blœde*. schwach, gebrechlich. *diu gir*, Begierde. — 14 *gererret*, ent-
fernt, entfremdet. — 15 *disiu zwei*, des Teufels Rath und unsere Begierde.
balt, keck. dreist; vgl. Nr. 27, 32: *s'ist wider dich ze balt*. — 16 beider
gewaltig bist. — 17 zum Ruhme deines Namens. — 18. 19 *obe ligen*, die
Oberhand gewinnen, siegen. — 20 *strete*, ausdauernd. *diu widerstrebe*,
Widerstandskraft. — 21 *gêret* zusammengezogen aus *geêret*, verherrlicht. —
23 *er*, der Teufel. *gunêret = geunêret*. geschändet, beschimpft. - 25 *diu
unkiusche*, Unkeuschheit, unreine. sündhafte Begierde überhaupt. *jagen*
ûf, zu etwas drängen, treiben. — 29 *be'ayen*, zu Tage kommen. sich zei-
gen, erscheinen. — 32 Maria als Jungfrau und Mutter gleicht der Gerte
Aaron's, welche, obgleich dürr, dennoch grünte, blühte und Früchte
trug, nach 4 Mos. 17, 8. *der morgenrôt* masc.: Maria ist nach dem
Hohen Lied 6, 9 die Morgenröthe, die den Tag verkündet. — 33. 34 die
Pforte des Tempels gegen Sonnenaufgang, die verschlossen war und
durch welche nur der Herr eingieng, nach Ezechiel 44, 1. 2. — 35 *ge-
worht* part. præt. von *würken*; *ganz geworht*, unverletzt. Wie die Sonne
durch Glas scheint, ohne es zu verletzen, so ward Maria von Gott
durchdrungen; ein im Mittelalter allbekanntes, beliebtes und oft an-
gewandtes Bild zur Bezeichnung des Wunders von der jungfräulichen
Empfängniss. —

Ein bosch der bran,   dâ nie niht an besenget noch
                   verbrennet wart:
grüen' unde ganz   beleip sîn glanz   vor fiures flamme
                   und unverschart.
daz ist diu reine   maget alleine,   diu mit magetlicher art
  Kindes muoter worden ist   40
ân' aller manne mitewist
und wider menneschlichen list
den wâren Krist
gebar, der uns bedâhte.
Wol uns, daz si ie getruoc   45
der unsern tôt ze tôde sluoc!
mit sînem bluote er abe twuoc
den ungefuoc,
den Êven schulde uns brâhte.
Salomônes   hôhes trônes   bist dû, frouwe, ein selde
               hêre und ouch gebieterinne;   50
balsamite,   margarite,   ob allen magden bist dû, ma-
               get, ein maget, ein küniginne;
gotes amme,   ez was din wamme   ein palas, dâ daz
               lamp vil reine lac beslozzen inne.
Dem lambe ist gar
gelîch gevar
der megede schar: 55
die nement sîn war

---

37 *bosch* stm. neben *busch*, der Busch. *niht*. nichts = *dâ an nie niht*.
besengen, versengen. — 38 *ganz*, unverletzt. Vor den Feuerflammen blieb
sein Glanz grün und unberührt. *unverschart* part. præt. von *verscherten*,
verletzen. — 39 *magetlich*, jungfräulich. *art*, Geschlecht, dann Art und
Weise, Zustand. — 41 *diu mitewist* von *mite wesen*, beisein, beiwohnen, con-
sortium. In einem ungedruckten Melker Bruchstück heißt es: *diu süeze
muoter er meinet, diu uns dâ bî bewîset ist, daz s' âne mannes mitewist
eines sunes genas, diu vor und sît doch maget was und immer ist ân' ende.*
— 42 *der list*, Klugheit, Kunst. — 44 *bedenken* c. acc., sich jemandes an-
nehmen, für ihn sorgen. — 46 *der*, denjenigen der. — 47 *twuoc* præt. von
twahen. waschen, abwaschen. — 48 *der ungefuoc*, Überlast, große Bürde
(der Sünden). — 50 *diu selde*. ahd. *salida*, *selida*, domicilium, taberna-
culum, Wohnsitz: eine herrliche Wohnung für Salomon's erhabenen
Thron. — Über die symbolische Vorstellung von Maria als Thron Salomon's
vgl. Piper in den Jahrbüchern für Kunstwissenschaft 5, 97—137. — 51 *bal-
samite*, balsamus, Balsambaum, eine öftere Benennung der Maria (vgl.
Eccles. 24, 20 und Germania 23, 39); ebenso *margarite* stf., die Perle. Dù,
o Jungfrau, bist eine Jungfrau über alle Jungfrauen; vgl. *maget aller
meide* (Goldene Schmiede, S. XL, 31). — 52 *amme*, nutrix. *diu wamme,
wambe*, uterus, Schoß. *palas*, Palast. — 53 *gar*, ganz. — 54 *gelîch gevar*
adj., gleichfärbig = weiß wie ein Lamm. — 56 die schauen darauf; vgl.
Apoc. 14, 4: *virgines enim sunt, hi sequuntur agnum quocunque ierit*. Phy-
siologus: *ron diu rolgen wir dem lambe swar iz kêrit*. —

und kêrent swar ez kêret.
Daz lamp ist Krist,
der wâr got ist,
dâ von dû bist   CC
nû alle frist
gehœhet und gehêret.
Nû bite in, daz er uns gewer
durch dich des unser dürfte ger:
dû sende uns trôst von himel her: 65
des wirt dîn lop gemêret.
    Dû maget vil unbewollen,
der Gêdeônes wollen
gelichest dû bevollen,
die got begôz mit sîme himeltouwe.   70
Ein wort ob allen worten
entslôz dîns ôren porten,
des süeze an allen orten
dich hât gesüezet, süeze himelfrouwe.
    Daz ûz dem worte erwahsen sî,   75
daz ist vor kindes sinnen frî:
ez wuohs ze worte und wart ein man.
dâ merket alle wunder an:
ein got, der ie gewesende, wart
ein man nâch menneschlicher art.   80
Swaz er noch wunders ie begie,
daz hât er überwundert hie.
des selben wunderæres hûs
was einer reinen megede klûs

---

64 *diu dürfte*, hilfsbedürftige Lage: was unsere Noth erheischt. —
67 *unbewollen*, unbefleckt, von *bewellen*, sich im Kothe wälzen, verunrei-
nigen. — 68 Maria ist das Lammfell Gedeon's, welches allein vom Thau
befeuchtet ward, während alles andere trocken blieb, nach dem Buche
der Richter 6, 37. 38. — 69 *bevollen* adv., durchaus, gänzlich. — 72 *entslie-
zen*, aufschließen, öffnen. Maria empfieng nach einer im Mittelalter all-
gemein verbreiteten Vorstellung (das Wort) durch das Thor ihres Ohres;
vgl. Walther ed. Lachmann 36, 35 f., Konrad's Goldene Schmiede,
1278 ff u. s. w. — 73 *des*, dessen. *diu süeze*, die Süßigkeit. *daz ort*,
Spitze, Ende: durch und durch. — 74 *süezen*, *süeze* machen. — 75 *wort*,
Logos. *erwahsen*, entstehen, hervorgehen. *sî*, sein mag. — 76 kindischen
Sinnes ledig, nicht kindisch gesinnt. — 77 *worte*, wortspielend, hier im
Sinne des johanneischen λόγος. — 79 *ie gewesende*, von jeher seiend. —
80 auf menschliche Weise, nach Art der Menschen. — 82 *überwundern*,
durch Wunder übertreffen: dies ist von allen Wundern, die er jemals
gethan, das größte. — 83 *wunderære*, Wunderthäter. *hûs*, Wohnung. —
84 *klûs*, Klause, Zelle. —

wol vierzic wochen und niht mê   85
ân' alle sünde und âne wê.
Nû biten wir die muoter   und ouch der muoter barn,
si reine und er vil guoter   daz sie uns tuon bewarn,
Wan âne sie kan niemen   noch hie noch dort genesen:
und widerredet daz iemen,   der muoz ein tôre wesen.   90

Wie mac des iemer werden rât,
der umbe sine missetât
niht herzelicher riuwe hât,
sît got enheine sünde lât,
Die niht geriuwent z' aller stunt   95
hin abe unz ûf des herzen grunt?
uns ist daz allen vil wol kunt,
daz niemer sêle wirt gesunt,
diu mit der sünden swert ist wunt,
si'n habe von riuwen heiles funt.   100
Nû ist uns riuwe tiure:
sie sende uns got ze stiure
bî sinem minnefiure.
sin geist der vil gehiure
Der kan wol herten herzen geben   105
gewære riuwe und lichtez leben:
dâ wider solte niemen streben.
Swâ er die riuwe gerne weiz,
dâ machet er die riuwe heiz:

---

86 *âne wê*, ohne Schmerzen. — 87 *barn* stm. stn. von *bern*, tragen, gebäh-
ren: Kind. — 88 *tuon bewarn* = schützen, Schutz gewähren, *tuon* ist conj.
Frühes Vorkommen des später so überhandnehmenden auxiliaren *tuon;*
vgl. Parzival VI, 338 *enschumpfieren tuon* und Grimm's Grammatik, 4, 94.
— 89 *noch — noch*, noch, weder — noch. *genesen*, gerettet werden. — 90 *wider-
reden*, widersprechen, leugnen. — 91 *ez wirt eines dinges rât*, dafür kann
gesorgt werden: wie kann dem jemals geholfen werden. — 94 *enhein*,
kein, nullus. *lât*. erläßt, vergibt. — 98 nach den Negationen *niemer*, *nie*
bleibt der Artikel weg: nie eine Seele. — 100 es sei denn, daß sie das
heil, die Rettung, Erlosung, finde, die aus der Reue kommt, eine Folge
der Reue ist. — 101 *tiure*, selten: *mir ist tiure*, ist schwer zu erlangen,
die Reue ist selten bei uns, wir bereuen selten. — 102 *diu stiure*, Hilfe,
Unterstützung. — 103 *bî* e. dat., durch. *minnefiur*, Liebesfeuer = der hei-
lige Geist. — 104 *gehiure*. lieblich, schön. — 106 *gewære*, adj., wahrhaftig,
wahr. *lieht*, hell, erleuchtet, irrthumsfrei. - 108 wo er weiß, daß die Reu
gern ist: in einem zur Reue geneigten Herzen. —

ein wildez herze er alsô ramt,   110
daz ez sich aller sünden schamt.
Nû sende uns vater unde sun,   den selben geist her abe,
daz er mit siner süezen fiuhte   ein dürrez herze erlabe.
Unkristenlicher dinge ist al   diu kristenheit sô vol.
swâ Kristentuom ze siechhûs lît,   dâ tuot man im niht wol.   115
   In dürstet sêre   nâch der lêre,   als er von Rôme
                  was gewon :
der im die sebancte   und in dâ trancte   als ê, dâ
                  wurde er varnde von.
Swáz im leides ie gewar,
daz kâm von simonie gar :
nû ist er alsô friunde bar,   120
daz er'n getar
niht sinen schaden gerüegen.
Kristentuom und kristenheit,
der disiu zwei ze samene sneit
geliche lanc, geliche breit,   125
liep unde leit,
der wolte ouch, daz wir trüegen
   In Kriste kristenlichez leben.   sit er uns hât ûf ein
                  gegeben,   sô suln wir uns niht
                  scheiden.

<hr>

110 *wilde*, ungezähmt, zügellos. *zamt*, zähmt. — 113 *diu fiuhte*, die Feuch-
tigkeit. *erlaben*, erquicken. — 114 *unkristenlich*] darunter verstand man im
Mittelalter, wie zum Theil noch jetzt, alles Unrechte, Unnatürliche. —
115 *Kristentuom* masc. ist hier persönlich gedacht. *siechhûs*, Krankenhaus,
Spital : wo die Christlichkeit, Christenheit, krank ist, da geht man nicht
gut mit ihr um. — 116 *in*, nämlich *den kristentuom. gewon*, gewöhnt : d. h.
wie er sie von Rom zu empfangen gewöhnt war. — 117 *der*, wer, wenn
einer. *schancte* conj. præt. von *schenken*, einschenken. *trancte*, tränkte.
Davon würde er *varnde*. gehend, also : gesund, wie wir von Kranken sa-
gen : käme wieder auf die Beine. — 118 *gewar* præt. von *gewerren*. Was
immer ihn (die Christenheit) betrübte, beunruhigte. Seine ganze Krank-
heit kam, rührte her. — 119 *simonîe*, die Sünde, die derjenige begeht der
mit geistlichen Gütern und Ämtern Handel oder Erwerb treibt. benannt
von Simon dem Magier (Apostelg. 8, 14 ff.), der die Gabe des heiligen
Geistes von den Aposteln erkaufen wollte. — 120 nun ist er, davon kommt
es, daß er. *friunde bar*, von Freunden entblößt. — 121 daß er es nicht
wagt. — 122 *gerüegen*, gerichtlich anzeigen, gerichtliche Klage erheben.
— 124 *der*, derjenige der = Gott. *ze samene snîden*, zuschneiden. « Die
ganze Christenheit sollte auch das wahre Christenthum haben und zwar in
Werken und Worten (s. V. 129). Als Gott beide ins Leben rief, da hat
er eines so lang und breit geschnitten als das andere, denn sie sollten
ein Kleid bilden, damit, wer das eine habe, auch das andere nicht ent-
behre.» (Simrock 1, 222.) Das Bild bezieht sich auf die Sitte des Mittel-
alters, das Gewand aus Stoffen verschiedener Farbe zusammenzusetzen
und so zuzuschneiden, daß die Theile unter sich abstachen. — 128 *ûf ein
geben*, zusammengeben, vereinigen, zu einem verbinden. Dem Dichter

swelch kristen kristentuomes giht   an worten unde an
             werken niht,   der ist wol halp
             ein heiden.
nû ist ab uns ir beider nôt: daz eine ist ân' daz ander
             tôt: nû stiure uns got an beiden 130
Und gebe uns rât,
sit er uns hât
sin hantgetât
geheizen offenbâre.
Nû senfte uns, frouwe, sinen zorn,   135
barmherzic muoter ûz erkorn,
dû frier rôse sunder dorn,
dû sunnevarwin klâre!
Dich lobet der hôhen engel schar:
doch hrâhten sie din lop nie dar,   140
daz ez volendet wurde gar.

Swaz sin ie wurde gesungen
in stimmen oder von zungen
ûz allen ordenungen
ze himel und ûf der erde,   145
des mane wir dich vil werde
Und biten umb' unser sünde dich,
daz dû uns sist genædiclich,
Sô daz din bete erklinge
vor der barmûnge urspringe: 150

---

fällt das röm. Reich (Deutschland) und die Christenheit in éinen Be-
griff zusammen. — 129 welcher Christ s.ch zum Christenthum bekennt
mit den Worten und nicht mit den Werken. heiden stm., Heide. —
130 nun bedürfen wir aber (um rechte Christen zu sein) ihrer beider,
der Worte und der Werke, denn das Eine ist ohne das Andere todt.
stiuren, unterstützen, fördern. — 133 hantgetât stf., Werk der Hand
= Geschöpf. sîn ist hier nicht etwa der gekürzte Acc. statt sîne.
sondern der Nominativ, der bei den activen Verbis heizen und nennen
im Mhd. öfter erscheint; vgl. Nr. 131, 6, und Grammatik, 4, 591. 592.
— 137 dû frier rôse sunder dorn] über diese dem Mhd. eigenthümliche
Art von doppelter Negation in pleonastischer Zusammenstellung privati-
ver Adj. mit privativen Prapositionen, vgl. W. Wackernagel in Hoffmann's
Fundgruben, 1, 270. Rose ohne Dorn (eigentlich ohne der Sünde Dorn)
heißt die heilige Jungfrau im Mittelalter, wie sie auch Taube ohne Galle
genannt wird. — 138 sunnrvar, sonnenfarbig. — 140 dar, dahin, soweit. —
141 wurde, würde. — 142 wie viel auch dessen (des Lobes). — 144 ûz allen
ordenungen] es sind die Chöre der Engel oder Geister gemeint. — 146
mane = manen. — 149 bete, Bitte. — 150 barmunge, Erbarmung, Barmherzig-
keit. der ursprinc, Ursprung, Quell. —

sô hàn wir des gedinge,
diu schulde werde ringe,
    Dâ mite wir sêre sin beladen.
hilf uns, daz wir sie abe gebaden
    Mit stæte wernder riuwe   umb' unser missetât,   155
die âne got und âne dich   niemán ze gebenne hât.

---

151 *daz gedinge*, Hoffnung, Zuversicht. — 152 *ringe*, leicht. — 154 *abe baden*, durch Baden abwaschen. — 155 *stæte wernde*, beständig dauernd.
156 *die*, welche, nämlich Reue. *âne got*, mit Ausnahme Gottes.

III.

SPRÜCHE.

VORBEMERKUNG.

Daß das Mittelalter den Spruch als besondere lyrische Gattung betrachtet habe, kann mit völliger Sicherheit nicht behauptet werden. Gleichwol besteht zwischen Lied und Spruch ein unleugbarer Unterschied; ihn zuerst erkannt und aufgedeckt zu haben, ist ein Verdienst Simrock's. Schon in der Art des Vortrages unterscheidet sich der Spruch vom Liede dadurch, daß er nicht wie dieses gesungen, sondern hergesagt, und nicht in Begleitung von Musikinstrumenten, sondern sprechweise vorgetragen wurde. Mit dieser Vortragsweise im genauesten Zusammenhange steht die meist langgestreckte Versart und der minder kunstvoll geregelte metrische Bau der Sprüche. Zwar ist im Allgemeinen auch der Spruch dem Gesetz der Dreitheiligkeit unterworfen; doch finden hier weit häufiger Ausnahmen statt als beim Lied und dann sind diese Ausnahmen ganz anderer Art. In fünf Spruchtönen Walther's erscheint untheiliger Aufbau der Strophen (Nr. 81, 106—122, 137—153, 158—167, 173—185), und diese fünf Töne umfassen nicht weniger als sechzig, also reichlich die Hälfte der gesammten Sprüche.

Ein weiterer wichtiger Unterschied zwischen Lied und Spruch besteht in Folgendem. Während bei den Liedern sämmtliche Strophen eines Tones in der Regel nur ein einziges Gedicht ausmachen, gewöhnlich also jedes Lied seinen eigenen, sonst nicht wiederkehrenden Ton hat, findet bei den

Sprüchen das Gegentheil statt. Hier hangen nämlich die
Strophen eines Tones unter sich so wenig zusammen, und
sie betreffen so verschiedenartige Gegenstände, daß jede ein-
zelne Strophe ein selbständiges in sich abgeschlossenes Ganzes
bildet. Gehören auch einzelne davon näher zusammen, so
verhalten sie sich, nach Simrock's treffender Bemerkung, doch
nur etwa wie eine Reihe Sonette über denselben Gegenstand.
Endlich unterscheiden sich Lieder und Sprüche auch durch
ihren Inhalt. Jene sind, wie es das echte lyrische Lied stets
ist, fast ausnahmslos Minnelieder, sei es nun, daß sie, mit dem
Wechsel der Jahreszeiten anhebend, den Frühling begrüßen
und das Scheiden des Sommers beklagen, oder, ohne Rück-
sicht auf die Natur, sich mit dem innersten Zustand des Her-
zens beschäftigen; ja selbst in die religiösen Lieder, zumal
die Kreuzlieder, mischt sich das minnigliche Element. Um-
gekehrt sind die Sprüche zumeist ethischen oder auch, wie
namentlich bei Walther, politischen Inhalts, sie ergehen sich
in Betrachtungen über Menschen und Dinge, ertheilen Lehren
und Ermahnungen, spenden Zuständen und Personen der
Gegenwart Lob und Tadel.

Bei der ausgesprochenen Neigung zur Beschaulichkeit und
Lehrhaftigkeit, die einen so wesentlichen Grundzug im Cha-
rakter des deutschen Volkes bildet, darf man sich nicht wun-
dern, daß die Spruchpoesie eine so bedeutende Stelle in der
Geschichte der altdeutschen Litteratur einnimmt. Schon einer
der ältesten deutschen Lyriker, der Spervogel, war ein Spruch-
dichter, und im 13. Jahrhundert gewann diese Dichtart so sehr
die Oberhand, daß sie die Liederdichtung nahezu überwucherte
und daß es, wie z. B. Reinmar von Zweter und der Marner,
Sänger gab, die fast nur Sprüche dichteten.

81.

DER WAHLSTREIT

I.

Nach dem Tode K. Heinrich's VI., der am 28. Sept. 1197 in der
Blüte der Jahre zu Messina starb, brach über Deutschland, wo unter
Friedrich I. und dessen Sohne Ruhe und Ordnung geherrscht hatten,
Zwietracht und Unglück herein, deren verderbliche Folgen noch heute
unverwunden sind. Da der kurz zuvor auf den päpstlichen Stuhl erhobene
Innocenz III. den dreijährigen Sohn Heinrich's, Friedrich II., den die
Deutschen zum Könige gewählt hatten, nicht anerkennen wollte, so be-
warben sich Philipp von Schwaben, des Kindes Oheim und Barbarossa's
jüngster Sohn, und Otto von Braunschweig um die Krone. Die Verwir-
rung war ungeheuer, in einem furchtbaren Kampfe ward das Reich ver-
wüstet, sein Gut vergeudet, seine Kraft gebrochen. In diese Zeit fallen,
neben einigen andern, die nachfolgenden Sprüche voll ernster Klage.

In dem ersten, von allen bestimmbaren Gedichten Walther's das
älteste, erblicken wir unsern Dichter in sorgenvolles Nachdenken ver-
sunken, wie Gut, Ehre und Gottes Huld zu gewinnen und miteinander
in Einklang zu bringen seien. Das Ergebniss ist kein tröstliches, denn
Friede und Recht, die jene schützen sollten, sind selbst zum Tode ver-
wundet.

In dieser Stellung, mit übergeschlagenem Bein und in die Hand ge-
schmiegtem Haupt nachdenklich auf einem Steine sitzend, ist Walther in
der Weingartner und Pariser Handschrift abgebildet. Solche Stellung
galt von Alters her für ein Zeichen ruhig nachdenkender Beschaulichkeit
(s. J. Grimm's Rechtsalterthümer, S. 763); im Karlmeinet (ed. Keller) wird
Karl der Große genau so geschildert: *dô geink Karl der gôde sitzen mit
sinen besten witzen under Gälien sal ûp einen stein. ûp einander lachte he
sîne bein, neder nêgede he sînen nacken, in de hand lachte he sîne backen,* 48, 59.

Ich saz ûf eime steine
und dahte bein mit beine,
dar ûf sast' ich den ellenbogen;
ich hete in mîne hant gesmogen

1 *stein*, Fels. — 2 *dahte*, das rückumgelautete Præt. von *decken*,
ebenso 3 *saste* von *setzen*. — 4 *gesmogen* part. præt. von *smiegen*, *smouc*: ge-

12 *

mîn kinne und ein mîn wange.   5
dô dâhte ich mir vil ange,
wes man zer werlte solte leben.
dekeinen rât kond' ich gegeben,
wie man driu dinc erwurbe,
der keines niht verdurbe.   10
diu zwei sint êre und varnde guot,
daz dicke ein ander schaden tuot;
daz dritte ist gotes hulde,
der zweier übergulde.
die wolde ich gerne in éineu schrîn.   15
jâ leider des'n mac niht gesîn,
daz guot und werltlich êre
und gotes hulde mêre
zesamene in ein herze komen.
stig' unde wege sint in benomen: 20
untriuwe ist in der sâze,
gewalt vert ûf der strâze,
frid' unde reht sint sêre wunt:
diu driu enhabent geleites niht,   diu zwei enwerden ê gesunt.

---

schmiegt. — 5 daz wange stn., die Wange. — 6 ange adv. zu enge, dicht
an-, umschließend, dann bildlich: mit ängstlicher Sorgfalt. — 7 wes adv.
gen., weshalb. — 10 der gen. pl., deren, von denen, abhängig von keines
und dieser Gen. von niht: so daß keines derselben. — 11 diu zwei, zwei
davon. varnde (unflectierte Form) guot, bewegliche (hier = vergäng-
liche, irdische) Habe = Reichthum. — 12 was (auf beide, êre und guot,
zu beziehen) oftmals, das eine dem andern, Schaden thut. — 14 diu über-
gulde, was mehr gilt: die mehr werth ist als die beiden andern. — 15 schrîn,
Schrein, Truhe: die wollte ich gern in éinen Kasten, d. i. das Herz (näm-
lich thun, oder beisammen haben). — 18 mêre, jemals wieder. — 20 be-
nemen, entziehen, unmöglich machen: Weg und Steg sind ihnen verlegt.
— 21 diu sâze, der Hinterhalt: die Untreue lauert im Hinterhalt, im Ge-
heimen, die Gewalt fährt auf offener Straße. — 23 sêre wunt, schwer ver-
wundet. — 24 daz geleite, Geleit, Schutz. Jene drei, nämlich Ehre, Gut
und Gottes Huld, sind schutzlos, der Gefahr preisgegeben, wenn nicht vor-
her Friede und Recht hergestellt werden und die Straße freimachen.

II.

Am rauschenden Strome stellt Walther hier Betrachtungen an über
den Unbestand im Leben des Menschengeschlechtes. Zwar herrsche unter
allen lebenden Wesen Feindschaft und Fehde; aber in éinem gelte festes
Recht: Wild und Wurm und Vogel streben nach Ordnung und selbst die
Mücke habe ihr Oberhaupt, nur deutsches Land stehe herrenlos. Die
Aufforderung, Philipp die deutsche Krone aufzusetzen und die Mitbewer-
ber zurücktreten zu heißen, weist diesen Spruch in den Zeitraum zwischen
seine Wahl und Krönung, 6. März bis 8. Sept. 1198.

Ich hörte ein wazzer diezen
und sach die vische fliezen;
ich sach swaz in der werlte was,
velt unde walt, lonp rör und gras;
swaz kriuchet unde fliuget   5
und bein zer erden binget,
daz sach ich unde sage in daz:
der keinez lebet áne haz.
daz wilt und daz gewürme
die striteut starke stürme,   10
sam tuont die vogel under in;
wan daz sie habent éinen sin:
sie diuhten sich ze nihte,
sie schüefen stare gerihte:
sie kiesent künege unde reht,   15
sie setzent hêrren unde kneht.
sô wê dir, tiuschin zunge,
wie stêt din ordenunge,
daz nû din mucke ir künic hât
und daz din êre alsô zergât!   20

---

1 *wazzer*, Fluß; mhd. *daz* bedeutet Strömung. *diezen* stv., tosen
rauschen. — 2 *fliezen*, vom fließenden Wasser getrieben werden; schwim-
men. — 6 auf den Füßen einhergeht. — 8 *der keinez*, keines von ihnen.
haz, Feindschaft. — 10 *starke stürme*, gewaltige Kämpfe. — 11 *sam*, ebenso.
under in, unter sich. — 12 aber darin sind sie eines Sinnes, einhellig. —
13 *diuhten* ist Conj. des Prät.: sie würden sich vernichtet dünken, wenn
sie nicht starkes, d. h. gegen alle Angriffe gesichertes Recht schüfen, ein-
setzten. — 14 *sie* = *sie en*, wenn sie nicht. — 17 *zunge*, Sprache, Nation,
Volk: deutsche Sprache = Deutschland. —

182   III. SPRÜCHE.

bekêrâ dich, bekêre!
die zirken sint ze hêre,
die armen künege dringent dich:
Philippe setze en weisen ûf   und heiz sie treten hinder sich!

———

21 *bekêrâ dich*, kehre um! Wegen des auslautenden *â* vgl. die Anmerkung
zu Nr. 2, 15. — 22 *der zirke* swm., Zirkel, goldener Reif als Kopfschmuck
der Fürsten. *ze hêre*, zu stolz, hochmüthig: die einfachen Furstenkronen
(Fürsten) sind (gegenüber der Königskrone, Reichsgewalt) zu übermüthig
geworden. — 23 *die armen künege*] damit sind die Bewerber um den deut-
schen Thron gemeint, von denen keiner mit dem staufischen Philipp an
Macht und Reichthum sich messen konnte. *dringen*, drängen. — 24 *en*
gekürzt aus *den*. *der weise*, der kostbarste Edelstein in der deutschen
Kaiserkrone, den der Sage nach Herzog Ernst aus dem hohlen Berge mit-
gebracht hat; den Namen führt er, weil ihm an Größe und Werth kein
anderer gleichkommt, er also der Einsame, Verwaiste ist. *Orphanus*, sagt
Albert der Große, *est lapis, qui in corona romani imperatoris est, neque
unquam alibi visus est: propter quod etiam orphanus vocatur.* Vgl. Bartsch,
Herzog Ernst, S. CLX ff. *Philippe* ist Dativ: Deutschland wird aufgefor-
dert, Philipp zu krönen. Dabei ist zu bemerken, daß Philipp als Bruder
des vorigen Kaisers und als Reichsverweser die Kleinodien in Verwahrung
hatte. Als Walther's Wunsch nachher in Erfüllung gieng, freute er sich,
wie schön die Krone dem kaiserlichen Haupte Philipp's stehe, wie das
edle Gestein und der junge König einander anleuchten und nun der Waise
aller Fürsten Leitstern sei (s. Nr. 97.). *hinder sich*, zurück.

III.

Nach O. Abel's Untersuchung (Zeitschrift für deutsches Alterthum, 9, 138—141) ist dieser Spruch in die Zeit bald oder unmittelbar nach der Bannung K. Philipp's, in den Sommer 1201, zu setzen. Walther gibt uns darin eine kurze Übersicht vom Verlaufe des durch die Doppelwahl Philipp's und Otto's veranlaßten Krieges, wie durch die Intriguen des römischen Stuhls der Bürgerkrieg entzündet und zu der verderblichen Höhe gesteigert worden sei, daß die Gotteshäuser zerstört und Leib und Seele getödtet würden. — Simrock setzt auch diesen Spruch ins Jahr 1198.

Ich sach mit minen ougen
man unde wibe tougen,
dâ ich gehôrte und gesach
swaz iemen tet, swaz iemen sprach.
ze Rôme hôrte ich liegen
und zwêne künege triegen.
dâ von huop sich der meiste strit,
der ê was oder iemer sît.
daz sich begonden zweien
die pfaffen unde leien.
daz was ein nôt vor aller nôt: 10
lip unde sêle lac dâ tôt.
die pfaffen striten sêre:
doch wart der leien mêre.
diu swert sie legeten dernider   15
und griffen zuo der stôle wider:

2 man und wibe ist gen. pl. tougen stf. oder n., Geheimniss. Ich sah mit meinen Augen die Geheimnisse der Männer und Frauen, d. h. aller Welt. — 5 liegen] «Pabst Innocenz III. spielte in Bezug auf die deutsche Kaiserwahl ein so feines Spiel, daß, wie er selber schreibt, bis zum Frühjahr 1199 beide Könige sich seiner Gunst rühmen konnten und in Deutschland laut die Rede gieng, nicht auf die Wohlfahrt des Reiches, sondern auf seine Erniedrigung und Zerrüttung habe er es abgesehen.» — 6 zwêne künege) unter diesen beiden betrogenen Königen sind nach O. Abel nicht Otto und Philipp, sondern die beiden Staufer Philipp und Friedrich, der zum König erwählte Sohn Kaiser Heinrich's VI., zu verstehen. — 7 der meiste, der größte. — 9 sich zweien, sich trennen, entzweien. — 8—10 aus dem Zwiespalt zwischen Pfaffen und Laien, d. i. geistlichen und weltlichen Fürsten, in der streitigen Königswahl, entsprang der heftigste Kampf, der jemals früher oder später war. — 11 vor bedeutet den Vorzug: über. — 12 lip unde sêle, d. h. jener durch die Laien (die Fürsten), diese durch die Geistlichkeit. — 13. 14 die Pfaffen kämpften heftig, doch ward die Zahl der Laien größer. — 16 diu stôle, das priesterliche Hauptgewand; Symbol der geistlichen Gewalt. — 13—16 als die staufische Partei immer entschiedener die Oberhand gewann und Otto's Unterliegen noch unvermeidlich

sie bienen die sie wolten
und niuwet den sie solten.
dô stôrte man diu goteshûs.
ich hôrte verre in einer klûs   20
vil michel ungebære:
dâ weinde ein klôsenære,
er klagete gote siniu leit:
«ôwê. der bâbest ist ze junc: hilf. hêrre, diner kristenheit!»

erschien, da legte die päbstliche Partei die weltlichen Waffen, mit denen
sie nichts ausrichtete, nieder und griff wieder zu den geistlichen, zum
Bannfluche. — 17 *birnen* præt. des st. Verbums *bannen*, *bien:* sie bannten.
Das bezieht sich auf den vom Cardinallegaten am 29. Juni 1201 über Phi-
lipp und seine Anhänger verhängten Bann. — 18 *niuwet* (ahd. *niowiht*),
nicht: und nicht denjenigen, den sie sollten, nämlich Otto, der nach Wal-
ther's Ansicht den Bann allein verdient hätte. — 19 *stôrte*, zerstörte, *gotes-
hûs*, Kirchen und Klöster. — 21 *diu ungebære*. übles Gebährden, Klage. —
22 *ein klôsenære*] über diesen Klausner, den Walther noch an zwei andern
Stellen nennt (s. Nr. 114, 10. 165, 1). ist schon viel hin- und hergerathen
worden, ohne daß die Frage zu einem sichern Entscheid gebracht wäre.
Uhland (S. 23) faßte den Namen allegorisch auf und meinte, er bedeute
die vormalige strenge Frömmigkeit im Gegensatze zu der nunmehrigen
Entartung des geistlichen Standes. J. Grimm dagegen vermuthete in ihm
eine historische Persönlichkeit und rieth auf Gualtherus de Mapes oder
Heinricus Septimellensis. Neuerdings suchte J. O. Opel in einer beson-
dern kleinen Schrift (Min guoter klôsenære, Halle 1860) wahrscheinlich zu
machen, daß damit ein ausgezeichneter Kirchenfürst und eifriger An-
hänger der kaiserlichen Partei, Konrad, von Geburt ein Herr von Kro-
sigk, gemeint sei, der von 1200—1208 Bischof von Halberstadt war, dann
resignierte und sich als Mönch in das Kloster Sichem (Sittichenbach) bei
Eisleben zurückzog uud dort am 11. Juni 1225 starb. Aber diese Ansicht
kann vor dem Alter des vorliegenden Spruches nicht bestehen. — 24 *ôwê,
der bâbest ist ze junc*] Pabst Innocenz III. war bei seiner Wahl (8. Jan
1198) 37 Jahre alt. Dies für einen Pabst jugendliche Alter wurde in stau-
fischen Kreisen mit seinen reformatorischen Plänen und seinem gewalt-
thätigen Vorgehen gegen die weltliche Macht in Verbindung gebracht
(s. Opel, S. 38).

82.

AN LEOPOLD VON ŒSTERREICH.

Mit diesem Spruche beginnt der bis Nr. 96 reichende Ton, der wahrscheinlich zu Ehren Herzogs Friedrich des Katholischen von Œesterreich erfunden wurde. Mit diesem Gönner († April 1198 in Palästina) war dem Dichter vieles zu Grabe gegangen (vgl. Nr. 98). Dessen Nachfolger, Leopold VII., war, anfänglich wenigstens, minder gnädig gegen ihn gesinnt. Darum mahnt er ihn hier, seine gegen alle Welt so mildreiche Hand auch für ihn zu öffnen. Die Mahnung blieb vorerst fruchtlos, und der Dichter verließ Wien, um sich Philipp von Schwaben zuzuwenden. — Simrock bezieht sämmtliche in diesem Tone gedichteten Sprüche auf Friedrich den Katholischen. Auch Bechstein bezieht diesen Spruch auf Friedrich.

Mir ist verspart der sælden tor:
dâ stên ich als ein weise vor,
mich hilfet niht swaz ich dar an geklopfe.
wie möhte ein wunder grœzer sin?
ez regent beidenthalben min,   5
daz mir des alles niht enwirt ein tropfe.
des fürsten milte úz Osterriche
trêut dem süezen regen geliche
bêidiu liute und ouch daz lant.
er ist ein schœne wol gezieret heide,   10
dar abe man bluomen brichet wunder:
und bræche mir ein blat dar under
diu sin vil milte richiu hant,
sô möhte ich loben die süezen ougenweide.
bie bi si er an mich genant.   15

---

1 *verspart*, rückumgelautetes Part. præt. von *versperren*, wie *verbrant* von *verbrennen. der sælden tor*, das Glücksthor; vgl. Grimm's Mythologie, 824, Zeitschrift f. d. Alterthum, 2, 535—537 und Germania, 8, 417. *sælde* ist hier abstract genommen, steht daher im Plur. — 2 *ich stên* 1. præs. ind. wie *gen*, ich stehe. *der weise*, die Waise; vater- und mutterlos, verwaist. — 5 *beidenthalben* adv. dat. pl., zu beiden Seiten. *b. min.* rechts und links von mir. — 7 *diu milte*, Freigebigkeit. Die mhd. Sprache hat die Neigung, von den Eigennamen der Appellativen der Fürsten und Edeln die Apposition ihres Landbesitzes durch ein anderes Wort oder mehrere zu trennen; vgl. Nr. 162, 2, 3. — 11 *bluomen* ist gen. pl.: eine Menge von Blumen. — 12 *dar under*, dazwischen. — Die Zeilen 6, 7, 14 erinnern an die Sprüche Salom. 16, 15: wenn des Königs Angesicht freundlich ist, das ist Leben, und seine Gnade ist wie ein Abendregen. — 15 *hie bi*, hiermit, hierdurch.

83.

LOB DER WIENER GASTLICHKEIT.

Leopold's Ungunst gegen Walther war von keiner langen Dauer. Schon zwei Jahre später erblicken wir ihn wiederum zu Wien, in hoher Freude über die verschwenderische Freigebigkeit des jungen Fürsten. Es war wol bei Gelegenheit des Festes zu Pfingsten (28. Mai) 1200, wo der 24jährige Herzog mit großem Pomp das Schwert nahm. Von Leopold's Milde gegen die Fahrenden, sowie seiner Geschicklichkeit in Künsten und Staatsgeschäften, wissen auch andere Dichter zu erzählen, nicht minder die Chronisten, die ihm die Beinamen *gloriosus* und *liberalis* geben.

———————

Ob ieman spreche der nû lebe,
daz er gesæhe ie grœzer gebe,
als wir ze Wiene haben durch êre enpfangen?
    man sach den jungen fürsten geben
als er niht langer wolte leben.   5
dâ wart mit guote wunders vil begangen.
    man gap dâ niht bî drîzic pfunden:
silber alse ez wære funden
gáp man hin und rîche wât:
    ouch hiez der fürste durch der gernden hulde   10
die malhen sam den stellen læren,
wan ors, als ob ez lember wæren,
vil maneger dan gefüeret hât.
    ez'n galt dâ nieman sîner alten schulde:
daz was ein minneclicher rât.   15

———————

1 *Ob*, mit folgendem abhängigen conjunct. Satze: Gibt es wol einen Lebenden, lebt wol jemand, der spreche, er habe jemals größere Schenkung gesehen. — 2 *diu gebe*, Gabe, Geschenk, Beschenkung. — 3 *als=danne als*, als wie. *durch êre*, um Ehre zu erlangen, d. h. zu des Gebers eigener Ehre. — 5 *als*=ob; vgl. Nr. 17, 12. — 7 *bî*, die Præposition bezeichnet hier die angeführte Zahlangabe. — 9 *hin geben*, wegschenken. — 10 um die Zuneigung, Liebe der Begehrenden zu gewinnen; *die gernden* sind die nach Lohn verlangenden Sänger und Spielleute. — 11 *diu malhe* swf., Tasche, namentlich für Eßwaaren. Provianttasche, hier also wol Futtersack. *sam*, zugleich mit. Er verschenkte Pferde und Futter. — 12 *ors*, durch Umstellung aus *ros*, Ross. *lember* pl. von *lamp*, Lamm. — 13 *dan*, von dannen. — 14 es bezahlte da niemand seine alten Schulden, das was er von früher her etwa schuldig war. Im Mittelalter war es bei den Festlichkeiten vornehmer Herren Sitte, die Spielleute mit Pferden und Kleidern zu beschenken und ihnen in ihren Quartieren die Pfänder zu lösen, d. h. ihre Zechen zu bezahlen. Der Gen. *schulde* hängt von einem zu ergänzenden *niht* ab. — 15 *ein minneclicher rât*, eine liebevolle Entschließung. *rât*, Entschluß, sowol eigener, als auch Befolgung eines gegebenen Rathes.

84.

VORZEICHEN DES JÜNGSTEN TAGES.

Ungewöhnliche Naturerscheinungen, Kometen und Sonnenfinster-
nisse hat das Volk von jeher als Vorzeichen des nahenden Weltendes
aufgefaßt und mit der überhandnehmenden Versunkenheit der Welt in
Verbindung gebracht. Von solchen Zeichen berichten die Chronisten zum
J. 1207 mit fast denselben Worten wie Walther im folgenden Spruche, den
O. Abel a. a. O. mit Recht in diese Zeit setzt. Es gehe nun in Erfüllung,
was die Heilige Schrift (Marc. 13, 12. Matth. 24, 23. Luc. 21, 16. Apoc.
6, 12. 8, 12) prophezeie. Daran knüpft der Dichter die Ermahnung, sich
aufzuraffen und der allgemeinen Verderbniss zu steuern.

Nû wachet! uns gêt zuo der tac,
gein dem wol angest haben mac
ein ieglich kristen, juden unde heiden.
wir hân der zeichen vil gesehen.
dar an wir sine kunft wol spehen,   5
als uns diu schrift mit wârheit hât bescheiden.
diu sunne hât ir schîn verkêret,
untriuwe ir sâmen ûz gerêret
allenthalben zuo den wegen:
der vater bî dem kinde untriuwe vindet,   10
der bruoder sînem bruoder liuget,
geistlîchez leben in kappen triuget,
die uns ze himel solten stegen;
gewalt gêt ûf, reht vor gerihte swindet.
wol ûf! hie ist ze vil gelegen.   15

1 zuo gên, nahen. — 2 gein dem, im Hinblick auf den: dem mit
Bangen entgegensehen darf. — 3=die ganze Welt. — 5 diu kunft, das
Kommen, Nahen. spehen, auskundschaften, erkennen. — 7 verkêren,
umkehren, verändern, ins Gegentheil verwandeln. den schîn verkêren,
sich verfinstern. — 8 rêren, in Körpergestalt oder in Tropfen fallen
lassen; ûz rêren, ausstreuen. — 9 zuo, auf, an die Wege. — 10 bî, an. —
11 einem liegen, ihn anlügen. — 12 geistlîchez leben in kappen=Kloster-
geistlichkeit. diu kappe swf., langes Überkleid mit Kapuze, Chormantel,
Kutte. — 13 stegen, den Steg führen, leiten, den Weg bereiten. — 14 ûf
gên, aufsteigen, die Oberhand gewinnen. — 15 gelegen part. præt. von ligen,
müßig liegen bleiben: hier ist schon zu viel versäumt worden. Der Dich-
ter meint, daß es die höchste Zeit sei, der Gewalt zu steuern und das ge-
beugte Recht wieder aufzurichten.

85.

DER PFAFFEN WAHL.

Nach O. Abel gehört dieser Spruch, mit seinen starken Angriffen auf die weltliche Herschaft des Pabstthums, in die Jahre 1212—15, wo Innocenz III. auf der Höhe seiner Macht und Walther noch auf Seiten Kaiser Otto's gegen Friedrich II. stand, der bei seinem ersten Auftreten von seinen Gegnern Pfaffenkönig genannt ward. Das Gedicht enthält die dem Engel in den Mund gelegte Klage über Constantin's Schenkung an den römischen Stuhl.

Künc Constantin der gap sô vil,
als ich ez in bescheiden wil,
dem stuol ze Rôme: sper, kriuz' unde krône.
zehant der engel lûte schrê:
«ôwê, ôwê. zem dritten wê!   5
ê stuont diu kristenheit mit zühten schône.
    der ist nû ein vergift gevallen,
ir honec ist worden z'einer gallen:
daz wirt der werlt her nâch vil leit.»
alle fürsten lebent nû mit êren,   10
wan der hœhest' ist geswachet.
daz hât der pfaffen wal gemachet.
daz si dir, süezer got, gekleit.
die pfaffen wellent leien reht verkêren:
der engel hât uns wâr geseit.   15

---

3 sper, kriuz' unde krône: damit sind die Marterwerkzeuge Christi gemeint, deren Besitz nach der Ansicht des Mittelalters der Kirche zu Macht und Ansehen verhalf; vgl. Nr. 163. — 4 zehant, sogleich (als das geschehen war). schrê, schrie, rief. — 5 zem dritten (nämlich mâle). — 6 schône adv., herrlich. — 7 nu vergift, Gift. Diese Erzählung beruht auf alter Sage. In einer Wiener Handschrift des 12. 13. Jhd. (s. Massmann's Kaiserchronik, 3, 866) heißt es: legitur quod eo die quo a Constantino ditata est ecclesia, audita est vox angelica dicens: «hodie infusum est venenum in ecclesia, quia major est dignitate, minor religione.» — 11 wan, nur. der hœhest', das Reichsoberhaupt. geswachet, erniedrigt. — 13 gekleit, geklagt. — 14 leien reht, das Recht der Laien, den Kaiser wählen zu helfen. verkêren, umdrehen, verdrehen. — 15 hât wâr geseit, hat wahr gesprochen, die Wahrheit gesagt.

86.

DER HOF ZU WIEN.

Es ist nicht mit voller Sicherheit zu sagen, in welche Zeit dieser Spruch fällt, der den grellen Wechsel der Dinge, den Verfall des einst so heitern und prächtigen Lebens am Wiener Hofe schildert. Während Lachmann und Wackernagel ihn gleich nach dem Tode Herzog Friedrich's (1198) möchten entstanden sein lassen, was allerdings nicht wohl glaublich, setzt ihn Rieger (S. 27, 28) in das Jahr 1217, als eben Leopold mit der Blüte des österreichischen Adels die lange vorbereitete Kreuzfahrt angetreten hatte, und betrachtet ihn, unter Beziehung auf Nr. 120, als ein humoristisches Klagelied, das Walther, als neuer Ankömmling, der kleinen sparsamen Gesellschaft, die damals den Wiener Hof ausmachte, zur Erheiterung vorgelegt habe.

Der hof ze Wiene sprach ze mir:
«Walthér, ich solte lieben dir,
nû leide ich dir: daz müeze got erbarmen
mîn wirde diu was wîlent gróz.
dô lebte niender mîn genôz   ·   5
wan künec Artûses hof: sô wê mir armen!
   wâ nû ritter unde frouwen,
dîe man bî mir solte schouwen?
séht, wie jâmerlîche ich stê!
mîn dach ist fûl, sô risent mîne wende   10
mich enminnet nieman leider.
golt, silber, ros und dar zuo kleider
diu gab ich unde hâte ouch mê:
nu'n habe ich weder schapel noch gebende
noch frouwen z'einem tanze. ôwê!»   15

---

2. 3 *einem lieben* und *leiden*, einem lieb und leid (zuwider) sein, gefallen und missfallen. — 5 *mîn genôz*, meinesgleichen. — 7 *wâ nû*, wo (sind) nun? — 10 *risen*, fallen, zerfallen. — 13 *ouch*, noch. — 14 *daz gebende*, eigentlich Bandwerk, Haarbänder, dann aber Kopfputz der Frauen überhaupt. *schapel* und *gebende* werden immer als Hauptbild für höfischen Glanz gebraucht.

87.

GLEICHHEIT VOR GOTT

«Der Umgang mit den Mächtigen hat das Urtheil des Dichters über
die wahren Vorzüge der Menschen keineswegs getrübt. Er sucht diese
nicht in der Geburt, sondern spricht sich kräftig über den Ursprung
aller Sterblichen aus gleichem Lehm und über ihre Gleichheit vor dem
höchsten Herrn aus.» Uhland.

Swer âne vorhte. hêrre got,
wil sprechen diniu zchen gebot
und brichet diu, daz ist niht rehtiu minne.
dich heizet vater maneger vil:
swer min ze bruoder niht enwil,   5
der sprichet starkiu wort ûz krankem sinne.
wir wahsen ûz gelichem dinge:
spîse frumet uns, diu wirt ringe,
sô si durch den munt gevert.
wer kan den hêrren von dem knehte scheiden   10
swa er ir gebeine blôzez fünde,
und hæte er ir joch lebender künde,
sô gewürme dez fleisch verzert?
im dienent kristen, juden unde heiden,
der elliu lebendiu wunder nert.   15

---

1 *diu vorhte*, die Furcht. — 3 *rehtiu = wâriu*, wie eine Hs. liest. —
4 *maneger vil = vil maneger*, sehr viele. — 5 *niht enwil*, nicht anerkennt
als Bruder. — 6 *starkiu wort*. bedeutende, gewaltige Worte. *starc* ist hier
dem *kranc* = schwach gegenübergestellt: *ûz krankem sinne*, mit schwa-
chem Geiste, nicht in der rechten Meinung. Es ist hier namentlich der
biblische Spruch gemeint: Liebe deinen Nächsten als dich selbst. — 7 wir
Menschen sind aus gleichem Stoffe gemacht. — 8 *frumen*, fördern, vor-
wärts bringen, zum Vortheil gereichen: die Speise nährt uns, wir gedeihen
dabei. *virt ringe*, wird leicht, klein; verzehrt. — 10 *scheiden*, unterschei-
den. — 11 *blôzez* der starke Acc. von *blôz*, nackt, entblößt (vom Fleische).
— 12 *und*, am Anfange des Conditionalsatzes in fragender Form. *lebender*
ist gen. pl. = *ir* und beide von *künde* abhängig; *kunde haben* c. gen.,
jemand kennen: hätte er sie auch im Leben gekannt. — 13 *dez = daz*. —
14. 15 aus diesen Zeilen leuchtet Walther's Duldsamkeit und milde Ge-
sinnung auch gegen Nichtchristen, die er alle als Geschöpfe von Gottes
Hand erkennt.

88.

MORGENGEBET.

Bitte zu Gott und insbesondere zu Christus, ihn, wohin er auch
kehre, in seinen Schutz zu nehmen, in derselben Weise, wie der heilige
Engel (Gabriel) mit ihm, da er in der Krippe lag, gethan hatte.

Mit sælden mücze ich hiute ûf stên,
got hêrre, in dîner huote gên
und rîten, swar ich in dem lande kêre.
Krist hêrre, là an mir werden schîn
die grôzen kraft der güete dîn   5
und pflic min wol durch dîner muoter êre.
als ir der heilig engel pflæge,
und din dô du in der kripfen læge,
junger mensch und alter got,
dêmüetic vor dem esel und vor dem rinde,   10
und doch mit sældenricher huote
pflag ir und din Jôsêph der guote
wol mit triuwen sunder spot:
als pflig ouch min, daz an mir iht erwinde
daz din vil götelich gebot.   15

2 unter deiner Obhut, deinem Schutze. — 3 swar, wohin immer,
kêren, gehen, kommen, eine Richtung nehmen. — 4 lâ, Imper. von lân,
lâzen, schîn werden, sichtbar werden. — 8 kripfe zwf., Krippe. læge, lagest.
— 9 als Mensch war Christus in der Krippe jung (ein Kind), als Gott alt,
von Anfang an da. — 11 und doch, obschon. Obgleich ihr beide schon
unter der glücklichen Obhut Josephs waret. — 12 als der Gute wird Jo-
seph vorzugsweise bezeichnet, vgl. Hoffmann's Fundgruben, 1, 142, 31.
148, 29. — 14 erwinde, ablasse, aufhöre. Ebenso nimm auch du mich iu
deinen Schutz, damit dein göttliches Gebot, das jedem Menschen einen
Schutzengel zutheilt, an mir nicht unerfüllt bleibe.

89.

DAS JÜNGSTE GERICHT.

Die Entstehung dieses Spruches, worin der Dichter, unter Anrufung der heiligen Juugfrau um Hilfe und Beistand, auf das bevorstehende Gericht hinweist, wo jeder für sich selbst einstehen muß, fällt, des verwandten Inhalts wegen, wol in dieselbe Zeit mit Nr. 84.

Ich hœre des die wîsen jehen,
daz ein gerihte sül geschehen,
daz nie deheiuez mê wart alsô strenge.
der rihter sprichet sâ zehant:
«gilt âne borg und âne pfaut.»　　　　　　　　　　　5
dâ wirt des mannes rât vil kurz und enge.
daz hilf mir, frouwe, hie besorgen,
sît daz dort niemán wil borgen,
durch die hœhsten freude din,
die dir der heilig engel z'ôren brâhte,　　　　　　10
dô er dir den ze tragenne kunte,
dâ von sich al din freude erzunte
und unser werndez heil sol sin.
der dir der freude von alrêrst gedâhte,
des trôst si an dem cnde min.　　　　　　　　　　15

5 *âne borg und âne pfant*] vgl. die Anmerkung zu Nr. 79, 63. — 6 da sicht es mit dem Rath, der Hilfe, die der Mensch in sich selbst findet, mit seinen Ausflüchten, schlecht aus, ist der Menschenwitz zu Ende. — 7 *besorgen*, für etwas sorgen. Mit dieser Stelle vergleiche man die verwandte in Nr. 77. — 11 *kunte*, verkündete. — 12 *erzunte*, entzündete. — 13 *uad* mit Ellipse von *der*. — 14 der dir gegenuber zuerst die Freude ausspraeh, der erste Verkünder derselben war. — 7—15 der Dichter richtet, unter Berufung auf die Freude, welche die Botschaft des Engels in ihr erweckte, an sie die Bitte, ihm zur Tilgung seiner Sünden behilflich zu sein. Gott, der ihr die Freude von Anfang an zugedacht, möge ihm an seinem Ende beistehen.

90.

ABFINDUNG.

In diesem und dem folgenden Spruche behandelt Walther das Thema,
daß Reichthum ohne Gottesfurcht und Tugend keinen Werth habe. Wer
auf Erden diese über jenem vernachlässige, habe seinen Lohn dahin.

Waz wunders in der werlte vert!
wie manic gâbe uns ist beschert
von dem, der uns ûz nihte hât gemachet!
  dem einen git er schœnen sin,
dem andern guot und dén gewin,   5
daz er sich mit sin selbes guote swachet.
  armen man mit guoten sinnen
sól man für den richen minnen,
ob er êren niht engert.
ja enist ez niht wan gotes hulde und êre,   10
dar nâch diu werlt sô sêre vihtet:
swer sich ze guote alsô verpflihtet,
daz er der beider wirt entwert.
der'n habe ouch hie noch dort niht lônes mêre,
wan si eht guotes hie gewert.   15

1 *varn*, sich bewegen. wie viel Wunderbares geschieht nicht auf der
Welt. — 3 *ûz nihte*, aus nichts. — 4 *schœner sin*, feiner Sinn, Verstand,
Weisheit. — 5. 6 dem Andern gibt er Reichthum, von dem er aber keinen
andern Gewinn hat, als daß er sich mit seinem eigenen Gute erniedrigt. —
8 *für*, eig. über ihn hinaus — mehr als. — 9 *ob*, wenn: im Falle der nicht
nach Tugenden strebt. — 10 Gottes Huld und Ehre sind die beiden ein-
zigen Güter, nach denen die Welt zu ringen hat. Vgl. Nr. 91, 7 und Reinfrid
von Braunschweig v. 19196 ff. — 12 *sich ze einem verpflihten*, sich mit ihm
verbinden, sich verbindlich machen. — 13 *entwern* c. gen., etwas nicht ge-
währen. — 11—15 wer sich aber dem irdischen Gute so hingibt, unterthanig
macht, daß er jener beiden verlustig geht, der empfange denn auch weder
hier auf Erden noch dort im Himmel einen weitern Lohn, sondern habe
hienieden sein Theil erhalten.

91.

H A B S U C H T.

Swer houbetsünde und schande tuot
mit sîner wizzend' umbe guot,
wie sol man den für einen wisen nennen?
swer guot von disen beiden hât.
swer'z an im weiz und sich's verstât.   5
der sol in z'einem tôren baz erkennen.
der wise minnet niht sô sêre
álsam gotes hulde und êre:
sînen lîp, wîp unde kint
diu lât er ê er disiu zwei verliese.   10
er tôre, er dunket mich niht wise,
unde ouch, der sin êre prîse:
ich wæn', sie beide tôren sint.
er gouch, swer für diu zwei ein anderz kiese!
der ist an rehten witzen blint.   15

---

1 *houbetsünde*, peccatum capitale, Todsünde. *schande*, schämens-
werthe That. — 2 *diu wizzende*, das Bewußtsein, Wissen. *mit w.*, wissent-
lich. *umbe guot*, um des Geldes, Vortheils willen. — 3 *für*, als. — 4 sich
durch sündhafte und unehrliche Handlungen Gut erworben hat. — 5 *an
einem wizzen*, wissen, daß es an ihm ist, er es besitzt: und wer irgend das
von ihm weiß. *sich verstân* c. gen., etwas bemerken, erkennen. — 6 *z'einem
tôren erkennen*, für einen Thoren halten, als solchen erkennen. *baz*, eher,
lieber. — 10 *lât er*, verläßt, gibt er auf. — 11 *er tôre, er gouch*] vgl. die
Anmerkung zu Nr. 25. 3. — 14 *gouch*, Bastard: Thor, Narr. — 15 *an witzen,
an sinnen blint*, eine häufige Redensart zur Bezeichnung des mangelhaften
Verstandes = Thor: vgl. Nr. 51, 41.

92.

ÜBLER ZUSTAND DER WELT.

Klage, daß Zucht, Ehre, Treue und Wahrheit und mit ihnen die
Freude aus der Welt verschwinden, ein Thema, das Walther auf manig-
fache Weise behandelt hat.

Sô wê dir, Werlt, wie übel dû stêst,
waz dinge dû alzan begêst,
diu vón dir sint ze lidenn' ungenæme!
dû bist vil nâch gar âne scham.
got weiz daz wol, ich bin dir gram: 5
dîn art ist elliu worden widerzæme.
waz êren hâst unz her behalten?
nieman siht dich freuden walten,
áls man ir doch wilent pflac.
wê dir, wes habent diu milten herze engolten?   10
für díe lop̂t man die argen richen.
Werlt, dû stêst sô lasterlichen,
daz ich es niht betiuten mac.
triw' unde wârheit sint vil gar bescholten:
daz ist ouch aller êren slac.   15

1 *Sô wê*, Interjection der Verwünschung mit einer Ellipse (etwa.
geschehe) und dem Dat. der Person, oder auch Acc. der Person und Gen.
der Sache. *übel*, schlimm: wie schlimm steht es mit dir. — 2 *dinge*, gen. pl.
alzan = *allez an*, immer fort, immer noch. *allez* ist adv. acc. — 3 *un-
genæme*, Widerwillen erregend; *ze lîdenne*, zu ertragen. — 4 *vil nâch*, bei-
nahe, nahezu. — 6 *art*, Wesen, Benehmen. *widerzæme*, missfällig, ver-
haßt. — 7 *unz her*, bis dahin, *usque adhuc*. *behalten*, aufheben, bewahren;
vgl. *ist ab ieman hinne, der sîne sinne her behalten habe*: II. v. Morungen
(Minnesangs Frühling, 129, 25). — 8 *walten* c. gen., etwas besitzen, haben. -
10 *engelten* c. gen., Strafe, Schaden von etwas haben, für etwas büßen
müssen. — 11 *die*, nicht die Herzen, sondern die Milden, Freigebigen.
für bezeichnet einen Vorzug: vor diesen, über diese. *arc*, karg, knau-
serig. — 12 *lasterlîchen* adv., schimpflich. — 13 *betiuten*, auch *bediuten*,
deuten, auslegen; beschreiben. — 14 *beschelten*, beschimpfen, eigentlich
durch Worte erniedrigen. — 15 *slac*, bildlich: tödtlicner Schlag; wie *êren
slac*, erscheint auch *freuden*, *sælden slac* für Vernichtung der Ehre, der
Freude des Glücks.

93.

JUGENDLEHREN.

Ermahnung an die Jugend, das Geld weder zu sehr zu lieben noch auch zu gleichgültig dagegen zu sein, sondern das rechte Maß, die vernünftige Mitte zu halten zwischen Verschwendung und Geiz.

Junc man, in swelher aht dû bist.
ich wil dich lêren einen list:
dû là dir niht ze wê sîn nâch dem guote:
là dir'z ouch niht z'unmære sîn.
und volges dû der lêre mîn,   5
sô wis gewis, ez frumt dir an dem muote.
die rede wil ich dir baz bescheiden.
lâst dû dir'z ze sêre leiden,
zergât ez, so ist din freude tôt:
wilt aber dû daz guot ze sêre minnen,   10
dû maht verliesen sêle und êre.
dâ von sô volge mîner lêre:
leg' ûf die wâge ein rehtez lôt
und wig ouch dar mit allen dinen sinnen,
als ez diu Mâze eht ie gebôt.   15

1 *diu aht,* Art. Geschlecht: wes Standes du auch bist. — 2 *der list,* Kunst. — 3 *dû lâ*) vgl. Nr. 25, 10. 80, 65. *ze wê,* zu leid: laß dich nicht zu heftig verlangen; quäle dich nicht zu sehr ums Geld. — 4 *unmære,* unwerth, gering geachtet. — 5 *und* in relativem Sinne: wiederum; wenn. *volges,* ältere Form statt *volgest.* — 6 *wis* imper. von *wesen:* sei. *an dem muote,* an der Gesinnung; Seele. — 8 *leiden, mir leidet ein dinc,* es ist mir zuwider, verhaßt: nämlich so, daß du es wegwirfst. — 9 *zergân, zu* Ende gehen, ein Ende nehmen: geht es dann verloren, so ist es aus mit deiner Freude, dann bist du der Armuth und Sorge verfallen. — 11 *maht* 2. præs. ind. von *mugen,* können: so kann es geschehen, daß du — 13 *daz lôt,* Gewicht. — 14 *wig* imper. von *wegen,* wägen; *dar w.,* zuwägen: wäg' es hin und her.

94.

NEBUKADNEZAR'S TRAUM.

**Anknüpfend an Nebukadnezar's Traum von dem Bilde aus Gold,
Silber, Erz, Eisen und Thon (Daniel Cap. 2) klagt der Dichter über die
zunebmende Verschlimmerung der Welt und bittet Gott, zu verhüten, daß
die Bösen noch bösere Kinder und Erben gewinnen.**

Ez troumte, des ist manic jâr,
ze Babilône, daz ist wâr,
dem künege, ez würde ie boeser in den richen.
die nû ze vollen boese sint,
gewinnent die noch boeser kint.   5
jâ hêrre got, wem sol ich diu gelichen?
der tiefel wær' mir niht sô smæhe,
quæme er dar, da ich in gesæhe,
sám des boesen boeser barn.
von dér geburt enkumt uns frum noch ère: 10
die sich seiben sô verswachent
unde ir bôsen boeser machent,
ân' erben muezen sie vervarn.
daz tugendelôser hérren werde iht mère,
daz solt dû, hêrre got, bewarn.   15

1 das ist lange her, vor vielen Jahren. — 4 ze vollen, vollständig,
vollkommen. — 6 diu, nämlich diu kint: womit soll ich diese vergleichen,
wie sie bildlich bezeichnen? — 7 smæhe adj., verabscheuungswürdig.
8 käme er dahin, wo ich ihn sehen könnte. quæme, die ursprüngliche Form
von kæme. — 9 bæser compar., böserer. — 11 sich verswachen, sich ernie-
drigen. — 12 daz bôsen, das Schlechtsein: ihre eigene Bosheit durch bösere
Kinder noch überbieten. — 13 ohne Erben. vervarn, dahinfahren, wie
versterben, dahinsterben. — 14 daß die Zahl der untugendhaften Fürsten,
Ritter irgend zunehme. — 15 bewarn, verhindern, verhüten.

95.

S A L O M O N ' S   L E H R E.

Tadel der Väter, die, uneingedenk des Salomonischen Spruches
(Proverb. 13, 24), die Erziehung ihrer Kinder vernachlässigen, und ernste
Warnung an die Jungen, nicht zu vergessen, daß auch sie einst alt wer-
den und ihre Kinder ihnen heimgeben werden, was sie an den Eltern ver-
brochen.

Die väter hänt ir kint erzogen,
dar an sie beide sint betrogen:
sie brechent dicke Salomônes lêre.
der sprichet, swer den besmen spar,
daz der den sun versüme gar: 5
des sint die ungebatten gar ân' êre.
hie vor dô was diu werlt sô schœne,
nû ist sie worden alsô hœne.
des enwas niht wilent ê:
die jungen hänt die alten sô verdrungen.   10
nû spottet alse dar der alten!
ez wirt iu selben noch behalten.
beitet unz iuwer jugent zergê:
swaz ir nû tuot, daz rechent iuwer jungen,
daz weiz ich wol und weiz noch mê.   15

---

1 *erzogen*, nämlich so, dér Art erzogen, daß. — 4 *der beseme, besme* swm.,
Besen, Ruthe. — 5 *versümen*, vernachlässigen, und dadurch zu Schaden
bringen. — 6 *des*, darum. *ungebatten*, wol: nichtsnutzig, vom Verbum
batten, helfen, nutzen, vgl. *der unbatte*. homo nequam (s. Grimm, Deut-
sches Wörterbuch, 1, 1157. 1158). Ähnlichen Sinn würde die Lesart der
Pariser Hs. gewähren: *ungebachen*, unausgebacken, unfertig, ungezogen,
vgl. Schmeller's Bairisches Wörterbuch, 1, 144, Wickram's Rollwagen-
büchlein (ed. Kurz), 58, 8: «ein ungebackner (roher, grober) Bayer», und
Germania 14, 201. — 8 *hœne*, hochfahrend, übermüthig, spottsüchtig. —
10 die Jungen sind es, die die Alten so beiseite geschoben haben. —
11 *alse dar*, nur so zu. — 12 dasselbe wird euch selbst noch aufbewahrt,
wird euch selbst noch blühen. — 13 *beiten*, warten.

96.

ZUCHTLOSIGKEIT DER JUGEND.

Heftige Strafrede gegen die jüngern Ritter, denen rohes Benehmen, Frechheit in Thun und Reden und übermüthige Beleidigung der Frauen vorgeworfen wird.

——— ———

Wer zieret nû der êren sal?
der jungen ritter zuht ist smal,
sô pflegent die knehte gar unhövescher dinge
mit worten und mit werken ouch.
swer zühte hât, der ist ir gouch.   5
nemt war, wie gar unfuoge für sich dringe!
hie vor dô herte man die jungen,
die dâ pflâgen frecher zungen:
nû ist ez ir werdekeit,
sie schallent unde scheltent reine frouwen.   10
wê ir hinten unde ir hâren,
die niht kunnen frô gebâren
sunder wibe herzeleit!
dâ mac man sunde bi der schande schouwen,
die maneger ûf sich selben leit.   15

———

1 *der êren sal*] *êren* ist gen. pl., vgl. die Anmerkung zu 82, 1. — 2 *smal*. dünn, gering, klein: ihr Anstand hat abgenommen: vgl. *winter. din gewalt ist worden smal*, neigt sich zu Ende (v. d. Hagen, Minnesinger, 1, 24). — 3 *kneht*, Knappe, der junge Edle, der sich zum Ritter bildet, eh' er den Ritterschlag empfangen. *unhövesch*. roh, gemein ; vgl Nr. 66, 3. — 6 *fur sich dringen*, vorwärts dringen, sich ausbreiten, um sich greifen. — 7 *herte* prät. von *bern*, schlagen. — 8 *frech*, frech, vermessen: die da unverschämte Reden führten. — 9 nun rechnen sie es sich zur Ehre, sind stolz darauf, brüsten sich. — 10 *schallen*, übermuthig lärmen. — 11 *hâten* dat. pl. von *hôr*, Haut. Im Mittelalter galt als allgemeine Formel : die Strafe geht zu Haut und Haar, für Stäupen und Haarabschneiden, was als eine der entehrendsten Strafen betrachtet wurde, vgl. Grimm, Deutsche Rechtsalterthümer, 702 ff. — 12. 13 die nicht fröhlich sein können, ohne die Frauen zu betrüben. — 15 *leit*. legt.

.

97.

DER WAISE.

Dieser Spruch eröffnet die Reihe von Gedichten, die vorzugsweise
zum Preise K. Philipp's in einem wol zu diesem Zwecke erfundenen Tone
gesungen sind. Derselbe reicht bis Nr. 101.

Der «hochschwebende Jubel», der in diesem Gedichte sich aus-
spricht, «die selige Freude über die anmuthige Erscheinung des jungen
süßen Mannes» setzen es außer Zweifel, daß Walther jene erst am 8. Sept.
1198 zu Mainz vollzogene Krönung besingt, als Philipp noch in erster
Jugendblüte stand, und daß er als Augenzeuge spricht. «Das angenehme
Bild, das er von seinem Könige gibt, bestätigen die Worte des Geschicht-
schreibers Burkhard von Ursperg. Nach dessen Beschreibung war Phi-
lipp ein Mann von schöner edler Gesichtsbildung, blondem Haar, mittlerer
Größe, zartem Körperbau.» Uhland.

Diu krône ist elter dan der künec Philippes si:
dâ muget ir alle schouwen wol ein wunder bi,
wie s' ime der smit sô ebene habe gemachet.
sin keiserlichez houbet zimt ir alsô wol,
daz sie ze rehte nieman guoter scheiden sol.   5
ir dwederez daz ander niht enswachet.
sie liuhtent beide ein ander an,
daz edele gesteine wider den jungen man:
die ougenweide sehent die fürsten gerne.
swer nû des riches irre gê,   10
der schouwe, wem der weise ob sime nacke stê:
der stein ist aller fürsten leitesterne.

-----

1 *Philippes* hier wie auch Nr. 100, 3 ist der Nominativ und zwar
die abgeschwächte lateinische Endung -*us*. *si* conj., so nach dem Compar.
wie im Franz. — 3 *smit*, Goldschmied. *ebene* adv., eben, recht, passend.
- 4 *zimt ir*, passt zu ihr. — 1—4 Obwol die Krone älter als König Phi-
lipp, d. h. lange vor ihm und nicht für ihn erst gearbeitet worden, so ist
doch wunderbar, wie sie ihm passt, als wäre sie eigens für ihn ge-
macht. — 5 *ze rehte*, mit Recht. *nieman guoter] guoter* ist hier der Gen.
pl., wie man jetzt wol sagt: niemand Fremdes. Bekanntes, anders; vgl.
daz sol nieman guoter klagen Wigalois 180, 16. 258, 34. — 6 *dwederez*, keines
von beiden. Keines von beiden gereicht dem Andern zur Unehre. —
7. 8 Eines erhebt den Glanz des Andern. So auch Tristan 10981: *dâ
liuhte golt unde golt, der zirkel unde Isolt, enwiderstreit einander an.* 6629:
nu liuhten disiu vier werc, helm unde halsberc, schilt unde hosen einander an.
— 10 wer unsicher, schwankend ist in Bezug auf das Reich oder den
Kaiser: nicht weiß, wen er als Kaiser betrachten soll. — 11 über *weise* s.
zu Nr. 81", 24. Otto war am 14. Juli 1198 zu Aachen mit falschen,
Philipp zu Mainz mit den echten Reichskleinodien gekrönt worden; man
sah das als sehr wichtig an, denn die Fürsten folgen dem, der die deutsche
Krone (die Krone Karl's d. Gr.) hat. — 12 *der*, dieser. *leitesterne* swm.,
Leitstern; eig. Polarstern, auch Meerstern, genannt, nach welchem die See-
fahrer sich richten

98.

NEUER LEBENSMUTH.

Daß Friedrich's von Œsterreich Nachfolger, Leopold, anfänglich unserm Dichter nicht besonders gewogen war, wissen wir bereits aus Nr. 82. In Folge dessen verließ Walther Œsterreich und fand, wol noch im nämlichen Jahre (1198), neue Unterkunft bei K. Philipp. Diese günstige Wendung seiner Lage, die indes ebenfalls von keiner langen Dauer war, verkündet er uns mit freudigem Herzen, indem er eine Schilderung der früheren gedrückten Stimmung, in die ihn der Tod seines Gönners versetzte, vorausschickt.

Dô Friderich ûz Œsterriche alsô gewarp,
dêr an der sêle genas und im der lip erstarp,
dô fuorte er minen kranechentrit in d' erde;
   dô gieng ich slichend' als ein pfâwe swar ich gie,
daz houbet hanhte ich nider unz ûf miniu knie.   5
nû rihte ab ich ez ûf nâch vollem werde:
ich bin vil wol ze fiure komen.
mich hât daz riche und ouch diu kröne an sich genomen.
wol ûf, swer tanzen welle nâch der gigen!
mir'st miner swære worden buoz: 10
alrêrste wil ich ebene setzen minen fuoz
und wider in ein höchgemüete stigen.

1 alsô gewarp, es so weit brachte, dahin kam. — 2 dêr = daz er, an der sêle genas, die Seele rettete; weil er auf der Kreuzfahrt im gelobten Lande, also in göttlichen Diensten starb. — 3 unter kranechentrit (auch kranechsschrit) verstand man im Mittelalter einen hochmüthigen, gespreizten Gang nach Art der Kraniche. in d' erde, in die Erde: er dampfte, demüthigte meinen stolzen Gang. Übermuth. — 4 slichen (vgl. Nr. 100, 7), leise schreitend gehen. als, wie. swar, wohin immer. - 5 hanhte, rückumgelautetes Prät. von henken, hängen lassen. — 6 nâch vollem werde, meiner vollen Würde. Standeschre gemäß — 7 ze fiure komen, einen eignen Herd erhalten; vgl Nr. 149, 3: gerne wolde ich — bî eigem fiure erwarmen. — 8 riche, imperium, aber auch imperator, also mit kröne synonym. - 10 meine Noth ist beseitigt, hat eine Ende. — 11 alrêrste adv., jetzt erst kann ich ruhig und bequem auftreten. — 12 daz höchgemüete, erhohte, freudige Stimmung.

99

DER HOF ZU THÜRINGEN.

Dieser ergötzlichen Schilderung von dem Lärmen, Drängen und
Zechen am thüringischen Hofe liegt nach Rieger (S. 9) der misslungene
Versuch zu Grunde, am Hofe des freigebigen und sangesfrohen Land-
grafen Hermann anzukommen. Des vergeblichen Dringens müde, wandte
er sich dem Könige zu. Dies muß zwischen Walther's Abschied von Wien
und seiner Aufnahme bei Philipp geschehen sein; aber die Abfassung fällt
etwas später, als Walther das Ziel seiner Wünsche bereits erreicht hatte.
Auch Wolfram von Eschenbach klagt (Parz. VI, 526. Wilh. 417, 26) über
das tumultuarische Gedränge an diesem Hofe unter ausdrücklicher Be-
rufung auf ein verlorenes Lied Walther's, der deshalb singen müsse:
guoten ta:, bœs' unde guot.

Der in den ôren siech von ungesuhte si,
daz ist min rât, der lâ den hof ze Düringen fri :
wan kumet er dar, dêswâr er wirt ertœret.
ich hân gedrungen, unz ich niht mê dringen mac :
ein schar vert ûz, diu ander in, naht unde tac. 5
grôz wunder ist daz iemen dâ gehœret.
der lantgrâve ist sô gemuot,
daz er mit stolzen helden sine habe vertuot,
der iegeslicher wol ein kempfe wære.
mir ist sin hôhiu fuore kunt : 10
und gulte ein fuoder guotes wines tûsent pfunt,
dâ stüende och niemer ritters becher lære.

1 *ungesühte*, stn., böse Krankheit: vgl. A. Höfer in Germania 14, 201.
— 3 *dêswâr*, das ist wahr, Betheuerung: wahrhaftig, wahrlich. *ertæren*,
zum Thoren machen: der wird vollends dumm gemacht. — 1—3 Wer etwa
eine böse Krankheit an den Ohren hat, dem rathe ich von dem Thüringer
Hofe fern zu bleiben, ihn zu meiden, sonst wird er närrisch (oder ganz
taub?) — 4 *dringen* intrans., sich drängen, vgl. Germania 10, 143. — 8 *ver-
tuon*, nicht in nhd. Sinne: durchbringen, vergeuden, sondern verzehren,
aufbrauchen. — 9 *iegestich* pronom. adj., quisque, jeder. *kempfe* swm., der
zur Entscheidung einer Sache im Zweikampf Aufgestellte, also auserwähl-
ter, vorzüglicher Kämpfer. — 10 *fuore*, was *varn* macht, Art zu *varn*. also
Lebensweise.

100.

KÖNIG PHILIPP'S KRŒNUNG.

Der Magdeburger Hoftag, von dem dieser Spruch handelt, fällt auf
den Weihnachtstag des J. 1199. Walther, der bei der Feier anwesend war,
zeigt uns ein einem farbenhellen Gemälde, den altdeutschen auf Gold-
grund ähnlich, den Kirchgang Philipp's mit seiner Gemahlin, der griechi-
schen Irene, und dem Gefolge des thüringischen und sächsischen Adels.*
Uhland.

Ez giene, eins tages als unser hèrre wart geborn
von einer màget, die'r im ze muoter hâte erkorn,
ze Megedeburc der künec Philippes schône.

dâ giene eins keisers bruoder unde eins keisers kint
in éiner wât, swie doch der namen drie sint :   5
er truoc des riches zepter und die kròne.

er trat vil lise, im was niht gâch,
im sleich ein hôchgeborniu küniginne nâch,
ros' âne dorn, ein tûbe sunder gallen.

diu zuht was niener anderswâ :   10
die Düringe und die Sahsen dienden alsò dâ,
daz ez den wisen muoste wol gevallen.

4 *eins keisers bruoder* u. s. w. Philipp, selbst Kaiser (weil er noch
nicht in Rom gesalbt war, hier nur König genannt), war Kaiser Hein-
rich's VI. Bruder und Kaiser Friedrich's I. Sohn, vereinigte also in seiner
Person (*wât*, Kleidung) drei Namen, dreifache Würde. — 5 *wie doch*, ob-
gleich. — 7 *treten*, auftreten, schreiten, *lise*, leichtauftretend, langsam
gehend, und *gâch*, eilig, rasch sind Gegensätze: der kaiserliche Anstand
verlangt gemessenen Schritt; rasche ungestume Bewegungen widerstreben
überhaupt der höfischen Sitte und Etikette. In derselben Bedeutung ist
in der folg. Zeile *sleich* gebraucht, das Prät. von *slîchen*, vgl. Nr. 98, 4. —
8. 9 *ein hôchgborniu künginne]* Irene, frü er Verlobte Tancred's von Si-
cilien, der gegen Heinrich VI. unterlegen war Tochter des byzant. Kaisers
Isaak Angelus, zu Pfingsten (25. Mai) 1197 auf dem Gunzenlê bei Augsburg
mit Philipp getraut. Sie erhielt in Deutschland, wo man sie um ihres zar-
ten jungfräulichen Wesens willen ungemein verehrte, den Namen Maria,
daher sie der Dichter Rose ohne Dorn und Taube ohne Galle nennt. Bei-
namen, die sonst nur der hl. Jungfrau zukommen (vgl. Nr. 80, 137). —
10 *niener = niender*, nirgends: war dort in reichstem Maße vertreten. —
11 auf dem mit außerordentlicher Pracht gefeierten Hoftag fand sich der
sächsische und thüringische hohe Adel (Bernhard von Sachsen u. s. w.)
in großer Zahl ein, um Philipp seine Huldigung darzubringen.

101.

ERMAHNUNG ZUR FREIGEBIGKEIT.

«Der Dichter begnügt sich nicht, Philippen zum Throne berufen und auf demselben begrüßt zu haben. Er gibt dem neuen Könige in diesem und dem folgenden Spruche (Nr. 102) noch das Mittel an, seine Herrschaft zu befestigen und auszubreiten. Diese Mittel findet er in der Milde, der dankbaren Freigebigkeit gegen diejenigen, die sich dem Könige versöhnt und verpflichtet haben, der rückhaltlosen Ausspendung von Gaben und Ehren. Die Geschichte beweist, daß Philipp wirklich in diesem Sinne handelte, und durch seine Gaben an Geld und Ländereien Feinde zu beseitigen und Anhänger zu gewinnen suchte. Seine Freigebigkeit war so groß, daß er damit nicht, wie Alexander, alle Reiche gewann, sondern selbst die anererbten Lande nur noch dem Namen nach behielt. Der vorliegende Spruch Walther's zeigt, daß er es dessenungeachtet nicht allen recht zu machen und sich vor dem Vorwurf der Widerwilligkeit im Geben zu schützen vermochte.» Uhland.

Philippes, künec, die nâhe spehenden zihent dich,
du'n sist niht dankes milte: des bedunket mich,
wie dû dâ mite verliesest michels mêre.
dû möhtest gerner dankes geben tûsent pfunt
dan drîzec tûsent âne danc. dir ist niht kunt,   5
wie man mit gâbe erwirbet pris und êre.
denk' an den milten Salatin:
der jach, daz küneges hende dürkel solten sin,
sô wurden sie ervorht und ouch gemiunet.
gedenke an den von Engellant,   10
wie tiure man den lôste durch sîn' milten hant.
ein schade ist guot, der zwêne frumen gewinnet.

---

1 die nâhe spehenden, die genau Beobachtenden. zihen, zeihen, beschuldigen. — 2. 4 dankes gen. adv., aus freiem Willen, Antrieb. — 3 michels gen. adv., um vieles. — 4 gerner, lieber. — 5 âne danc, ungern, widerwillig. 8 dürkel, durchlöchert, um das Geld, die Gaben durchzulassen. — 9 ervorht, gefürchtet. Ein solcher Ausspruch Saladin's († 1193) wird historisch sonst nirgends erwähnt, aber er ist bezeichnend für einen Fürsten, dessen Freigebigkeit wie Hochherzigkeit im ganzen Abendlande sprichwörtlich gewesen war. Von der Freigebigkeit Richard's Löwenherz dagegen, der in der folg. Zeile als Beispiel aufgestellt wird, wußte seine Zeit weniger zu erzählen; aber theuer genug war allerdings das von Leopold geforderte Lösegeld: es betrug 150000 Mark. — 11 durch, wegen, um — willen. — 12 der frum, der Nutzen, Vortheil.

102.

LOHN DER FREIGEBIGKEIT.

Mit diesem Gedichte beginnt ein neuer Ton, der bis Nr. 104 geht
und von Simrock der zweite Philippston genannt wird. Rieger (S.
II, 12) glaubt darin die Sachlage gegen Ende des Jahres 1204 zu erkennen,
als die meisten und wichtigsten Anhänger Otto's theils freiwillig, theils
durch Waffengewalt gezwungen, sich Philipp angeschlossen hatten und
nun in der üblichen Weise wollten gefesselt sein. Der vorausgehende
Spruch (Nr. 101) fällt jedenfalls etwas später.

Philippe, künic hêre,
sie gebent dir alle heiles wort
und wolden liep ·nâch leide.
nû hâst dû guot und êre,
daz ist wol zweier künege hort: 5
diu gip der Milte beide.
der Milte lôn ist sô diu sât,
diu wünnecliche wider gât
dar nâch man sie geworfen hât:
wirf von dir mittecliche!   10
swelch künec der Milte geben kan,
si git im daz er nie gewan.
wie Alexander sich versan!
der gab und gap, und gap s'im alliu riche.

2 *heiles wort geben*, beglückwünschen. — 3 und wünschten für das
(erduldete) Unangenehme erfreut, entschädigt zu werden, die deine Feinde
waren, suchen jetzt Versöhnung. — 4 nun hast du Geld und Ehrengaben
und Würden (die du vertheilen kannst). — 5 *zweier künege hort*) d. h.
jedes für sich schon ist der *hort*, wäre der Schatz eines Königs, reichte
für einen König hin. — 6 *der Milte*] es erscheint mir nothwendig, die Milte
hier personificiert aufzufassen; gib, überlaß sie (das Gut und die Ehre)
ihr zur Vertheilung. — 7 gleich der Saat. — 8 *wider gât*, aufgeht. — 9 *dar
nâch*, je nachdem. *geworfen*, ausgestreut. — 11 *der Milte* ist dat. — 12 *daz*,
was. — 13 wie überlegend, klug, war Alexander; indem er *milte* war, be-
lohnte die *Milte* ihn. Alexander's des Gr. Freigebigkeit ist historisch und
ward von den deutschen Sängern vielfach gepriesen.

103.

DER FÜRSTEN BRATEN.

Dieser Spruch, auf welchen Wolfram von Eschenbach im Wilhelm anspielt (*hér Vogelweid von bråten sanc* 286, 19), wird von einigen als eine Mahnung an Otto IV. betrachtet; so von v. d. Hagen, Wackernagel und Rieger. Der letztere glaubt, er müsse in einer Zeit gedichtet sein, die für Otto kritisch zu werden begann, gegen Ende des J. 1212, kurz vor oder nach der Wahl Friedrich's II. (2. Dec.). Ich bezweifle jedoch, daß Walther einen zur Rüge Philipp's erfundenen Ton auf Otto würde angewendet haben, und von dem, was man zur Stütze obiger Deutung aus dem Spruche herausgelesen hat, kann ich nichts darin finden. Vielmehr bin ich, z. Th. mit Lachmann (zu 17, 11) und Simrock (Walther, 3. Ausg., S. 326), der Ansicht, daß das Gleichniss an Philipp, oder an seine Umgebung, zugleich aber auch mit scharfer Spitze gegen die Reichsfürsten gerichtet ist, deren unbefriedigte Habsucht dem Kaiser mit Absetzung drohte. Unter den Köchen verstehe ich nämlich die Reichshofbeamten, deren Einfluß auf die Reichsangelegenheiten, Staatsgeschäfte, Belehnungen u. s. w. bekannt, aber gleichwol noch nicht hinreichend gewürdigt scheint. Walther mag auf die beiden vorhergehenden Sprüche in Erfahrung gebracht haben, daß die Rückhaltung Philipp's im Ertheilen von Ehrengaben u. s. w. weniger aus eigener freier Entschließung als auf Betrieb der Hofbeamten geschehe: daher wendet er sich an diese, unter Hinweis auf die möglichen übeln Folgen.

Die Erwähnung von Spissbraten, der in Griechenland zu dünn geschnitten ward, ist nicht, wie Lachmann meinte, ein allgemein gehaltenes Beispiel (ein solches wäre Walthern am allerwenigsten zuzutrauen), sondern bezieht sich, was schon Koberstein (Wartburger Krieg, S. 32) mit gutem Grund vermuthet hat, auf ein bestimmtes, in frischer Erinnerung haftendes Ereigniss aus der griechisch-byzantinischen Geschichte. Es ist eine Hindeutung auf die Vertreibung und Entsetzung des Kaisers Isaak Angelus, sowie auf die Theilung des byzantinischen Reiches durch die Fürsten und Anführer des Kreuzheeres im J. 1204. Diese Anspielung wird noch deutlicher und alle Zweifel über die Entstehungszeit des Spruches und seine Beziehung auf Philipp werden schwinden, wenn man sich erinnert, daß Philipp durch seine Vermählung mit Irene (s. N. 100) der Schwiegersohn eben jenes letzten griechisch-byzantinischen Kaisers Isaak Angelus war. Was Walther hier befürchtet, ist allerdings erst später eingetroffen, aber in ähnlicher Weise wie damals das griechische ist auch das deutsche Reich in Stücke gegangen.

Wir suln den kochen ràten,
sit ez in alsô hôhe stê,
daz sie sich niht versûmen,

---

2 *mir stât hôhe*, kommt mich hoch, theuer zu stehen: nachdem es so kritisch mit ihnen steht. —

daz sie der fürsten bräten
nü snîden grœzer baz dann' ê
doch dicker eines dûmen.   5
ze Kriechen wart ein spiz versniten,
daz tet ein haut mit argen siten.
si möhte ez iemer hân vermiten.
der bräte was ze dünne: 10
des muose der hêrre für die tür,
die fürsten sâzen ander kür.
der nû daz riche alsô verlür,
dem stüende baz, daz er nie spiz gewünne.

_____

5 baz zur Verstärkung des Comparat.   5. 6 doch wenigstens um einen
Daumen dicker als früher. — 7 spiz stm., sowol Bratspieß als Spissbraten,
hier in letzterm Sinne. versnîden, zerʼauen, zerschneiʼen, in einzelne
Theile. Wie bekannt ward das byzantinische Reich durch die Kreuzfahrer
1204 in viele größere und kleinere Reiche, Fürstenthümer und Herrschaften
zertheilt. Das Bild läßt an Deutlichkeit nichts zu wünschen übrig. —
8 arc, böse, geizig, karg. die haut ist das Kreuzheer, das sich durch die
Plunderung des eroberten Konstantinopel und seine schamlose Habgier,
die auch des Heiligsten nicht schonte, ein unauslöschliches Brandmal
aufdrückte. — 9 sie hätte das sollen bleiben lassen, es wäre besser unter-
blieben. Diese von schnöder Habsucht geleitete Theilung ziemte allerdin-
gs am wenigsten dem Heer, das unter dem Zeichen des Kreuzes zur
Belreiung des hl. Landes ausgezogen war. — 11 der Braten (oder die ein-
zelnen Theile desselben) waren zu klein. — 11 darum wurde der Kaiser
vor die Thür gesetzt, vertrieben. — 12 die Fürsten versammelten sich zu
einer andern, neuen Wahl. — 13. 14 wer nun die Krone auf diese Weise
verlöre, dem wäre besser, er hätte sie nie gewonnen.

101.

BOHNE UND HALM.

Nach Lachmann's Vermuthung ist die Deutung des folgenden Spruches diese. Ein Ta.ller hatte Walther's Lied vom Halm-Messen (Nr. 24) verhöhnt; etwa in dém Sinne: Walther's Halm sei keine Bohne weith, die man dagegen schon eher besingen könnte. « Was, sagt der Dichter, ist an der Bohne zu loben? Sie ist Fastenspeise, vor und nach der Himmelfahrt faul und von Anfang voll Würmer; dagegen Halm, Korn und Stroh gut und erfreulich und zu jeder Zeit brauchbar. aber vor der Bohne muß man ein Vaterunser beten, um ihrer los zu werden.»

——————

Waz êren hât frô Bône,
daz man sô von ir singen sol?
si rehtiu vastenkiuwe!
s'ist vor und nâch der nône
vil fûl und ist der wibel vol   5
wan êrest in der niuwe.
ein halm ist kreftec unde guot:
waz er uns allen liebes tuot!
er freut vil manegem sinen muot.
wie danne umb' sînen sâmen?   10
von grase wirdet halm ze strô:
er machet manic herze frô,
er ist guot nider unde hô.
frô Bône — libera nos a malo. âmen.

1 gemeint ist die Saubohne, die, noch ehe sie reif ist, von Würmern benagt wird (Germania 21, 47). — 3 kiuwe stf., eigentlich Kiefer, Rachen; dann Speise, Fraß. — 4 nône, der Himmelfahrtstag, so genannt von der neunten Stunde (drei Uhr Nachmittags), in welcher Christus gen Himmel gefahren sein soll. — 5 wibel stm., Käfer, Kornwurm, Milbe. — 6 diu niuwe stf., Neuheit, Frische, Unreife: vgl. daz ir dâ wellet snîden, daz ist noch in der niuwe, Konrad's troj. Krieg, 22372. Also: wenn sie noch gar nicht reif, wenn sie nur erst (noch) frisch ist. — 10 wie steht es erst mit seinem Samen, dem Korn? — 13 nider unde hô, unten und oben, als Stroh und als Korn.

——————

105.

DANK UND GLÜCKWUNSCH.

Mit diesem Spruch, dessen Ton sich von dem vorausgehenden durch leichte Veränderung des Abgesangs unterscheidet, beginnt ein neuer Abschnitt in Walther's Herrendienst. Nach König Philipp's Ermordung war seinem Gegner Otto IV. das Reich unbestritten zugefallen. 1209 erhielt er auch die Kaiserkrone, aber schon 1210 traf ihn der Bannstrahl. Als er zu Anfang 1212 aus Italien zurückkehrte, hielt er zu Frankfurt einen Reichstag, wo sich die beiden hier genannten Fürsten mit ihm gegen den Pabst verbanden. Der Meißner, der Walthern von Frankfurt — Franken sagt der Dichter — ein Geschenk, ein Licht, von Seiten Herzog Ludwig's von Baiern mitbrachte, war Markgraf Dietrich IV. (regierte von 1195— 1220). So, in Übereinstimmung mit Andern, Simrock (3. Ausg., S. 327). Doch darf nicht verschwiegen werden, daß keine Gewissheit besteht, ob der hier ohne jeden Beisatz genannte Ludwig wirklich der Baiernherzog ist; daß ferner eine Handschrift *liet* statt *lieht* liest und daß es sehr auffallend ist, hier nicht, wie man erwarten sollte, dem Geber, sondern dem Überbringer den feurigen Dank darbringen zu hören. Holtzmann hat sich (Germania, 1, 250 257) für die Lesart *liet* erklärt und wahrscheinlich zu machen gesucht, daß unter diesem vom Meißner gebrachten Liede ein vom Landgrafen Ludwig von Thüringen handelndes Gedicht zu verstehen sei. So ansprechend diese Vermuthung ist, so steht ihr doch vorläufig noch das Bedenken entgegen, daß der Ausdruck: *daz vert von Ludewige* in dem von Holtzmann angenommenen Sinn unbelegbar ist.

—

Mir hât ein lieht von Franken
der stolze Missenære brâht,
daz vert von Ludewige.

i'n kan im's niht gedanken
sô wol als er min hât gedâht,   5
wan deich im tiefe nîge.

künd' ich swaz ieman guotes kan,
daz teilte ich mit dem werden man:
der mir sô hôher êren gan,

---

1 *lieht* sowol als die in Nr. 160, 4 genannte *kerze* werden von Verschiedenen auf verschiedene Weise erklärt: theils als symbolischer Gebrauch, daß der Geber zum Zeichen der Begabung eine Kerze bis zum Beschenkten gehen läßt, theils als wirkliches Geschenk, das an Dienstmannen ausgetheilt wird. — 4. 5 ich kann ihm nicht so dafur danken, wie seine freundliche Gesinnung es verdiente. –

got müeze ouch im die sinen iemer mêren.   10
zuo flieze im aller sælden fluz,
niht wildes mide sinen schuz,
sins hundes louf, sins hornes duz
erhelle im unde erschelle im wol nâch êren!

---

12 *niht wildes.* nihil ferarum. — 13 *der duz,* der Schall. — 11 ff. vgl. Ger-
velin (v. d. Hagen's Minnesinger, 3, 37): *aller sælden fluz der müeze in ir
herze fliezen.* — 13 zu *louf* gehört in der folgenden Zeile *erhelle:* es wird
damit der helle, rechtzeitige Anschlag des Spürhundes, das weit hörbare
Klaffen der verfolgenden Meute gemeint, was zusammen mit dem Schalle
des Hifthorns die Herzensfreude des Jägers ausmacht, vgl. Uhland in der
Germania 1, 11. 12. — 14 *nâch êren,* so daß es ihm Ehre bringt oder wie
es seiner Ehre gebührt.

106.

AN DEN HERZOG VON KÄRNTEN.

I.

Durch diesen Spruch wird ein neuer Ton eingeleitet, den Simrock ich glaube ohne zureichenden Grund, den zweiten Ottenton nennt. Er reicht bis Nr. 122 und wird zumeist zur Rüge, namentlich zu scharfen Sprüchen gegen Rom verwendet.

Die vier zunächst folgenden Strophen (Nr. 106—108) sind in Kärnten und wahrscheinlich vor 1211 gedichtet. Sie haben das Gemeinsame, daß sie der Abwehr unwahrer Schmähungen und Verdächtigungen gelten. Der edle Kärntner, dessen Gaben Walther oft empfangen zu haben bekennt, ist Herzog Bernhard, der von 1202—1256 regierte. An seinem Hofe ist es dem Dichter nicht wohl geworden; Zerwürfnisse mit dem Herzog, Verläumdungen von Seite seiner Beamten und Zurücksetzungen aller Art verleideten ihm den Aufenthalt und weckten die Sehnsucht nach dem wonniglichen Hof von Wien.

Der Sinn des ersten Spruchs ist folgender. Bernhard ist unwillig über Walther, weil er glaubt, daß der Dichter ihm zürne und ihm die Schuld unmilder Behandlung zuschiebe. Der Herzog hatte ihm neue Kleider versprochen, die ihm aber sein Kämmerer vorenthielt. Gegen diesen solle er seinen Zorn richten, sie seien beide ohne Schuld.

Ich hân dès Kerendæres gâbe dicke enpfangen:
wil ér durch éin vermissen bieten mir alsò diu wangen?
er wænet lihte, daz ich zürne: nein ich niht.
im íst geschéhen daz nóch vil manegem milten man geschiht!
was mir lihte leide, dò was ime noch leider.   5
dò er mir geschaffen hâte kleider,
daz man mir niht engap, dar umbe zürne er anderswâ.
ích weiz wól, swer willeclichen sprichet jâ,
der gæbe ouch gerne, und wære ez danne dâ:
dirre zorn ist âne schulde weiz got unser beider.   10

2 ein im Gegensatz zu dicke: ein einziges. vermissen, Versehen; Missverständniss. einem diu wangen bieten, jemand von der Seite, schel, ansehen, sich ihm abwenden, vgl. Nr. 68, 32. — 6 schaffen, bestellen; geschaffen, zu geben befohlen. — 7 er richte den Zorn anderswohin. — 9 und, wenn. dâ, vorhanden. — 10 an diesem Zerwurfniss sind wir beide weiß Gott unschuldig.

14*

II.

Einige feile Hofschranzen in der Umgebung des Herzogs suchten
den Dichter, indem sie seinem Gesang eine falsche Deutung gaben und
ihn verdächtigten, um die Gunst ihres Herrn zu bringen. Walther be-
klagt sich darüber bei letzterm und fordert ihn auf, die Sache selbst näher
zu prüfen.

In wéiz wem ich gelîchen muoz die hovebellen,
wan den miusen, die sich selbe meldent, tragent sie schellen
des leckers «her», der miuse klanc, kumt s' ûz ir klûs.
sô schrîen wir vil lîhte: «ein schalc, ein schalc! ein mûs,
                                                ein mûs!»
edel Kerendære, ich sol dir klagen sêre,   5
milter fürste, marterære umb' êre,
i'n wéiz wer mir in dinem hove verkêret mînen sanc.
lâz' ich ez niht durch dich und ist er niht ze kranc,
sô swinge im einen swinden widerswanc.
vrâge, waz ich habe gesungen, daz er mir'z verkêre.   10

1 *hovebelle*] *belle* swm., Hund, mit verächtlichem Nebenbegriff; *hovebelle*
also wol eine schimpfliche Benennung für Höfling, Hofschranze. —
2 *melden*, verrathen. «Wie eine Maus, der man eine Schelle angebunden
hat, sich selber verräth, so braucht ein Lecker (Schmeichler) nur sein
dienstfertiges 'Herr' zu sagen und man merkt gleich, daß es ein Schalk
ist, der redet.» Wackernagel. — 4 *ein mûs, ein mûs*] dazu halte man fol-
gende Stelle aus Windek's Sigmund ('Wiener Handschrift, Bl. 299b): *wenn
siu* (die feilen Dirnen) *des abendes ûf der gassen loufen, schrîyent die kna-
ben: «ein mûs, ein mûs! wil's iemant koufen!»* — 6 *marterære*, der Marter
leidet, sich müht, plagt (um die Ehre). — 8 schone ich ihn nicht um deinet-
willen und ist er mir nicht zu schwach, zu gering, zu verächtlich. —
9 Alliteration, vgl. Nr. 164, 5. *widerswanc*, das Zurückschwingen: so ver-
setze ich ihm einen raschen Gegenschlag, zahle es ihm heim; vgl. Nr. 165, 5.
Das Pron. *ich* ist zu ergänzen. — 10 erkundige dich, was ich denn (so
Schlimmes) gesungen habe, daß er es mir verkehren, übel auslegen könne.

107.

BERUFUNG AN HERZOG LEOPOLD.

Walther erkennt, daß bei dem einreißenden Verfalle der Zucht und
Kunst ohne Schärfe und Gewalt nicht mehr durchzukommen ist. Die
Verdächtigungen seien empörend; wenn es indes sein müsse, so könne
auch er damit aufwarten. Doch will er vorerst noch dort seine Klage
erheben, wo er singen und sagen gelernt: in Œsterreich; finde er dort,
bei Leopold, Hilfe, so sei sein Unmuth wieder besänftigt.

Nû wil ich mich des scharpfen sanges ouch genieten:
dâ ich ie mit vorhten bat, dâ wil ich nû gebieten.
ich sihe wol, daz man hêrren guot und wibes gruoz
gewaltecliche und ungezogenliche erwerben muoz
singe ich minen höveschen sane, sô klagent si'z Stollen: 5.
dêswâr ich gewinne ouch lihte knollen;
sit sie die schalkeit wellen, ich gemache in vollen kragen.
ze Österriche lernde ich singen unde sagen,
dâ wil ich mich allerêrst beklagen:
vind' ich an Liupolt höveschen trôst, so'st mir min muot
                                            entswollen.   10

---

1 *scharpf*, scharf, schneidend. *sich genieten* c. gen., sich befleißen. —
2 wo ich stets nur furchtsam gebeten habe, da will ich nun befehlen. —
5 *Stolle*] damit ist wol einer von den unhöfischen Verkehrern seines Ge-
sanges am Kärntner Hofe gemeint. — 6 *der knolle* swm., unförmlicher Aus-
wuchs, tumor; *kn. gewinnen*, bildlich: vor Zorn aufschwellen, zornig wer-
den. — 7 *krage* swm., Schlund, Hals, Rachen: nachdem sie Bosheit
wollen, so stopfe ich ihnen den Rachen voll, sollen sie vollauf haben. —
10 *an*, bei. *muot*, erregte Stimmung, Zorn. *entswellen*, abschwellen: so
legt sich mein Zorn.

108.

AN DENSELBEN.

Walther verwünscht feierlich die Störer des höfischen Gesanges und
der Freude. Trotz seiner lange geübten edeln Kunst sehe er sich bei
Hofe verdrängt und geschwächt; seine einzige Hoffnung beruhe auf Her-
zog Leopold: wenn dieser nicht Hilfe schaffe, so werde auch er seinen
Sang verkehren.

In numme dumme! ich wil beginnen, sprechet âmen
(daz ist guot für ungelücke und für des tievels sâmen),
daz ich gesingen müeze in dirre wise alsô,
swer höveschen sanc und freude stœre, daz der werde unfrô.
ich hân wol und hovelichen her gesungen: 5
mit der hövescheit bin ich nû verdrungen,
daz die unhöveschen nû ze hove genæmer sint dann' ich:
daz mich êren solte, daz unêret mich.
herzóge úz Ósterríche, fürste, sprich!
du enwendes mich's alleine, sô verkêre ich mine zungen.   10

---

1 *In numme dumme*, althergebrachte und volksmäßig gewordene Zu-
sammenziehung und Umwandlung von: *in nomine domini*, als Segens- und
Verwunderungsruf. — 5 *wol*, gut, trefflich, schön. *hovelichen* adv., hof-
gemäß. *her*, bis daher. — 7 *genæme*, gratus. — 10 es sei denn, daß du
mich davon abhältst, so singe auch ich unhöfisch: du allein kannst es
verhindern, daß.

109.

THÜRINGEN'S BLUME.

Wir finden hier Walthern im Dienste des Landgrafen Hermann von
Thüringen, wohin er sich wahrscheinlich von Kärnten aus, wo seines
Bleibens nicht länger war, gewendet hatte. Nach den daselbst gemach-
ten bittern Erfahrungen, auf die hier deutlich angespielt wird, freut er
sich endlich bei dem Fürsten Aufnahme gefunden zu haben, dessen
Milde, beständiger als bei andern und keiner Laune unterworfen, sich
im Sommer und Winter, jetzt wie früher, unveränderlich gleich bleibt.

Ich bin des milten lántgráven ingesinde:
ez ist min site, daz man mich iemer bî den tiursten vinde.
die andern fürsten alle sint vil milte, iedoch
sô stæteclichen niht: er was ez ê und ist ez noch.
dâ von kan er baz dan sie dernâte gebâren: 5
er enwil dekeiner lûne vâren.
swer hiure schallet unde ist hin ze jâre bœse als ê,
dés lop grnonet unde valwet sô der klê.
der Dürnge bluome schinet durch den snê:
sumer und winter blüet sin lop als in den êrsten jâren.   10

---

1 *daz ingesinde*, Hofdienerschaft; Diener. — 2 bei den Trefflichsten,
Besten. — 4 *stæteclichen* adv., ausdauernd, dauerhaft. — 5 *kan*, versteht,
weiß. *dernâte gebâren*, damit, mit der Milde umgehen. — 6 *diu lûne*, von
luna, die Mondphase, Wechsel; Laune. *vâren* c. gen., nach etwas trach-
ten, streben. Er will sich nicht nach dem Mondwechsel richten, gibt sich
keinen wechselnden Gemüthsstimmungen hin. — 7 *schallen*, übermuthig,
üppig leben. *hin ze jâre*, übers Jahr. *bœse*, karg. — 8 *valwen*, fahl wer-
den, welken. — 9 *der bluome* swm., die Blume. *Dürnge=Dürinje* gen. pl.
von *Dürinc*, der Thüringer. *schinet*, leuchtet.

110.

DER RŒMISCHE STUHL.

«Pabst Innocenz III. wird mit Sylvester II., vorher Gerbert genannt, verglichen, der von 999—1003 auf dem päbstlichen Stuhle saß und wegen seiner naturwissenschaftlichen und mechanischen Kenntnisse für einen Schwarzkünstler galt. Wenn dieser (den nach bekannter Sage der Teufel holte) nur sich selbst, durch seine Zauberei, ins Verderben gebracht, so bringe der jetzige Pabst mit sich die ganze Christenheit zu Falle.» Uhland.

Der stuol ze Rôme ist allerêrst berihtet rehte
áls hie vor bi einem zouberære Gẽrbrẽhte.
der gap ze valle niwet wan sîn eines leben:
sô wil sich dirre und al die kristenheit ze valle geben.
wan rüefent alle zungen hin ze himele wâfen   5
und frâgent got, wie lange er welle slâfen?
sie widerwürkent sîniu werc und velschent sîniu wort:
sîn kamerære stilt im sinen himelhort,
sîn süener roubet hie und mordet dort,
sîn hirte ist z'einem wolve im worden under sîneu schâfen.   10

1 *allerêrst*, nun erst. *berihten*, wohl versehen, besetzen. — 2 gleichwie vorher, einst. *bî.* mit, durch. — 3. 4 *val*=Fall in die Hölle. *ze valle geben*, ins ewige Verderben stürzen. *niwet wan*, nichts als. — 5 *wan*, quin, warum nicht. Warum rufen nicht u. s. w.; vgl. Mhd. Wörterbuch, 3, 499. 500. *wâfen*, Hilfs- und Wehruf. — 6 *slâfen*, nach alttestamentlicher Ausdrucksweise (Psalm 44, 24) =ruhig zusehen. — 7 *widerwürken*, entgegenwirken, hintertreiben, vereiteln. — 8 *sîn kamerære*, Schatzmeister=der Pabst. *himelhort*, der Schatz göttlicher Gnade, welchen der Pabst auf Erden verwalten und austheilen sollte, den er aber zu seinem eigenen Nutzen verwendet. — 9 *süener*, Richter, Mittler, Friedensstifter: der Frieden stiften, also Mord und Raub hinaushalten sollte, übt beides selbst.

111.
DER VERFÜHRER.

Wider den Ablaßhandel und die Simonie unter Pabst Innocenz. Unter den Bischöfen und edeln Pfaffen, die hier aufgefordert werden, sich den päbstlichen Verführungskünsten zu entziehen, wird die höhere deutsche, unter den Cardinälen die römische Geistlichkeit verstanden. Die Schlußzeilen schildern die Bereicherung Roms im Gegensatze zu dem Verfall der deutschen Kirche.

Ir bischov' unde i edeln pfaffen, ir sit verleitet.
seht wie iuch der bâbest mit des tievels stricken seitet!
saget ir uns, daz er sant Pêters slüzzel habe,
sô saget, war umbe er sine lêre von den buochen schabe?
daz man gotes gâbe iht koufe oder verkoufe,   5
daz wart uns verboten bi der toufe.
nû lêre êt'z in sin swarzez buoch, daz ime der hellemôr
hât gegeben, und ûz im lese êt sinin rôr.
ir kardenæle, ir decket iuwern kôr:
ûnser alter frône der stêt undr einer übelen troufe.   10

---

1 *verleiten*, irre führen. — 2 *seiten*, stricken, fesseln; ahd. *der seito*. laqueus, *beseidôn*, inlaqueare, bestricken. — 4 *sine lêre*, S. Petri Vorschriften; vgl. Acta Apost. 8, 20. *von den buochen schaben*, aus den Büchern (der Bibel) tilgen. — 5 *gotes gâbe*, donum dei, nicht allein die Sacramente, sondern alle andern kirchlichen Wohlthaten. — 6 *bî*, beschwörend: so wahr wir Christen sind. — 7. S *êt'z* *-êht ez:* nun möge es ihm auch lehren; nun möge er aus ihm zusammenlesen. *swarzez buoch*, Zauberbuch, aus dem die Schwarzkunst, die Nigromantie, gelernt wird. *der hellemôr*, der Teufel. — 8 *rôr* ist schwierig zu deuten, aber auf das Folgende, auf die Bedeckung des Chors durch Schilfrohr, hat es kaum einen Bezug; eher sind Rohrpfeifen gemeint, womit man Leichtgläubigen etwas vorpfeilt, Künste, die zur Bethörung Schwacher aus Zauberbüchern gelernt werden. — 9 *iuwern kôr*, euern Chor, die römische Kirche, schützt ihr vor Sturm und Regen. — 10 *alter frône=frône alter*, der heilige, der Hochaltar: der wichtigste Theil für das Ganze: die Kirche. Dasselbe Bild, das Walther hier braucht, steht schon unter den Vorwürfen, welche die Wälschen gegen den Papst Johannes XII. (den K. Otto im J. 963 absetzte) erhoben haben: *testes sunt sanctæ apostolorum ecclesiæ, quæ non stillatim pluriam, sed totum in'rinsecus supra ipsa etiam sacrosancta altaria imbrem admittunt* (s. Lachmann's 3. Ausg., S. 157).

112.

ÜBLE NACHFOLGE.

Mit bitterer Ironie beschuldigt der Dichter den Pabst, an dem gegen-
wärtigen unbehaglichen Zustand der Christenheit schuld zu sein, indem
er durch seinen unväterlichen Vorgang die Gläubigen zur Habsucht, zu
Lug und Trug verleite.

Wir klagen alle und wizzen doch niht waz uns wirret,
daz uns der bâbest, unser vater, alsus hât verirret.
nû gât er uns doch harte vaterlichen vor:
wir volgen ime und komen niemer fuoz ûz sinem spor.
nû merke, werlt, waz mir dar ane missevalle.   5
gîtset er, sie gitsent mit im alle,
liuget er, sie liegent alle mit im sîne lüge,
und triuget er, sie triegent mit im sîne trüge.
nû merket, wer mir daz verkêren müge.
sus wirt der junge Jûdas mit dem alten dort ze schalle.   10

---

1 was uns in Verwirrung bringt, stört, fehlt. — 3 *harte vaterlichen*,
sehr väterlich, natürlich ironisch zu verstehen. — 4 wir folgen ihm (wie
gute Kinder). *niemer fuoz*. keinen Schritt. *daz spor*, die Spur, Fuß-
stapfen. — 5 *dar ane*=an diesem väterlichen Verhältniss. — 6 *gîtsen*, hab-
gierig sein, geizen, von *gît*, Habsucht, Geiz. — 8 *diu trüge* stf., Betrug. —
9 nun gebt acht, wer mir dies übel auslegen, verdrehen könne. — 10 auf
diese Weise wird der neue Verräther, gleich dem alten, *ze schalle*, ins
Gerede kommen, sich verrathen.

113.

WIDERSPRUCH IN WORT UND WERK.

Wie das schlimme Beispiel der Geistlichkeit auch die Laien irre machen und verderben müsse, führt der Dichter in den beiden folgenden Sprüchen weiter aus.

Diu kristenheit gelepte nie sô gar nâch wâne:
die sie dâ lêren solten, die sint guoter sinne âne.
es wær' ze vil und tæte ein tumber leie daz.
sie sündent âne vorhte, dar umb' ist in got gehaz.
sie wisent uns zem himel und vârent sie zer helle:　　5
sie sprechent, swer ir worten volgen welle
und niht ir werken, der si âne zwîvel dort genesen.
die pfaffen solten kiuscher dan die leien wesen:
an welhen buochen hânt sie daz erlesen,
daz sich sô maneger flizet wa er ein schœnez wip vervelle?　10

1 *nie sô gar*, nie so sehr (wie jetzt). *nâch wâne*, aufs Ungewisse, ohne zu wissen, wie es kommen wird, wo es hinaus soll. — 2 guter Absicht, Gesinnung bar. — 3 *es* gen., dessen. Das wäre zu stark, selbst wenn es ein einfältiger, unerfahrener Laie thäte. — 4 *gehaz*, feind. — 5 uns weisen sie zum Himmel, sie fahren zur Hölle. — 7 *dort genesen*, jenseits gerettet. — 9 *erlesen*, herauslesen — wo steht das in der Bibel? — 10 *sich flizen*, sich mit Eifer auf etwas verlegen. *vervellen*, zu Falle bringen.

114.

BŒSES VORBILD.

———————

Swelch herze sich bî disen zîten niht verkêret,
sît daz der bâbest selbe dort den ungelouben mêret,
dâ wont ein sælic geist und gotes minne bî.
nû seht ir, waz der pfaffen werc und waz ir lêre sî.
êdes dô was ir lêre bî den werken reine: 5
nû sint sie aber anders sô gemeine,
daz wir s' unrehte würken sehen, unrehte hœren sagen,
die uns guoter lêre bilde solten tragen.
des mugen wir tumbe leien wol verzagen:
wæn' aber mîn guoter klôsenære klage und sêre weine.   10

———————

1 *sich verkêren*, sich vom Rechten abwenden, in Unglauben verfallen.
— 2 *sît*, nachdem, da. *dort*, in Rom. — 3 *dâ bî wont*, dem wohnt bei,
inne. — 5 *êdes*, vordem. *bî*, mit, sammt. Zugleich mit den Werken: Wort
und Werk gleich rein. — 6 nun sind sie aber in anderer Weise derart
gemeinsam: stimmen Wort und Werk darin überein, daß wir sie, die uns
mit gutem Beispiel vorangehen sollten, schlecht reden und schlecht handeln
sehen. — 9 *tumbe*, ungelehrte. — 10 *aber*, wiederum. Über den *klôsenære*
vgl. die Anmerkung zu Nr. 81''', 22.

115.

DER WÄLSCHE SCHREIN.

Dieser und der folgende Spruch fallen ins J. 1213. «Im Jahre vorher erließ Innocenz zu besserer Förderung der Kreuzzüge eine Verfugung. man solle in allen Kirchen Opferstöcke *(truncos)* aufstellen, um darin Bei steuern zur Wiedererlangung des heiligen Landes zu sammeln. Der Stock solle drei Schlösser haben und die Schlüssel dazu einem Priester, einem Laien und einem Ordensgeistlichen anvertraut werden; die Verwendung des Geldes aber sollte nach dem Gutbefinden derer geschehen, denen die Sorge dafür übertragen wäre. Walther erblickt jedoch in dieser Anordnung nichts als Habsucht: der Pabst wolle nur deutsches Silber in seinen wälschen Schrein schütten.» Simrock 2, 145.

Ahi wie kristenliche der bâbest unser lachet,
swenne er sinen Walhen seit, wie er'z hie habe gemachet.
daz er dâ redet, er'n solte es niemer hân gedâht:
er gibt: «ich hân zwên' Alman under éine krône brâht,
daz si'z riche stœren, brennen unde wasten.   5
al die wile fülle ich mine kasten.
ich hân s' an mînen stoc gement: ir guot wirt allez min,
ir tiutschez silber vert in mînen welschen schrin.
ir pfaffen, ezzet hüenr und trinket win
und lât die tœrschen tiutschen leien . . . . vasten.»   16

---

1 über uns lacht. — 2 *der Walch*, gen. *des Walhes*, der Gallier, Italiener, Wälsche. Mit Hohn und Selbstgefälligkeit erzählt, wie er es hier, in Deutschland, zu Stande gebracht. — 3 *es*, dessen; daran. — 4 *zwên' Alman*] verächtlich: zwei Deutsche, nämlich Otto und Friedrich II. — 5 *stœren*, in Verwirrung bringen. *wasten*, vastare, verwüsten. — 6 *al die wile*, während der Zeit, inzwischen. — 7 *gement* part. præt. von *menen*, vorwärts treiben, führen, namentlich von Pferden und Zugvieh. — 10 *tœrsch, tœresch* adj., thöricht.

116.

DER OPFERSTOCK.

« Noch nachdrücklicher als im vorigen Spruche sagt Walther in die-
ser an den Opferstock gerichteten Anrede: der Stock sei nur ausgeschickt,
ob er in Deutschland gutwillige Thoren finde, die den Pabst bereichern,
denn ins heilige Land zu Gottes Hilfe werde des Silbers nicht viel ge-
langen.

Von welcher Wirkung diese Sprüche waren, wie sie sich sogar bis
über die Grenzen Deutschlands hinaus verbreitet haben, bezeugt Tho-
masin von Zercläre, ein friaulischer Dichter, der in seinem 1215—16 ge-
dichteten 'Wälschen Gast' (ed. Rückert, V. 11163—11250), natürlich von
welfischem Standpunkt, bemerkt : Schwer habe sich jener gute Knecht am
Pabst vergangen, der gesprochen, derselbe wolle mit dem deutschen Gut
nur seinen wälschen Schrein füllen. Dichter sollten wie Prediger ihre
Worte wohl in Hut haben, daß man sie nicht verkehren könne. Mit die-
ser éinen Rede seien Tausende bethört worden, daß sie Gottes und des
Pabstes Gebot überhört hätten. » Simrock a. a. O.

Sagt an, hêr Stoc, hât iuch der bâbest her gesendet,
daz ir in richet unde uns Tiutschen ermet unde pfendet?
swenn' im diu volle mâze kumt ze Laterân,
sô tuot er einen argen list, als er ê hât getân:
er seit uns danne, wie daz riche stê verwarren,   5
unz in erfüllent aber alle pfarren.
ich wæn' des silbers wênic kumet ze helfe in gotes lant:
wan grôzen hort zerteilet selten pfaffen hant.
hêr Stoc, ir sit ûf schaden her gesant,
daz ir ûz tiutschen liuten suochet tœrinn' unde narren.   10

1 hêr Stoc, truncus, personificiert, wie hêr Meie Nr. 5, 30 u. s. w. —
2 daz, auf daß, damit. richen, reich, ermen, arm machen. — 3 diu volle
mâze, das gefüllte Maß, die große Menge Geldes. — 4 tuot, vollführt. der
list, Kunststück. — 5 verwarren, dialektische, vorzugsweise österreichische
Form = cerworren. — 6 aber, abermals. Bis er aus allen Pfarreien aber-
mals (gleich einem unersättlichen Schlemmer) gefüllt wird. — 8 zerteilen,
austheilen. — 9 ûf schaden, zum Nachtheil.

117.

WIRTH UND GAST.

Walther ist des unsteten heimatlosen Wanderlebens müde geworden, es verdreßt ihn, immer die Gastfreundschaft Fremder in Anspruch nehmen zu müssen und niemals selbst als Hauswirth Gäste empfangen zu können. Er sehnt sich nach einem Heimwesen und wendet sich deshalb bittend an K. Otto. Nach der Anspielung in der letzten Zeile geschah dies zu einer Zeit, als schon der Gegenkönig, der ihm Schach bot, auf dem Plane stand (s. Rieger S. 23), also im J. 1212.

«Sit willekomen, hêr wirt!» dêm gruoze muoz ich swigen:
«sit willekomen, hêr gast!» so muoz ich sprechen oder nigen.
wirt unde heim sint zwêne unschameliche namen :
gast unde hereberge muoz man sich vil dicke schamen.
noch müez' ich geleben, daz ich den gast ouch grüeze   5
sô dáz er mir, dem wirte, danken müeze.
«sit hinaht hie! sit morgen dort!» waz gougelfuore ist daz?
«ich bin heime» ode «ich wil heim», daz trœstet baz.
gast unde schâch kumt selten âne haz:
ir buezet mir des gastes, daz iu got des schâches buoze.   10

1 wirt, Hausherr, Wirth des Hauses. — 1. 2 der Sinn ist: werde ich als Wirth begrüßt, so muß ich schweigen u. s. w., d. h. ich werde nie als Wirth, stets nur als Gast, Fremdling begrüßt, weil ich kein eigenes Heimwesen habe, in welchem ich als Wirth Gaste empfangen konnte. — 2 nigen, sich dankend verneigen. — 3 daz heim, das eigene Haus, Heimwesen. unschamelich, dessen man sich nicht schämen muß; während u. s. w. — 4 Wegen der Construction des Satzes vgl. die Anmerkung zu Nr. 119, 5. — 5 möchte ich's noch erleben. — 7 hinaht, Contraction aus hia naht: diese (die kommende) Nacht. gougelfuore, das Treiben eines Gauklers, Jongleurs, Spielmanns; was ist das für ein Gauklerleben? — 8 heime, heim, zu und nach Hause. — 9 schâch stn., Schach. âne haz, beliebt, willkommen. — 10 ir buezet imper. = büezet ir. büezen c. dat. und gen., befreien, erlösen von etwas. Das Gegenüberstehen der beiden Könige Otto und Friedrich wird dem Schachspiele verglichen : der Dichter wünscht jenem, daß ihm dieser kein Schach biete. Diese Zeile drückt genau dasselbe aus, wie in Nr. 149 V. 10.

118.

GUT GEHT VOR EHRE.

Klage über den zunehmenden Hang nach Geldcrwerb. Einst habe
man die Ehre dem Gelde vorgezogen: nun herrsche dieses und habe den
Vortritt vor jener bei Frauen und Fürsten. Ihm mißt der Dichter die
Schuld bei an dem traurigen Zustand des Reiches.

Ich hân gemerket von der Seine unz an die Muore,
von dem Pfâde unz an die Trabe erkenne ich al ir fuore:
diu meiste ménege enruochet wie si erwirbet guot.
sol ich'z alsô gewinnen, sô ganc slâfen, hövescher muot.
guot was ie genæme, iedoch sô gie diu êre   5
vor dem guote; nu ist daz guot sô hêre,
daz ez gewalteclichen vor ir zuo den frouwen gât,
mit den fürsten zuo den künegen an ir rât.
sô wê dir, guot, wie rœmisch riche stât!
du enbist niht guot, dû habest dich an die schande ein teil
                              ze sêre.   10

1 *gemerket*, beobachtet, wahrgenommen. *Muore*, die Mur in Steier-
mark. — 2 *Pfât*, gen. *Pfâdes*. Padus, der Po. *Trabe*, die Trave. *fuore*,
Lebensweise. — 3 *diu meiste menege*, die Mehrzahl kümmert sich nicht, es
ist ihr gleichgültig, auf welche Weise sie Geld erwirbt. — 4 *alsô*, auf eben
solche Weise. *ganc* imper., geh. — 6 *hére*, vornehm; alles beherrschend. —
7 *vor ir*, vor der Ehre (den Vortritt hat). — 10 *du enbist niht guot*, Wort-
spiel: Gut, du bist nicht gut, schändest deinen Namen. *habest*, hältst.
ein teil ze sére, etwas gar zu viel, sehr.

119.

DREI GASTLICHE HÖFE.

Der Dichter nennt in lobender Weise dreier Fürsten Höfe. So lange
er diese weiß, darf es ihm um Unterhalt nicht bange sein: er findet dort
stets eine gedeckte Tafel. Der Spruch fällt nach 1219. Wir ersehen
daraus, daß er bei Herzog Leopold den höfischen Trost, um den er in
Nr. 107 gebeten, wirklich gefunden hatte.

Die wile ich weiz dri hove sô lobelicher manne,
sô ist min win gelesen unde süset wol min pfanne.
der biderbe patriarche missewende fri
der ist ir einer, so ist min hövescher trôst zehant dâ bi
Liupolt, zwir ein fürste, Stire und Österriche.   5
niemen lept, den ich zuo deme geliche:
sin lop ist niht ein lobelin: er mac, er hât, er tuot.
sô ist sin veter als der milte Welf gemuot:
des lop was ganz, ez ist nâch tôde guot.
mir st vil unnôt, daz ich durch handelunge iht verre striche.   10

1 *Die wile*, so lange. — 2 *gelesen*, d. h. bereit, im Keller. *sûsen*,
sausen, vom Knistern der Bratpfanne. Der Sinn ist, so kann es mir
weder an Speise noch Trank fehlen. — 3 *missewende fri*, tadel-, makel-
los, vgl. Nr. 40, 10. Unter dem biedern Patriarchen ist Graf Berthold
von Andechs gemeint, seit 1218 Patriarch von Aquileja, politisch vielfach
thätig, von Gregor IX. gebannt, † 1251. Nach der jetzt aufgefundenen
Notiz im Reisebuch Wolfgers von Passau, der 1204—1218 Patriarch von
Aquileja war, wird man eher an diesen als an Berthold denken dürfen
und daher den Spruch vor 1218 setzen. Der Sinn ist: *zwir ein fürste*, zweimal ein
Fürst, näml ch von Steiermark und Österreich; beide letztero Namen
stehen unflectiert, wie *gast* und *herzoge* Nr. 117, 4. — 6 *geliche* conj., ver-
gleichen könnte. Ich weiß keinen Lebenden mit ihm zu vergleichen —
7 *lobelin*, kleines Lob. Das Lob, das ich ihm spende, ist kein halbes, son-
dern ein ganzes: nicht nur ist er reich und kann geben, sondern er gibt
auch. — 8 *sin veter*] darunter ist sein Oheim (Vatersbruder), Herzog Hein-
rich, gemeint; er wohnte in Mödling bei Wien und † 1223. *der milte Welf*]
Welf VI. (der letzte) von Baiern, † 1191 zu Memmingen, wo er seit 20 Jah-
ren ein schwelgerisches Leben geführt und seine großen Güter in Italien
und Deutschland vergeudet hatte. — 9 *ganz*, vollkommen. *und ist nâch
tôde guot*, und überdauert seinen Tod. — 10 *mir ist unnôt*, ich habe nicht
nöthig. *durch handelunge*. um Bewirthung willen. *verre strichen*, in die
Ferne schweifen, weit gehen.

120.

HÖFISCHES VERHALTEN.

In diesem Spruche, der nach der Rückkehr Leopold's aus Palästina 1219 gedichtet ist, wird die Kargheit des österreichischen Adels gerügt und von diesem verlangt, daß er sich nach dem Herzog nicht bloß im Sparen, sondern auch im Geben richten solle.

Dô Liupolt sparte ûf gotes vart. ûf künftig' êre,
sie behielten alle samt, sie volgten sîner lêre:
sie zuhten ûf. alsam sie niht getorsten geben.
dáz was billich, man sol iemer nâch dem hove leben.
daz s'in an der milte iht überhœhen wolten,   5
wol in des! sie tâten als sie solten:
die helde ûz Österriche heten ie gehoveten muot.
sie behielten durch sîn êre, daz was guot.
nû geben durch sîn êre, als er nû tuot!
si'n leben nâch dem hove nû, so ist euiu zuht bescholten. 10

---

1 *ûf gotes vart*, für den Kreuzzug und die damit zu erwerbende Ehre. — 2 *sîner lêre*, seinem Beispiel. — 3 *ûf zucken*, zurückhalten; als ob sie nicht zu geben wagen dürften. — 4 *billich*, recht, in der Ordnung. *nâch dem hove leben*, das Leben nach dem Hofe einrichten. — 5 *iht = niht*. *überhœhen*, überbieten, -treffen. — 7 *gehoveter muot*, höfische, hofmäßige Gesinnung. — 8 *behalten*, sparen. *durch sîn êre*, um sein Ansehen nicht zu schmälern. — 9 *geben* conj. opt., nun mögen sie aber auch geben. — 10 wenn sie nun nicht ebenfalls dem Beispiele Leopold's folgen, so ist jenes (frühere) höfliche, rucksichtsvolle Benemen herabgesetzt, verkleinert *euiu = jeniu*.

121.

VERWÜNSCHUNG.

Walther läßt uns in dieser Strophe einen hübschen Blick werfen in den vertraulichen Verkehr zwischen ihm und Leopold. Der Herzog hatte ihn in den Wald gewünscht, d. h. vom Segen des menschlichen Fleißes, vom Sitze der Cultur und des geselligen Verkehres weg in die von Menschenhand noch unberührte, unangebaute Wildniss, in das harte Leben roher Bauern. Der Dichter entgegnet, indem er mit Scherz und Wortspiel den Wunsch zurückgibt (s. Wackernagel in der Zeitschrift f. d. Alterthum. 2, 537 ff.).

Herzóge úz Ôsterriche, lâ mich bî den liuten.
wünsche mir ze velde, niht ze walde, ich'n kan niht riuten.
sie sehent mich bî in gerne, alsô tuon ich sie.
dû wünschest underwîlent biderbem man, du'n weist niht wie.
wünsches dû mir vón in, sô tuost dû mir leide;   5
vil sælic sî der walt, dar zuo din heide:
diu müeze dir vil wol gezemen. wie hâst dû nû getân,
sît ich dir an din gemach gewünschet hân
und dû mir an mîn ungemach? lâ stân!
wis dû von in, lâ mich bî in, sô leben wir sanfte beide.   10

---

1 In *liuten* und *walt* ist Wackernagel versucht, ein Wortspiel mit *Liutpolt* und *Walther* zu erblicken. — 2 wunsche mich auf bebautes Feld, dahin wo Menschen hausen. *riuten*, reuten, den Wald ausroden. — 3 *tuon* vertritt im Mittelhochdeutschen sehr häufig das vorausgegangene Verbum, hier also — sehe. — 4 du wünschest zuweilen einem braven Manne, du weißt selbst nicht was. — 5 *von in*, von ihnen, den Leuten, weg. *leide*, Ubles. 6 Wald und Heide passen für dich; vielleicht eine Anspielung auf Leopold's Jagdlust. *sælec sî*: Formel des ablehnenden Dankes. Vgl. Kudrun 1225, 1. 1233, 1. 11. Ernst 4991 B. — 7 f. wie konntest du mir Unangenehmes wünschen, nachdem ich dir Angenehmes gewunscht habe? — 8 *gemach* ist Annehmlichkeit, Bequemlichkeit; *ungemach* das Gegentheil. — 9 *lâ stân*, hör' auf. — 10 *wis*, sei: bleib du von den Leuten. *sanfte*, angenehm, behaglich.

122.

MANNES LOB.

Der Worth des Mannes beruht nicht auf körperlicher Schönheit,
sondern auf innerer Tüchtigkeit. Nicht nach dem äußern Scheine soll
man die Menschen loben, sondern in ihr Herz schauen muß, wer sie
kennen lernen will.

An wibe lobe stêt wol, daz man sie heize schœne:
manne stêt ez übel, ez ist ze wich und ofte hœne.
küene und milte und daz er dar zuo stæte sî,
so ist vil gar gelobet, den zwein stêt wol daz dritte bî.
wil ez iu niht versmâhen, sô wil ich'z iuch lêren, 5
wie wir loben suln und niht unêren.
ir müezet in die liute sehen, welt ir s' erkennen wol:
nieman ûzen nâch der varwe loben sol.
vil manic môre ist innen tugende vol:
wê wie wiz der herzen sint, der sie wil umbe kêren! 10

1 Beim Lob der Frauen passt es sich. — 2 dem Manne. *wich*, ein
bis jetzt unerklärtes Wort. Lachmann meinte, es solle *weich* oder *wîz*
heißen; *wich* oder *wiech* ist, wie mir ein Zuhörer aus St. Paul in Kärnten
mittheilt, ein noch jetzt dort übliches Wort und bedeutet, zunächst von
Speisen, unangenehm süßlich, dann auch von Menschen: süßlich, fade,
stutzerhaft. *hœne*, kränkend, verletzend. — 4 wenn man von ihm sagt,
daß er u. s. w., das ist vollauf gelobt. — 5 wenn es euch nicht verdrießt,
zuwider ist. — 6 wie wir loben sollen, daß es nicht zur Unehre gereicht. —
7 *erkennen*, richtig beurtheilen. — 8 *nâch der varwe*, nach dem äußern
Schein. — 10 *der herzen*, nämlich der Mohren. *der* = wer, wenn einer.

123.

AN DIE JUGEND.

Ermahnung an die junge Welt, sich Zügel anzulegen und das Trachten nach irdischen Glücksgütern, die nur auf Erden erfreuen, aber jenseits der Seele zu immerwährendem Leid gereichen, nicht zu tief Wurzel fassen zu lassen, sondern nach Tugend, Gottesfurcht und Achtung vor der Religion zu streben, und allem diesem durch Verehrung der Frauen die Krone aufzusetzen.

—

Vil tumbiu werlt, ziuch dinen zoum, wart' umbe, sich!
wilt dû lân loufen dinen muot. sin sprunc der vellet dich:
der'st manicvalt in dinem herzen umbe hort.
der freut dich hie und ist ein werendez leit der sêle dort.
lâ rehten sin den bœsen muot von dir vertriben;   5
dû minne got, sô maht dû wol beliben;
wirp umbe lop mit rehter tuoge, und wellest dû genesen;
den bœsen rœten solt dû gar unheimlich wesen;
geloube swaz die pfaffen guotes lesen.
wilt du'z dann' allez übergülden, sô sprich wol von wiben. 10

———

1 *tump*, unerfahren, jung. *tumbiu werlt* = junges Volk, Jugend.
ziuch, zieh, halt an. Nach ritterlicher Anschauung ist der junge Mann
reitend gedacht. *wart' umbe*, schau um (dich). — 2 *muot*, Sinn Gedanke.
vellen, zu Falle bringen — 3 *der'st*, nämlich der Sinn ist in deinem Herzen vielfach auf Gelderwerb gerichtet. — 4 *der* = *der hort*. — 6 *beliben*,
besteben. — 7 *und*, wenn. — 8 *unheimlich*, unvertraulich — 9 *guotes*, d. h.
nicht alles, was sie verkünden, nur das Gute. — 10 *übergülden*, übergolden und dadurch den Werth einer Sache erhöhen. *wol*, gut.

124.

DER KLUGE GÄRTNER.

Von diesem und dem nächsten Spruche meint Rieger (S. 15), daß
sie sich auf die Verhältnisse des Kärntner Hofes beziehen. Ist dies richtig, so fallen sie vor die Strophen Nr. 106—108, denen sie gleichsam zur
Einleitung dienen.

In dem folgenden Spruche verhüllt sich unter dem Gleichniss vom
klugen Gärtner, der das Unkraut ausbrechen solle, damit es nicht die
edeln Kräuter überwuchere und ersticke, die Mahnung an einen Fürsten,
seinen Hofstaat zu sichten.

Swâ guoter hande wurzen sint
in einem grüenen garten
bekliben, die sol ein wiser man
niht lâzen unbehuot.
er sol in spilende als ein kint   5
mit ougenweide zarten.
dâ lit gelust des herzen an
und git ouch hôhen muot.
si bœse unkrût dar under,
daz breche er ûz besunder   10
(lât er'z, des wirt ein wunder)
und merke, ob sich ein dorn
mit kündekeit dar breite,
daz er den fürder leite
von siner arbeite: 15
s'ist anders gar verlorn.

1 *wurze* swf., Kraut: Kräuter von guter, edler Art. — 3 *bekliben* part.
præt. des starken Verbums *bekliben*, præt. *bekleip*, Wurzel fassen, wachsen. — 4 *unbehuot*, ohne Aufsicht, unbeachtet. — 5 *spiln*, scherzen. *als
ein kint*, wie, gleich einem Kinde. — 6 *mit ougenweide*, indem er ihm Augenweide, das was seine Augen erfreut, darbietet. *einem zarten*, jemand liebevoll und wohlwollend behandeln, wie man Kinder thut. — 9 *bœse* = *bœsez*.
— 10 *besunder*, jedes einzeln. — 11 unterläßt er's, so wird dessen eine
große Menge, nimmt es überhand. — 12 *merke*, achte darauf. — 13 *kündekeit*, Schlauheit, List. *dar breite*, dahin (gegen die guten Kräuter) sich
ausbreite. — 14 *fürder leiten*, weg-, ablenken. — 15 *von siner arbeite*, von
dem Gegenstand seiner Sorgfalt. — 16 *s'ist*, nämlich die Arbeit, Mühe,
Sorgfalt.

125.

DIE UNGEZOGENEN KLÄFFER.

Wunsch, daß die vorlauten Schwätzer und Kläffer, die alles überschreien und den wohlgezogenen Mann und seinen Sang nicht mehr zu Worte kommen lassen, vom Hofe entfernt werden möchten.

Uns irret einer hande diet:
der uns die fürder tæte,
sô möhte ein wol gezogener man
ze hove haben die stat.
   die lâzent sin ze spruche niet.   5
ir drüzzel der'st sô dræte,
kund' er swaz ieman guotes kan,
daz hulfe niht ein blat:
   «ich únde ein ander tôre
wir dœnen in sin ôre,   10
daz nie kein münich ze kôre
sô sêre mê geschrei.»
gefüeges mannes dœnen
daz sol man wol beschœnen:
müet aber des narren hœnen —   15
hie gêt diu rede enzwei

1 *einer hande diet*, eine gewisse Art von Leuten. — 2 *fürder tuon*, weg-, fortschaffen. — 5 *sin* gen., von *niet (niht)* abhängig: nichts von ihm = ihn nicht. *ze spruche*, zu Worte. — 6 *der drüzzel*, Mundhöhle, Rüssel: verächtlich von Menschen: Mund. *dræte*, eilig, schnell. - 7 wüßte einer auch noch so viel, verstünde er es noch so gut. — 8 *niht ein blat*, gar nichts. — 9 das würde nicht hindern, daß sie sagten: wir wollen ihm in die Ohren schreien u. s. w. — 10 *dœnen*, tönen, klingen lassen. — 11. 12 *nie* und *mê* gehören zusammen: nie zuvor, nie bis dahin. — 12 *geschrei*, geschrien hat. — 13 *daz dornen*, das Singen. — 14 *beschœnen*, schmücken; freundlich annehmen. — 15 beschwert, quält aber der Übermuth, die Unverschamtheit des Narren. 16 hier gebt die Rede auseinander, zu Ende; der Dichter unterbricht sich selbst und will nicht aussprechen, was er hat sagen wollen.

126.

GERHARD ATZE.

I.

Walther hat sich von Kärnten, wo es ihm, wie wir gesehen, nicht
länger behagte, nach Thüringen gewendet. Dort kam er mit einem Ritter,
Namens Gerhard Atze (urkundlich 1196 nachgewiesen), in einen Streit-
handel. Dieser hatte ihm zu Eisenach ein Pferd, im Werthe von drei
Marken, erschossen. Walther klagt beim Landgrafen auf Entschädigung,
der sich jener durch eine wunderliche Ausrede entzieht.

Mir hât hêr Gêrhart Atze ein pfert
erschozzen z'Îsenache.
daz klage ich dem, den er bestât,
der'st unser beider voget.
ez was wol drier marke wert.   5
nû hœret fremede sache,
sit daz ez an ein gelten gât,
wâ mit er mich nû zoget.
er seit von grôzer swære,
wie daz mîn pferit mære   10
dem rosse sippe wære,
daz im den vinger abe
gebizzen hât ze schanden.
ich swer mit beiden handen,
daz sie sich niht erkanden: 15
ist ieman der mir stabe?

---

3 *den er bestât*, dem er zusteht, angehört, dessen Dienstmann er ist. —
4 *voget*, advocatus, Rechtsbeistand, Herr. — 6 *fremede sache*, seltsame,
sonderbare Geschichte. — 7 *an ein gelten*, ans Zahlen. — 8 *zogen*, hin-
ziehen, hinhalten. — 9 er erzählt von großem Schmerz (der ihm zugefügt
worden). — 10 *pferit*, ältere Form von *pfert*. *mære*, trefflich, werthvoll,
edel. — 11 *sippe* adj., blutsverwandt. — 13 *ze schanden*, zu einer Schande,
so daß er geschändet (verstümmelt) ist. — 14 *mit beiden handen swern*, ein
feierlicherer Schwur als bloß mit der rechten Hand; vgl. Grimm's Rechts-
alterthümer, 140. — 16 der Eid wird auf des Richters Stab, das Attribut
seiner richterlichen Gewalt, abgelegt. *einem staben*, einem einen solchen
Eid durch Vorsprechen abnehmen.

II.

«Walther rächt sich in diesem, einen neuen Ton (bis Nr. 130) ein·
leitenden Spruch, an Gerhard Atze für den Verlust des Pferdes und für
die Ausrede, die er vorgebracht: da er nun kein Pferd mehr hat, so frägt
er seinen Diener, ob er auf Herrn Gerhard zu Hofe reiten wolle; der Die·
ner findet ein so wunderliches Pferd auch ganz annehmlich. Zuletzt
meint Walther aber doch, es würde wol am besten sein, wenn jener auf
Schusters Rappen hinreite.» Simrock 2, 153.

Rit ze hove, Dieterich.
«hèrre, i'n mac.» waz irret dich?
«i'n hân niht rosses, daz ich dar gerite.»
 ich lihe dir einz, und wilt dû daz.
«hêrr', ich gerite al deste baz.»   5
nû stant alsô, noch eine wile bite:
 weder ritest gerner eine guldin' katzen
od einen wunderlichen Gêrhart Atzen?
«semir got, und æze er heu, ez wære ein fremedez pfert:
 im gênt diu ougen umbe als einem affen,   10
er ist alsam ein guggaldei geschaffen:
 den selben Atzen gebet mir her, sô bin ich wol gewert.»
nû krümbe'z bein, rit selbe dar, sit du Atzen hâst gegert.

---

2 «ich kann nicht.» was hindert dich? — 4 ich würde dir, wenn
du's willst, eines leihen. — 5 ich würde um so besser reiten, das wäre um
so besser. — 6 bleib stehen, warte noch ein wenig. — 7 weder, utrum, vgl.
zu Nr. 51, 1. — 9 semir = sam mir: so wahr mir Gott helfe. fremede wie
oben: sonderbar, seltsam. — 10 umbe gân, rollen; er verdreht seine Augen.
— 11 alsam: vgl. 141, 9. guggaldei, Kukkuk, ein in seiner zweiten Hälfte
noch räthselhaftes Wort (vgl. Mhd. Wörterbuch, 1, 22). — 12 gewert, näm-
lich der Bitte. — 13 daz bein krumben, das Bein zum Gange in Bewegung
setzen, gehen. selbe, selbst, allein (d. h. ohne Pferd): weil du ein so wun-
derliches Pferd wie Atze ist verlangt hast, mußt du zur Strafe selbst, zu
Fuß, an den Hof gehen. Denn Atze ist nicht einmal zu einem Pferd zu
brauchen.

127.

DREI SORGEN.

Drei Dinge sind es, die den Dichter nicht ruhen lassen, bis er sie
gewinnt. Das eine ist Gottes Huld, das andere die Neigung der Geliebten,
das dritte, das sich ihm mit Unrecht lange entzogen, ist der wonnigliche
Hof zu Wien. Der Spruch fällt in die Zeit seines Kärntuer oder Thü-
ringer Aufenthaltes.

Dri sorge habe ich mir genomen:
möht' ich der einer z'ende komen,
sô wære wol getân ze mînen dingen.
iedoch swaz mir dâ von geschiht,
i'n scheide ir von ein ander niht: 5
mir mag an allen drin noch wol gelingen.
gôtes hulde und miner frouwen minne,
dar umbe sorge ich. wie ich die gewinne;
daz dritte hât sich min erwert unrehte manegen tac:
daz ist der wünnecliche hof ze Wiene.   10
i'n gehirme niemer unz ich den verdiene,
sît er sô maneger tugende mit sô stæter triuwe pflac:
man sach Liupóltes hant dâ geben, daz si des niht erschrac.

2 ze ende komen c. gen., mit etwas ins Reine kommen. — 3 so stünde
meine Sache gut. — 5 ir gen. pl. (der sorgen), abhängig von niht: doch
treune ich sie nicht von einander: ich will sie alle drei zusammen. — 11 ge-
hirmen, ablassen, ruhen. — 13 daß sie darob nicht erschrak: ohne einen
Zuck zu thun, ohne inne zu halten: vgl. milte âne riuwe, Erec 2734. mit
triuwen milte ân' üverstöz, Parzival XVI, 1149.

128.

KLAGE UM REINMAR'S TOD.

I.

Der Sänger, dem der ergreifende Nachruf Walther's gilt, ist Reinmar der Alte, die Nachtigall von Hagenau, deren Verstummen auch Gottfried von Straßburg in jener berühmten Stelle des Tristan (ed. Bechstein 4777 ff.) beklagt. Reinmar lebte, wie wir aus seiner rührenden Todtenklage um den 1194 gestorbenen Leopold VI. von Oesterreich (Minnesangs Frühling, S. 167, 31—168, 29) wissen, am Wiener Hofe und dort wird ihn Walther während seines Aufenthaltes daselbst kennen gelernt haben. Unter den ältern Meistern ist er der berühmteste, und die hohe Stellung, die ihm zwei selbst so ausgezeichnete Dichter, wie Walther und Gottfried einräumen, eine wohlverdiente, denn »er vor Allen steigt nieder in das innerste Gemüth, und wie kein Anderer hat er den Ausdruck der lautern Liebe, der ausdauernden Treue, der zärtlichen Klage, des ergebenen Duldens« (Uhland). Sein Tod muß, nach der Erwähnung im Tristan zu schließen, vor 1207 erfolgt sein.

Owê daz wisheit unde tugent,
des mannes schœne noch sin jugent
niht erben sol, sô ie der lip erstirbet!
daz mac wol klagen ein wiser man,
der sich des schaden versinnen kan.   5
Reinmâr, waz guoter kunst an dir verdirbet!
dû solt von schulden iemer des geniezen,
daz dich des tages wolte nie verdriezen,
du'n spræches ie den frouwen wol und guoten wîbes
                   siten:
des suln sie iemer danken dîner zungen.   10
und hætest niht wan eine rede gesungen:

---

3 *erben* intrans., sich vererben. — 5 der den Schaden ermessen kann. — 7 *von schulden*, mit Grund, Recht. — 8 daß du nie einen Tag vergehen ließest, ohne von den Frauen Gutes zu reden. — 9 *und guoten wîbes siten* fehlt in der Handschrift und ist von mir ergänzt. —

«sô wol dir, wip, wie reine ein nam!», dù hætest an
gestriten
ir lobe, daz elliu wip dir iemer gnâden solten biten.

---

12 das hier erwähnte Lied Reinmar's ist erhalten (Minnèsangs Frühling
S. 165, 10 ff.). Die betreffende Strophe lautet:

Sô wel dir, wip, wie reine ein nam!
wie sanfte er doch z'erkennen und ze nennen ist!
ez wart nie niht sô lobesam,
swâ du'z an rehte güete kêrest, sô dû bist.
din lop mit rede nieman wol volenden kan.
swes dù mit triuwen pfligest wol, der ist ein sælic man
und mac vil gerne leben.
dû gist al der werlte hôhen muot :   maht dû ouch mir ein wênie
freude geben?

12 *ane striten* m. dat., für etwas streiten. — 13 *einem gnâden biten*, bitten,
daß ihm Gnade zu Theil wird: hier in Bezug auf die ewige Gnade.

II.

Aus den Eingangszeilen dieses Spruches hat man, wol mit Recht, geschlossen, daß beide Dichter nicht in völlig gutem Vernehmen miteinander gestanden haben. Die politische Richtung Walther's mochte dem stillen, in sein Inneres versenkten Minnesänger widerstreben. Indessen ist es nicht sowol seine Person, die er beklagt, als die edle Kunst, die mit ihm zu Grabe gegangen, der süße Liedermund, der sich nun für immer geschlossen. Gern hätte er ihm Gesellschaft geleistet, denn lang werde auch sein Gesang nicht mehr dauern.

Dêswâr, Reinmâr, dû riuwes mich
michels harter denne ich dich,
obe dû lebtes unde ich wære erstorben.
ich wil'z bi mineu triuwen sagen:
dich selben wil ich lützel klagen.   5
ich klage din edelen kunst, daz s' ist verdorben.
dû kundest al der werlte freude mêren,
sô du'z ze guoten dingen woltest kêren.
mich riuwet din wol redender munt und din vil süezer sanc,
daz der verdorben ist bi minen ziten.   10
daz dû niht eine wîle mohtest bîten!
sô leiste ich dir geselleschaft: min singen ist niht lanc.
din sêle müeze wol gevarn und habe din zunge danc.

1 *Dêswâr*, wahrlich. *riuwen*, dauern, schmerzen. *riuwes* und 3 *lebtes*, ältere Form für *riuwest*, *lebtest*. — 2 *michels* gen. adv., um vieles. *harter* schwerer; mehr. — 11 *bîten* stv., præt. *beit*, *biten*: warten. — 12 *leiste* conj. præt. = *leistete*, würde ich dir leisten.

129.

NIEDRIGE RATHGEBER.

Nach Rieger's überzeugender Ausführung (S. 45 — 52) fällt dieser
Spruch, worin der Dichter Klage führt, daß nun Leute von niedriger Ge-
burt als Rathgeber an den Hof gezogen, die Hohen, durch ihre Geburt
dazu Berufenen, aber vor die Thür gestellt werden, in die Zeit vom Som-
mer 1229 bis Sept. 1230 und ist gegen K. Heinrich VII. gerichtet, der die
Stütze einer von den Reichsfürsten abgewandten Politik im Herrenstande
suchte und sich, unter Ausschluß des hohen Adels, mit Dienstleuten des
Reiches und des staufischen Hauses umgab. Vgl. Nr. 172.

Swâ der hôhe nider gât
und ouch der nider an hôhen rât
gezucket wirt, des ist der hof verirret.
  wie sol ein unbescheiden man
bescheiden des er niht enkan?   5
sol er mir büezen des mir niht enwirret?
  ez stênt die hôhen vor der kemenâten,
sô suln die nidern umb' daz rîche râten:
swâ den gebrichet an der kunst, seht, dâ tuont sie niht mê,
wan daz si'z umbe werfent an ein triegen;   10
daz lêrent sie die fürsten unde liegen.
  die selben brechent uns diu reht und stœrent unser ê:
nû sehet, wie diu krône lige und wie diu kirche stê.

3 zucken, mit Gewalt empor-, heranziehen. des ist, dadurch ist, so
ist dadurch. — 4 unbescheiden. unverständig. — 5 bescheiden. auslegen, Be-
scheid geben über etwas. enkan, nicht weiß, versteht. — 6 soll er mir
heilen, was mich nicht beschwert? — 7 diu kemenâte, eig. heizbares mit
einem Kamin verseheues Gemach, dann insbesondere auch Fürstenzimmer,
wo Rathsverhandlungen stattfinden, öfter auch geradezu für Rath ge-
braucht: ze kemenâten gên. — 9. 10 wenn diese die Kunst (das Wissen) im
Stiche läßt, so wissen sie nichts weiter zu thun, als zum Betrug die Zu-
flucht zu nehmen. — 10 umbe werfen, umdrehen. — 11 daz, nämlich trügen
und lügen lehren sie die Fürsten. — 12 und stœrent unser ê] dies glaubt
Rieger (S. 53) auf Begunstigung der damals wuchernden Ketzereien be-
ziehen zu müssen. ê bedeutet aber auch altherkömmliches Recht und Ge-
setz; sie bringen unsere alten Gesetze und Gewohnheitsrechte in Ver-
wirrung. Dies passt vollkommen zu der übrigen Deutung des Spruches

130.

SECHS RÆTHE.

Dieser Spruch steht mit dem vorhergehenden in unzweifelhafter Verbindung. Er lehrt, woran man die guten und schlechten Rathgeber erkennen könne, und warnt, daß der Beginn, der zu bösem Ende führe, niemals gut zu sein pflege.

Ich muoz verdienen swachen haz:
ich wil die hêrren lêren daz,
wie s' iegelichen rât wol mügen erkennen.
der guoten ræte der sint dri;
drî ander bœse stênt dâ bi   5
zer linken hant. lât iu die sehse nennen.
frume und gotes hulde und werltlich êre
daz sint die guoten, wol im der sie lêre!
den möhte ein keiser gerne nemen an sînen hœhsten rât.
die andern heizent schade sünde und schande.   10
da erkénne s' bi der sie ê niht erkande:
man hœret an der rede wol, wie'z umb' daz herze stât:
daz anegenge ist selten guot, daz bœsez ende hât.

---

1 Ironisch: man muß es mir hoch anrechnen, wenn ich die Ritter, den hohen Adel lehre. 4—6 »Die Art, wie Walther beiderlei Rathe einander entgegensetzt, daß die guten zur rechten, die bösen zur linken Hand stehen, hat sowol in einem durch alle Zeiten und über alle Welt verbreiteten heidnischen Glauben als auch in Gleichnissen der h. Schrift ihren Ursprung und ihre Erklärung.« (Simrock 2, 175.) — 7 *der frume*, Nutzen, Vortheil: hier das Gemeinwohl. — 11 wer sie nicht schon früher gekannt, solle sie daran erkennen, nämlich u. s. w. — 13 *daz anegenge*, Anfang, Beginn.

131.

MAHNUNG UND WARNUNG.

Dieser Spruch geht wie alle folgenden dieses Tones (bis Nr. 136) auf
K. Otto IV., dem sich Walther nach Philipp's Tod und nachdem Otto am
11. Nov. 1208 auf dem Reichstage zu Frankfurt einstimmig wieder erwählt
worden war, als rechtmäßigem König zuwandte. Am 4. Oct. erhielt er von
Pabst Innocenz III. die Weihe als römischer Kaiser. Das gute Einver-
nehmen zwischen Kaiser und Pabst löste sich jedoch bald in heftige
Zwistigkeiten auf, und als Otto im Nov. 1210 mit Heeresmacht in Apulien
einbrach, traf ihn alsbald der päbstliche Bannstrahl. Mit dem Kaiser
wurden auch alle seine Anhänger excommuniciert. Aber Walther fürchtet
den Bann nicht: in drei scharfen Sprüchen erhebt er sein gewaltiges Wort
für den gesalbten Kaiser und sein gutes Recht.

Im ersten erinnert er den Pabst, er selbst sei es ja, der jenen zum
Kaiser geweiht; er selbst, der bei Strafe des Bannes befohlen, Otto als
den einzigen rechtmäßigen Kaiser und Herrn anzuerkennen. Das solle
er nicht vergessen, wenn ihm das Ansehen der Kirche am Herzen liege.

Hêr bâbest, ich mac wol genesen,
wan ich wil iu gehôrsam wesen
wir hôrten iuch der kristenheit gebieten,
wes wir dem keiser solten pflegen,
dô ir im gâbet gotes segen.   5
daz wir in hiezen hêrre und vor im knieten.
    ouch sult ir niht vergezzen,
ir sprâchet: «swer dich segene sî
gesegenet, swer dir fluoche sî verfluochet
mit fluoche vollemezzen.»   10
durch got, bedenket iuch dâ bî,
ob ir der pfaffen êre iht geruochet.

---

1 *genesen*, gerettet, d. h. (durch den Bann) an meinem Seelenheil
unbeschadigt bleiben. — 2 *wan*, denn. — 4 *pflegen* c. gen. und dat., einem
etwas gewähren, leisten. — 6 *hérre*] über den Nom. neben *heizen* vgl. die
Anmerkung zu Nr. 80, 133. — 10 *vollemezzen*, mit vollgemessenem, voll-
wichtigem Fluche. — 11 *durch got*, um Gottes willen. — 12 wenn ihr
anders euch um das Ansehen der Geistlichkeit etwas kümmert.

132.

DOPPELZÜNGIGKEIT.

In diesem, an den vorhergehenien sich unmittelbar anschließenden
Spruche beleuchtet und verhöhnt Walther denselben, für Laien unfaß-
lichen Widerspruch, daß man Otto erst als den rechten, von Gott gegebe-
nen König bezeichnet habe und nun ihn mit dem Banne belege. Er will
wissen, mit welchem der beiden Ausspruche sie betrogen seien, mit dem
alten oder dem neuen, denn e ner davon sei gelogen

———— ..— .

Got git ze künege swen er wil;
dar umbe wundert mich niht vil:
uns leien wundert umbe der pfaffen lêre.
sie lêrten uns bi kurzen tagen,
daz wellent s' uns nû widersagen.   5
nû tuon'z durch got und durch ir selber êre
und sagen uns bi ir triuwen,
an welher rede wir sîn betrogen:
volrecken uns die einen wol von grunde,
die alten ode die niuwen.   10
uns dunket einez si gelogen:
zwô zungen stânt unébenę in éinem muunde.

2. 3 darüber wundere ich mich nicht sehr, wol aber wundern wir
Laien uns über den Unterricht, die Anweisung der Geistlichkeit. — 4 bi,
vor. Was sie uns erst kürzlich lehrten, das wollen sie uns nun wider-
rufen. — 6. 7. 9 tuon, sagen. volrecken conj. opt., mögen, sollen sie thun
u. s. w. durch got] um Gottes und ihrer eigenen Ehre willen — 7 bi ir
triuwen] als Betheuerung, bei ihrer Wahrhaftigkeit; Ehre. — 8 an welher,
in Bezug auf welche. — 9 volrecken, ganz und vollständig erklären, ahd.
rachan, rechan, sagen, erklären. die einen, nämlich rede, die alte oder
die neue. von grunde, von Grund aus, gründlich. – 12 unebene adv., un-
passend, schlecht.

———— —— ——

133.

KAISERSRECHT.

Zurückweisung der päbstlichen Eingriffe in die Gerechtsame der
weltlichen Macht, unter Anführung des Ausspruches Christi (Luc. 20, 20 ff.),
dem Kaiser zu geben was des Kaisers, und Gott was Gottes ist.

Dô gotes sun hie'n erde gie,
do versúochten in die juden ie:
sam tâten s' eiues tages mit dirre frâge.
sie frâgten, obe ir friez leben
dem riche iht zinses solte geben?   5
dô brach er in die huote und al ir lâge.
er iesch ein münizîsen,
er sprach: «wes bilde ist hie ergraben?»
«des keisers», sprâchen dô die mérkære.
dô riet er dén unwîsen   10
daz sie den keiser liezen haben
sîn küneges reht und got swaz gotes wære.

---

1 *hie'n* = *hie en*, *hie in:* hier auf. — 2 *ie*, immer, stets. — 4 *leben*,
Lebensweise, Lage: ob sie in ihrer freien Stellung. — 5 *dem ríche* = Kaiser. *iht zinses*, etwas an Zins, irgeud einen Zins. — 6 *brechen*, durchbrechen. *in* dat. pl., cis, ihnen. *diu huote*. Umstellung. Bewachung; *lâge*,
Hinterhalt. Das Ganze ist ein Bild aus der Fechtkunst. Er vereitelte
ihre Nachstellung und durchbrach ihre Fallstricke; vgl. Nr. 79, 40. —
7 *iesch* præt. von *eischen*, fordern „ verlangen. *münizísen*, kleine Münze.
ahd. *münizisur*, siclus, eine hebräische Münze, vier Drachmen werth. —
8 *wes bilde*, wessen Bild. *ergraben*, künstlerisch in Stein oder Metall graben, gravieren. — 9 *merkære*, Aufpasser: die ihm eine Falle legen wollten.
— 10 *der unwise*, der Unkluge, Thor. — 12 *küneges*, weil der Kaiser als
deutscher König das Münzrecht ausübte. *daz reht*, hier: Gebühr, was
einer zu fordern das Recht hat.

131.

BEGRÜSSUNG DES KAISERS.

Als Otto im Nov. 1211 in Apulien die Nachricht erhielt, daß in Deutschland die päbstliche Excommunication gegen ihn verkündet werde und in Folge dessen der Abfall der deutschen Fürsten drohe, brach er nach Deutschland auf und kam im Frühjahr 1212 nach Frankfurt, wo er am 4. März einen großen Hoftag hielt und namentlich den Herzog Ludwig von Baiern und Markgraf Dietrich von Meißen an sich und seine Sache fesselte.

In dem vorliegenden Spruche begrüßt Walther den Kaiser, indem er ihm zuruft, daß er nun volle Macht habe, zu strafen und zu belohnen, und ihn schließlich der Treue und Ergebenheit der deutschen Fürsten, vorab des Meißners, versichert.

***

Hêr keiser, sit ir willekomen!
der küneges name ist iu benomen:
des schinet iuwer krône ob allen krônen.
iur hant ist krefte und guotes vol,
ir wellet übel oder wol,   5
sô mac si beidiu rechen unde lônen.

dar zuo sag' ich iu mære:
die fürsten sint iu undertân,
sie habent mit zühten iuwer kunft erbeitet:
und ie der Missenære   10
der'st iemer iuwer âne wân:
von gote wurde ein engel ê verleitet.

***

2 Der Königsname ist nun von euch genommen, d. h. ihr habt ihn mit dem Namen des Kaisers vertauscht. — 3 darum leuchtet — 4 iur = iuwer, eure. krefte gen. sing. von kraft, Macht. — 5 ir wellet, ob ihr, wie ihr nun wollt. — 9 sie haben ehrerbietig eure Ankunft erwartet. — 10 ie, stets; vorab.

16*

135.

GÖTTLICHE BOTSCHAFT.

Die beiden folgenden Strophen gehören jedenfalls in dieselbe Zeit, in das Frühjahr 1212, «als Otto's Macht noch kaum erschüttert und das gegen ihn heranziehende Gewitter erst eine kleine Wolke schien». (Rieger, S. 17.)
In der ersten tritt Walther als Abgesandter Gottes auf, um dem Kaiser die von der damaligen Zeitstimmung wieder lebhaft ergriffene Sache des hl. Landes ans Herz zu legen.

Hèr keiser, ich bin frônebote
und bringe iu boteschaft von gote:
ir habt die erde, èr hât daz himelrîche.
er hiez iu klagen (ir sit sin voget),
in sines sunes lande broget   5
din heidenschaft iu beiden lasterliche.
ir muget im gerne rihten.
sin sun, der ist geheizen Krist,
er hiez iu sagen, wie er'z verschulden welle
(nû lât in zuo z'iu pflihten):   10
er rihte iu dâ èr voget ist,
klagt ir joch über den tiuvel ûz der helle.

1 *frônebote*, in der Rechtssprache eine hohe, unverletzliche Gerichtsperson, hier jedoch, wie auch die folgende Zeile lehrt, nuntius dominicus, Abgesandter des Herrn, Herrenbote. — 3 *euch* gehört die Erde, ihm das Himmelreich. — 4 *er hiez*, er befahl = er läßt. *voget*. das lat. advocatus, Schirmherr; Stellvertreter. — 5 *brogen*, sich übermüthig erheben, großthun, trotzen. — 6 *lasterlîche* adv., schimpflich; auf eine euch beide beschimpfende Weise. — 7 *gerne* = zu eurem eigenen Vortheil. — 7, il *einem rihten*, Recht schaffen, zum Recht verhelfen. — 8 und sein Sohn Jesus Christus läßt euch sagen. — 9 *verschulden*, eine Schuld abtragen, vergelten. — 10 *pflihten* intrans.: laßt ihn euch verpflichtet werden. — 11 *er rihte* (die Hss. und Herausgeber *rihtet*) conj., abhängig von *er hiez iu sagen*: er werde euch Recht schaffen dort, wo Er gewaltig sei (jenseits). — 12 *joch* conj., verstärktes auch: selbst wenn ihr über den Teufel Klage erhoben wurdet.

136.

AAR UND LÖWE.

Ermahnung an den Kaiser, Deutschlands innern Frieden zu befesti-
gen und die ganze Christenheit zu versöhnen. Das verherrliche ihn und
verdrieße die Heiden. Er habe zwiefache Kaiserstärke: des Aares Milde
und des Löwen Kraft: diesen zweien vermöge nichts zu widerstehen.

Hêr keiser, swenne ir Tiuschen fride
gemachet stæte bi der wide,
sô bietent in die fremeden zungen êre.
die sult ir nemen ân' arebeit
und süenet al die kristenheit: 5
daz tiuret iuch und müet die heiden sêre.
    ir traget zwei keisers ellen:
des arn tugent, des lewen kraft,
die sint dez hérzéichen an dem schilte.
    die zwêne hergesellen,   10
wan wolten s' an die heidenschaft'
waz widerstüende ir manheit unde ir milte?

1 *Tiuschen* dat. pl., den Deutschen. — 2 *stæte*, dauerhaft. — *wide*, *wit*,
Strick aus gedrehten Reisern zum Binden und Hangen; *gebieten* oder *ver-
bieten bi der wide*, stehende Formel: bei der Strafe des Hangens — 3 *die
fremeden zungen*, die ausländischen Sprachen — Völker: so setzt ihr euch
bei den Nachbarvölkern in Ansehen. — 4 *die*, d. i. die Ehre, das An-
sehen. *ân' arebeit*, ohne Mühe, mühlos. — 5 *süenen*, versöhnen: ihr sollt
der Christenheit den Frieden geben. Der Wechsel von *sulu* mit *müin.* zum
Imper. ist häufig. — 6 *tiuren*, im Werthe erhöhen, verherrlichen. *müen*,
Mühe, Sorge machen, beschweren; verdrießen. *— 7 ellen* stn (daher *zwei*),
Kraft. Mannheit. — 8 das Wappen Otto's IV., das er bei seiner Krönung
zu Rom im Schilde führte, waren drei Löwen und ein halber Adler. —
9 *dez*, geschwächt aus *daz*. *herzeichen*, Feldzeichen, Fahne, aber auch
Wappen. — 10 *hergeselle*, Kampfgenosse. — 11 *wan wolten s'*, o daß, wenn
sie nur wollten (auf die Heidenschaft los). — 12 *manheit* bezieht sich hier
auf den Löwen, *milte* (Freigebigkeit) auf den Adler, der der Sage nach
seinen Raub nie ganz verzehrt, sondern kleinern Vögeln immer einen
Theil davon liegen läßt. Vgl. Germania 5, 99.

137.

BEKENNTNISS.

Diese Strophe leitet einen neuen, bis Nr. 153 sich erstreckenden
Ton ein, der von Simrock ohne stichhaltigen Grund König Friedrichston
genannt wurde. Mit weit mehr Recht könnte man ihn K. Otto's Rügeton
heißen, da die meisten Sprüche, auch wo die persönlichen Beziehungen
fehlen, gegen diesen gerichtete Schelt - und Strafreden sind, und in den
drei oder vier König Friedrich betreffenden Strophen das diesem gespen-
dete Lob den Tadel Otto's noch verschärft und erhöht. Mit Ausnahme der
beiden letzten fällt die Mehrzahl dieser Strophen in die Jahre 1213—1215.

Walther bekennt im ersten Spruche offen seine Undankbarkeit gegen
Gott, seine Lieblosigkeit gegen den Nächsten und sein Unvermögen, den
zu lieben, der ihm Böses thut.

Vil wol gelobter got, wie selten ich dich prise!
sit daz ich von dir beide wort hân unde wise,
wê wie getar ich sô gefreveln under dine rise?
i'n tuon diu rehten werc, i'n bân der wâren minne
ze minem ebenkristen, hêrre vater, noch ze dir: 5
sô holt enwart ich ir dekeinem nie sô mir.
frô, vater unde sun, din geist berihte mine sinne!
wie solte ich den gemiunen, der mir übele tuot?
mir muoz der iemer lieber sin, der mir ist guot.
vergib mir anders mine schulde, ich wil noch haben den
                          muot.   10

1 Vil wol gelobter, hochgelobter. — 2 wort unde wise, eig. Text und
Melodie, hier: die Gabe des Dichtens und Singens. — 3 getar, wage ich
es, darf ich mich erkühnen. freveln, vermessen, frech handeln, Recht
und Gesetz verletzen. ris wird in den Rechtsalterthümern durch sceptrum
übersetzt: doch bedeutet ris auch Ruthe; also entweder: als dein Vasall,
der Wort und Weise von dir zu Leben hat, oder: als Untergebener, den
du (jeden Augenblick) zu züchtigen die Macht hast. — 5 ze, zu, gegen. —
der ebenkristen swm., Mitchrist, der Nächste. — 6 sô mir, wie mir. — 7 frô,
Herr; vgl. sprechet alle vrô herre vrô Renner 18960. din geist bezieht sich
auf Gott, in welchem mit dem hl. Geiste Vater und Sohn eins sind. be-
rihte, bringe auf den rechten Weg, belehre. — 10 anders, sonst, im übrigen:
meine andern Sünden. Ich bleibe, insofern nämlich, daß ich den liebe,
der mir Gutes, und den hasse, der mir Böses thut, bei meiner bisherigen
Gesinnung, werde es damit halten, wie bisher.

138.

DER WEG ZUM HIMMEL.

Klage, daß Mord und Brand, Wucher, Neid, Haß und Habsucht
den Weg zum Himmelreich unsicher machen und den Menschen hindern,
hienieden für das Jenseits zu sorgen.

Die wisen râtent, swer ze himelriche welle,
daz er vil wol bevor bewarte und ouch bestelle
den wec, daz ieman drûfe habe, der in her wider velle.
ein æhter heizet mort, der schât der strâze sêre;
dâ bi vert einr in starken bennen, der'st geheizen brant; 5
sô sprechent s' einem wuocher, der hât gar geschant
die selben strâze. dannoch ist der wegewerender mêre:
nit unde haz die hânt sich ûf den wec geleit
unde diu verschampte unmâze gitekeit.
dannoch sô rennet maneger für, des ich niht hân geseit. 10

2 bevor, vorher. *bewarten*, ahd. *biwartên*, evitare, prospicere, cavere, angelsächs. *beveardjan*, custodire. *bestellen*, in Stand setzen. —
3 *ieman*, daß etwa jemand — damit niemand. *helfen*, sich aufhalten. *her wider vellen*, zurückwerfen. — 1 *æhter*, Verfolger, Feind, besonders auch der in der Acht ist, exlex; Wegelagerer, Straßenräuber. *schat=schadet*. — 5 *bennen* dat. pl. von *ban* stm., Bann. Dabei geht, befindet sich ein anderer, schwer Verpönter, Verurtheilter. 6 \' \'. hier im Sinne von desgleichen. *sprechen* mit dem Dat. der Person und Acc. oder Nom. der Sache (des beigelegten Namens): nennen, einen Beinamen geben: einen andern heißen sie Wucher. *geschant*, geschändet; unsicher gemacht. — 7 *der wegewerende*, der Wegversperrende, Wegelagerer. — 9 *verschampt* part. von *verschamen*, der sich nicht mehr schämt, das Schämen verlernt hat. schamlos. *unmâze* adj. — *unmæze*, unmäßig, übermäßig. *gitekeit*, Geiz, Habsucht. — 10 *dannoch*, noch dann, überdies. *für rennen*, vorbeireiten, rennen.

139.

SCHLECHTE RATHGEBER.

Verwünschung der Rathgeber hohen und niedern Standes, d'e ihren
Herrn zu Lug und Trug anleiten, und ihn hindern, gegebene Versprechen
zu erfüllen. Zusammengehalten mit andern spätern Sprüchen ist kein
Zweifel, daß hier die Umgebung K. Otto's gemeint ist; diesen selbst
möchte er zwar noch schonen, aber die Schonung ist wenig schmeichel-
haft für ihn (vgl. Rieger, S. 24).

Er schalc, in swelhem namen er si, der dankes triege
sineu hêrren unde im râte daz er liege,
erlámen mücz' íme sîu bêin, swenn' er'z ze dheime râte biege!
si aber er sô hêr. daz er zem râte sitze,
sô wünsche ich ime. daz ime sîu ungetriuwe zunge erlame.   5
die selben machent uns die biderben âue schame.
sol liegen witze sin, sô pflegent sie schemelicher witze.
wan mügen s' in râten, daz sie lâzen in ir kragen
sô valsch geheize. od nâch geheize niht versagen
und gében, ê dánne déme lóbe der kále werd' abe getragen! 10

1 schalc, eigentlich Knecht, dann boshafter, falscher Mensch. in
swelhem namen (oder leben, wie eine Hs. liest), wes Ranges, Standes er
auch sei. dankes adv. gen., aus freiem Willen. — 2 liege conj., lüge. —
3 daz bein zem râte biegen steht hier im Gegensatz zu: zem râte sitzen;
unter jenen sind die Räthe niedern Standes, die vor den Fürsten stehen
müssen, unter diesen die vornehmen gemeint, die sitzend an den Bera-
thungen theilnehmen dürfen. — 6 âne schame. schamlos. Diese sind schuld,
daß die braven, tüchtigen (Fürsten) die Scham von sich werfen. — 7 diu
witze, Klugheit. schemelich, schämenswerth. — 8 wan, quin: warum kön-
nen sie ihnen nicht rathen, daß sie in ihrem Hals stecken lassen. —
9 daz geheize, das Versprechen; oder dann, wenn das Versprechen ge-
macht, nicht versagen, d. h. halten, was sie versprochen. — 10 bevor dem
Lob die Tünche abgetragen ist (Wackernagel: ehe das Lob unscheinbar
und häßlich wird, wie eine gescheuerte Wand), mit andern Worten: sie
sollen geben, bevor das Lob sich in Tadel verkehrt.

140.

DIE FALSCHEN LÄCHLER.

Gegen die entarteten Hofschranzen und falschen Heuchler, die ins
Gesicht lächeln und freundlich thun, innen aber voll Haß und Bos
heit sind.

Got weiz daz wol. min lop wær' iemer hovestæte
dâ man eteswenne hovelichen tæte
mit worten, mit gebærden, mit gewizzenem geræte.
mir grüset sô mich lachent an die lächelære,
den diu zunge honeget und daz herze gallen hât.   5
friundes lachen sol sin âne missetât,
lûter als der âbentrôt, der kündet liebiu mære.
nû tuo mir lächeliche od lache ab anderswâ
swes munt mich triegen wil, der habe sin lachen dâ,
von dém næm' ich ein wârez nein für zwei gelogeniu jâ.   10

1 lop = Dichterpreis. hovestæte adj., treu dem Hofe gewidmet: mein
Lob würde dem Hofe nie entgehen. — 2 wo man zuweilen handelte, wie
es dem Hofe ziemt. — 3 gewizzen adj., verständig, daz geræte, Hilfe, Bei-
rath. — 4 grüsen, grausen, grauen. lachent an, anlächeln. — 5 honegen,
süß wie Honig sein. — 6 âne missetât, ohne falsche, unrechte That; ohne
böse Hintergedanken. — 7 âbentrôt sm., das Abendroth. liebiu mære, an-
genehme, erfreuliche Botschaft, d. h. gutes Wetter für den folgenden Tag;
ähnlich ist es mit dem Lachen eines wahrhaften Freundes. 8 lächeliche
adv., freundlich: handle so gegen mich, wie dein Lachen es verheißt, oder
lache dann anderwärts, gegen andere. — 9 der behalte sein Lachen für
sich. — 10 von dem wäre mir ein wahres Nein lieber; vgl. Friedrich von
Sunnenburg: ein wârez jâ stét kunegen wol und ist zen éren guot; gelogenez
jâ daz krenket kunege und entfrenwet mir den muot (v. d. Hagen's Minne-
singer, 3, 73').

141.

SONDERUNG DER GETREUEN UND FALSCHEN.

Wunsch, daß Gott als ein gerechter Richter nicht erst jenseits, son-
dern hienieden schon die Getreuen von den Falschen ausscheiden und
diese mit einem Schandenmal kennzeichnen möchte, und Bedauern, daß
er den, der sich einem wie ein Aal aus der Hand windet, mit seinem
Zorne verschone. Des Mannes Gesinnung soll fest sein wie ein Fels und
an Treuen grad und eben wie ein Pfeil.

Sit got ein rehter ribter heizet an den buochen,
dés solt' ér ûz siner milte des geruochen
daz er die gar getriuwen ûz den valschen hieze suochen.
joch meine ich hie: sie werdent dort vil gar gesundert.
doch sæhe ich an ir eteslichem gerne ein schanden mâl.   5
der sich mir windet ûz der hant reht' als ein âl,
ôwê daz got niht zorneclichen sêre an deme wundert!
swer samt mir var von hûs, der var ouch mit mir hein:
des mannes muot sol veste sin alsam ein stein,
ûf triuwe sleht und eben als éin vil wol gemachter zein.   10

1 *an den buochen*, in der Bibel. — 2 deshalb sollte er in seiner Milde
geruhen, darauf bedacht sein, dafür sorgen. — 4 ich meine nämlich hier,
auf Erden. — 5 *an ir eteslichem*, an einigen von ihnen. *daz mâl*, Merk-
mal, Zeichen der Schande. — 7 *wundern*, Wunder thun. — 8 *samt*, mit.
hein, heim, nach Hause. — 9 *veste*, fest, unerschütterlich. — 10 *ûf triuwe*,
in Bezug auf Treue. *sleht*, gerade, das Gegentheil von *krump*. *wol ge-
machet*, gut, sorgfältig gearbeitet. *der zein*, Pfeil, Pfeilschaft.

142.

LOB DES MASSHALTENS.

Hier ist es nicht mehr die Umgebung des Kaisers, sondern Otto
selbst, über den der vielfach von ihm getäuschte Dichter die volle Zornes-
schale ausgießt. Seine Zeitgenossen schildern ihn zwar als tapfer, ja toll-
kühn, daneben aber als sittenlos, roh, undankbar und grausam. So tritt
uns ein Bild auch aus den folgenden, nur wenig verhüllten Sprüchen
entgegen.

In dem ersten lobt Walther die Mäßigkeit, indem er die Nachtheile
der Unmäßigkeit, namentlich der Trunksucht hervorhebt, die zu frevel-
haftem Thun und ungebührlichem Benehmen gegen die Gäste verleitet.

Ich trunke gerne dà man bi der mâze schenket
unde der unmâze niemen niht gedenket,
sit si den man an libe, an guote und an den èren krenket.
si schat ouch an der sêle, hœre ich jehen die wisen:
des möhte ein ieglich man von sinem wirte wol enbern. 5
liez' er sich volleclîche bi der mâze wern,
sô möht' ime gelücke, heil und sælde und ère ûf risen.
diu mâze wart den liuten dar umb' ûf geleit,
daz man sie ebene mezze und trage, ist mir g seit:
nû habe er dane der si ebene mezze und der sie ebene treit. 10

---

1 *trunke* conj., tränke. *bi der mâze*, in Begleitung, mit Beobachtung
des Maßes. — 2 *unmâze*, Unmäßigkeit: und niemand an Überschreitung
des richtigen Maßes denkt. — 3 *krenket*, schwächt. — 5 *man* = Gast. —
6 vollauf, aber doch das rechte Maß nicht überschreitend. *wern*, geben.
— 7 *ûf risen*, nieder, herab, zufallen. — 8 *ûf geleit*, vorgeschrieben, auf-
erlegt. — 9. 10 *ebene* adv., gerade, gleichmäßig. — 10 *nû habe er danc*,
Dank, Preis, Heil ihm.

143.

WIE MAN TRINKEN SOLL.

Strafrede gegen Übermaß im Trinken. Einem tüchtigen Manne steht
es übel an, wenn seine Zunge vom Weine lallt und er sich, statt seine
Füße zu brauchen, muß führen und tragen lassen. Wer so trinkt, daß er
weder sich noch Gott erkennt, der bricht die göttlichen Gebote. Darum
solle niemand über Durst trinken.

Er hât niht wol getrunken der sich übertrinket.
wie zimet daz biderbem man, daz ime diu zunge hinket
von wîne? ich wæne er houbetsünde und schande zuo im winket.
im zæme baz, möht' er gebrûchen sîne füeze,
daz er âne helfe bi den liuten möhte stân: 5
swie sanfte man in trüege, er möhte lieber gân.
sus trinke ein iegeslicher man, daz er den durst gebüeze:
daz tuot er âne houbetsünde und âne spot.
swelich man getrinket, daz er sich noch got
erkennet, sô hât er gebrochen ime sin hôch gebot.   10

---

2 *hinken*, lahm sein; von der Zunge oder Rede: lallen. — 3 zu sich
einladet, lockt. — 5 *âne helje*, ohne Stütze. — 7 *den durst büezen*, den
Durst löschen. — 9 *swelich*, ältere Form von *swelch:* wenn ein Mann so
trinkt. — 10 *ime*, d. i. Gott. *hôch*, vorzüglich; heilig.

144.

FREUNDE IN DER NOTH.

Warnung, den zuverlässigen Freund nicht durch übermüthige Behandlung und durch Bevorzugung Fremder zu verletzen, es könnte sonst geschehen, daß, wenn es Leben und Gut zu wagen gilt, der Freundschaftsbund sich löst. Die Tage der Noth führen den Menschen zum gebornen Freunde zurück: treue Freundschaft und erprobtes Schwert müssen in der Gefahr sich bewähren.

Swer stætes friundes sich durch übermuot behêret
und er den sinen durch des fremeden êre unêret,
der möhte ersêhen, wurd' êr von sinem hœhern ouch gesêret,
daz diu gehalsen friuntschaft sich vil lihte entrande,
swenn' er sich libes unde guotes solde umb' in bewegen.   5
ich hân vereischet, die der' wenke hânt gepflegen,
daz sie der kumber wider ûf die erbornen friunde wande.
daz sol von gotes lêhen dicke noch geschehen:
ouch hôrte ich ie mit volge des die liute jehen:
«gewissen friunt. versuochtez swert sol man ze nôt ersehen.»   10

1 *sich behéren* c. gen., sich über jemand erheben. — 2 *den sinen*, seinen Angehörigen; Blut-freund? *durch des fremeden êre*, um einen Fremden zu ehren. *unêren*. schmälen, erniedrigen. — 3 *ersehen*, gewahr werden, erfahren. *von sinem hœhern*, von einem, der höher, vornehmer ist als er. *geséret*, verletzt. — 4 *gehalsen* part. des starken Verbum *halsen*, *hirls*, *gehalsen*, umarmen: die durch Umarmung besegelte Freundschaft. *entrande*, rückumgelautetes Præt. von *entrennen*, auftrennen, auflösen. 5 *libes*, Lebens. *sich bewegen* c. gen., sich entschlagen, dahingeben. — 6 *vereischen*, ausforschen, durch Forschen erfahren. *wenke* gen. pl. von *wanc*: die solche Untreue geübt haben. 7 *erborn*, der angeborne. *ûf wande*, zu ihnen zurückfuhrte. — 8 *von gotes lêhen*, durch göttliche Verleihung (Zulassung, Fügung?); *lip unde guot das ist von gote ein lêhen*, MSH. 2, 174b. — 9 *mit volge jehen* c gen, etwas durch Zustimmung bekräftigen, beistimmen. — 10 *gewis*, zuverlässig, *versuochet*, erprobt. Das hier von Walther angeführte Sprichwort ist ein allgemein bekanntes, z. B. Freidank: *gewisse friunt, versuochtiu swert diu sint ze nœte goldes wert*, 95. 13 (vgl. W. Grimm's 1. Ausg., S. XCIX).

145.

FALSCHER RATH.

Der Dichter erzählt, daß er zwei Freunde hatte, die außeu ohne
Falsch schienen, im Herzen aber nicht ganz fest waren, weshalb sie ihn,
als ihre Treue die Probe bestehen sollte, im Stiche gela-seu.

Ich wil niht mê den ougen volgen noch den sinnen.
diu rieten mir an zwei, daz ich diu solde minnen:
diu beidiu wâren ûzen âne valsch geworht, doch innen
dà wart ein wênec in geleit, daz was niht stæte:
des vielten sich ir ecke, dô sie solten hân gesniten.   5
und wære eht niht wan daz alleine drinne vermiten,
sô wæren s' allenthalben alse ganz an ir getæte,
daz sich ein iegeslicher möhte lâzen dran.
owê daz ich der trüge ie künde an in gewan!
wie übel ich mich des schaden schame und in des lasters gan! 10

---

3 *geworht*, gewürkt, gemacht, geschaffen. — 4 doch in ihrem Innern
lag etwas weniges. — 5 *vielten* pl. des Præt. von *vallen*, sich umbiegen,
krümmen. *diu ecke*, die Schneide des Schwertes. — 6 wäre nur dies eine
nicht gewesen. — 7 *ganz*, vollkommen. *diu getât*, Handeln, Thun, Be-
schaffenheit. — 8 *sich an einen lâzen*, sich auf jemand verlassen. — 9 *diu
trüge*, Betrug. *künde*, Kunde, Bekanntschaft. — 10 wie bitter beschämt
mich mein Schade und betrübt mich ihre Schmach.

116.

DAS CHAMÄLEON.

Unter diesem Beispiel von einem Ungeheuer, das einem bösen Manne
mit falschem Lächeln, heimtückischer Bosheit, Doppelzüngigkeit u. s. w.
gleicht, scheint mir nur schwach ein Angriff auf K. Otto verhüllt, ein
Angriff, der dem Bruche mit ihm unmittelbar vorangieng oder folgte.
Einen bösen Mann nennt Walther den Kaiser offen in Nr. 147.

Ich hân geschen in der werlte ein michel wunder,
wær'z ûf dem mer, ez diuhte ein séltsæne kunder:
des ist mîn freude erschrocken und mîn trûren worden munder.
daz glichet einem bœsen manne. swer des lachen
strichet an der triuwen stein, der vindet kunterfeit.   5
er bizet dâ sîn grinen niht hât widerseit;
zwô zungen, habent kalt und warm, die ligent in sime rachen;
in sime süezen honege lit ein giftic nagel;

1 *wunder*, Gegenstand der Verwunderung, ein wunderbares Ding,
Geschöpf. — 2 *seltsene*, seltsam, wundersam. *kunder* stn., Unthier, Unge-
heuer, vgl. kunterbunt: selbst auf dem Meer (wo es doch vielerlei Unge-
thume — *merwunder*, monstra marina   gibt) würde es seltsam dünken,
auffallen. — 3 *des*, darüber: das hat meine Heiterkeit getrübt, meine Trauer
geweckt. — 4 *des*. dessen. d. i. des bösen Mannes. — 5 *der triuwen stein*,
der Probierstein, der Stein, an dem man durch Streichen die Echtheit
edler Metalle — hier der Treue   erprobt. *kunterfeit* stn., nachgemachtes,
unechtes, gefälschtes Gold, vom lat. contrafactus, franz. contrefait, electrum.
— 6 *grinen*, knurrend oder weinend den Mund verziehen: er beißt, ohne vor-
her durch Knurren die Fehde angekündigt zu haben.   8 *nagel*, ungula—
angel, Stachel. — 10 *spüren*, eigentlich der Spur nachgehen, auf die Spur
kommen. *swalwenzagel*, wörtlich: Schwalbenschwanz; eine schwierige,
noch nicht befriedigend erklärte Stelle. W. Grimm hat übersetzt: «So hebt
das Ungeheuer die Hand, kehrt sie aufwärts, und macht einen Schwalben-
schwanz, d. h. der Böse schwört, daß er nichts Böses im Schilde führe.
In der Volkssprache heißt nämlich noch jetzt einen Schwalbenschwanz
machen so viel als beide Finger ausstrecken, einen Eid ablegen.» Diese
sinnreiche Erklärung steht jedoch mit dem Wortlaut der Stelle in un-
lösbarem Widerspruch. W. Wackernagel hat (2, 172) eine andere Deu-
tung versucht: «So wie man dem argen Treiben eines Doppelzüngigen
auf die Spur kommt, so wendet er die Hand nach Gauklers Art und zeigt
etwas ganz Unschuldiges und Gleichgültiges.» Aber dafür wäre doch
Schwalbenschwanz ein sonderbarer unnachweislicher Ausdruck. Auch
würde, einmal erkannt, weder hier die Verstellung noch dort die Be-
theuerung kaum noch etwas frommen. Für die richtige Überlieferung des

sîn wolkenlôsez lachen bringet scharpfen hagel.
swâ man daz spürt, ez kêrt sîn hant und wirt ein swal-
wenzagel.   10

Spruches bietet die einzige Pariser Handschrift keine Gewähr und Ände-
rungsvorschläge werden erlaubt sein. Bech vermuthet *eins wolres zagel*
und verweist auf Altd. Blätter, I, S. 11, 19: inde lupi speres caudam cum
videris aures. Ich möchte statt *ez kêrt sîn hant* lesen: *ez rêrt sîn hût*, und
scorpenzagel statt *swalwenzagel:* wenn man seine Doppelzüngigkeit merkt,
es also sich in seiner wahren Natur erkannt sieht, wirft es seine Haut
(Hülle) von sich und zeigt sich in seiner wahren Skorpionsgestalt. Der
Vergleich des Skorpions und seines giftigen Stachels mit böser Nachrede
und heimtückischer Verläumdung ist bekannt.

147.

AN OTTO UND FRIEDRICH.

Die tiefe Missstimmung über Otto und seine Umgebung, die wir
ihn in den bisherigen Strophen mehr oder weniger deutlich haben aus-
sprechen hören, so wie die nichterfüllten Versprechungen, von denen die
folgenden Sprüche reden, bewogen unsern Dichter, den kaiserlichen Hof
zu verlassen und sich dem Sterne des neuen Königs zuzuwenden. Ob
dies, wie Rieger S. 25. 26 meint, schon im Sommer 1214 oder erst nach
König Friedrich's erneuter Krönung zu Aachen (25. Juli 1215) geschah,
dürfte mit Sicherheit kaum zu entscheiden sein.

Im folgenden Spruche sagt Walther dem Kaiser förmlich seinen
Dienst auf und verkündigt seinen Übertritt zu König Friedrich. Jener
hatte ihm, wol auf die Bitte in Nr. 117, sein Wort gegeben, ihn seiner
Armuth zu entheben. Das Versprechen blieb indes unerfüllt. Walther
ist des bösen Herrn satt und glaubt sich berechtigt, den bessern aufzu-
suchen, den er bisher aus politischer Gewissenhaftigkeit verschmäht hatte.

———

Ich hân hêrn Otten triuwe, er welle mich noch richen.
wie nam ab er min dienest ie sô trügelichen?
od waz bestêt ze lône des den künec Friderîchen?
min vorderunge ist ûf in kleiner danne ein bône,
ez'n si sô vil, ob er der alten sprüche wære frô.   5
ein vater lêrte wilent sinen sun alsô:
«sun, diene n.nnne bœstem, daz dir manne beste lône.»
hêr Otte, ich bin'z der sun, ir sit der bœste man,
wand' ich sô rehte bœsen hêrren nie gewan:
hêr künec, sit ir'z der beste, sit iu got des lônes gan!   10

———

1 *hêrn Otten*] es ist bemerkenswerth, daß der Dichter, der nun in
Friedrich den rechtmäßigen König erblickt, Otto mit einfachem Herr an-
redet. *triuwe*, das gegebene Wort, feierliches Versprechen· Otto hat mir
versprochen. *richen*, reich machen. — 2 *dienest* stn.. wie trügerisch nahm
er aber stets meinen Dienst hin, wie schlecht vergalt er ihn. — 3 *mich
bestêt eines dinges*, es geht mich an, also: was geht das den Kaiser Fried-
rich an; er hat keine Verpflichtung, mich zu belohnen, d. h. zu zahlen,
was Otto trügerisch mir versprochen hat. — 4 *vorderunge*, Forderung, An-
spruch. *ûf in*, an ihn. *bône*, zur Bezeichnung von etwas Werthlosem,
Nichtigem. — 5 *ez'n si sô vil*, es sei denn so viel, insofern: es wäre denn,
daß er an meinen alten (frühern) Sprüchen ein Wohlgefallen hätte (und
dafür mich belohnen wollte). — 7 *manne* gen. pl., der böseste, der beste
der Männer. — 8 *ich bin's der sun*] vgl. die Anmerkung zu Nr. 13, 19. —
10 *hêr kunec*, K. Friedrich. Da euch Gott zu lohnen vergönnte, nämlich
euch so mit Reichthümern bedachte, daß ihr geben könnt.

148.

MILDE UND LÄNGE.

» Noch anschaulicher, als im vorigen Spruche, mißt Walther hier
die beiden Könige mit dem Maßstab der Milde gegen einander ab und
zeigt, wie der junge Friedrich seinem Gegner über's Haupt gewachsen sei.
Zum Verständniss dieses Gedichts muß bemerkt werden, daß Otto durch
hohen Wuchs ausgezeichnet war, ja daß nach der Ursperger Chronik seine
Stärke und hohe Gestalt ein Grund war, der die Fürsten bewogen hat.
ihn zum Throne zu berufen.« Uhland.

Ich wolte ern Otten milte nâch der lenge mezzen,
dô hâte ich an der mâze mich ein teil vergezzen:
wær' er sô milte als lanc, er hete tugende vil besezzen.
vil schiere maz ich abe den lip nâch sîner êre:
dô wart ér vil gar ze kurz als ein verschrôten werc,   5
miltes muotes minre vil dann' ein getwerc,
und ist doch von den jâren. daz er niht enwahset mêre.
dô ich dem künege brâhte dez mez, wie ér ûf schôz!
sin junger lip wart beide michel unde grôz.
nû seht, waz er noch wahse! er'st icze übr in wol risen
           genôz.   10

1 *ern* gekürzt aus *hern*, *hérn* (= *hérren*). *nâch der lenge*, nach der
Größe und Höhe, des Körpers nämlich. — 2 *an der mâze*, am Maß; der
Dichter will sagen, er habe in Bezug auf das Verhältniss, die Proportion,
sich geirrt. *ein teil*, etwas, einigermaßen = sehr. — 4 *abe*, wiederum, noch
einmal. — 5 *rerschrôten* stv., zerschneiden, fehlerhaft schneiden. *werc*, Ar-
beit: etwas Gemachtes, aus Holz oder anderm Stoffe Gefertigtes. — 6 *minre*
vil, weit minder, kleiner an milder Gesinnung. — 7 *von den jâren*, in dem
Alter, so alt. — 8 *dez mez*, das Maß, nämlich das Ehrenmaß: den Maßstab
der Ehre anlegte. *ûf schiezen*, in die Höhe schießen. — 9 *michel unde*
grôz, stark und groß. — 10 *waz er noch wahse*, wie viel er noch wachsen
werde. Friedrich, geb. 26. Dec. 1194, stand um diese Zeit in seinem 21.
Lebensjahre. *risen genôz*, einem Riesen gleich: er ragt jetzt schon über
Otto wie ein Riese empor.

149.

AN KÖNIG FRIEDRICH.

Die in Nr. 117 an Otto gerichtete, von diesem unbefriedigt gelassene
Bitte trägt der Dichter nun in noch dringenderer Weise dem König Fried-
rich vor. Es ist keine gemeine Habsucht die ihn zu diesem Schritte drängt,
sondern die bittere Armuth und Noth. Sein Verlangen geht nach einem
Leben mit genügendem Auskommen, nach einer Heimat, die ihn in sei-
nem Alter des Anklopfens an fremden Thüren überhebe.
Diesen Spruch hat Ulrich von Singenberg, Truchseß von St.-Gallen,
parodiert: er richtet seinen Sang an den Vogt der Welt, den König des
Himmels, und stellt dem misslichen Loose Walther's sein eigenes behag-
liches und unabhängiges Leben gegenüber und bittet Gott, ihm dieses
zu erhalten (s. die Ausg. von Wackernagel und Rieger, S. 211).

Von Rôme voget, von Pülle künee, lât iuch erbarmen,
daz man mich bi richer kunst alsus siht armen.
gerne wolte ich, möhte ez sin, bi eigem fiure erwarmen.
zahl wie'ch danne sunge von den vogellinen,
von der heide und von den bluomen, als ich wilent sanc!   5
swelch schœne wip mir danne ga·be ir habedanc,
der lieze ich liljen unde rôsen ûz ir wængel schînen.
sus kume ich spâte und rite fruo: gast, wê dir, wê!
sô mac der wirt wol singen von dem grüenen klê.
die nôt bedenket, milter künee, daz iuwer nôt zergê!   10

1 *voget von Rôme*, römischer Schirmvogt = Kaiser. *Pulle*, Apulien. —
2 *armen*, arm sein. — 4 *zahî*, Interjection gleich *ahî*, *hei*, wahrscheinlich
roman. Ursprungs, wie *ça*, *ci*, wohlan, frischauf (vgl. Gramm., 3, 300). —
8 so aber bin ich ein unglücklicher Gast, ich komme spät in die Herberge
und muß früh wieder ausreiten. — 9 *sô*, umgekehrt kann der Wirth, Haus-
herr. — 10 auf daß auch eure Noth ein Ende nehme: daß ihr (durch Be-
wältigung eurer Feinde) zu einem ruhigen, behaglichen Leben kommt.

150.

DAS LEHEN.

Das rührende Lied bewegte des Königs Herz; der Wunsch des Dichters wurde erfüllt. jubelnd verkündet er seine Erhörung und erhebt die Milde des neuen Herrn ebenso launig und schmeichelhaft auf Kosten des alten (s. Rieger, S. 26).

Ich hân min lêhen, al die werlt! ich hân min lêhen!
nû enfürhte ich niht den hornunc an die zêhen
und wil alle bœse hêrren deste minre vlêhen.
der edel künec, der milte künec hât mich berâten,
daz ich den sumer luft und in dem winter hitze hân.   5
min' nâhgebûren dunke ich verre baz getân:
sie schent mich niht mêr an in butzen wis, alsô sie tâten.
ich bin ze lange arm gewêsen ân' mînen danc.
ich was sô volle scheltens, daz mîn âtem stanc:
daz hât der künec gemachet reine und dar zuo minen sanc.   10

---

1 *al die werlt,* hört es, ihr Leute alle. — 2 *der hornunc,* Februar, bildlich für Frost, Frostbeulen. *zêhe* swf., die Zehe. *an die zêhen,* nämlich zu bekommen. — 3 *bœse hêrren:* Anspielung auf K. Otto. — 4 *berâten,* mit dem Nöthigsten ausrüsten, versehen. — 5 *den sumer* adv. acc., den Sommer über. — 6 meinen Nachbarn erscheine ich nun weit schöner. — 7 *der butze,* Larve; Popanz. *in butzen wis,* wie eine gespenstige Schreckgestalt. — 9 *sô volle scheltens,* so voll vom Schimpfen. *daz âtem* stn., der Athem. Dies ist mit Uhland von der bisherigen Verbitterung des Dichters in Gemuth und Lied zu verstehen: er blickt damit auf die Reihe der herben und strafenden Sprüche über Otto und seinen Hof zurück, die wir eben kennen gelernt haben (Rieger, S. 26. 27). — 10 *daz.* auf den ganzen vorhergehenden Satz zu beziehen: nun habe der König durch seine Belohnung sowohl ihn selbst als auch seinen Sang wieder reiner, freundlicher gemacht

151.

GROSSES LEHEN, KLEINER ERTRAG.

»Glänzend war die Belehnung nicht ausgefallen, wie dieser Spruch
lehrt, wol ohne daß Friedrich dafür konnte. Das Lehen war zu dreißig
Mark Rente geschätzt, trug aber soviel wie nichts ein. Ganz so schlimm
wird es indes nicht gewesen sein, als es der launige Dichter, da die
Geistlichen den Zehnten einfordern, darstellt.« Rieger, S. 27.

Der künec min hêrre lêch mir gelt ze drizec marken:
des enkan ich niht gesliezen in den arken
noch geschiffen ûf daz mer in kielen noch in barken.
der name ist grôz, der nuz ist aber in solher mâze,
daz ich in niht begrifen mac, gehœren noch gesehen.   5
wes sol ich danne in arken oder in barken jehen?
nû râte ein ieglich friunt, ob ich ez halte od obe ich'z lâze.
der pfaffen disputieren ist mir gar ein wiht:
sie prüevent in den arken niht, da ensi ouch iht:
nû prüeven her, nû prüeven hin, so'n habe ich drinne niht.   10

1 *der gelt*, Einkünfte von liegenden Gütern. *ze*, von, gegen: von un-
gefähr 30 Marken. – 2 davon kann ich nichts. *arke*, Geldkasten, Truhe. –
3 *kiel*, Schiff. – 4 *in solher mâze*, derart, so gering. – 5 *begrifen*, greifen,
fassen. – 6 was soll ich dann sagen, angeben, daß in den Truhen oder
Schiffen sei, oder: »wie soll ich angeben, was ich für volle Kisten und
ganze Schiffsladungen von Reichthümern habe?« (Lachmann.) – 7 *halte*
oder lâ e, behalte oder aufgebe, fest! alte oder fahren lasse (nämlich *den*
gelt = das Lehen). – 8 *der pfaffen disputieren*] damit ist die von der Kirche
verlangte Beisteuer zu einem neuen Kreuzzuge gemeint: im J. 1216 er-
neuerte der Pabst die frühere Aufforderung und setzte den zwanzigsten
Theil des Einkommens fest, der spätestens bis zum Mai 1217 gezahlt
werden sollte. In diese Zeit fällt unser Spruch. *ein wiht*, etwas Gering-
fügiges = nichts. – 9. 10 *prüeven* conj. bedeutet sowol wahrnehmen,
bemerken, als auch berechnen, zählen; in Z. 9 steht das Wort in ersterm
in Z. 10 in letzterm Sinne. – 9 außer es sei etwas da.

152.

LEOPOLD'S RÜCKKEHR VOM KREUZZUG.

«Es ist natürlich, daß der Genuß, im eignen Hause sein eigner
Herr zu sein, mit der Neuheit an Reiz verlor und das bewegte reiche
Leben, das Walther so lange geführt, ihm wieder in verlockendem Licht
erschien. Darum darf man sich nicht wundern, dem neuen Wirthe höch-
stens ein paar Jahre später wiederum als Gast zu begegnen, freilich nur
an dem Orte, den er wie eine Heimat liebte: dem wonniglichen Hofe zu
Wien.» (S. Rieger, S. 27.) Schon im Frühjahr 1217 sahen wir ihn dort
(s. Nr. 86. 120), als eben Herzog Leopold sich zum Kreuzzuge rüstete,
und wir finden ihn noch da bei dessen Rückkehr aus Palästina im Som-
mer oder Herbst 1219, wo er ihm aus der Mitte seiner Unterthanen einen
feurigen Gruß entgegensendet und ihn ermahnt, den durch die Kreuz-
fahrt erworbenen Ruhm zu Hause nicht aufs Spiel zu setzen.

Herzóge ûz Österriche, ez ist iu wol ergangen
und alsô schône, daz uns muoz nâch iu belangen.
sit gewis, swenn' ir uns komet, ir werdet hôhe enpfangen.
ir sit wol wert daz wir die glocken gegen iu liuten,
dringen unde schouwen, als ein wunder komen sî.   5
ir komet uns beide sünden unde schanden frî:
des suln wir man iuch loben und die frouwen suln iuch triuten.
diz lichte lop volweget heime unz ûf daz ort:
sit uns hie biderbe für daz ungefüege wort,
daz ieman spreche, ir soltet sîn beliben mit êren dort.   10

2 *schône* adv., herrlich, glücklich. *belangen*, verlangen. — 3 wenn
ihr zu uns zurückkommt. *hôhe*, auf ehrenvolle Weise. — 5 *dringen*, sich
drängen. *als*, als ob, wie wenn. — 6 frei sowol von Sünde als von
Schande; ersteres bezieht sich auf die reinigende Gottesfahrt, letzteres
auf die im heiligen Lande bewiesene Tapferkeit. — 7 *wir man*, wir Männer.
triuten, liebkosen. — 8 *volwegen*, in seinem vollen Werthe anschlagen, voll-
ständig abwägen. *heime* adv., zu Hause, daheim. *daz ort*, das kleinste
unter den Gewichten. Zeigt durch euer Benehmen zu Hause, daß ihr
dieses glänzenden Lobes werth seid, rechtfertigt es bis zum letzten Quent-
chen, wägt es vollständig auf. — 9. 10 begegnet, beugt vor durch euer
tüchtiges Benehmen dem harten Worte, daß jemand äußern könnte, ihr
hättet besser in Palästina einen ehrenvollen Tod gefunden.

153.

VORSCHLAG ZUR GÜTE.

Schon bei der Königskrönung zu Aachen am 25. Juli 1215 hatte Friedrich den Kreuzzug gelobt. Der Ausführung stellten sich jedoch allerlei Hindernisse entgegen. Unterm 19. Febr. 1220 schrieb er an Pabst Honorius III., daß er auf den eben zu Nürnberg und Augsburg (Oct. und Dec. 1219) gehaltenen Hoftagen die Fürsten habe schwören lassen, ihn auf den Kreuzzug zu begleiten, und daß er auch selbst zu dessen Antritt bereit sei; doch hege er bei der eingetretenen Lauheit und mangelnden Bereitschaft der Fürsten die Besorgniss, sie möchten ihm nicht folgen, weshalb er den Plan gemacht habe, sie vorangehen zu lassen und selbst nachzukommen (s. Böhmer's Regesten, Nr. 324). Wie trefflich Walther über die Stimmung der Fürsten gegen den Kreuzzug und Friedrich selbst unterrichtet war, lehrt der vorliegende Spruch, der ohne Zweifel bald nach dem Nürnberger Hoftag und zwar in Franken entstanden ist.

Ir fürsten, die des küneges gerne wæren âne,
die volgen mîme râte: ich'n râte iu niht nâch wâne.
welt ir, ich schicke in tûsent mile und dannoch mê für Trâne.
der helt wil Kristes reise varn: swer in des irret,
der hât wider got und al die kristenheit getân.   5
ir vindc, ir sult in sîne strâze varen lân:
waz ob er hie heime iu niemer mêre niht gewirret?
belibe er dort, des got niht gebe, sô lachet ir:
kom' er uns friunden wider heim, sô lachen wir.
der mære warten beidenthalp, und habet den rât von mir.   10

---

1 Ihr Fürsten, die ihr des Königs gerne los und ledig wäret. — 2 *volgen* conj. opt., mögen folgen. Die Rection dieses Satzes ist von dem Zwischensatze abhängig. *nách wâne*, aufs Gerathewol. — 3 *Trâne*. Trani am Adriatischen Meer bei Bari, von wo die Kreuzfahrer häufig ausliefen; und zudem noch weiter über Trani hinaus. — 4 *Kristes reise*, Kreuzzug. Wer ihn daran hindert. — 6 seinen Weg ziehen lassen. — 7 *was ob*, wer weiß, ob: vielleicht ist er euch hier daheim nie mehr hinderlich. — 8. 9 *belibe, kom'* conj. præs.: für den Fall, daß er dort bleibt (fällt) oder zurückkommt. — 8 was Gott verhüte. — 10 *der mære*, der Kunde, Botschaft = des Ausgangs wollen wir beiderseits warten; das ist mein Rath an euch.

134.

KUNST DER FREIGEBIGKEIT

Wie schwer es sei in der Freigebigkeit den rechten Weg zu treffen.

Daz milter man gar warhaft si,
geschiht daz, dâ ist wunder bî,
der grôze wille, der dâ ist,
wie mac der wesen vereinet?
   deswâr dâ hœret witze zuo   5
und wachen gegen dem morgen (uo)
und anders manec schœner list,
daz ez iht werde ervendet,
   der alsô tuot,
der sol den muot   10
an riuwe selten kêren,
mit witzen sol erz altez wegen
und lâze got der sælden pflegen:
sô sol man stegen
nich lange wernden êren.   15

---

1. ? gar warhaft, ganz durchaus wahrhaft. Unter den erlaubten
Lügen wird die L an des freigebig immer erwähnt: der ... kann nicht
immer alles Versprochene halten, er mal zuweilen zum Lügner werden. —
4 ausgethürmt, vollbracht werden. — sind es d. h. das was er vorher wovon
oder sich zu geben vorgenommen hat, nicht etwa erwundet, rückgängig
gemacht, unterwoben, vereitelt werde. — 3—11 wer dies thut, hat nicht
völlig seine Gedanken auf Trauer zu richten, braucht nicht bei übe zu
sein, wenn er sein Vorhaben nicht ganz ausführen kann. 12 13 besonnen
und verständig soll er alles erwägen und über den Erfolg Gott walten
lassen. — 14 15 auf diese Weise mag er wohl, ohne der Weg betreten,
um zu einem Erfolg zu gelangen.

155.

DAS UNGASTLICHE KLOSTER.

Walther macht sich Vorwürfe über seine Unselbständigkeit, daß er so viel auf Aussagen Anderer gebe. Da habe man ihm die Gastlichkeit von Tegernsee gerühmt: bei einem Besuche daselbst habe er aber mit Wasser vorlieb nehmen und also von des Abtes Tische scheiden müssen. Zu welcher Zeit das geschah, ist nicht mit Sicherheit zu ermitteln, wahrscheinlich zwischen 1212—17; vgl. die Anmerkung zu Z. 10. Die berühmte Benedictiner-Abtei, gestiftet 736, aufgehoben 1804, liegt ein paar Stunden seitwärts von der von Tölz über Miesbach nach Rosenheim führenden Straße am See gleiches Namens in Oberbaiern.

Man seit mir ie von Tegersê,
wie wol daz hûs mit êren stê.
dar kêrte ich mêr dann' eine mile von der strâze.
ich bin ein wunderlicher man,
daz ich mich selben niht enkan   5
verstân und mich sô vil an fremede liute lâze.
ich schilte s' niht, wan got genâde uns beider.
ich nam dâ wazzer:
alsô nazzer
muoste ich von des müneches tische scheiden.   10

---

1 ie, immer. — 2 = wie groß seine hûsêre sei, d. i. die gastfreundliche Bewirthung. — 5 daß ich auf meinen eigenen Verstand so wenig gebe. — 7 schilte s' = schilte sie, nämlich die fremden Leute; ich will sie nicht schelten, sondern, vielmehr u. s. w. — 8 nam = erhielt. wazzer, nämlich statt des Weines; zugleich Anspielung auf die Sitte, dass man vor dem Essen Wasser zum Reinigen der Hände bekam. — 9 nazzer stark flectierter Nom. des Adj. naz. — 10 müncch] «nach Kaiser Otto IV Gebrauch nennt Walther den Abt schlechthin einen Mönch» (Simrock 2, 159).

156.

OFFENE UND GEHEIME FEINDE.

Gleich nach dem über K. Otto verhängten Banne fiel Landgraf Hermann von Thüringen von ihm ab und zeigte sich unverhohlen unter seinen eifrigsten Gegnern. In den beiden folgenden Jahren, 1212 und 1213, zog Otto siegreich gegen ihn zu Felde; jedoch erst 1216, kurz vor seinem Tode (Ende April) zeigte sich Letzterer zu einer neuen Aussöhnung und Verbindung bereit, und in diese Zeit setzen Lachmann, Wackernagel u. A. unsern Spruch, während Rieger S. 19—23 ihn, allerdings mit beachtenswerthen Gründen, auf eine frühere unbekannte und erfolglos gebliebene Annäherung des Landgrafen an Otto im Sommer 1213 bezieht.

Walther legt ein gutes Wort ein für den Landgrafen: er sei doch wenigstens ein offener Feind gewesen, also um vieles besser als seine feigen heimlichen Gegner, deren Untreue zuletzt nur dadurch ans Tageslicht kam, weil sie einander selbst betrogen und verriethen. Unter diesen versteckten Gegnern Otto's sind nach Rieger die Fürsten von Œsterreich, Mainz, Speier u. A. gemeint, die von Anfang für Friedrich gewirkt, aber nach Otto's Rückkehr aus Italien wieder Treue geheuchelt hatten, um früher oder später, wie es ihr Vortheil mit sich brachte, offen abzufallen.

Nû sol der keiser hêre
fürbrechen durch sin êre
des lántgrâven missetât,
   wan der was doch zewâre
sin vient offenbâre.   5
die zagen truogen stillen rât.
sie swuoren hie, sie swuoren dort
und pruoften ungetriuwen mort:
von Rôme fuor ir schelden.
ir dûf enmoht' sich niht verheln,   10
si begónden under zwischen steln
und alle ein ander melden.
seht, diep stal diebe.
drô diu tete liebe.

2 *fürbrechen* bedeutet als trans. zum Vorschein, ans Licht bringen: hier jedoch kann der Sinn des Wortes, wenn nicht Verderbniss vorliegt, nur sein: nachlassen, nachsehen. Bechstein (German. XII, 476) schlägt vor *vergezzen*. — 6 *der zage*, Feigling. *rât tragen*, Pläne, Anschläge machen. *stille*, geheim. — 8 *pruefen*, anstiften. — 9 ihre Schmähungen giengen von Rom aus. wurden von dort aus betrieben. — 10 *der dûf* = *diube*, *diuve*, stf., Diebstahl. *verheln*, verbergen. — 11 *under zwischen*, unterdes. — 12 *melden*, verrathen. — 13 der Dieb bestahl den Dieb. — 14 *diu drô*, Drohung. Die Drohung (die Furcht vor dem Kaiser) machte die Freundschaft, bewirkte, daß sie ihm (scheinbar) freundlich und ergeben waren.

157.

AN MARKGRAF DIETRICH VON MEISSEN.

I.

Die freundlichen Beziehungen Walther's zum Markgrafen Dietrich von Meißen und sein felsenfestes Vertrauen auf seine Treue gegen Kaiser Otto haben wir schon aus Nr. 105 und 131 kennen gelernt. Die beiden nachstehenden Sprüche belehren uns, daß Walther in Dietrich's Diensten gestanden hat, sie zeigen aber auch, daß das Verhältniss bereits getrübt und gelockert war. Nach Rieger S. 13. 16 hat dasselbe höchstens vom Sommer 1211 bis zum Herbst 1213 gedauert, wo der Markgraf, die hochtönende Versicherung seines Dichters zu Schanden machend, sich der staufischen Sache anschloß.

Für Walther's vielfache in seinen Angelegenheiten ihm geleisteten Dienste hat ihn der Meißner nicht nur nicht belohnt, sondern ihm sogar die Anerkennung dafür verweigert. Den Lohn will der Dichter gerne fahren lassen, aber auf diese kann er nicht verzichten. Er verlangt das ihm vorenthaltene wohlverdiente Lob und droht, falls das, was die Schicklichkeit erheische, nicht bald geschehe, mit Widerruf beim Kaiser und dem Publikum.

Ich hân dem Missenære
gefüeget manic mære
haz danne er nû gedenke mîn.
waz sol diu rede beschœnet?
möht' ich in haben gekrœnet,   5
diu krône wære hiute sîn.
hæt' er mir dô gelônet baz,
ich diente im aber eteswaz:
noch kan ich schaden vertriben.
ist aber er sô gefüege niht   10

---

1. 2 Ich habe dem Meißner manche Botschaft ausgerichtet, manche Sache zu seinen Gunsten gefügt, ausgemacht, manche seiner Angelegenheiten besser geordnet, als u. s. w. Es scheint mir dies eine Anspielung auf das dem Markgrafen in Nr. 131 gespendete Lob zu sein. — 3 gedenke conj., an mich denkt, gegen mich gesinnt ist, mir es lohnt. — 4 beschœnen, beschönigen: warum soll ich es nicht offen sagen? — 5 wenn ich (allein) ihn hatte krönen können. — 7 dô, damals. — 9 noch habe ich die Macht, den Schaden abzuwenden. — 10 gefüege, artig, höflich. —

daz er mir biete wandels iht,
dâ lâzen wir'z belîben.
waz vîl verdirbet
des man niht euwirbet!

---

11 *wandel*, Schadenersatz, Vergütung eines Unrechts. — 12 **so lassen**
wir's bleiben, d. h. so bleibt der Schaden unvertrieben. — 13 *waz*, wie
doch, wie sehr; vgl. *wa: mâre ist mer Marsilien gebe?* Rolandslied, V. 1030. —
14 *des* = *des daz* (Attraction, von dem was): wie vieles verdirbt, geht
zu Grunde, verloren, um das man sich nicht bemüht! Vgl. Hätzlerin
S. 135, Z. 117: *vil dings verdirbet des man nit wirbet.*

II.

Der Missenære solde
mir wandeln, obe er wolde.
min dienest lâze ich allez varn,
niewan min lop alleine.
deich in mit lobe iht mcine,   5
daz kan ich schône wol bewarn
    lobe ich in, sô lobe er mich.
des andern alles des wil ich
in minnecliche erlâzen.
sin lop daz muoz ouch mir gezemen,   10
od ich wil minz her wider nemen
ze hove und an der strâzen,
    so ich nû genuoge
    wärte siner fuoge.

---

1 *solde*, es wäre billig, seine Schuldigkeit. - 2 *wandeln*, für ein Un-
recht Ersatz, Vergütung leisten. *obe er wolde*, wenn er den guten Willen
hatte.   3. 4 auf die Anerkennung meiner geleisteten Dienste will ich ver-
zichten, nicht aber auf die meines (Dichter-) Lobes. — 5. 6 ich werde
mich hüten, es schön bleiben lassen, ihn künftig wieder zu loben. —
9 *minnecliche*, liebevoll, gütig, nachsichtig. — 8 ff. sein Lob gebührt auch
mir, muß auch mir zu Theil werden, oder ich widerrufe das ihm gespendete
am Hof (beim Kaiser) und vor der Öffentlichkeit, wenn ich nun lange genug
auf seine Höflichkeit gewartet habe, mit andern Worten: wenn er nicht
bald thut, was die Schicklichkeit von ihm verlangt, so widerrufe ich u. s. w.

158.

GOTTES UNERFORSCHLICHKEIT.

Diese Strophe leitet einen neuen, wahrscheinlich zu Ehren des Erz-
bischofs Engelbert von Köln erfundenen Ton ein, der sich bis Nr. 167
erstreckt.
Von Walther's tief religiöser Überzeugung gibt uns dieser Spruch
ein schönes Zeugniss. Wir sehen ihn hier vor Gott sich niederwerfen,
als dem Unbegreiflichen, den zu erforschen alle Mühe bei Tag und bei
Nacht verloren ist, den keine Predigt und keine Glaubenssatzung erklärt
(vgl. Uhland, S. 152).

Mehtiger got, dû bist sô lanc und bist sô breit:
gedæht' wir dâ nâch, daz wir unser arebeit
niht vlürn! dir sint beide ungemezzen maht und êwekeit.
ich weiz bî mir wol, swaz ein ander ouch dar umbe trahtet:
sô ist ez, als ez ie was, uusern sinnen unbereit.   5
dû bist ze grôz, dû bist ze kleine, êst ungeahtet.
er tumber gouch, der dran betaget oder benahtet!
wil er wizzen daz nie wart gepredjet noch gepfahtet?

---

2 *gedæht*] bei Anlehnung des Pron. *wir* kann das Flexions-*n*, oder
auch wie hier -*en*, wegfallen. *dâ nâch*, dem entsprechend. Möchten wir
das in unsern Gedanken doch stets gegenwärtig haben, damit wir unsere
Mühe und Arbeit nicht verlören. — 3 *vlürn* = *verlürn*, verlustig giengen.
Deine Macht und Ewigkeit ist unermeßlich. — 4 *bî mir*, durch mich, von
mir aus; wie viel auch ein anderer. *umbe ein dinc trahten*, auf etwas
sinnen und denken, sich in Gedanken mit etwas beschäftigen. — 5 *unbereit*,
unzugänglich. — 6 *ungeahtet* von *ahten*, ausdenken, aussinnen, also: mit
Gedanken noch nicht erfaßt, ermessen: unerfaßlich. — 7 *dran*, damit,
darüber. *betagen* und *benahten*. Tag und Nacht über etwas zubringen.
— 8 *pfahten*, in Gesetzesform bringen, von *pfaht* stf., *pactus*, *pactum*.
Glaubenssatzung; Dogma.

159.

AN DEN ERZBISCHOF VON KÖLN.

I.

Engelbert, aus dem Geschlechte der Grafen von Berg, seit 1216 Erzbischof von Köln, war von Friedrich II. während seiner Abwesenheit in Italien zu Ende 1220 oder Anfang 1221 zum Reichsverweser und zum Vormund des zurückbleibenden jungen Königs Heinrich ernannt worden, den er später, am 8. Mai 1222, zu Aachen krönte.

Walther beglückwünscht hier den Kirchenfürsten, rühmt seine Verdienste um das Reich, führt ihn als Fürstenmeister, als Königspfleger und Ehrentrost des Kaisers auf und zum Schlusse noch in Beziehung auf die Heiligen von Köln, als Kämmerer der hl. drei Könige und der elftausend Jungfrauen.

Von Kölne werder bischof, sit von schulden frô:
ir habet dem riche wol gedienet unde alsô,
daz iuwer lop da enzwischen stiget unde sweibet hô.
sî inwer werdekeit dekeinen bœsen zagen swære,
fürsten meister, daz si iu als ein unnütze drô   5
getriuwer küneges pfleger, ir sit hôher mære,
keisers êren trôst baz danne ie kanzelære,
drier künege und einlif tûsent megede kameræere.

---

1 Ihr habt Ursache, fröhlich zu sein.   3 *du enzwischen*, mittlerweile.
stigen, steigen. *sweiben*, sich schwingen, schweben. — 4 möge auch, gesetzt, daß eure Würde einem bösen Feigling beschwerlich sein sollte, so betrachtet das als eine unschädliche, ohnmächtige Drohung. Es sind die geheimen Feinde des Kaisers und des Reiches gemeint, zu deren Darniederhaltung Engelbert hier aufgefordert wird. Wie sehr sich Walther getäuscht, wenn er den Haß für unwichtige Drohungen hielt, zeigt des Erzbischofs gewaltsamer Tod, s. Nr. 162. — 9 *fürsten meister*, Fürstenerzieher = Vormund. — 6 *ir sit hôher mære*, seid von hohem Ruf, seid hochberühmt. — 7 *keisers êren trôst*, Schützer des kaiserlichen Ansehens. Mit dem Kölner Erzbisthum war die Würde eines Erzkanzlers des apostolischen Stuhls und des hl. röm. Reichs in Italien verbunden; also: besser denn jemals ein Erzbischof von Köln in seiner Stellung zum Reiche. — 8 *einlif*, elf. *kameræere*, der die Schätze derselben in seiner Verwahrung hat.

II.

Daß Walther zu dem Kölner Erzbischof in nähern persönlichen Beziehungen stand, konnte man schon längst aus den an diesen gerichteten Sprüchen entnehmen. Nun darf es so ziemlich als ausgemacht betrachtet werden, daß Kaiser Friedrich auf Engelbert's Betrieb unsern Dichter mit der Erziehung seines Sohnes Heinrich (geb. 1212) betraute. Wie schwierig diese Aufgabe war, werden wir aus den folgenden Sprüchen erfahren. Hier vernehmen wir seinen ersten Nothschrei, womit er den Reichsverweser und Fürstenmeister um Hilfe anruft. Unter den drei Arten des Sanges, von denen Walther spricht, sind nämlich nach Rieger's sinnreicher Deutung (S. 32) drei Methoden der Erziehung zu verstehen, mit deren keiner sich *an disen twerhen dingen* — d. h. bei einem so schwierigen Zögling und einer so misslichen Umgebung — etwas ausrichten ließ.

Ich traf dâ her vil rehte drîer slahte sanc,
den hôhen und den nidern und den mittelswanc,
daz mir die rederichen iegesliches sagten danc.
wém könd' ich der drier einen nû ze danc gesingen?
der hôhe der ist mir ze starc, der nider gar ze kranc,   5
der mittel gar ze spæhe an disen twerhen dingen.
nû hilf mir, edeler küneges rât, da ǫnzwischen dringen,
daz wir als ê ein ungehazzet liet ze samene bringen.

1 *dâ her*, bis dahin. *drîer slahte*, dreierlei. — 2 *der hôhe, der nider* und *der mittelswanc* siud Ausdrücke der Fechtkunst, die hier auf die Dichtkunst im Sinne der hohen, mittlern und niedern Tonart angewendet werden. — 3 *rederich*, redefertig, beredt. *iegeslíches* gen., abhängig von *danc sagen;* für jeden derselben. — 6 *twerh* adj., quer; verkehrt. *spæhe,* kunstreich. — 7 hilf mir, zwischen diesen drei Arten durchzukommen. — 8 *daz,* damit. *als ê.* wie früher. *ungehazzet*, unmissfällig. *ze samene bringen,* gemeinsam zu Stande bringen. Aus dieser Zeile erhellt, daß Engelbert schon früher dem Dichter in seinen Erziehungsnöthen zu Hilfe gekommen war.

160.

AN KAISER FRIEDRICH.

Walther redet Friedrich hier zum ersten Mal als Kaiser an; der Spruch ist daher nach desseu Krönung zu Rom, am 22. Nov. 1220, gedichtet. Er dankt ihm für ein aus der Ferne gesendetes Geschenk und schildert den Eindruck, den diese Gunstbezeigung auf die dem Dichter abgeneigte Umgebung am Hofe König Heinrich's machte.

Von Rôme keiser hêre, ir habet alsô getân
ze minen dingen, daz ich in muoz danken lân:
i'n kan iu selbe niht gedanken als ich willen hân.
ir habet iuwer kerzen kündeclichen mir gesendet.
diu hât unser hâr besenget an den brân   5
unde hât ouch uns der ougen vil erblendet.
doch hânt sie mir des wizen alle vil gewendet:
sus min frum und iuwer êre ir schilhen hât geschendet.

2 ze mînen dingen, in meinen Angelegenheiten. muoz danken lân, dem Fernen den Dank ausdrücken lassen, vermuthlich durch Engelbert. — 4 iuwer kerzen] vgl. die Anmerkung zu Nr. 105, 1. kundeclîchen, listig, klug, geschickt. — 5 besenget, versengt. an den brân, an den (Augen-) Brauen. «Die stach uns allen in die Augen.» (Lachmann.) — 6 «Und viele Augen sind blind geworden von dem Schein der Kerze.» — 7 «Wenigstens haben alle einen großen Theil des Weißen (im Auge) zu mir gewendet», d. h. sie haben mich mit scheelen, neidischen Blicken angeschaut. — 8 «So hat mein Nutzen und eure Gnade ihr Schielen, ihren Neid zu Schanden gemacht.»

161.

DER HOFTAG ZU NÜRNBERG.

Der Hoftag, von welchem dieser Spruch erzählt, wurde von König
Heinrich VII. am 23. Juni 1224 zu Nürnberg abgehalten. Unter dem Vor-
sitz des Kölner Erzbischofs und in Gegenwart vieler hoher Reichsfürsten
weltlichen und geistlichen Standes fand ein Gericht statt und wurden
Rechtssprüche gefällt. Außer dem guten Gerichte, womit er Engel-
bert ein Compliment macht, fand der Dichter wenig zu loben, wol aber
geißelt er mit spöttischen Worten die Kargheit des dort anwesenden frän-
kischen Adels.

Sie frâgent mich vil dicke, waz ich habe gesehen,
swenn' ich von hove rîte, und waz dâ sî geschehen.
ich lüge ungerne und wil der wârheit halber niht verjehen.
ze Nüerenberc was guot gerihte, daz sag' ich ze mære:
umbe ir milte frâget varndez volc, daz kan wol spehen.   5
die seiten mir, ir malhen schieden dannen lære:
unser heimschen fürsten sin sô hovebære,
daz Liupolt eine müeste geben, wan daz er gast dâ wære.

2 so oft ich von der feierlichen Versammlung der Fürsten, vom
Hoftag, wegreite; wie man sagt: wenn ich vom Rathhaus komme. —
3 luge conj. præt., löge. Ich möchte nicht gerne lügen und ebenso wenig
nur die halbe Wahrheit sagen. — 4 ze mære sayen, Antwort auf eine Frage
geben, etwas als Neuigkeit mittheilen. — 5 ff. wie es mit ihrer Freigebig-
keit beschaffen war, darum befragt die Fahrenden, die können das am
besten beurtheilen; die erzählten mir, sie hätten mit leeren Taschen von
dannen ziehen müssen, (denn) unsere heimischen Fürsten benähmen sich
so sehr der Hofsitte gemäß, daß Leopold allein hätte geben müssen, der
einzige Freigebige gewesen sein würde, wenn er nicht Gast da gewesen
wäre. Die Äußerungen, die Walther hier den Fahrenden in den Mund
legt, enthalten bittern Spott gegen die unhöfische Knauserei der fränki-
schen Fürsten. Im Mittelalter erwartete man von einem an einen frem-
den Hof geladenen Gaste nicht, daß er dem Volke Geschenke machte,
sondern der Wirth that es an seiner Stelle. Leopold wird als Gast, von
dem keine milden Gaben zu erwarten waren, den heimischen Fürsten, dem
um Nürnberg angesessenen hohen Adel, gegenübergestellt, deren Aufgabe
es nach höfischem Brauche gewesen wäre, die Fahrenden zu bedenken,
denn sie waren in der Nähe zu Hause, und an ihnen war es, die Pflichten
eines Wirthes zu erfüllen.

162.

AUF ENGELBERT'S TOD.

Als Reichsverweser war Engelbert bemüht, mit Ernst und Gewissenhaftigkeit seines wichtigen Amtes zu walten. Mit rücksichtsloser Strenge trat er den Übergriffen und Gewaltthätigkeiten der Großen entgegen und suchte Recht und Ordnung im Reiche wiederherzustellen. Durch diese Bestrebungen machte er sich viele Feinde und fiel am 7. Nov. 1225 durch die Mörderband seines Neffen Friedrich Grafen von Isenburg. Während man ihn alsbald für einen Märtyrer erklärte und später auch heilig sprach, ward der Mörder erst ein Jahr nachher aufgegriffen und erlitt gerade am Jahrestage der Beisetzung Engelbert's die Strafe des Rades, welche der Dichter in Z. 7 unzureichend findet. Daraus ergibt sich die Abfassungszeit der Todtenklage von selbst.

Swes leben ich lobe, des tôt den wil ich iemer klagen.
sô wê im, der den werden fürsten habe erslagen
von Kölne! ôwê des daz in diu erde mac getragen!
i'n kan ím nâch siner schulde keine marter vinden:
im wær' ál ze senfte ein eichiu wit umb' sinen kragen,   5
i'n wíl sîn ouch niht brennen noch zerliden noch schinden
noch mit dem rade zerbrechen noch ouch dar úf binden:
ich wart' állez, ob diu helle in lebende welle slinden.

———

1 *Swes*, cujuscunque: wessen Leben ich lobe, dessen Tod u. s. w. —
3 *ôwé des*, weh darüber. — 4 keine seiner Schuld entsprechende Marter. —
5 *ein eichin wit*, ein aus Eichenzweigen gedrehter Strick, vgl. die Anmerkung zu Nr. 136, 2: ein Strick um seinen Hals wäre eine allzu gelinde Strafe für ihn. — 6 *zerliden*, Glied um Glied zerreißen = viertheilen. —
8 ich warte immerfort, ob ihn nicht. *slinden*, verschlingen

163.

BOTSCHAFT AN DEN KAISER.

Kaiser Friedrich hatte sich durch Vertrag vom Juli 1225 gegenüber
dem päbstlichen Stuhle verpflichtet, die oft versprochene, aber immer
wieder aufgeschobene Kreuzfahrt vom nächsten August an innerhalb zwei
Jahren anzutreten, bei Strafe der jetzt schon ausgesprochenen Excommu-
nication. Gleichwol drohte auch diesmal die Ausführung an der Theil-
nahmlosigkeit der Fürsten und an dem übeln Willen der Geistlichen zu
scheitern. Darauf beziehen sich die Z. 3—5 des vorliegenden Spruches,
in welchem der Dichter den Kaiser aufmuntert, sich nicht länger beirren
zu lassen, sondern mit den ihm zu Gebote stehenden Mitteln die Fahrt
frisch zu unternehmen. Die Abfassung fällt wol jedenfalls noch vor
Honorius' III. Ableben (18. März 1227).

Bot', ságe dem keiser sines armen mannes rât,
daz ich deheinen bezzern weiz, als ez nû stât:
ob in guotes unde liute iemán erbeiten lât,
sô var er balde und kome uns schiere, lâze sich niht tœren,
irr' etelichen ouch, der got und in geirret hât,　　　　　5
die rehten pfaffen warne, daz sie niht gehœren
dén unréhten, die daz riche wænent stœren:
scheide s' von in, oder scheide s' alle von den kœren.

1 *Bot'* Kürzung für *bote. armen mannes*] der *armman* ist sonst Be-
nennung unfreier Dienstleute, hier wol in stricter Bedeutung: armer
Dienstmann, Lehensträger, oder dann Ausdruck der Unterwürfigkeit. —
2 *als ez nû stât*, in Anbetracht der Verhältnisse. — 3 vorausgesetzt, daß
man ihn nicht auf Geld und Mannschaft warten läßt, beides leistet. —
4 so zögere er nicht länger, die Fahrt anzutreten und kehre rasch wieder
zurück und lasse sich nicht zum Narren halten. — 5 denjenigen, die Gott
und ihm (in Betreff der Kreuzfahrt) hindernd in den Weg getreten, ver-
gelte er mit Gleichem. — 6 *warne*, warne er. *gehœren* c. dat., auf einen
hören, seinem Rath und Beispiel folgen. — 7 glauben in Verwirrung
bringen zu können. — 8 *kôr*, Chor in der Kirche, wo die Geistlichkeit
ihren Sitz hat. Hienach: entweder trenne die Guten von den Bösen oder
treibe sie alle miteinander von ihren geistlichen Sitzen.

164.

AN DIE GEISTLICHKEIT.

Mahnung an die Geistlichkeit, zur Mildthätigkeit gegen die Armen,
zur alten Einfachheit des Lebens und Reinheit der Sitten zurückzukehren.
Die Anspielung auf die Bedrängniss des Reiches Z. 7 bezieht Rieger S. 36
auf die bereits erfolgte Excommunication Friedrich's durch Gregor IX.
(29. Sept. 1227).

Solt' ich den pfaffen râten an den triuwen mîn,
sô spræche ir hant dem armen zuo: «sê, daz ist dîn!»,
ir zunge sunge und lieze ir liezen manegem man daz sîn;
gedæhten ouch, daz sie durch got ê wärn almuosenære.
dô in gap êrste geltes teil der künic Constantîn,   5
hæt' er gewist, waz dâ von übeles künftic wære,
wæn' sô hæte er underkomen des riches swære,
wân daz sie dô wæren kiusche und übermüete lære.

1 an den triuwen mîn, bei meiner Treue; nach meinem Gewissen:
wenn ich ihnen inen wohlmeinenden Rath geben dürfte. — 2 spræche ir
hant, sprächen sie, indem ihre Hand spendete. sê, sieh da, da hast du.
— 3 ir zunge sunge, so begnügten sie sich Messe zu singen. ir liezen,
Zauberkunst: so ließen ihre Bethörungs-, Verführungskünste jedem Mann
das Seine (d. h. seine Frau). — 4 gedæhten] mein Rath wäre ferner, daß
sie auch daran dächten, wie sie einst aus Liebe zu Gott vom Almosen
lebten. — 5 êrste, zuerst, erstmals. gelt = gulte, Ertrag, Einkünfte, geltes
teil, Antheil an den Einkünften von Gütern und Grundstücken. König
Constantin's Name ward von den Gegnern der Geistlichkeit wenig geseg-
net, denn von ihm leitete sie ihren ganzen Reichthum und ihre Macht
her, vgl. Nr. 85. — 6 künftic, kommend: wie viel Schlimmes daraus ent-
springen werde. — 7 so hätte er, glaub' ich. underkomen c. acc., zwischen
etwas kommen, es durch Dazwischentreten verhindern. — 8 wan daz, nur
daß: aber damals. kiusche, enthaltsam. diu übermüete, der Übermuth.
lære, frei von.

165.

WIEDERVERGELTUNG.

Walther legt hier dem alten Klausner die Befürchtung in den Mund, die deutschen Kirchenfürsten möchten auch diesmal, durch den über Kaiser Friedrich verhängten Bann eingeschüchtert, von diesem wie einst von Philipp abfallen, und verbindet damit die Drohung, man werde Repressalien üben und Kirchen- und Klostergüter einziehen.

Mîn alter klôsenære, vón dem ich sô sanc,
dô uns der êrre hâbest alsô sêre twanc,
der fürhtet aber der goteshûse, ir meister werden kranc.
er seit, ob sie die guoten bannen und den übelen singen,
man swenke in lihte engegene den vil swinden widerswanc: 5
an pfrüenden unde an kirchen müge in misselingen:
dér si vil, die dar ûf iezuo haben gedingen,
dáz sie guot verdienen umb' daz riche in liehten ringen.

2 der érre, Comparativ von ér, der frühere (aus ahd. éríro); es ist damit der Pabst Innocenz III. und seine Bannung Philipp's gemeint, auf die der Dichter sich hier deutlich bezieht, vgl. Nr. 81''', 22—25. — 3 aber, wiederum (wie früher). der goteshûse, für die Gotteshäuser (Bisthümer und Klöster). meister, Herren, Obern: ihre Vorsteher möchten sich schwach zeigen. — 5 vgl. die Anmerkung zu Nr. 106'', 9. — 7 der, deren. — 8 in liehten ringen, in glänzenden (Panzer-) Ringen, Ringharnischen. Der Sinn von V. 5—8 ist: der Klausner sagt, wenn man die Guten mit dem Banne belege und den Schlechten Messe singe (sie ungebannt lasse), so solle man ihnen den Schlag rasch zurückgeben (= Gleiches mit Gleichem vergelten), wobei sie mit ihren Pfründen und Kirchen übel wegkommen möchten; denn die Zahl derjenigen (Laien) sei groß, die darauf hoffen, in glänzender Waffenrüstung (durch Kriegsleistungen) vom Reiche (= Kaiser) mit Gütern belohnt zu werden.

166.

AN DEN LANDGRAFEN VON THÜRINGEN.

Aufforderung an die Räthe des Landgrafen Ludwig von Thüringen, ihren jungen Herrn zur Theilnahme am Kreuzzuge zu bewegen. Der Zuspruch blieb nicht ohne Erfolg, denn unter den wenigen Reichsfürsten, die sich am 8. Sept. 1227 mit dem Kaiser zu Brindisi einschifften, befand sich der Gemahl der hl. Elisabeth, freilich um wenige Tage später zu Otranto der unter den Kreuzfahrern ausgebrochenen Seuche zum Opfer zu fallen.

Swer an des edeln lántgrâven râte si
durch sine hóvescheit, ér si dienstman oder frî,
der mane in umb' min lêren só, daz ich in spür dâ bi.
min junger hêrre ist milte erkant, man seit mir, er si stæte,
dar zuo wol gezogen: daz sint gelobter tugende dri.   5
ob er die vierden tugent willeclichen tæte,
só gienge er ébne und dâz er selten missetræte:
wære unsümic: sûme schât dem snite und schât der sæte.

---

2 *durch sine hr eescheit*] d. h. wer immer wegen seiner feinen Bildung oder der daraus entspringenden Stellung am Hofe in der Lage ist, dem Landgrafen rathen zu dürfen. Wird, was die bisherigen Herausgeber thaten, ich aber nicht für richtig halte, hinter sí ein Komma gesetzt, so ist der Sinn der drei Worte ein anderer, sie werden dann bei ihrer Höfischheit beschworen, den Fürsten zu ermahnen. — 3 *der mane in umb' min lêren*, der treibe ihn an, fordere ihn auf, meiner Lehre, Unterweisung zu folgen und zwar so, daß ich den Erfolg seiner Mahnung wahrnehme. — 5 *gelobter*, preiswürdiger. — 6 *willeclichen* adv., willig, eilrig. — 7 *und daz*, umschreibende Fortsetzung einer vorhergehenden abhängigen Verbindung = franz. *et que*. *missetreten*, fehl treten. — 8 *unsûmic*, nicht saumselig. *diu sûme*, Säumigkeit, das Hinhalten, Zögern: die jüngere Form *sûmunge* setzt die Hs. wie in Wernher's Maria 367 Feif. (Germania 6, 119). *der snit*, die Ernte. *der sæte* dat. von *sât*, die Saat, Aussaat: das Aufschieben, das zu lange Warten schadet der Ernte und der Saat; durch sein Zaudern bringt er sich um den Erfolg und dessen Früchte.

167.

GEGEN DIE FEINDE CHRISTI.

Als Kaiser Friedrich, von den deutschen Reichsfürsten mit nur geringen Streitkräften ausgerüstet, im Juli oder August 1228 die Kreuzfahrt endlich antrat, suchte der Pabst dieselbe auf alle Weise zu hintertreiben, ja er soll ihm die Abreise bis zur Reinigung vom Kirchenbanne haben untersagen lassen. Auf der Überfahrt nach Syrien schrieb der Kaiser an alle Reichsgetreuen, wie er die Sache des heiligen Landes aufs ernstlichste sich habe angelegen sein lassen, daß jedoch der Pabst, statt ihn dabei zu unterstützen, ihn excommuniciert und ihm die noch kürzlich nachgesuchte Aussöhnung verweigert habe; ja daß der Pabst sogar die Leute der Kirche wider ihn zu den Waffen rufe und mit dem für den Kreuzzug gesammelten Gelde Söldner gegen ihn unterhalte. Dies alles habe ihn jedoch vom Dienste Christi nicht abhalten können. Schließlich ermahnt er sie, den Dienst des heiligen Landes auch ferner zu fördern und das Betragen des Pabstes zu missbilligen (Böhmer's Reg. 639). In der Erregung des Gemüthes über dieses Schreiben, dessen Verkündigung in Deutschland vielleicht mit den Nachrichten über den am 18. Jan. 1229 stattgefundenen Einfall des päbstlichen Heeres in Apulien zusammentraf, scheint mir der vorliegende Spruch gedichtet, worin der Dichter mit flammenden Worten des Himmels Rache auf die christlichen Feinde des heiligen Landes herabruft. Daß er in Syrien selbst entstanden, wie angenommen wird, ist durch nichts zu erweisen.

———

Rich, hêrre, dich und dîne muoter, megede kint,
an den, die iuwers erbelandes vinde sint:
an dîner râche gegen in, hêrre vater, niht erwint!
dû weist wol, daz die heiden dich niht irrent alters eine:
lâ dir den kristen zuo dem heiden beide alsô den wint.　　　5
dise sint wider dich doch offenlîche unreine,
wan sie meinent dich mit ganzen triuwen kleine:
jene unreiner, die'z mit in sô stille habent gemeine.

———

1 *Rich* imper. von *rechen*, rächen. *megede kint*, Sohn der Jungfrau.
— 2 *erbelant*, ererbtes, durch Erbschaft als Eigenthum zugefallenes Land
= Palästina. — 3 *erwint* imper. von *erwinden*, aufhören, nachlassen. —
4 *alters eine* adv., auf der Welt allein, einzig allein, ganz allein. — 5 *lâ
dir*, zu ergänzen ist der inf. *wesen*, sîn. *alsô den wint*, so gering, so leicht
als den Wind: achte beide für gar nichts, mache keinen Unterschied zwischen ihnen. — 6 *offenlîche* adv., offen, öffentlich. *unreine*] Juden, Heiden,
alle Ungetauften galten im Mittelalter für unrein, weil sie nicht durch die
Taufe gereinigt waren; hier steht jedoch das Wort im Sinne von: nicht
gut, schlecht. — 7 *meinen* c. acc., sich zu einem hinneigen, sich ihm geneigt fühlen. *kleine*, wenig = gar nicht. — 8 aber jene sind noch viel unreiner. *ez gemeine haben mit einem*, mit einem Gemeinschaft haben, gemeinsame Sache machen. *stille*, im Stillen, Geheimen.

———

168.

JUGENDLEHREN.

Wir erblicken hier unsern Dichter als Zuchtmeister, wie er den Jungen, zunächst dem seiner Pflege anvertrauten König Heinrich, ans Herz legt, die Zunge, die Augen und Ohren vor allem Bösen in strenger Hut zu halten. Die Art, wie dies geschieht, ist eine ebenso originelle als nachdrückliche, und das Sprüchlein mit seinen kurzen trochäischen Versen, die vermöge des kunstreichen Satzbaues gleichmäßig nach vorn und rückwärts gelesen werden können, vortrefflich geeignet, sich dem kindlichen Gedächtniss einzuprägen. Es wird in das Jahr 1220 oder 1221 fallen.

———

Nieman kan beherten
kindes zuht mit gerten:
den man z'éren bringen mac,
dém ist éin wort als ein slac.
dem ist ein wort als ein slac,   5
den man z'êren bringen mac:
kindes zuht mit gerten
nieman kan beherten.

Hüetet iuwer zungen,
daz zimt wol den jungen;   10
stóz den rigel für die tür,
là kein bœse wort dar für.
là kein bœse wort dar fur,
stóz den rigel für die tur:
daz zimt wol den jungen,   15
hüetet inwer zungen.

Hüetet inwer ougen
offenbâre und tougen:
lät sie guote site spehen
und die bœsen übersehen;   20

1 beherten, erhärten, fest, dauerhaft machen. — 2 zuht. Erziehung. gerte, Ruthe. — 4 für den hat ein Wort dieselbe Wirkung wie ein Schlag. 9–12 Fast mit denselben Worten ermahnt der Winsbeke seinen Sohn Str. 24: sun, dú solt dîner zungen pflegen, daz si iht úz dem angen (der Angel) var: si lât dich anders under wegen der éren und der sinne bar. schiuz rigel fur und nim ir war.
19. 20 auf gute Sitten achten und auf die bösen nicht merken.

und die bœsen übersehen
lât sie, guote site spehen:
offenbâre und tougen
hüetet iuwer ougen.

Hüetet iuwer ôren,   25
oder ir sit tôren:
lât ir bœsiu wort dar in,
daz gunêret iu den sin.
daz gunêret iu den sin,
lât ir bœsiu wort dar in,   30
oder ir sit tôren:
hüetet iuwer ôren.

Hüetet wol der drier
leider alze frier:
zungen ougen ôren sint   35
dicke schalchaft, z'êren blint.
dicke schalchaft, z'êren blint
zungen ougen ôren sint:
leider alze frier
hüetet wol der drier.   40

- - - - - -

25 Vgl. Winsbeke Str. 23, G: *die bœse rede dir z'ôren tragen, von in din statez herze brich: will dû din ôre, als maneger tuot, den velschelæren bieten dar, sô wirst dû selten wol gemuot.* — 28 *gunêret = geunêre*, verunehrt.
34 *fri*, frei, ungebunden. — 36 *schalc-haft*, boshaft, zum Bösen geneigt, und blind für die Ehre, das Gute.

160.

FRUCHTLOSE ERZIEHUNG.

Mit welchen Erwartungen Walther sein neues Amt angetreten haben mag und wie viele Mühe er sich auch gab, das in ihn gesetzte Vertrauen zu rechtfertigen, als Erzieher hatte er kein Glück; seine sonst so erprobte Kunst ließ ihn hier im Stich und blieb, selbst mit Hilfe Engelbert's, dem unlenksamen und ausgearteten jungen Königssohn gegenüber erfolglos. Mit unmuthigen Worten rückt er ihm hier seine Unverbesserlichkeit vor, erklärend, nicht länger Schulmeister bei ihm sein zu wollen. Das geschah, da Walther (s. Nr. 161) im Juni 1224 noch in Heinrich's Nähe war und — gewiss nur in seiner Eigenschaft als Prinzenerzieher — den königlichen Hoftagen beiwohnte, kurz vor oder, wie mir wahrscheinlicher, nach Engelbert's Ermordung, 1225.

Selbwahsen kint, dû bist ze krump:
sît nieman dich gerihten mac
(dû bist dem besemen leider alze grôz,
den swerten alze kleine),
nû slâf únde habe gemach.
ich hân mich selben des ze tump,
daz ich dich ie sô hôhe wac.
ich barc din ungefüege in friundes schôz,
min leit bant ich ze beine,
minen rucke ich nâch dir brach.   10
  nû si din schuole meisterlôs   an miner stat, i'n kan
      dir niht.

---

1 *Selbwahsen*, ohne Zuthun Anderer, wild aufgewachsen. *krump*, krumm, bildlich: unbiegsam, halsstarrig. — 2 *gerihten*, gerade biegen, lenken, erziehen. — 3. 4 der Ruthe bist du entwachsen, zur Führung des Schwertes noch zu klein. Heinrich war 1225 vierzehn Jahre alt. — 5 so schlaf und mach' es dir bequem: so will ich dich in Ruhe lassen. — 6. 7 ich komme mir selbst einfältig, dumm, vor, daß ich dich jemals so hoch stellte, so viel auf dich hielt. — 8 *ungefüege*, Ungezogenheit. — 9 *ze beine binden*, für unbedeutend halten, sich nichts aus etwas machen (vgl. Mhd. Wörterbuch, 1, 100. Grimm, D. Wörterbuch, 1, 1384), also: meinen Kummer schlug ich in den Wind. — 10 ich arbeitete mic hdeinetwegen ab. — 11 *meisterlôs*, ohne Meister, Lehrer. *an miner stat*, statt meiner: habe statt meiner, deines bisherigen Meisters, künftig keinen. *i'n kan dir niht*, ich bin dir nicht gewachsen, vermag nichts über dich. —

kan ez ein ander baz, mir'st liep
geschiht.
doch weiz ich wol, swâ sin gewalt
sîn kunst

swaz liebes dir dâ von
ein ende hât, dâ stêt
noch sunder obedach.

12—13 gelingt es einem Andern besser, so soll mir lieb sein, was dir An-
genehmes daraus erwächst; doch bin ich überzeugt, daß dort, wo seine
Gewalt aufhört, auch seine Kunst schutzlos ist, daß seine Kunst nicht
weiter reichen wird als seine Gewalt, daß, falls ihm keine größere Macht
über dich eingeräumt wird, auch seine Kunst nichts ausrichten wird. —
13 *noch*, auch da noch.

170.

MINNE UND KINDHEIT.

Auch dieser Spruch, worin die Frauen ermahnt werden, ihre Gunst nicht an unreife Knaben wegzuwerfen, ist gegen König Heinrich gerichtet. Ob diese Warnung, wie Rieger S. 35 vermuthet, im allgemeinen den Frauen gilt, die der ausschweifende Jüngling mit seinem Minnedienste verfolgte, oder ob es, wie Daflis S. 21 darzuthun suchte, seine nachherige Gemahlin Margaretha von Œsterreich von der Eingehung des Ehebundes abzuhalten bestimmt war, ist mit Sicherheit nicht zu entscheiden.

— —

Diu minne lât sich nennen dô,
dar si doch niemer komen wil:
si ist den tôren in dem munde zam
und in dem herzen wilde.
hüetet ir iuch, reinen wip!   5
   vor kinden berget iuwer jâ,
sone wirt ez niht ein kindes spil:
minn' unde kintheit sint ein ander gram.
vil dicke in schœnem bilde
siht man leider valschen lip.   10
   ir sult ê spehen, war umbe, wie,   wenn' unde wâ reht'
          unde weme
ir iuwer minneclichez jâ   sô teilet mite deiz in gezeme.
sich, Minne, sich, swer alsô spehe,   der si din kint, sô wip
        sô man.   die andern dû vertrip.

---

3 si = ihr Name, sie selbst. zam, gezähmt, fügsam, unwiderspänstig, wie ein gezähmtes Wild. Die Minne läßt sich von Thoren wol im Munde führen, ihren Herzen aber bleibt sie wilde, d. i. ungezähmt, entflieht, läßt sich nicht fangen; vgl. Nr. 184, 4. — 7 hütet euch, ihren Zumuthungen Gehör zu geben. — 8 gram, feind. Ein Zeugniss für diesen Spruch gewährt Rudolf von Ems in seinem Wilhelm: nû sît ir doch ein ander gram, frô Minne und ouch diu kintheit, als uns meister Walther seit von der Vogelweide: der sanc, daz ir beide werret gar ein ander gram. — 9. 10 unter schöner äuderer Hülle sieht man oft falsches, trügerisches Wesen. — 11 erinnert an den Hexameter von den Kategorien: quis? quid? ubi? quibus auxiliis? cur? quomodo? quando? — 13 sô — sô, sowol — als auch.

171.

THORENREGIMENT.

In dieser Strophe, deren Eingang an Uhland's Gedicht «Die Wanderung» erinnert, klagt Walther, daß nun die Stühle leider leer stehen, auf denen Weisheit, Adel und Alter einst mächtig gesessen und deren Stelle nun reiche Dummköpfe eingenommen haben; deshalb hinke nun das Recht und traure die Zucht und kranke die Scham. Der Dichter bricht seine Klage ab, obwol er noch allerlei zu klagen hätte. Mit Recht hat Daffis S. 25 auch diesen Spruch auf K. Heinrich und seine Regierung bezogen, schon die Tonweise macht dies wahrscheinlich; ich glaube, daß er in das J. 1229 fällt, als Heinrich, nach seiner Emancipation, der alten erprobten Räthe sich entledigt und mit Leuten niedern Standes und zweifelhaften Rufes umgeben hatte. Unter den Stühlen, die jetzt leer stehen, können nur die Richterstühle, wie unter dem Ring nur die Gerichtsverhandlungen gemeint sein. Dadurch stellt sich der Spruch wie der Zeit so auch dem Inhalt und den Beziehungen nach unmittelbar neben die folgende Strophe Nr. 172.

Ich was durch wunder ûz gevarn,
dô vant ich wunderlichiu dinc:
ich vant die stüele leider lære stân,
dâ wisheit adel und alter
ûf gewaltic sâzen ê.   5
    hilf, frouwe maget, hilf, megede barn,
den drin noch wider in den rinc,
lâ sie niht lange ir sedeles irre gân.
ir kumber manicvalter
dér tuot mir von herzen wê.   10
    ez hât der tumbe riche nû   ir drier stuol, ir drier gruoz.
ôwê daz man dem einen an   ir drier stat nû nigen muoz!
des hinket reht und trûret zuht   und siechet schame. diz
            ist mîn klage: noch klagte ich gerne mê.

---

1 durch wunder, um Merkwürdiges zu erfahren, aus Neugierde. —
7 drin, dreien. — 8 ir sedeles irre gân, ihres Sitzes, der Stühle verlustig
sein. — 11 gruoz = Titel. — 13 hinken, lahm sein, bildlich: nicht rechten
Fortgang haben.

172.

VERFALL DES REICHES UND RECHTES.

Rückblick auf eine entschwundene glücklichere Zeit, als Deutschland mächtig dastand, von seinen Nachbarn geachtet und zugleich gefürchtet. Damals saßen die Alten, die Weisen und Erfahrenen, im Rathe und die Jugend handelte, vollzog ihre Beschlüsse. Nun sind an die Stelle jener junge unerfahrene Richter getreten; was daraus entstehen werde, sei leicht zu ermessen. Der Spruch wird von Rieger S. 55, wie ich glaube mit Recht, auf Heinrich's Regierung und Umgebung bezogen. vgl. Nr. 129. — Der Rhythmus ist ein daktylischer.

Ich sach hie vór eteswénne den tác,
dáz unser lóp was geméine allen zúngen.
swá uns kein lant iender náhe gelac,
daz gerte súone oder éz was betwungen.
richer got, wie wir nách éren dó rungen!   5
dó rieten d'alten und táten die jungen.
nû alsô tumbe die rihtære sint
(díz bispel ist niht ze merkenne blint),
wáz nú geschéhe dà von, méister, daz vint.

---

1 *eteswenne*, manchmal, einmal. — 2 daß unser Lob allen Sprachen gemeinsam war, von allen Völkern allgemein verkündet ward. — 3 *iender*, irgend, alle die angrenzenden Länder ringsum. — 4 begehrte Sühne, wünschte im Frieden (mit uns) zu bleiben. — 6 *d'alten*, die Alten. 7 nun aber unsere (obersten) Richter oder Räthe so jung und unerfahren sind. — 8 *bispel*, Fabel, Parabel, Gleichniss. *blint*, dunkel, trübe, hier in passivischer Bedeutung: dies Gleichniss ist unschwer zu errathen. — 9 *meister* hier im Sinne von: der Weise, Kundige, Einsichtsvolle. *daz vint*, das finde, errathe.

173.

VERSAGTES LOB.

Mit diesem Spruch, oder richtiger Lied, denn die vier ersten Strophen bilden ohne Zweifel ein Ganzes, beginnt ein neuer Ton (bis Nr. 185). «Die milde, beschauliche Ruhe, die in diesen Sprüchen herrscht», macht es wahrscheinlich, «daß sie ganz des Dichters höhern Jahren angehören» (Rieger, S. 56).

Der Inhalt der nachstehenden Strophen bezieht sich deutlich auf die Befreiung des heiligen Landes, den Kreuzzug von 1227—28. Der Dichter beginnt mit Gott und wendet sich dann zur heiligen Jungfrau mit der Bitte, das Begonnene zu gutem Ende zu führen. Mit den Engeln dagegen ist Walther unzufrieden, er macht ihnen Vorwürfe und versagt ihnen das Lob, weil sie sich bisher so lau gezeigt und den Heiden zu schaden unterlassen haben. Walther scheint sie als ungetreue, saumselige Lebens- oder Dienstleute zu betrachten, deren es damals so viele gab.

Der anegenge nie gewan
und anegenge machen kan,
der kan wol ende machen unde ân' ende.
sît daz allez stêt in sîner hende,
wer wære danne lobes sô wol wert?   5
der sî der êrste in mîner wîse,
êin lop gêt vor allem prîse:
daz lóp ist sælic, des er gert.

Nû loben wir die süezen maget,
der ír sun niemer niht versaget.   10
si ist des muoter, der von helle uns lôste.
dáz ist uns ein trôst vor allem trôste,

---

6 wîse, Ton, Weise, Melodie, Lied.
9 ff. «Ein vorzüglicher Grund des Mariendienstes im Mittelalter lag (und liegt noch heute) in dem Glauben, daß Gott keine Fürbitte seiner Mutter unerhört lasse. Schön führt Meister Stolle (v. d. Hagen's Minnesinger, 3, 3b) dieses aus: wer sie daran mahnt, daß sie Christum gebar, dem wird geholfen. Mehr noch ist ihrer Gnaden, wenn sie daran gemahnt wird, wie ihr wehe ward, als sie ihn ans Kreuz schlugen. Wer sie aber der großen Freude mahnt, als ihr Sohn vom Tode auferstand, der macht sich von seinen Sünden frei.» Uhland. — 11 des, dessen, desjenigen. — 12 vor, über. —

daz man dâ ze himel ir willen tuot.
nû dar, die alten mit den jungen,
dâz ir werde lop gesungen! 15
s'ist guot ze lobenne, wan s'ist guot.

Ich solte iuch engel grüezen ouch,
wan daz ich bin niht gar ein gouch:
waz hábet ir der heiden noch zerstœret?
sît iuch nieman siht noch nieman hœret, 20
ságet, waz hábet ir noch dar zuo getân?
möht' ích got stille als ir gerechen,
mit wem solte ich mich besprechen?
ich wolte iuch hêrren ruowen lân.

Hêr Michahêl, hêr Gabriêl, 25
hêr tiuvels vient Raphahêl,
ir pfleget wisheit, sterke und arzenie;
dar zuo habet ir engelkœre drie,
die mit willen leistent iwer gebot.
welt ir min lop, sô sit bescheiden 30
unde schadet alrêrst den heiden:
lopt' ich iuch ê, daz wære ir spot.

---

14 *nû dar*, wol zu, frisch auf, nun zu! *die alten* ist Vocativ. Vgl. Psalm 148, 12, senes cum junioribus laudent nomen domini.
19 *noch*, bisher. — 22 wäre ich wie ihr im Stande, Gott ohne Lärm, Aufheben, zu rächen, so würde ich gar keine Worte machen und auch euch, ihr Herren, unbehelligt lassen.
26 *tiuvels vient* mit Bezug auf Tobias 8, 3, wo Raphael den Dämon bindet. — 27 Die Stärke geht auf Michael, die Weisheit auf Gabriel, die Heilkunst auf Raphael. Vgl. *do geschuof got zewâre drî engel hêre. der eine heizet Michahêl. der ander heizet Gabriêl, der drite ist zewâre ein medicinâre, Raphahêl genennet: von der gnâde er uns kundet, sô kundet Michahêl dâ bi, daz gote niht gelíches sî, Gabriêl von siner sterke;* Diemer's Gedichte, 3, 24 ff. Diese drei Eigenschaften der Erzengel entsprechen denen der Dreieinigkeit: der Gewalt des Vaters, der Weisheit des Sohnes, der Güte des heiligen Geistes (vgl. Simrock, 2, 191, vgl. auch Germania 22, 430 fg.).
28 *engelkœre* als Armeen. — 29 *mit willen*, bereitwillig. — 30 *bescheiden* verständig. 32 *ê*, früher, bevor ihr etwas gegen die Heiden gethan.

174.

FREUNDSCHAFT ÜBER VERWANDTSCHAFT.

Vorzug der Freundschaft vor der Blutsverwandtschaft; jene muß
man verdienen, diese fällt einem von selbst zu. Ohne Freunde hat selbst
königliche Abstammnung keinen Werth.

Man hôchgemâc, an friunden kranc,
daz ist ein swacher habedanc:
bâz gehilfet friuntschaft âne sippe.
lât einen sin geborn von küneges rippe
er'n habe friunt, waz hilfet daz?   5
mâcschâft ist ein selbwahsen êre,
sô muoz man friunt verdienen sêre.
mâc hilfet wol, friunt verre baz.

1 *hôchgemâc* adj., der vornehme *mâge*, Blutsverwandte hat. *kranc*,
schwach; arm. — 3 *sippe* stf., Blutsverwandtschaft. — 6 *ein selbwahsen
êre*, eine ohne Zuthun gewordene, von selbst zugefallene Ehre. — 7 *sô*,
dagegen.

175.

FREUNDES WANKELMUTH.

Lob der treuen, uneischütterlichen Freundschaft, mit einem Seitenblick auf traurige Erfahrungen in Betreff wankelmüthiger Freunde.

Swer sich ze friunde gewinnen lât
und ouch dâ bî die tugende hât,
daz er sich âne wanken lât behalten,
dès friundes mac man gerne schône walten.
ich hân eteswenne friunt erkorn   5
sô sinewel an siner stæte,
swie gerne ich in behalten hæte,
daz ich in muoste hân verlorn.

---

3 behalten, rein, unverletzt erhalten. — 4 schône walten c. gen., sorgfältig uber etwas wachen, gut behandeln. — 6 sinewel, rund, wie eine Kugel: so unbeständig. — 8 daß ich ihn (doch) habe verlieren, aufgeben, auf ihn verzichten mussen.

176.

WIE DU MIR SO ICH DIR.

Verwahrung gegen den Vorwurf der Unbeständigkeit, wenn man
einem Unzuverlässigen Gleiches mit Gleichem vergilt.

Swer mir ist slipfig als ein îs
und mich ûf hebt in balles wis,
sinewélle ich dem in sinen handen,
daz sol z'unstæte niemen an mir anden,
sît ich dem getriuwen friunde bin   5
einlœtig unde wol gevieret.
swes muot mir ist sô vêch gezieret,
nû sus nû sô, dem walge ich hin.

1 *slipfig*, schlüpfrig, glatt, wie Eis. — 2 *in balles wis*, nach Art eines
Balles, wie einen Ball. — 3 *sinewellen*, rund wie eine Kugel, ein Ball,
werden: wenn ich dem wie eine Kugel in der Hand mich zusammenballe.
— 4 als Unbeständigkeit. *anden*, rügen, vorwerfen. — 5 *sît*, da, nach-
dem. — 6 *einlœtig*, von einem und demselben vollen Gewicht: unver-
änderlich. *vieren*, viereckicht aneinander, fest zusammenfügen; *gevieret*,
bildlich: fest. wie ein aus Quadern ausgeführter Bau. — 7 wessen Gesin-
nung. *mir*, mir gegenüber. *vêch*, bunt, verschiedenfarbig: in verschiede-
nen Farben wechselnd; veränderlich. — 8 *walgen*, wälzen, rollen (wie eine
Kugel).

177.

SELBSTÜBERHEBUNG.

Ein Gleichniss. Wer nach dem Unmöglichen strebt, der wird ge-
demüthigt und läuft Gefahr, zu verlieren, was er hat.

Sich wolte ein ses gesibent hân
ûf einen hôchvertîgen wân:
sus strebte ez sêre nâch der übermâze.
swer der mâze brechen wil ir strâze,
dem gevellet lihte ein enger pfat.   5
hôchvertic ses, nû stant gedriet!
dir was zem sese ein velt gefriet·
nû smiuc dich an der drîen stat.

1 *ein ses*, die sechs Augen auf dem Würfel. *sich sibenen*, zur Sie-
ben machen oder werden, einer Zahl, die auf Warfeln nicht vorkommt.
2 in hoffärtigem, übermüthigem Wahn. — 4 *brechen*, unterbrechen,
stören: wer der Maße den Weg verlegt, dem wird sehr leicht ein enger
Pfad zu Theil wer nach dem Übermäßigen strebt, muß sich leicht mit
Wenigem begnügen. — 6 *gedriet*, in Dreizahl: zur Strafe des Hochmuths
wird die Sechs zur Drei herabgesetzt. — 7 ein Feld frei gemacht: du hattest
freien Raum, um sechs zu sein. — 8 *smiuc dich*, schmiege dich zusammen,
drucke dich an die Stelle der drei (Augen).

178.

KUNST ZU GEBEN.

**Ermahnung, lieber zehn Bitten abzuschlagen, als ein Versprechen
zu geben, das man nicht erfüllen zu können im voraus weiß.**

Swelch hêrre nieman niht versaget,
der ist an gebender kunst verschraget.
der muoz iemer nôtic sin od triegen.
zehen versagen sint bezzer danne ein liegen.
geheize minner unde grüeze baz,   5
well' ér ze rehte umb' êre sorgen:
swés er niht müg' ûz geborgen
noch selbe enhabe, versage doch daz.

2 *gebende kunst*, Kunst zu geben. *verschragen*, durch Balken, Plan-
ken einschließen: dem ist die Kunst des Gebens verschlossen, verwehrt,
der versteht nicht freigebig zu sein. — 3 *nôtic*, bedrängt, dürftig. — 5 *ge-
heizen*, verheißen, versprechen. — 7 *ûz borgen*, auf Sicherheit entlehnen. —
8 das soll er doch (lieber) versagen.

179.

VERKEHRTE WELT.

Gegen die Verkehrtheit, über die Schranken der Natur und des Standes hinauszustreben und das sein zu wollen, was man nicht sein soll und kann.

Unmâze, nim dich beidiu an,
manlichiu wip, wipliche man,
pfafliche ritter, ritterliche pfaffen.
mít den solt dû dínen willen schaffen
ich wil dir sie gar ze stiure geben,   5
und âlte júnchèrrén fúr eigen;
ich wil dir junge althèrren zeigen,
daz sie dir twerhes helfen leben.

1 *sich an nemen* c. acc., sich aueignen, übernehmen. — 3 ähnlich Reinmar von Zweter (**v. d.** Hagen's Minnesinger, 2, 101ᴿ): *halp visch, halp man ist weder visch noch man.* — *hofmünchen, klösterrittern disen beiden wolt' ich ir leben ze rehte wol bescheiden, ob sie sich wolten lizen vinden, dâ sie ze rehte solten wesen: in klöstern münche suln genesen, sô suln der hoves sich ritter underwinden.* — 4 mit denen kannst du thun was du willst. — 5 *stiure*, Stütze, Hilfe; als Hilfsmannschaft zum Kriege. 8 *twerhes* adv. gen., quer, verkehrt. *helfen* Conjunctiv.

180.

DER BOGNER.

1.

Der Bogner, dem Walther diese beiden Strophen widmet, ist Graf
Diether II. von Katzenellenbogen. Er nahm 1219 das Kreuz, war aber
schon 1222 wieder daheim; ob er wirklich im heiligen Lande war, weiß
man nicht. Er starb nicht lange vor 1245. «Die Bogner waren von alters
her Vasallen der Würzburger Bischöfe für die Bessunger Cent, in welcher
sie später Stadt und Schloß Darmstadt gründeten. Diether II. hatte seinen
gewöhnlichen Sitz auf Schloß Lichtenberg im Odenwalde. Die Sprüche
passen daher zu Walther's Aufenthalt in Würzburg» (Rieger, S 56).
Walther preist des Bogners Milde und ist ihm ergeben, obwol er
nie etwas von ihm empfangen hat. Besser aber, statt seine Geschenke
an Wildfremde wegzuwerfen, schiene ihm, wenn er die höfischen Meister
warm hielte, die ihn mehr zu Ehren brächten, als tausend Schwätzer.

Ich bin dem Bogenære holt
gar âne gâbe und âne solt.
er ist milte, swie klein' ich's geniuze:
sô nieze es aber ein Pôlân oder Riuze,
dáz ist állez âne mínen haz.   5
in bræhte ein meister baz ze mære
danne tûsent snarrenzære,
tæt' ér den hovewerden baz.

3 swie kleine, wie wenig auch; ob ich gleich nichts. — es hier und
V. 4 gen. von er. — 4 die Namen Pole und Reuße (Russe) scheint Walther
hier im selben Sinne zu brauchen, wie sonst Grieche: zur Bezeichnung
eines Wildfremden. — 6 ze mære bringen c. acc., es dahin bringen, daß
man von ihm erzählt: bekannt, berühmt machen. — 7 snarrenzære,
Schwätzer. — 8 der hovewerde, der des Hofes würdig ist.

II.

Die Ermahnung des Dichters war nicht vergeblich. Der Bogner beschenkt ihn mit einem Diamant, wofür er ihn als einen Ritter preist, der nicht von außen, dem äußern Glanze nach, sondern innen schön, d. h. tugendhaft sei.

Den diemant, den edeln stein,
gap mir der schœnsten ritter ein:
âne béte wart mír diu gâbe sine.
jâ lobe ich niht die schœne nâch dem schine:
milter man ist schœne und wol gezogen.   5
man sól die inner túgent úz kêren,
só íst daz úzer lop nâch èren
sam des von Katzenellenbogen.

2 *ein*, einer. — 3 *diu hete*, Bitte. — 6 *úz kêren*, nerauskehren. —
7 dann ist auch das äußere Lob ein ehrenvolles, gereicht es zur Ehre.

181.

SELBSTÜBERWINDUNG.

Wer sich selbst bezwingt und bezähmt, vollbringt eine ebenso große
That, als wer Löwen und Riesen tödtet; erborgte Zucht und Scham können
nur eine Weile blenden.

———

Wer sieht den lewen? wer sieht den risen?
wer überwindet jenen und disen?
daz tuot jener, der sich selbe twinget
und alliu siniu lit in huote bringet
ûz der wilde in stæter zühte habe.　　　　　　　5
gelihcniu zuht und schame vor gesten
mügen wol éine wile erglesten:
der schin nimt drâte ûf und abe.

-------———

4 *daz lit*, das Glied. — 5 *diu wilde*, Wildheit, unbändiges, zügel-
loses Wesen. *diu habe*, der Hafen, Port: wer sein ganzes Thun und
Lassen vor dem Sturm der Leidenschaften in den sichern Hafen bestän-
diger Zucht rettet. — 6 *gelihcniu*, geliehene, erborgte. *vor gesten*, vor
Fremden. — 7 *erglesten*, erglänzen. — 8 deren Glanz nimmt rasch zu und
ab, flackert ungewiss, trügerisch, hin und her, wie ein im Erlöschen
noch aufflammendes Licht.

182.

SCHMACH DER FEILHEIT.

Ermahnung an die Frauen, ihre Gunst lieber zu verschenken, als sie um geringen Preis wegzugeben.

—

Wolveile unwirdet manegen lip.
ir werden man, ir reiniu wip,
niht ensit durch kranke miete veile.
ez muoz sere sten an iuwerm heile,
welt ir iuch vergebene vinden lân.   5
z'undanke veile unwirdet mere:
dâ bi sô swachet iuwer êre,
und zinhet doch ûf smæhen wân.

—— —

1 *wolveile* und *veile* in V. 6 sind Adjectiva, die für die Abstracta Wohlfeilheit und Feilheit (Käuflichkeit) stehen. *unwirden*, verächtlich machen, entehren. — 3 *durch kranke miete*, um geringen, schnöden Lohn. — 4. 5 es muß euch sehr gelingen, glücken, euch zum Heil gereichen, wenn ihr euch umsonst (gratis) finden laßt. — 6 f. noch mehr als Käuflichkeit um geringen Lohn erniedrigt es, dort feil zu sein, wo man keinen Dank erntet; dabei leidet eure Ehre und wird ehreuruhrigem Verdachte oder entehrenden Verdächtigungen ausgesetzt.

183.

REICHTHUM UND ARMUTH.

**Zu großer Reichthum und zu große Armuth wirken beide gleich
schädlich; jener weckt den Übermuth, diese drückt den Geist.**

Swelch man wirt âne muot ze rich,
wil er ze sêre striuzen sich
ûf sine richeit, sô wirt er ze hêre.
ze rich und z'arm diu leschent beide sêre
an sumelichen liuten rehten muot.   5
swâ überic richeit zühte slucket
und überig armuot sinne zucket,
dô dunket mich enwederz guot.

1 *âne muot*, ohne Geist, Gesinnung: wenn ein gesinnungsloser Mann
zu reich wird. — 2 *sich striuzen*, sich spreizen, in die Brust werfen. —
3 *ze lêre*, zu stolz, hochmüthig. — 4 *leschen* trans., auslöschen. — 6 *überic*,
übergroß. *slucken*, verschlingen. — 7 *zucken*, rauben, wegnehmen, ent-
ziehen. — 8 *enweder:*, keines von beiden.

184.

DIE LIEB' IST WEDER MANN NOCH WEIB.

Die Frage, ob die Minne Mann oder Weib, Er oder Sie sei, ist von den mhd. Dichtern öfter aufgeworfen worden (vgl. Wolfram's Titurel, Str. 64; Ulrich von Liechtenstein, Frauendienst ed. Lachmann, S. 434); hier finden wir die Antwort, daß sie keines von beiden sei und keiner geschaffenen Creatur gleiche.

Diu minne ist weder man noch wip,
si hât noch sêle noch den lip,
si gelichet sich dekeinem bilde:
ir name ist kunt, si selbe ist aber wilde
únde enkan doch nieman âne sie   5
der gotes hulden iht gewinnen.

. . . .
si kam in valschez herze nie.

---

2 weder Seele noch Körper; ähnlich Dante in dem Sonett: «molti volendo dir che fosse Amore»: *ma io dico ch' Amor non ha sustanza ne é cosa corporal c' abbia figura* — 4 ihr Name ist bekannt, aber ihr Wesen fremd, unbegreiflich; vgl. Nr. 170. 3.

185.

MACHT DER WAHREN LIEBE.

Versicherung, daß die wahre Liebe, die man aber von der falschen
genau musse unterscheiden lernen, eiue veredelnde Kraft besitze und
selbst im Himmel willkommen sei.

Ez ist in unsern kurzen tagen
nâch minne valsches vil geslagen.
swer áber ir insígel rehte erkande,
dem setze ich mîne wârheit des ze pfaude,
wolte er ir geleite volgen mite,   5
daz in unfuoge niht erslüege.
minn' ist ze himele sô gefüege,
daz ich sie dar geleites bite.

1 *in unsern kurzen tagen*, entweder in neuester Zeit, oder in diesem
kurzen Erdenleben. — 2 *der valsch*, falsches Geld: es ist vieles fälschlich
für Minne ausgegeben worden. — 3 *insigel*, Stempel, Gepräge. — 4 *wârheit*,
Wahrhaftigkeit. *des*, dafür — 6 daß er der Roheit nicht zum Opfer fiele.
— 7 *gefüege*, passend: passt so sehr für den Himmel. — 8 daß ich sie
bitte, meine Führerin dahin sein zu wollen. daß ich sie mir zur Geleit-
geberin wähle.

186.

UNBESTÄNDIGKEIT DER WELT.

Klage, daß treue Freundschaft in der Welt immer seltener werde,
ja daß Treue, Zucht und Ehre, ohne Erben zu hinterlassen, dahinsterben.

Er ist ein wol gefriunder man, also diu werlt nû stât,
der under zweinzic mâgen éinen guoten friunt getriuwen hât;
der hæte man hie vor wol under fünfen funden dri.
sô wê dir, Werlt! dû hâst sô manegen wandelbernden site:
er armet an der sêle, der dir volget unz an'z ende mite   5
und der dir aller diner fuore stât mit willen bî.
wir klagen alle daz die alten sterbent unde erstorben sint:
wir möhten balde klagen von schulden ander nôt,
daz triuwe, zuht und êre ist in der werlte tôt.
die liute lâzent erben, dise dri sint âne kint.   10

1 wol gefriunt, mit Verwandten, Freunden gut ausgestattet. Wie es,
nun einmal in der Welt steht. — 4 wandelbernde, Änderung, Böses her-
vorbringend, veränderlich, böse. — 5 armen, arm werden. — 6 fuore, Le-
bensweise; in allem deinem Thun und Lassen. mit willen, freiwillig. —
8 balde, adv., kühnlich. Wir hatten kecklich Ursache über Anderes, Schlim-
meres zu klagen. — 10 liute, Menschen. lâzent, lassen zurück.

187.

DER GROSSE STURM.

Diese vier Strophen, die zusammen ein Ganzes bilden, sind, vielleicht wie Rieger S. 40 f. meint, im Frühjahr 1227, unter dem Eindrucke der trüben Ahnungen vor dem nahenden Weltende gedichtet, die damals wiederum alle Gemüther bewegten. Der Dichter benützt diese Stimmung, um mit Hinblick auf den gesunkenen Zustand des Reiches und unter Aufzählung alles dessen, was in Deutschland schon verabsäumt wurde, den Blick nach Jenseits zu lenken und die Unschlüssigen zur Theilnahme an dem in Aussicht stehenden Kreuzzug anzuspornen.

Owê! ez kumt ein wint, daz wizzet sicherlîche,
dâ von wir hœren beide singen unde sagen:
der sol mit grimme ervaren elliu künicrîche,
daz hœre ich waller unde pilgerîne klagen.
boume, türne ligent vor im zerslagen,   5
starken wæjet er diu houbet abe.
nû suln wir fliehen hin ze gotes grabe.

Owê, waz êren sich ellendet tiuschen landen!
witz' unde manheit, dar zuo silber unde golt.
swer diu beidiu hât, belîbet der mit schanden,   10
wie den vergât des himeleschen keisers solt!
dem sint die engel noch die frouwen holt:
armman ze der werlte und wider got,
wie der fürhten mag ir beider spot!

---

1. 2 In der Verkündigung des kommenden Windes, von dem man singen und sagen hört, erblickt Rieger S. 29 eine Berufung auf die vielfach in Prosa und Versen beschriebenen Vorzeichen des jüngsten Tages. Die eine dieser Aufzeichnungen, die noch aus dem 12. Jhd. stammt, läßt an zweien der fünfzehn Tage den Wind als zerstörende, Bäume, Berge und Burgen brechende Macht eingreifen. Zu bemerken ist übrigens, daß die Chroniken von einem großen Sturme im December 1227 erzählen. — 3 ervaren, durchziehen; durchbrausen. — 4 waller, Wallfahrer. — 6 wæjen, wehen: das Dauerhafteste, Festgegründetste ist von keinem Bestand mehr, kommt zu Fall. — 7 darum sollen wir zu Gottes Grab uns flüchten. 8 sich ellenden, sich in die Fremde begeben, entfremden: wie sehr nimmt Deutschland ab an Ehre und Ansehen (vgl. Uhland, S. 23). — 9 Verstand und Tapferkeit. — 10 bleibt der zu seiner Schande (vom Kreuzzuge) zurück. — 11 mich vergât ein dinc, es geht an mir vorbei, entgeht mir. — 13 armman, armer unglücklicher Mensch. ze, in.

Owê, wir müezegengen, wie sin wir versezzen   15
zwischen zwein freuden an die jæmerlichen stat!
aller arebeite hâten wir vergezzen,
dô uns der sumer sin gesinde wesen hat.
der brâhte uns varende bluomen unde blat;
dô trouc uns der kurze vogelsanc.   20
wol im, der ie nâch stæten freuden ranc!

Owê der wise, die wir mit den grillen sungen,
dô wir uns solten warnen gegen des winters zit!
daz wir vil tumben mit der ámeizén niht rungen,
diu nû vil werde bî ir arebeiten lit!   25
daz was ie und ie der werlte strit:
tôren schulten ie der wîsen rât;
man siht wol dort, wer hie gelogen hât.

---

15 *müezegenge* swm., Müßiggänger, gebildet wie *irregenge*; die Besse-
rung ist von Bartsch, die Hss. lesen *müezigen lute. versitzen*, sich falsch
setzen. — 16 wie wir jetzt sagen: zwischen zwei Stühle niedersitzen. Aus
Trägheit haben wir die Huld der Engel und Frauen, der Welt und Gottes
Gunst verscherzt. — 17 *aller arebeite*, aller Mühsal. — 18 *daz gesinde*,
Diener, Hausgenosse: da uns der Sommer zu sich einlud. — 19 *varende*,
kurzdauernd, rasch dahinschwindend, vergänglich; dieselbe Bedeutung
hat in der folg. Zeile *der kurze*. — 21 Heil dem, der stets nach dauer-
haften Freuden gerungen; für sein Seelenheil gesorgt hat.
      22 *der wise*, der Sangweise, Melodie; die wir den kurzen Sommer
über mit den Grillen sangen. — 23 *solten*, hätten sollen. *sich warnen*, sich
vorsehen, vorbereiten, rüsten. — 25 die nun ehrenvoll, herrlich neben
dem, was sie erarbeitet, erworben hat, ruht. — 26 *ie und ie*, je und je =
immer. — 27 *schulten* præt. von *schelten*, schmähen. — 28 *dort*, jenseits.

188

EINST UND JETZT.

Dies schönste und gedankenvollste von allen Gedichten Walther's mag den würdigen Schluß bilden. Mit tiefschmerzlicher Empfindung legt der Dichter hier die Nichtigkeit des Irdischen dar. Nach langer Abwesenheit das Land seiner Geburt wiedersehend findet er alles umgewandelt; er wird an der Wirklichkeit irre, ihm ist jetzt das Leben wie ein Traum. Lautes Wehe erhebt er über die Verderbniss und den Unbestand der Welt. Er will sich hinüberretten in das Heilige (vgl. Uhland, S. 145). Über die Entstehungszeit läßt die Z. 26, worin deutlich auf den im Sept. 1227. über Kaiser Friedrich verhängten Bann Bezug genommen ist, keinen Zweifel.

Owê war sint verswunden alliu mîniu jâr!
ist mir mîn leben getroumet oder ist ez wâr?
daz ich ie wânde daz iht wære, was daz iht?
dar nâch hân ich geslâfen unde enweiz es niht.
nû bin ich erwachet und ist mir unbekant 5
daz mir hie vor was kündic als mîn ander hant.
liut unde lant, dâ ich von kinde bin erzogen,
die sint mir fremde worden, reht' als ez si gelogen.
die mine gespilen wâren, die sint træge und alt;
bereitet ist daz velt, verhouwen ist der walt: 10
wan daz daz wazzer fliuzet als ez wîlent flôz,
für wâr ich wânde, mîn unglücke wurde grôz.
mich grüezet maneger trâge, der mich bekande ê wol.
diu werlt ist allenthalben ungenâden vol:
als ich gedenke an manegen wünneclichen tac, 15

---

1 war, wohin. — 3 war das, von dem ich stets glaubte, daß es etwas wäre, wirklich etwas. — 4 dar nâch, nicht rein temporal zu nehmen, sondern mit causaler Färbung. — 6 kündic, bekannt, wie der einen Hand die andere. — 10 «was einst unangebautes Feld, also Wiesengrund, war, ist .etzt be reitet, d. h. umgebrochen in Acker, der Wald ist umgehauen»: Jac. Grimm 11 wan daz, nur daß: flösse nicht das Wasser, wie es eh dem geflossen. fürwahr ich glaubte u. s. w. — 12 wurde ist Conjunctiv. — 13 træge adv. träg, lässig, zögernd. — 14 ungenâde, Trübsal, Missgeschick.

die sint mir enpfallen gar   als in daz mer ein slac
iemer mêre, ouwê!

Owê wie jæmerliche   junge liute tuont!
den unvil riuwecliche   ir gemüete ê stuont,
die kuunen nû wan sorgen: ouwê wie tuont sie sô?   20
swar ich zer werlte kêre,   dâ ist nieman frô:
tanzen, lachen, singen   zergât mit sorgen gar.
nie kristenman gesach   sô jæmerliche schar.
nû merket, wie den frouwen   ir gebénde stât;
die stolzen ritter tragent   dörperliche wât.   25
uns sint unsenfte brieve   her von Rôme komen:
uns ist erloubet trûren   und freude gar benomen.
daz müet mich inneclichen   (wir lebten ie vil wol),
daz ich nû für min lachen   weinen kiesen sol.
die wilden vogele   betrüebet unser klage: 30
waz wunders ist, ob ich   dâ von vil gar verzage?
waz spriche ich tumber man   durch minen bœsen zorn?
swer dirre wünne volget, der   hât jene dort verlorn
iemer mère, ouwè!

Owê wie uns mit süezen   dingen ist vergeben!   35
ich sihe die gallen mitten   in dem honege sweben.

---

16 *enpfallen*, bildlich: verloren gehen: die sind mir entschwunden, zer-
ronnen Wie ein Schlag ins Meer, in deu Bach oder ins Wasser, ein bei
den mhd. Dichtern ofter vorkommendes Bild für etwas schnell Vorüber-
gehendes, spurlos Verschwindendes. Jac. Grimm (Deutsches Wörterbuch,
3, 1709, und Rede über das Alter, S. 49) hält an der handschriftlichen
Überlieferung *vac* fest und erklärt dies durch Flagge: die ins Meer fallende
Flagge, an der das Schiff nun vorüberrauscht. Ich kann aber die dafür
vorgebrachten Gründe nicht zutreffend finden und weit schöner, dich-
terischer, als das Bild der vom Mast des segelnden Schiffes niederfallen-
den Flagge (beiläufig bemerkt ein Wort, das in älterer Zeit nur in den
Dialekten der seefahrenden Nordländer vorkommt) scheint mir die Ver-
gleichung der irdischen Freuden und ihrer Vergänglichkeit mit den Wellen-
kreisen des Meeres, die, ohne eine Spur zu hinterlassen, dahinsterben. —
17 *iemer mêre*. für immer.
18 *jæmerliche* adv., kläglich. *tuont*, sich gebährden. — 19 *unvil*, selten
= niemals. *riuwecliche*, bekümmert, betrübt: denen sonst ihr Gemüth nie
bekümmert war. — 20 die verstehen nun nichts als zu sorgen. — 21 wohin
immer in der Welt ich auch komme. — 23 *kristenman*, Christenmensch. —
24 *da: gebende*, der Kopfputz der Frauen. — 25 *dörperlich*, dörfisch, bäu-
risch. — 26 *unsenfte*, unerfreulich. *briere*, Bannbriefe, -bullen = *breve*. —
28 *müet*, betrübt, quält mich. *inneclichen* adv., von Herzen. — 29 *kiesen*,
wählen: daß ich nun das Lachen mit Weinen vertauschen soll. — 30 *wilde*
heißt alles, was im Walde lebt, im Gegentheil zu *zam*, das bei den Men-
schen lebt: selbst die dem Menschen fremden Waldvögel trauern mit uns.
— 31 *verzagen*, muthlos werden verzweifeln. — 33 *dirre wunne*, dieser,
der irdischen Wonne und Freude.
35 *vergeben*. vergiften: wie sind wir mit den Süßigkeiten (dieser
Welt) vergiftet! —

diu werlt ist ûzen schœne   wîz, grüen' únde rôt
und innen swarzer varwe,   vinster sam der tôt.
swen si nû habe verleitet,   der schouwe sinen trôst:
er wirt mit swacher buoze   grôzer sünde erlöst.   40
dar an gedenket, ritter,   ez ist iuwer dinc:
ir traget die lichten helme   und manegen herten rinc,
dar zuo die vesten schilte   und diu gewîhten swert!
wolte got, wær' ich   der sigenünfte wert!
sô wolte ich nôtic man   verdienen richen solt.   45
joch meine ich niht die huoben   noch der hêrren golt:
ich wolte selbe krône   êweclichen tragen;
die möhte ein soldenære   mit sime sper bejagen.
möht' ich die lieben reise   gevaren über sê,
sô wolte ich denne singen «wol»   und niemer mêre «ouwê»,   50
niemer mêre «ouwê»!

---

37 *wîz, grüen' unde rôt*, d. h. sie spielt in bunten, verlockenden Farben. —
38 *swarzer varwe* prædicativer Gen.: die Welt ist innen von schwarzer
Farbe. — 39 dem will ich Trost, Hilfe, Rettung zeigen. — 40 er wird
durch geringe, leichte Buße von großer, schwerer Sünde erlöst: Walther
meint durch die Kreuzfahrt. — 41 *iuwer dinc,* eure Sache; euch, ihr
Ritter, liegt es ob (den Kreuzzug zn machen). — 42 *rinc,* Stahlrinc, Ring-
panzer.— 43 *diu gewîhten swert]* im Mittelalter wurden den Rittern, bei
Gelegenheit der Schwertnahme die Schwerter geweiht und gesegnet. —
44 *sigenunft* stf., eigentlich Siegnahme; Sieg. Wäre ich würdig, an dem
siegreichen (Kreuz-)Zuge Theil zu nehmen! — 46 *joch,* wahrlich. *huobe,*
Hube, mansus, ein Grundstück von 30—40 Morgen Landes; hier = Lehn-
güter. — 48 *soldenære,* ein Krieger, der um Sold dient: im Gegensatz zum
Ritter, der sich im Kriege selbst verkostigt. Der Dichter will sagen, daß
er nicht um Herrensold und irdischer Güter willen an dem Kreuzzug
theilnehmen möchte, sondern wegen des himmlischen Lohnes, den auch ein
armer Söldner ohne andere Waffen als seinen Speer erwerben könnte. —
49 *die lieben reise über sê,* die willkommene, erwünschte Kreuzfahrt übers
Meer.

NACHRUF

VON ULRICH VON SINGENBERG.

Ulrich von Singenberg, der seinem Vorbild und Meister (so nennt
er ihn auch in der zu Nr. 149 angeführten Parodie) dies kleine Denkmal
der Liebe und Verehrung setzte, trug gleich seinen Voreltern das Truch-
seßamt der Äbte zu St.-Gallen und erscheint von 1209–1228 mehrfach
in Urkunden. Sein Stammschloß Singenberg lag auf einem grünen Hügel
an dem Ufer der Sitter unweit Bischofszell im Canton Thurgau. Auf der
Stelle der bis auf die letzte Spur verschwundenen Burg, wo sein lieblicher
Gesang einst erklang, rauschen jetzt hohe Linden und Eichen (vgl. Lass-
berg's Liedersaal, 1, V). Ulrich's Lieder sind nun, von denen Walther's
ausgeschieden, in der Ausgabe von W. Wackernagel und M. Rieger
S. 299 356 vereinigt.

· · · ·

Uns ist unsers sanges meister an die vart,
den man ê von der Vogelweide nande,
   diu uns nâch im allen ist vil unverspart.
waz frumet nû swaz er ê der welte erkande?
   sin hôher sin ist worden kranc.   5
nû wünschen ime durch sînen werden höveschen sanc,
sît dem sin freude si ze wege,
daz sîn der süeze vater nâch genâden pflege.

---

1 Der Meister unseres Gesanges, der Liederkunst: der Erste unter
uns Lyrikern. — 3 *unverspart*, nicht erspart: die Fahrt, auf der wir alle
ihm nachfolgen müssen. — 4 was nützen ihm nun alle seine Lebenserfah-
rungen und Kenntnisse, all seine Weltweisheit.   5 sein hoher Geist ist
schwach geworden, ist dahin, entflohen. — 6 *nû wünschen*, nun wollen
wir ihm wünschen. — 7 *sît dem* = sît diu. sît daz, da, nachdem. *ze wege*,
auf dem Wege, weg, fort: nachdem seine (irdische) Freude dahin ist. —
8 *nâch genâden*, mild, gnädig: sich seiner gnädig annehmen möge.

ZEITFOLGE

DER BESTIMMBAREN SPRÜCHE.

1197. Nr. 81¹.
1198. Nr. 81ⁿ. 82. 97. 98. 99(?).
1199. Nr. 100.
1200. Nr. 83.
1201. Nr. 81ᵐ.
1204(?). Nr. 102.
1206(?). Nr. 128.
1207. Nr. 84. 89.
1210—1211. Nr. 106—108. 124. 125. 131.
1211—1213. Nr. 157.
1212. Nr. 105. 117. 134. 135. 136
1212—1215. Nr. 85.
1212—1217. Nr. 155.
1213. Nr. 115. 116.
1213—1215. Nr. 137—148.
1215(?). Nr. 103.
1216(?). Nr. 149—151. 156.
1217(?). Nr. 86.
1219. Nr. 152.
1219—1220. Nr. 119. 120. 121.
1220. Nr. 153. 160. 168.
1221. Nr. 159.
1224. Nr. 161. 169. 170. 180(?).
1225. Nr. 162.
1227. Nr. 163. 165. 167. 173. 187.
1228. Nr. 78. 79. 188.
1229. Nr. 171. 172.
1229—1230. Nr. 129. 130

VERZEICHNISS

DER GEDICHTE NACH DEN VERSANFÄNGEN.

WORTREGISTER.

billich 120, 4.
binden 5, 12. 169, 9.
bispel, daz 172, 8.
biten c. gen. u. acc. 47, 8.
biten 74, 11. 128u, 11.
blâ 2, 1.
blat, niht ein bl. 125, 8.
bleich 2, 6.
bli, daz 2, 17.
blint, an sinnen 51, 41. an witzen 91, 15. ze merkenne 172, 8.
blœde 80, 13.
blôz 87, 11.
bluome, der 109, 9.
Bogenære, der 108r, 1.
bône, diu 147, 4.
borg, der 89, 5. 78, 78.
borgen 54, 3. 68, 8. 77, 7. 89, 8.
bosch, der 80, 37.
bœse 109, 7.
bôsen, daz 94, 12.
bote, ze boten senden 59, 20
boteschaft, diu 27 18.
brâ 2, 7. brân 160, 5.
brechen 2, 12. 133. 6. 169, 10. 177, 4
breiten 124, 14.
brief, der 77, 4. 188, 26.
brogen 135, 5.
brunne, der 4, 7.
büezen 51, 30. 117, 10. 143, 7.
buoch, Bibel 110, 4. 141 1.
buoz, b. werden. 6, 36.
bürge, der 79, 63.
butze der 150, 7.

dâ t, 10. 4, 7. dâ abe 17, 15. dâ her 159u, 1. dâ mme 1, 3. da nâch 158, 2. dâ zuo 5, 6.
dach 36. 31.
dahte præt. von decken 811. 2.
dan 5, 21 83. 13.
danc, âne d. 31. 16. 101, 5. d. haben 142. 10. d. wizzen c. dat. 47 11.
dänkelin, daz 45. 16.
danken 27, 3.
dankes adv. gen 101, 24
danne 68, 17.
dannen 3. 49. 72. 40.
dannoch 4, 44. 138, 10.
dar 4. 5. 68, 31. 70 12. 80, 110. dar

an 47, 39. 158, 7. d. nâch 102. 9.
d. under 22. 8. 35, 10 82, 12. d.
zuo 47, 24. 74, 7.
dast = daz ist 66. 28.
daz, auf daß, damit 3, 15. 35. 40
66, 36.
daz s' = daz si 3. 52.
dehein 34, 23.
deich = daz ich 2. 33. 66, 11.
deis = daz ist 3. 8. 48, 6.
deiz = daz ez 21, 18.
dekein 12, 9. 27, 6.
dennoch 73, 18.
der 72, 9. gen. plur., deren 3. 23
dêr = daz er 41, 9. 98. 2.
der mite 109, 5.
der'st = der ist 3. 23. 39. 34.
des adv. gen. 2, 7. 3, 13. 36, 2
dêst = daz ist 3. 37. 66. 28.
deste 16, 5. 75, 20.
dêswâr 99, 3.
dez = daz 87, 13.
Diàne n. pr. 23, 24.
dicke 5, 9. 10, 3.
diemant 183u, 1.
dienen. ûf c. dat. 30, 26. 53, 22.
dar d. 75, 11.
dienest, daz 147, 2.
diet, diu 78, 34. 125. 1.
diezen 81u, 1.
dinc 26, 13. 59, 19. 160, 2. 188, 4
dingen 78, 78.
disputieren 151. 8.
diu, diese 25. 13.
diu'st = diu ist 51. 14.
dô 2, 26.
doch 16, 14. 28, 2.
doln 36, 3. 51, 31.
dœnen 125 10. daz d. 125. 13.
dörperlich 188, 25.
dræte adj. 125. 6.
drâte adv. 181. 8.
drî 177. 8.
drie, diu 80, 5.
drien 177, 6.
dringen 81u, 23. 96, 6. 99, 4. 152. 5.
dritte, zem dritten 85, 5.
driunge, diu 80, 4.
drò, diu 156, 15.
drô, diu 2, 33.
drüzzel, der 124, 6.
dûf, der 156, 10.
dûhte 6, 25.
dulteclich 78, 56.

erkôsen, sich 8, 3.
erlaben 80, 113.
erlamen 139, 3.
erlâzen 157II, 9.
erlesen 113, 9.
erliden 13, 6. 66, 2.
erliegen 60, 6
erlœser, der 78, 9.
erlouben 13, 14.
ermen 116, 2.
ern 148, 1.
êrre, der 57II, 1. 165, 2.
erschamen, sich 6, 21. 67, 40.
erschellen 78, 38.
erschrecken 127, 13.
ersehen 17, 16. 38, 1. 51, 44. 144, 3.
erspchen 59, 23.
êrste adv. 164, 5.
ersterben 128I, 3.
erstriten 37, 34.
erteilen 58, 9.
ertôren, ertœren 66, 11. 99, 3.
ervarn 187, 3.
ervorht 101, 9.
erwahsen 80, 75.
erwelt 18, 26.
erwenden 62, 6. 65, 25. 77, 25. 154, 8.
erwerben 16, 31.
erwern 74, 16.
erwinden 88, 14. 167, 3.
erzeigen 78, 19.
erziehen 95, 1.
erzünden 89, 12.
es 180I, 3.
esel undo gouch 34, 9.
êst = ez ist 79, 33.
êt = eht 51, 23. 57I, 29. 111, 7.
eteslich 141, 5.
eteswenne 140, 2. 172, 1.
etewaz 36, 10.

f, s. v.

gâbe, diu gotes g. 110, 5.
gâch 14, 14. 100, 7.
gâhen adv. in allen g. 11, 14.
gâhen swv. 3, 16.
gampelspil, daz 76, 31.
gan 40, 8. s. gunnen.
ganc, der 4, 8.

ganc imp. von gân 118, 4.
ganz 30, 9. 80, 35. 38. 119, 9. 145, 7.
gar 7, 3. 21, 12. 23, 10. 40, 8. 77, 2.
gast, der 117, 2. 161, 8.
gebærde, diu 140, 3.
gebâren 4, 24. 51, 6. 109, 5.
gebe, diu 15, 26. 36, 39. 83, 2.
geben swv. 15, 14.
gébende kunst 178, 2.
gebénde, daz 86, 14. 188, 24.
gebern, gebähren; ôfter.
gebieten 3, 42. imp. gebiut.
gebrechen 129, 9.
gebüezen s. büezen.
gebûre, der 72, 39.
gedagen 65, 5.
gedanc, der, Gedanke; ôfter.
gedanken s. danken.
gedenken c. gen. 22, 41.
gedien 4, 31.
gedinge, daz, der 22, 2. 37, 2. 52, 15. 80, 151. 165, 7.
gedriet s. drien.
gefriunt adj. 186, 1.
gefröwen 30, 3.
gefrumen 68, 43.
gefüege 19, 16. 157I, 10.
gefüegen 27, 19.
gefuoge adv. 67, 28.
gehaben, sich 57, 21.
gehalsen 144, 4.
gehaz adj. 33, 8. 113, 4.
geheize, daz 139, 9.
geheizen 178, 5.
gehêret 78, 45.
gehirmen 127, 11.
gehiure 69, 8. 80, 104.
gehœnen 72, 4.
gehœren c. dat. 163, 6.
gehovet 120, 7.
geil 60. 4. 75, 9.
gein = gegen 84, 2.
geist 78, 48.
geistlich, g. leben 84, 12.
gekleit = geklaget 85, 13.
gelachen 12, 8.
gelân 80, 34.
gelâz 39, 30.
geleben 81, 1.
gelegen part. 84, 15.
geleite, daz 81I, 24.
gelesen part. 119, 2.
gelf 2, 1.
gelîche adv. 26, 20. diu gelîche 49, 7.

gelichen 68, 38. sich g. 5, 8. daz
g. 68, 40.
geliegen, præt. gelouc 21, 9.
geligen 72, 5.
gelihen part. 181, 6.
gelingen 47, 14.
geloben, loben 67, 18.
gcloube, der 24, 16.
geloubeu, sich, c. gen. 61, 4.
gelouc s. geliegen.
gelt, daz 68, 27. 151, 1. 163, 5.
gelten 3, 52. 83, 14. daz g. 1261, 7.
gelübde, daz 139, 9.
gelust, der, Wohtgefallen 124, 7.
gemach, daz 121, 7.
gemachen 17, 1.
gemeine adj. adv. 17, 10. 39, 22.
52, 7. 59, 3. g. sin 13, 30. g. ha-
ben 167, 8.
gemeit 3, 2.
gement s. menen.
gemezzeu part. 78, 50.
gemüete, daz: g. tragen 16, 30.
gemuot adj. 119, 8.
genâde, diu 15, 24. 23, 6. 27, 9.
27, 17. 1281, 13.
genâden 155, 7.
genædeclich 80, 148.
genæme 108, 7.
geuemen, nehmen 36, 36.
genesen 8, 7. 27, 13. 80, 89. 131, 1.
genieten, sich 107, 1.
geniezen 26, 17. 47, 40.
genôz, der 86, 5.
geuözen, sich 5, 6.
genozzen part. 26. 15.
genuoc auj. 51, 37.
genuoge adv. 1511, 13.
gepflegen, pflegen 3, 53.
ger, diu 79, 75.
geræte, daz 140, 3.
Gërbreht n. pr. 110, 2.
gèret = geëret 80, 21.
Gèrhart Atze 126.
gerihte, daz 161, 4.
gerihten 169, 2.
geriten 1261, 4.
geriuwen 34, 12.
gern c. gen. 3. 43.
gernde, der 83, 10.
gerne 80, 108. gerner 101, 4.
gerochen part. 26, 3.
gerte, diu 80, 32. 168, 2.
gerüegen 80, 122.

geruochen s. ruochen.
gesach præt. von gesehen 21, 14.
geschach, geschah.
geschaffen 1261r, 11.
geschant 138, 6.
gescheiden = scheiden 7, 5.
geschenden 79, 37.
geschiffen = verschiffen 151, 3.
geschrê 125, 12.
gesegenen 54, 1.
gesehen = sehen.
geseit = gesaget 36, 11.
geselle, der 12, 2.
geselleschaft leisten 1281r, 13.
gesin 10, 11.
gesinde, daz 187, 18.
gesinden, sich 78, 23.
gesingen = singen.
gesitzen = sich setzen 54, 24.
gesmogen 811, 4.
gesprechen = sprechen.
gespil, der 188, 9.
gestalt part. 31, 27. 79, 55.
gestân, einem vor g. 27, 32.
gesteine, daz 6, 5.
gestên = stehen 55, 11.
gestriten, kämpfen 79, 37.
gesunt 811, 24.
geswigen 76, 19.
getân 3, 16.
getar s. turren.
getât, diu 145, 7.
getæte 3, 40.
getragen 80, 45.
getreffen 14, 11.
getreten = treten 62, 12.
getrinken = trinken.
getriuwe 9, 36.
getrœsten = trœsten.
getroumen = troumen.
getrûren = trûren.
getrûwen, trauen.
geturren 7, 11.
getwerc, daz 148, 6.
gevallen 73, 21.
gevar 80, 54.
gevarn = varn 76, 1.
geverret 80, 14.
gevieret s. vieren.
gewâget 76, 30.
gewalt, der 1, 8. 28, 1. 79, 54. g.
habeu c. gen. 53, 5.
gewalteclicho adv. 27, 11.
gewalten c. gen. 65, 5.

gewar 80, 118.
gewære 80, 106.
gewarten 62, 15.
gewenden 30, 29.
gewern 40, 3. 47, 30
gewerp, der 37, 39.
gewerren 80, 118.
gewesende 80, 79.
gewîhtiu swert 188, 42.
gewin, der 65, 17.
gewinnen 17, 32.
gewis adj. 144, 10.
gewist parl. von wizzen 164, 6.
gewizzen adj. 140, 3.
gewon 22, 40. 80, 116.
geworht 80, 35. s. würken.
gewürme, daz 87, 13.
gczemen 15, 27. 34, 22. 38, 17.
gezît, diu 1, 6.
giezen 67, 29.
giht 3. præs. von jehen 33, 1. 52, 2.
gir, diu 80, 13.
git = gibt 18, 11.
gitekeit, diu 138, 9.
gitsen 112, 6.
glesin 14, 24.
got: gotes hûs 81111, 10. 165, 3.
    gotes vart 120, 1.
gouch, der 34, 9. 96, 5.
gougelfuore, diu 117, 6.
grâ, grau 70, 7.
gram 170, 8.
grât, der 76, 12.
grim, der, oder diu grimme 187, 3.
grimme adj. 79, 23.
grinen, daz 146, 6.
grîse, der 65, 1.
gruonen 18, 24.
gruoz 16, 23. 53, 4.
grûsen 140, 4.
güete, diu 7, 4.
guggaldei 12611, 11.
guldîn, golden 12611, 7.
gülte, diu 15, 11. 77, 3.
gunêret 80, 23.
gunnen 22, 14. 40, 8.
guot adj. 3, 11. 20, 13. 31, 3. 56,
    20. 70, 25. ze guote tuon 13, 11.
guot, daz 14, 12. 18, 12. 8111, 11.

habe, diu, der Hafen 181, 5.
habedanc, der 17, 2. 37, 8.

haben, halten 17, 17. 35, 12.
hal 1, 3. s. hellen.
halm, der 24, 9.
halsen 144, 4.
halten 151, 7.
hân 6, 11.
handelunge, diu 119, 10.
hanhte s. henken.
hant: einer hande 35, 1. 125, 1. mit
    beiden handen swern 1201, 14.
hantgetât, diu 80, 133.
hâr: niht ein hâr 64, 3. hût und h.
    , s. hût.
harte adv. 112, 3. harter 12811, 2.
haz 10, 18. 14. 13. 8111, 7. 117, 9.
    130, 1.
heben, sich 59, 25. 79, 39.
hei 35, 7.
heide, diu 1, 2.
heiden, der 80, 129.
heil adj. 34, 34.
heil, daz 80, 100. 102, 2.
heilegeist 78, 60.
heim adv. 59, 25. 117, 8.
heim, daz 117, 3.
heime adv. 63, 21. 117, 8. 152, 8.
heimesch 161, 7.
hein adv. 141, 8.
heizen 25, 12.
Hélène n. pr. 23, 24.
helfe, diu 143, 5.
helfelôs 78, 70.
helfen 3, 33. 67, 9.
helle, diu, Hölle 80, 12.
hellcheiz 78, 65.
hellemôr, der 111, 7.
hellen 1, 3. 78, 53.
hende s. hant 78, 62.
henken 98, 5.
her adv. 30, 23. 47, 17. 108, 5. her
    wider 39, 26. 138, 3. 15711, 11.
her, daz, Heer 78, 60.
hêr, hêre adj. 9, 14. 17, 29. 39, 14.
hêr vor Eigennamen = hèrre.
hère adv. 8111, 22. 113, 6. 183, 3.
hereberge, diu 77, 32.
hèren 80, 62.
hergeselle 136, 10.
hêrliche adv. 80, 34.
hèrre, Ritter 67, 1. 72, 15. 130, 2.
    als Ausruf 31, 13.
hèrsch 68, 31.
herte adj., hart 80, 105.
herzeichen, daz 136, 9.

21 *

herzeleide, diu 56, 22.
herzeleit. daz 56, 22.
berzelich 34, 7.
herzeliebe, diu 25, 10.
berzeliep 56, 19.
hie 4, 21. 30, 13. 56, 37.
hien = bie in 133, 1.
hie'st = hie ist 40, 27. 67, 10.
Hiltegunde *n. pr.* 34, 34.
bimelfrouwe, diu 80, 74.
himelhort, der 110, 8.
himelton, daz 80, 70.
himelwagen, der 17. 27.
in: hin ze jâre 109, 7. hin geben
83, 9. hin umbe 29, 6. hin wider
78, 47.
hinaht 117, 6.
hinden 77, 24.
hinder, h. sich Siii, 24.
hinken 143, 2. 171, 13.
hinne 3, 12.
hinnen 3, 34. 79, 29.
hiure 34, 9. 63, 4.
hiute: h. und iemer 38, 2. 57, 26.
hô 2, 27. 56, 3.
hôch 13, 23. 69, 1. 143, 10.
hôchgeborn 100, 8.
hôchgemâc 174, 1.
hôchgemüete 98, 12.
hôchgemuot 5, 14. 22, 19.
hôchgezit, diu 5, 22.
hôchvertic 177, 2.
hof: ze hove 36, 30.
hôhe *adv.* 25, 9. 152, 3. mir stât
hôhe 103, 2.
hœhen 37, 21.
holt 11, 5. 137, 6.
hœne 95, 8. 122, 2.
honegen 140, 5.
hœnen 26, 7. 69, 11. daz h. 125, 15.
hornunc, der 150, 2.
hort 52, 10. 1u2, 5.
houbet, daz 46, 17.
houbetsünde, diu 91, 1.
hovebære 161, 7.
hovehelle 106n, 1.
hovelich 60, 2. 72, 1.
hovellchen *adv.* 5, 14. 108, 5.
hövesch 36, 2.
hövescheit, diu 57, 26. 166, 2.
höveschen 36, 26.
hovestæte *adj.* 140, 1.
hovewert *adj.* 1801, 8.
bueteu 21, 23.

hulde, diu 12, 7. 22, 20. 75, 12.
hulfen *plur. præt.* ron helfen 35, 8
huobe, diu 188, 45.
huote, din 3, 20. 13, 9. 133, 6.
hûs, daz 80, 83. 155, 2.
hût 31, 3. hût und hâr 96, 11.

ich s' = ich sie 13, 17.
ie 3, 53. 6, 27. 134, 10. 187, 26.
iedoch 21, 6. 51, 9.
iegeslich 99, 9.
iemen 9, 29. 74, 3.
iemer 12, 17. 46, 11. i. mê 57, 13.
66, 2. i. mêre 188, 17.
iemitten 66, 37.
iender 17, 37. 172, 3.
ienoch 35, 9. 47, 40.
iesâ 76, 18.
iesch *s.* eischen.
ietweder 17, 41.
iezuo 70, 12. 165, 7.
iht 2, 6. 3, 15. 142, 2. = niht 52, 2.
i'm = ich im 54, 4.
in *dat. pl.*, ihnen 65, 23.
in = ein, hinein 27, 12. 80, 34.
in allen gâben 11, 14.
i'n = ich in 65, 24.
i'n, i'ne 12, 6.
ingesinde, daz 109, 1.
inme = in deme 10, 7.
inne 1, 3.
innecliche *adv.* 9, 23. 188, 28. in-
neclichen 12, 10.
innen 122, 9.
insigel, daz 185, 3.
irre: i. gên 171, 8. i. varn 51, 21.
irren c. *acc. und gen.* 19, 8.
Isenach *n. pr.* 126r, 2.
iu *dat. des pers. Pron.*, euch 6, 10.
iur = iuwer 6, 38. 134, 21.

jâ *Ausruf* 2, 32. 22, 41. *subst.* 140,
10. 170, 12.
jagen 80, 25.
jæmerliche *adv.* 188, 17.
jâmertac, der 76, 34.
ja'n = jâ ne 3, 39.
jâr: ze jâre 63, 2. 109, 7. von den
jâren 143, 6.
jehen 10, 4. 20, 2. 79, 4. 80, 4.

joch 15, 22. 57, 27. 188, 45.
junchĕrre, der 179, 5.
jungen 17, 19. 31.

kalc 139, 10.
kamerære 110, 8.
kanzellære 159ı, 7.
kapfen 5, 20.
kappe, diu 84, 12.
karkervar 76, 19.
Katzenellenbogen, der von 18ʌıı, 8.
kein 172, 3.
keiserlich 97, 4.
kel, diu 17, 41.
kemenâte, diu 129, 7.
kempfe, der 99, 9.
kĕren 80, 57.
Kerendære, der 106, 1.
kerze, diu 160, 4.
kiel, der 151, 6.
kiesen 3, 3. 69, 4. 188, 29.
kindes spil, daz 170, 7.
kint 6, 18. ein k. an freude 21, 3
  von kinde her 68, 2. 188, 7.
kintheit, diu 170, 8.
kit præs. von quoden 68, 31.
kiusche adj., keusch 113, 8.
kiusche, diu, Keuschheit 37, 33.
kiuse præs. von kiesen 3, 32.
klageu 31, 6.
kleiden 18, 9.
kleine 21, 11. adv. 31, 18. 45, 9.
  57, 19. 167, 7. ze kl. 67, 25.
klôsenære, der 36, 5. 81ııı, 22.
klûs, diu 80, 84.
kneht, der, Knappe 96, 3.
knolle, der 107, 6.
Kölne, bischof von K. 159ı, 1.
komen 163, 4.
kôr, der 111, 9. 163, 8.
kôs præt. von kiesen 3, 3.
krä, diu 4, 29.
kraft, diu, gen. krefte 5, 23. 131, 4.
krage, der 107, 7.
kranc 25, 12. 52, 5. 174, 1. kran-
  ker sin 87, 6.
kranechen trit, der 98, 3.
krefte s. kraft.
krenken 68, 48. 142, 3. sich kr.
  67, 31.
Kriechen, ze Kr., Griechenland 103, 7.
kripfe, diu 88, 8.

Krist, Christus 80, 43. Kristes reise
  153, 4.
kristen, der, Christ 80, 129.
kristenheit, diu 80, 118. 136, 5.
kristenliche adv. 115, 1.
kristenman, der 184, 23.
Kristentuom, der, personif. 80, 115.
kriuze, daz 85, 3.
krône, diu 16, 18. 85, 3. = Kaiser-
  thum 129, 13.
krœnen, mit lobe kr. 26, 6.
krümben 126ıı, 12.
krump 169, 1.
kumber, der 14, 3. 18, 10.
kûme adv., mit Mühe, kaum 55, 23.
künde, diu 87, 12.
kündecliche adv. 160, 4.
kündekeit, diu 124, 14.
kunder, daz 146, 2.
kündic 188, 6.
künec, König.
kunft, diu 78, 5. 84, 5.
kunnen 1, 6. 68, 36. 169, 11.
kunst, diu 178, 2.
kunterfeit, daz 146, 5.
kür conj. præt. von kiesen 5, 29.
kür, diu 103, 12.
kurz: in kurzen tagen 185, 1.
kurzewile, diu 5, 13.
küssen, daz, Kissen 17, 31.

lâ imper. von lân 27, 25.
lachelære, der 140, 4.
lächeliche adv. 140, 8.
lacheu c. gen. 9, 22.
laden 13, 8.
lâge, diu 77, 30. 133, 6.
lân = lâzen 3, 10.
lauger 3, 7.
lant 4, 20.
lantgrâve 109, 1.
lantrehtære 79, 57.
lære 164, 8.
lâst 2. præs. von lâzen 3, 7.
laster, daz, Schande 19, 12.
lasterliche, -lichen 135, 6. 92, 12.
lâzen, erben l. 186, 10. varu l. 151,
  7. verlassen, zurücklassen 3, 51.
  erlassen 80, 94. zulassen 77, 12.
  sich an einen l. 145, 8. 155, 6.
lě, der 2, 8.

leben, friez 1. 133, 4. geistlichez l.
84, 12.
lecker, der 106ii, 3.
ledic 32, 17.
lêhen, gotes 1. 144, 8.
leide *adv.*, *schmerzlich*; *weh* 60, 13.
leiden 30, 24. 47, 28. mir leidet ein
dinc 93, 8.
leider, *wie nhd.*
leie, der, *Laie* 81iii, 14. leien reht
ᴧ5, 14.
leisten, *wie nhd.* 12ᴧii, 13. *ein Ge-
bot befolgen* 173, 29.
leit *adj.* 20, 8.
leit, daz 3, 5.
leit = leget 15, 3.
leiten 124, 14.
leitesterne, der 97, 12.
lenge, diu 148, 1.
lêre, diu 62, 20. 111, 4. 120, 2. 132, 3.
lêren 16, 16.
lerneu 107, 7.
leschen 183, 4.
lesen, *pflücken* 1, 10.
lest, *letzt, jüngst* 79, 60.
lewe, der, *Löwe* 181, 1.
liden, *leiden, erleiden, ertragen* 92, 3.
liebe, diu 3, 8. 38, 10.
lieben, einem 86, 2. mir liebet 37, 3.
liegeu, *lügen* 21, 9. 60, 7. einem 1.
84, 11. *subst.* 178, 4.
lieht *adj.* 3, 3. 6, 21. 18, 19. 80, 106.
lieht, daz 105, 1.
liep *adj.* 3, 8. 37, 2. 38, 36. 140, 7.
188, 48.
liep, daz, *Geliebte* 3, 7. 22, 18.
Freude, Lust 55, 10.
liet, daz 159ii, 8.
liezen, daz 164, 3.
ligen, *liegen*; *oft.*
lihen, *leihen* 17, 39.
liht *adj.* 22, 36.
lihte *adv.* 6, 36. 36, 28.
lihtgemuot 22, 35.
lilje, diu 16, 20.
liljenvar 17, 24.
liljerosevarwo 76, 19.
linde, diu *suf.* 9, 1.
link 130, 6.
lip, der 3, 50.
lise, ich, 1. *præs. von* lesen 1, 10.
lise *adv.* 100, 7.
list, der 28, 4. 47, 35. 80, 42.
93, 2.

lit, daz 181, 1.
lit = liget 1, 10.
liuhten 97, 7.
Liupolt *n. pr.* 107, 10 *ff.*
liut, liute, *Leute* 186, 10.
liuten, *läuten* 152, 4.
lô 2, 25.
lobelich 60, 7.
lobelln, daz 119, 7.
loben 17, 49. *subst.* 10, 16.
lôn, der 102, 7.
lônen, *belohnen* 49, 4.
lop, daz, *Lob.*
lôs *adj.* 59, 9. 67, 19.
lœsen 78, 15.
lôt, daz 93, 13.
louf, der 105, 13.
loufen 123, 2.
lougen, daz 38, 8. 77, 22.
loup, daz 81ii, 4.
Ludewic *n. pr.* 105, 3.
luft, der 150, 5.
lüge, diu 112, 7.
lügenære 42, 2.
lûne, diu 109, 6.
lûte *adv..* *laut* 3, 44.
lûter *adj.*, *lauter, klar, rein* 140, 7.
lûterlich 27, 22.
lützel, 1. iemau 24, 8. 32, 18. 66, 15.
ein 1. 40, 4. 51, 18.

mac *præs. von* mügen, *können* 3, 26.
mâc, der 186, 2.
machen, *hervorbringen, bewirken.*
maget, diu 1, 4.
magetlich 80, 39.
maht: dû maht, *du kannst* 93, 11.
maht, diu 158, 3.
mâl, daz 141, 5.
malhe, diu 83, 11. 161, 6.
man, der, *Mann*, *in der Regel un-
flectiert.*
mâne, der 46, 22.
manec, manic, *manch* 2, 7 *ff.*
manen 53, 4. 166, 3.
manheit, diu 136, 12.
manicvalt 20, 1. 27, 31.
manlich 179, 2.
marc, diu 126i, 5.
mære *adj.* 73, 26. 126i, 10. alsô m.
65, 18.

mære, daz 11, **6**. *pl.* diu m. 21, 12.
ze bœsen mæren 56, 6. höher
mære sin 159i, 6. ze m. sagen
161, 4. m. bringen 180ii, 6.
margarîte, diu 80, 51.
marterære, der 106ii, 6.
mâze, diu 16, 8. 29. 75, 18. 116, 3.
142, 1. 148, 2. 151, 4. *person.* 25, 2.
mé 2, 11. 14, 5. *subst.* 74, 13.
megede kint = *Christus* 167, 7.
Megedeburc *n. pr.* 100, 3.
mehtic 158, 1.
meie, der 5, 3.
meinen 30, 7. 61, 14. 167, 7.
meist *adj.* 81iii, 7.
meister, der 165, 3. 172, 9.
meisterinne, diu 27, 32.
meisterlôs 169, 11.
meit, diu 6, 34.
melden 106ii, 2. 156, 13.
menege, diu 118, 3.
menen 115, 7.
menneschlich *adj.* 80, 42.
menneschlichen *adv.* 79, 7.
menscheit 78, 32. 11.
mer, daz, *Meer.*
mére *adc.*, *mehr, länger, ferner* 26, 9.
méren 53, 32. *größer machen, er-
höhen* 105, 10.
merkære 133, 9.
merken 69, 4. 118, 1.
merze, der 5, 30.
mez, daz 148, 7.
mezzen 37, 7.
Michahêl *n. pr.* 173, 25.
michel 4, 34.
michels *adc. gen.* 10, 15. 101, 3.
128ii, 2
miden, *meiden* 105, 12.
miete, diu 39, 5.
mile, diu, *Meile* 155, 3.
milte, diu 82, 7.
milte *adj., freigebig; oft.*
milteeliche *adc.* 102, 10.
milterich 82, 13.
min *gen.. mein; oft.*
minne, diu 3, 8. *person.* 26, 8.
minneclich *adj.* 10, 1. 45, 4. 83, 15.
minnecliche *adv.* 157ii, 7.
minnefiur, daz 80, 103.
minnen, *lieben; oft.*
minner *comp. adj., minder* 51, 40.
minre 148, 5.
minnesanc, der 75, 11.

minre *s.* minner.
mir s' = mir si 17, 17.
mir'st = mir ist 63, 1.
mir'z = mir daz 9, 28.
missebieten 57, 25. 31.
missegäu 27, 24.
misselingen 22, 8.
Missenære, der, *n. pr.* 157i, 1.
missestân 40, 14.
missetât, diu 37, 48. 140, 6.
missetreten 166, 7.
missetuon 46, 2.
missevallen 67, 19. *subst.* 35, 3.
missevaru 52, 30.
missewende, diu 40, 10. 119, 3.
mit *imper. von* miden 3, 24.
mit *præp.* 22, 40. 58, 57.
mite *adv.* 70, 4. m. rûnen 46, 27,
teilen 170, 12; volgen 22, 50 u. s. w.
mitewist, diu 80, 41.
mittelswanc, der 159ii, 2.
mitten *adv., mitten* 188, 36.
möhte *conj. præt. von* mügen 1, 6.
morden 110, 9.
morgen, der 3, 3.
morgenröt, der 80, 32.
morgensterne, der 3, 12.
mort, der 138, 4.
mucke, diu 81ii, 19.
müen, müejen 11, 4. 19, 3. 52, 14.
136, 6. 188, 28.
müese *conj. præt. von* müezen 5, 30.
müezegenge *swm.* 187, 15.
müezen 8, 1. *mögen* 35, 21. 51, 8.
mügen 1, 6. 9, 4.
mül, diu, *Mühle* 72, 21.
munder 146, 3.
münech, der, *Mönch* 2, 35. = *Abt*
155. 10.
münizisen 133, 7.
Muore, diu, *Flußname* 118 1.
muose *præt. von* müezen 6, 32.
muot, der 3, 15. 7, 2. 16, 16. 21,
23. 93, 7. 123, 2. 183, 1. muot
haben *c. gen.* 141, 4. ze muote
werden 53, 1.
muoten 7, 11.
mûs, diu, *Maus* 106ii, 4.

nac, der 29. 8. 68, 32.
nâch *adv.* vil nâch 25, 9. — *præp.*
51. 24. 54. 16. 105, 14.

uacket *adj.. nackt* 17, 46.
nagel, der 146 8.
nâhe *adj.* 2, 21. — *adv.* 3, 52. 11, 6.
   101, 1.
nâhen *adv.* 17, 17.
nâhgebûre, der 150 6.
nahtegal, -gale, diu 4, 9. 9. 9.
name, der 139, 1.
narre, der 116, 10.
naz *adj., naß* 155, 9.
ne *adv. Negation* 3, 26.
nebelkrâ, diu 2, 4.
neic *præt. von* nigen 6, 22.
neigen, sich 38, 29.
nein: n. ich 74, 7. *neutr.* 140, 10.
neinâ 34, 6. 52, 19.
nemen 4, 34. 155, 8.
nennen 91, 3.
nern, *nähren, erhalten; oft.*
newart, *ward nicht* 4, 27.
newas, *war nicht* 4, 25.
uiden 49, 3. *subst.* 34, 18.
nider *adj.* 75, 19. *adv.* 38, 8.
nidere *adv.* 25, 9.
nie. *nie, durchaus nicht; oft.*
nieht 3, 13.
nieman, niemen 9, 32.
niemer 9, 32. n. man 10, 14. n.
   niht 12, 8.
uiender 36, 28.
uiene 3, 26.
nienen 70, 23.
uiener 100, 10.
niewan 3, 8.
niezen 1501, 4.
nigen c. *dat.* 6, 22. 117, 2.
niht c. *gen.* 4, 35. *neutr.* 90, 3.
nit, der 1, 7. 55, 7. 59, 19.
niuwan 42, 2. 77, 29.
niuwe *adj.* 40, 8. *subst.* 104, 6.
niuwet, niwet 13, 32. 81111, 18.
noch 66, 36. 43, 1. 173, 19. noch —
   noch 80, 89.
nône, diu 104, 4.
nôt, diu 3, 38. 17. 33. 19, 9. 47, 1.
   59, 3.
nôtic *adj.* 178, 3.
nû 2, 30. 34. 12, 3. 80, 8. nû dar
   173, 14.
Nüerenberc *n. pr.* 161, 4.
numme, in u. dumme 108, 1.

ob, obe *conj., wenn* 3, 31. 32, 7. 83. 1.
   90, 9.
obe *præp. c. dat., über* 30, 10.
obedach. daz 169, 13.
obe ligen 80, 18. 19.
od, ode = oder.
offenbâr, -bâre *adv.* 80, 44. 168, 23.
offeuliche *adv.* 42, 6. 167, 6.
ofte *adv., oft.*
ordenunge, diu 80, 144.
ôre, daz, *Ohr.*
ôrenlôs *adj.* 32, 24.
ors, daz 83, 12.
ort, daz 55, 18. 80, 73. 152, 8.
Otte *n. pr., Otto.*
ouch, *auch, noch* 34, 7. 86 13.
ouge, daz, *Auge.* under ougen 6 35.
ougenweide, diu 2, 11. 3, 32.
   124, 6.
ouwe, diu, *Au* 9, 11.
ouwô, òwê 5, 27. 24, 5.
owl 2, 16.

palas, der, *Palast* 80, 52.
patriarche, der 119, 3.
pfaffe, der, *Priester; oft.*
pfatlich *adj.* 179, 3.
pfahteu 158, 8.
pfanne, diu 119, 2.
pfant, daz 89, 5.
pfarre, diu 116, 6.
pfat, daz 9, 24.
Pfât, *der Po* 118, 2.
pfâwe, der, *Pfau* 98, 4.
pfenden 30, 27. 62, 5.
pferit, daz 1261, 10.
pflegen c. *gen.* 2 5. 131, 4. mit
   einem pfl. 9, 31.
pfleger, der 1591, 6.
pflihten 59, 12. 135, 10.
pfrüende, diu 165, 6.
pfunt, daz 99, 11.
Philippes *n. pr.* 97, 1.
pilgerín, der 187, 4.
Pòlân, der *Pole* 1081, 4.
porte, diu, *Pforte* 80, 33.
predjen, *predigen* 158, 8.
pris, der, *Lob, Ruhm.*
prisen 137, 1.
prüeven 151, 9. 10. 156 8.
Pülle *n. pr.* 149, 1.

rache, der 146, 8.
râche, diu 167, 5.
Raphabêl *n. pr.* 173, 26.
rat, daz, *Rad* 72, 23.
råt, der 83, 15. r. tragen 159, 6.
  r. werden 3, 45. 66, 8. 80, 91.
rechen 26, 3. 167, 1.
rede, diu 67, 6.
rederich 159ɪɪ, 3.
regen 17, 37.
regenen 82, 5.
reht *stn.* 16, 29. 87, 3. 133, 12.
rehte *adv.* 32, 18. r. als 3, 36. 39, 34.
Reinmâr *n. pr.* 128ɪɪ, 1.
reine *adj.* 17, 23. 49.
reise, diu 188, 48.
rennen, *wie nhd.* 138, 10.
rêren 84, 4.
rich *imper. von* rechen 167, 1.
rich, riche, *mächtig, reich* 9, 20.
riche, daz == *imperator* 98, 9.
richen 116, 2. 147, 1.
rife, der, *Reif* 73, 1.
rigel dor 168, 14.
rihten, einem *und* über einen 26,
  10. c. *dat.* 135, 7.
rimpfen 2, 7.
Rîn, *der Rhein* 39, 25.
rinc, der 165, 8. 188, 41.
ringe *adj.* 80, 152. 87, 8.
ringen 25, 12. 57, 18.
ris, daz 137, 3.
rise, der 148, 10.
risen 86, 10.
riten, *reiten; oft.*
ritterlich 179, 3.
riuten 121, 3.
riuwe, diu 34, 24.
riuwecliche 188, 19.
riuwen 128ɪɪ, 1.
riuwic 78, 13.
Riuze, der, *n. pr.* 180ɪ, 4.
rô 2, 23.
Rôme, *Rom* 81ɪɪɪ, 5.
rœmesch 113, 9.
rôr, daz 111, 8.
rœseloht 17, 24.
rouben, *rauben, berauben* 110, 9.
rû 2, 30.
rucke, der 169, 10.
rüefen, *rufen* 17, 46. 110, 5.
rüemære, der 56, 13.
rüemec 24, 24. 56, 4.
rüemen 13, 20.

rüeren 10, 2.
rûnen 46, 28.
ruochen 51, 31. 55, 6.
ruowe, diu, *Ruhe* 154, 11.
ruowen, *ruhen* 173, 24.
rûschen 70, 23. 72, 22.

sach *præt. von* sehen, *sah* 3, 4.
sache, diu, *Rechtssache* 126ɪ, 8.
Sahse *n. pr.* 100, 11.
sal, der êren s. 96, 1.
Salatin *n. pr.* 101, 7.
sælde, diu 15, 19. 82, 1. *person.*
  18, 9.
sældenrîch 88, 11.
sælekeit 33, 5.
sælic 12, 15. 173, 8.
sæte *s.* sât.
Salomôn *n. pr.* 80, 50.
sam *præp.* 83, 11.
sam, samo 5, 2.
sam 39, 31.
sâme, der 108, 2.
samen, ze samene 81ɪ, 19.
samt 141, 8.
sanc, der, *Gesang; öfter.*
sanfte *adj.* 26, 16. 39, 7. *adv.* 121, 10.
sanges tac 59, 5. 68, 21.
saste *prœt. von* setzen 22, 5. 81ɪ, 3.
sât, diu, *gen.* sæte 166, 8.
sâze, diu 81ɪ, 21.
schaben 77, 4. 170, 4.
schâch, der 117, 9.
schade, der, *Schaden; oft.*
schaffen 55, 11. 74, 5. 106ɪɪ, 6.
schal, der; ze schalle werden 112, 10.
schalc, der 139, 1.
schalchaft 168, 36.
schalkeit, diu 107, 7.
schallen 96, 10. 109, 7.
scham, diu 40, 6. 66, 32.
schamelôs 19, 9.
schamen, sich 18, 23. 19, 8. 66, 32.
schande, diu 91, 1.
schapel, daz 2, 12. 57, 27.
scharn, sich 78, 59.
scharpf 107, 1.
schate, der, *Schatten* 4, 15.
schâte == schadete 16, 4.
scheiden 3, 11. 16, 14. 87 10. *subst.*
  57, 6.
schelten 31, 16.

tac 50, 1. 6. einen t. sprechen
79, 50.
tageliet, daz 3, 44. 54.
tandaradei 9, 8.
tanz, an dem tanze gên 6, 37.
tar *s.* turren.
tæte 2. *præt. ind.* 3, 40.
Tegersê *n. pr.* 155, 1.
teil 47, 21. ein t. 32, 2. 68, 16.
148, 2.
teilen 26, 22. 29, 1. 35, 30. 74, 1.
tief *adj.* 34, 29. *adv.* tiefe 105, 6.
tievel, der, *Teufel.*
tihten, daz 79, 57.
tiure 69, 6. 80, 101.
tiuren 26, 5. 55, 18. 69, 2. 136, 3.
tiurre *comp. von* tiure 16, 5.
tiusch, tiutsch 39, 9. 81111, 17.
toben 26, 4. 37, 34.
Toberlû *n. pr.* 2, 35.
tor, der sælden t. 82, 1.
tôre, der 91, 6.
tœren 163, 4.
tœresch 115, 10.
tœrinne, diu 116, 10.
torste *præt. von* turren 67, 15.
tou, daz, *Thau.*
touc *præs. von* tugen 21, 7. 52, 31.
touf, der 78, 35.
toufe, diu 111, 6.
tougen *adv.* 6, 24.
tougen, daz, din 70, 11. 81111, 2.
tougenlich *adj.* 43, 1.
tougenliche *adv.* 56, 3.
Trabe, diu, *Flußname* 118, 2.
trâge *adv.* 178, 13.
tragen, baz 10, 18; gemüete 16, 30;
liebe 30, 12; hôhen muot tr. 13,
23.
trahten umb' ein dinc 158, 4.
Tráne *n. pr.* 153, 3.
treffen 159n, 1.
trenken 80, 117.
treten 100, 7.
triegen 3, 20.
trinitât 80, 1.
triuten 152, 7.
triuwe, diu 34. 23. 147, 1 der triu-
wen stein 146, 4. an den triuwen
164, 1. bî ir tr. 132, 7. mit tr. 3,
31. ûf tr. 141, 10.
trôst, der 15, 2. 20, 7. 37, 4.
55, 3.
trœstelin, daz 24, 6.

trouc *præt. von* triegen 187, 20.
troufe, diu 111, 10.
troum, der 4, 11.
trüge, diu 112, 8. 145, 9.
trügelichen *adv.* 147, 2.
trûren, *trauern.*
trûreclich *adj.* 65, 2.
tûbe, diu, *Taube.*
tugen, tügen 21, 7. 27, 29.
tugent, diu 15, 20. 64, 10.
tugenthaft 27, 20.
tumben 67, 13.
tump 16, 8. 123, 1. 169, 6.
tuon, *das vorhergehende Verbum ver-
tretend* 121, 3. t. bewarn 80, 90.
turn, der, *Thurm* 187, 5.
turren 7, 11. 17, 25. 137, 3.
tûsentstunt 9, 16.
twaben 80, 47.
twerch 59, 27. 70, 13. *gen. adv.*
twerhes 179, 8.
twingen 28, 3. *subst.* 53, 29.
twuoc *præt. von* twahen 80, 47.

übel *adj.* 34, 6. 111, 10.
übel, übele *adv.* 38, 6. 66, 16. 92,
1. û. gedenken 59, 11. sich ü.
schamen 145, 10; stellen 70, 9.
übergeben 38, 38.
übergenôz, der 79, 29.
übergrâ 2, 6.
übergulde, diu 811, 14.
übergüldeu 123, 10.
überhôr 68, 36.
überhêre, diu 78, 73.
überhœhen 120, 5.
überic 183, 6.
überkomen 65, 1.
übermâze, diu 177, 3.
übermüete, diu 164, 8.
übermuot, der 144, 1.
überschen 22, 45.
überstrîten 5, 25.
übertrinken 143, 1.
überwundern 80, 82.
ûf, *gegen* 78, 20. an 147, 4. ûf gên
84, 14; legen 112, 8; rîsen 142, 7;
schiezen 148, 7; sparn 78, 44; stân
17, 33; tragen 6, 4; zucken 120, 3.
ûf schaden 116, 9. ûf ein geben
80, 123.

villen 78, 37.
vingerlin, daz 14, 24.
vingerzeigen, daz 12, 5.
vinster 18, 21.
vint, vient 40, 16.
visch unz an den grât 76, 12.
fiuhte, diu 80, 113.
fiur, daz 98, 7.
vlêheu 150, 3.
fliezen 811t, 2.
filz, der 17, 21.
filzen, sich 113, 10.
vlüren 158, 3.
vogellin, daz, *voglein* 9, 34.
vogelsanc, der 187, 20.
voget, der 1261, 4. 135, 4. der v.
von Rôme 149, 1.
volc, varndez v. 161, 5.
volenden 7, 10.
volfüegen 152, 8.
volge, diu 144, 8.
volgen 33, 5.
volle *adj.* 150, 9. ze vollen 94, 4.
volleclîche *adv.* 57, 11. 75, 4.
vollemezzen 131, 10.
volrecken 132, 9.
von, *vor, aus* 6, 29. 18, 4. *um, nach*
19, 2. *wegen, durch* 27, 10. 47, 10.
20. 101, 11. voue 3, 28.
vor 17, 25. *über* 173, 12. vore
24, 12.
vorhte, diu 87, 1.
vorderunge, diu 147, 4.
frâgen 51, 32. von, umb' einen 46,
34.
Franken *n. pr.* 105, 1.
frech 96, 8.
fremede *adj.* fr. sache 1261 6; zunge
136, 3.
freudehelfelôs 27, 1.
freudenrîche 68, 14.
frevellîche *adv.* 67, 11.
freveln 137, 3.
frî *adj.* 168, 34. *c. gen.* 19, 4. 56, 23.
frî werden 2, 20. fri sunder 80,
137. frî von 80, 76.
friedel, der 9, 12.
Friderich, künec 147, 3. herzoge
ûz Osterrîche 98, 1.
frien 177, 7.
frist, diu 78, 80.
fristen 79, 58.
friunt, der 3, 13.
friuntschaft, diu 144, 4.

friwendinne 3, 9.
friwentlîcheu *adv.* 3, 1.
frô *adj. dat. pl.* frôu 68, 3.
frô = frouwe *vor Eigennamen* 27,
16.
frô, *Herr* 137, 7.
frône *adj.* 111, 10.
frônebære 78, 5.
frônebote, der 135, 1.
frou, min frou 18, 13.
frouwe, diu 3, 27. 13 19. 46, 1.
70, 9.
frouwelîn, daz 14, 1.
fröwen 24, 8. 36, 16.
frum, frume, der 101, 12. 160, 8.
frümekeit, diu 34. 16.
frumen 68, 43. 87, 8.
fruo *adv., früh* 154, 6.
füegen 1571, 12.
füegerinne, din 25, 1.
fueren 83, 13. 98, 3.
fûl *adj.* 104, 5.
funt, der 80, 130.
fuoder, daz 99, 11.
tuoge, diu 38, 19. 61, 19. 68, 1.
fuore, diu 99, 10. 118, 2. 186, 6.
tuoz, der 112, 4.
für 15, 25. 91, 3 92, 11. für bre-
cheu 156, 2; setzen 22, 5; rennen
138, 10.
fürder: leiten 124, 15; tuon 125, 2.
fürgedanc, der 80, 3.
furrieren 51, 24.
fürste, der: fürsten meister 1591, 5.

wâ 2, 31. 54, 5. wâ uô 86, 7.
wachen 154, 6.
wâfen *interj.* 110, 5.
wâge, diu 93, 13.
wâgen 76, 30.
wahseu 80, 77. 87, 7.
wahter, der 3, 44.
wæjen 187, 6.
wal, diu 85, 12.
wal, der 78, 65.
Walch, der 115, 2.
walden 4, 26.
walgen 176, 8.
wallære, der 187, 4.
walten 92, 8. 175, 4.
Walther *n. pr.* 77, 9. 86, 2.

wamme, diu 80, 52.
wan *adv.*, *außer* 4, 29. 37. 9, 35. 78,
　36. 79, 20. *quin* 110, 5. 139, 8.
wan daz 4, 35. 36, 20. 59, 15.
wan == wande 54, 5. 131, 2.
wân, der 15, 1. 21, 10. nâch wâne
　22, 11. 113, 1. 153, 2.
wæn' 90, 10.
wanc, der 3, 31. 144, 6.
wand, wande *causalpart.* 52, 4.
wande *præt. von* wenden 7, 3.
wandel, daz 40, 12. 1571, 10.
wandelbære 67, 15.
wandelbernde 186, 4.
wandeln 15711, 1.
wanc 38, 39.
wange, daz 68, 32. 811, 5. 1061, 2.
wängel, daz 149, 7.
war *adv.* 3, 16. 188, 1.
war, diu 41, 8. w. nemen 22, 27.
wâr *adj.* w. haben 36, 19. w. sagen
　85, 15.
wære *adj.* 78, 1.
wârhaft *adj.* 154, 1.
wârheit, diu 53, 26. 185, 4.
warnen 163, 6. sich w. 187, 23.
warten 50, 2. 123, 1. 162, 8.
war zuo 35, 5.
was *præt. von* wesen, *war; oft.*
wasten 115, 5.
wât, diu; *gen.* wæte 36, 36. 55, 13.
　100, 5.
waz *subst.* 68, 43.
waz *pron.* waz ob 6, 37. 35, 36.
　153, 7. w. dar umbe 16, 14. 68, 8.
wazzer 8111, 1.
wê *stn.* 80, 86. *adv.* 3, 21. 4,
　25. wê geschehen 3, 6. wê tuon
　32, 4.
wec, der, *Weg; öfter.*
weder 51, 1. 73, 6. wederz 5, 25.
wegen 154, 12. 169, 7.
wegewerende 139, 7.
weich == waz ich 77, 11.
weinde 3, 51.
weise, der 78, 8. 79, 53. 8111, 24.
　82, 2. 97, 11.
weiz got 1, 9. 70, 16. 1061, 10.
Welf *n. pr.* 119, 8.
wellen, *wollen* 16, 17. *behaupten* 22,
　23. == werden 76, 34.
weln, *wählen* 5, 27.
welt == *wollt* 5, 21.
wenden 47, 19. 53, 6. 108, 10. 160, 7.

wênec 145, 4.
wenen, sich 74, 6.
wengel, daz 17, 21.
wer, diu 78, 52.
werben 67, 38. 72, 21. 98, 1.
werc, daz 148, 4.
werde *adv.* 57, 9.
werdeclichen *adv.* 28, 7.
werdekeit, diu 25, 1. 31, 10.
werfen 102, 9.
werlt, diu. zer werlte 7, 12. 16, 10.
　al diu werlt, *Ausruf* 150, 1. *Volk,*
　Menschen 123, 1.
wern 3, 47. 19, 14. 66, 12.
werude 3, 28. 78, 30. 51, 35.
werren 44, 8. 68, 12.
wert *adj.* 5, 20. 36, 21.
wert, der 98, 6.
wes *adv. gen.* 50, 4. 75, 6. 811, 7.
wesen, *sein, werden* 16, 29. 154, 4.
wesse *conj. præt. von* wizzen 9, 29.
wette, daz 77, 8.
wibel, der 104, 5.
wich 122, 2.
wider 3, 55. 26, 7. 68, 26. 72, 9.
　w. bringen 24, 4; gân 102, 8; kê-
　ren 32, 22.
widerreden 80, 90.
widersagen 77, 16. 132, 5.
widerstân 61, 16. 136, 12.
widerstrebe, diu 80, 20.
widerstrit 37, 3.
widerswanc, der 106111, 9.
widertuon 36, 8.
widerwürken 100, 7.
widerzæme *adj.* 92, 6.
Wiene *n. pr.* 83, 3. 86, 1.
wig *imper. von* wegen 93, 14.
wiht, ein w. gar *nichts* 151, 8.
wil, *willst* 3, 19.
wilde *adj.* 80, 110. 184, 4. 188, 30.
wilde, diu 181, 5.
wile, diu 1, 7. 31, 26. 115, 6.
　119, 1.
wilent *adv.* 12, 12. 73, 19.
wille, der: willen haben 51, 30. mit
　willen 14, 28. 22, 39. 186, 6. nâch
　dem willen mîn 34, 8.
willeclichen *adv.* 14, 4. 1061, 8.
　166, 6.
willekomen 117, 1.
willic *adj.* 35, 22.
wilt, daz 105, 12.
winden 62, 16.

wint, der 167, 5.
wint, ein w. 38, 20. 39, 4.
winterkalt *adj.* 3, 36.
wintersorge, diu 2, 18.
winterzit, diu 58, 9.
wîp, daz, *Weib; oft.* wîbes heil 24,
17.
wîpheit, diu 69, 3.
wîplich *adj.* 179, 2.
wirde, din 75, 21.
wirde, ich: 1. *præs. von* werden
21, 25.
wirret, mir w. 20, 8. 44, 8.
wirs 65, 11.
wirt, der 117, 1.
wirtschaft, diu 30, 19.
wis *impr. von* wesen 27, 20. 93, 6.
wîs, diu 150, 7. 176, 2.
wîse, diu 173, 6. 187, 22. 5, 5.
137, 2.
wiseu 113, 5.
wiste *præt. von* wizzen 58, 5.
wit, diu 136, 2. 162, 5.
witze, diu 70, 20. 54, 19. 139, 7.
154, 5.
wiu 32, 4.
wîze, daz 160, 7.
wîzen 13, 12. 18, 5. 67, 2.
wizzen 91, 5.
wizzende, diu 91, 2.
wol *adv.* 75, 7. 108, 5. 123, 10.
wol dan 5, 2· w. mich 7, 1.
45, 5. wol gebunden 5, 12; ge-
lobet 137, 1; gemuot 38, 26. 51,
3; getân 3, 16. 6, 2. 9; ge-
zogen 66, 29; w. reden 16, 11;
sprechen 11, 13. 26, 1; tuon 11,
10. 32, 5.
wolken, daz 3, 4.
wolkenlôs *adj.* 146, 9.
wolveile 182, 1.
wort, daz 80, 75. 77. w. unde wîse
173, 2.
wunder, daz 5, 17. 15, 34. 31, 7.
59, 6. 124, 11. 146, 1. durch w.
171, 1.
wunderalt *adj.* 4, 37.
wunderære, der 80, 83.
wunderlich *adj.* 126n, 8. 155, 4.
wunderlîchen *adv.* 77, 30.
wundern 132, 3. 141, 7.
wunderspil, daz 53, 31.
wunderwol 17, 1.

wünne, diu 4, 34. 188, 33.
wunneclîche *adv.* 4, 3.
wünnenrîch 17, 11.
wunsch, der 17, 42.
wünschen 37, 16.
wunt 811, 23.
wuocher, der 138, 6.
würde *conj., würde* 2, 35.
würken 145, 3.
würre *conj. præt. von* werren 58, 5.
wurz, diu 124, 1.

zage, der 156, 6.
zahl 149, 4.
zam 170, 3.
zamen 80, 114.
zart, der 77, 19.
zarten 124, 6.
ze: ze himel 4, 23. ze samene 159n,
8. ze wê 93, 3 ze, *gegen, unge-
fähr* 137, 5. 151, 1.
zehant *adv.* 85, 4.
zêhe, din 150, 2.
zeichen, daz 84, 4.
zein, der 72, 34. 141, 10.
zemen, *ziemen, wohl anstehen; öfter.*
zer, diu 78, 56.
zergân 93, 9. 15, 4. 56, 37. 149,
10.
zerliden 162, 5.
zerslahen 187, 5.
zerstœren 173, 19.
zerteilen 116, 8.
zesewe *adj.* 78, 62.
zestunt *adv.* 79, 52.
zewâre 25, 2. 57, 7.
ziehen 188, 8.
zieren 2, 25.
zîhen 101, 1.
z'ihte 13, 26.
z'ir = ze ir 54, 17.
zirke, der 81n, 22.
zît, diu: an der zît 34, 25.
ziuch *imper. von* ziehen 123, 1.
zogen 126n, 8.
zorn: mir ist z. 79, 21.
zorneclîchen *adv.* 65, 4. 141, 7.
zornelîn, daz 36, 6.
zouber, daz 38, 3.
zouberære, der 110, 2.

zoum, der 123, 1.

zucken 129, 3. 181, 7.

zuht, diu 49, 2. 19, 11. 100, 10. 168, 2. mit zühten 16, 19

zunge, diu 81II, 17. 146, 7.

zuo, bei 84, 9. zuo gên 64, 6. 84, 1. zuo z'ir 35, 38.

zürnen 77, 9.

zwei neutr. 36, 22.

zweien, sich 81III, 9.

zwêue masc. 17, 15.

zwir 30, 11. 119, 5.

zwivel, der 24, 22. 78, 47. den zw. büezen 51, 30. an zw. stân 51, 28.

zwivelære, der 59, 1.

zwivellich adj. 24, 1.

zwivellop 69, 11.

zwô fem. 40, 28. 146, 7.

VERGLEICHUNGSTABELLE

DER VORLIEGENDEN AUSGABE MIT DENEN VON LACHMANN (L)
WACKERNAGEL-RIEGER (WR), WILMANNS (W) UND SIMROCK (S).

Nr. L.	WR.	W.	S.	Nr. L.	WR.	W.	S.
1=39, 1.	90, 14.	59, 1.	117.	32=69, 1.	127, 4.	28, 1.	141.
2=75, 25.	91, 7.	60, 1.	118.	33=(S.216).	132, 5.	(XIX, 9.)	155.
3=88, 9.	87, 1.	63, 1.	170.	34=73, 23.	140, 22.	11, 1.	146.
4=94, 11.	92, 23.	61, 1.	119.	35=97, 34.	156, 1.	73, 1.	147.
5=45, 37.	110, 22.	16, 1.	125.	36=62, 6.	138, 3.	37, 1.	159.
6=74, 20.	94, 21.	2, 1.	120.	37=92, 9.	145, 13.	69, 1.	176.
7=110, 13.	98, 13.	8, 1.	122.	38=115, 30.	120, 17.	(XVIII,1.)	134.
8=112, 3.	97, 3.	5, 1.	121.	39=56, 14.	158, 21.	52, 1.	126.
9=39, 11.	109, 6.	58, 1.	123.	40=59, 10.	161, 11.	31, 28.	150.
10=112, 17.	97, 17.	6, 1.	133.	41=44, 11.	154, 1.	45, 1.	156.
11=119, 17.	99, 5.	3, 1.	168.	42=44, 23.	154, 11.	45, 11.	156.
12=119, 35.	100, 1.	3, 19.	186.	43=(S.170.)	155, 1.	(VIII, 1.)	156.
13=50, 19.	102, 7.	10, 1.	177.	44=(S.171.)	155, 11.	(VIII, 11.)	156.
14=49, 25.	100, 19.	9, 1.	175.	45=100, 3.	160, 13.	75, 1.	151.
15=71, 35.	108, 1.	4, 1.	169.	46=52, 23.	163, 19.	40, 1.	152.
16=43, 9.	113, 7.	1, 1.	127.	47=96, 29.	104, 15.	72, 1.	164.
17=53, 25.	115, 10.	18, 1.	174.	48=70, 1.	103, 17.	34, 1.	149.
18=42, 31.	144, 5.	32, 17.	160.	49=70, 15.	104, 3.	34, 13.	149.
19=63, 32.	142, 11.	46, 1.	145.	50=70, 8.	104, 9.	34, 7.	149.
20=64, 13.	143, 7.	46, 17.	144.	51=120, 25.	119, 1.	20, 1.	130.
21=99, 6.	152, 13.	74, 1.	165.	52=13, 33.	129, 3.	23, 1.	142.
22=95, 17.	148, 18.	71, 1.	140.	53=109, 1.	130, 17.	25, 1.	153.
23=118, 24.	132, 13.	26, 1.	135.	54=115, 6.	118, 1.	21, 1.	131.
24=65, 33.	127, 16.	35, 1.	137.	55=63, 8.	139, 21.	32, 1.	154.
25=46, 32.	112, 5.	17, 1.	173.	56=41, 13.	134, 1.	38, 1.	194.
26=40, 19.	122, 12.	29, 1.	138.	57I=(S.183).	135, 20.	36, 1.	157.
27=54, 37.	124, 1.	22, 1.	139.	57II=61, 33.	137, 12.	36, 33.	158.
28=56, 5.	126, 1.	22, 41.	139.	58=117, 29.	151, 17.	65, 1.	161.
29=55, 35.	125, 10.	22, 33.	139.	59=58, 21.	162, 17.	31, 1.	150.
30=93, 20.	157, 19.	70, 1.	163.	60=116, 33.	167, 20.	41, 1.	184.
31=72, 31.	174, 1.	12, 1.	118.	61=117, 5.	165, 12.	42, 1.	194.

Nr. L.	WR.	W.	S.
62=60, 13.	170, 19.	43, 15.	185.
63=102, 29.	150, 20.	79, 1.	124.
64=118, 12.	181, 13.	66, 1.	182.
65=121, 33.	169, 12.	44, 1.	190.
66=90, 15.	175, 11.	67, 1.	189.
67=44, 35.	177, 1.	39, 1.	181.
68=47, 36.	178, 19.	77, 25.	178.
69=48, 38.	180, 11.	77, 37.	179.
70=57, 23.	172, 6.	48, 1.	191.
71=112, 10.	97, 10.	5, 8.	121.
72=64, 31.	26, 15.	76, 1.	187.
73=114, 23.	166, 18.	30, 1.	193.
74=60, 34.	182, 5.	47, 1.	192.
75=66, 21.	184, 1.	87, 1.	196.
76=67, 20.	185, 15.	87, 37.	196.
77=100, 24.	186, 15.	78, 1.	195.
78=70, 22.	78, 6.	91, 1.	199.
79=14, 38.	81, 10.	90, 1.	200.
80=3, 1.	1, 1.	89, 1.	116.
81=8, 4.	8, 7.	49, 1.	1.
82=20, 31.	14, 19.	51, 31.	3.
83=25, 26.	15, 11.	51, 46.	2.
84=21, 25.	16, 1.	51, 181.	6.
85=25, 11.	16, 16.	51, 196.	5.
86=84, 33.	17, 9.	51, 1.	4.
87=22, 3.	11, 14.	51, 106.	12.
88=24, 18.	12, 4.	51, 16.	16.
89=(S. 148.)	12, 21.	51, 211.	7.
90=20, 16.	13, 14.	51, 61.	13.
91=22, 18.	14, 4.	51, 76.	14.
92=21, 10.	17, 24.	51, 166.	8.
93=22, 33.	18, 14.	51, 91.	15.
94=23, 11.	19, 3.	51, 151.	10.
95=23, 26.	19, 18.	51, 136.	9.
96=24, 3.	20, 9.	51, 121.	11.
97=18. 29.	22, 1.	50, 1.	20.
98=19, 29.	21, 11.	50, 13.	21.
99=20, 4.	20, 24.	50, 37.	23.
100=19, 5.	22, 13.	50, 25.	19.
101=19, 17.	23, 1.	50, 49.	22.
102=16, 36.	23, 13.	54, 1.	29.
103=17, 11.	24, 4.	54, 15.	30.
104=17, 25.	24, 18.	54, 29.	31.
105=18, 15.	26, 1.	81, 15.	33.
106ı=32, 17.	29, 10.	83, 91.	57.
106ıı=32, 27.	29, 20.	83, 101.	58.
107=32, 7.	28, 17.	83, 121.	59.
108=31, 33.	28, 7.	83, 151.	60.
109=35, 7.	35, 1.	83, 114.	56.
110=33, 21.	30, 9.	83, 41.	49.
111=33, 1.	31, 1.	83, 11.	50.
112=33, 11.	31, 11.	83, 51.	46.
113=33, 31.	31, 21.	83, 71.	45.

Nr. L.	WR.	W.	S.
114=34, 24.	33, 11.	83, 61.	51.
115=34, 4.	32, 9.	83, 21.	47.
116=34, 14.	33, 1.	83, 31.	48.
117=31, 23.	33, 21.	83, 81.	52.
118=31, 13.	34, 10.	83, 1.	55.
119=34, 34.	35, 11.	83, 131.	62.
120=36, 1.	35, 21.	83, 141.	61.
121=35, 17.	36, 8.	83, 161.	63.
122=35, 27.	36, 18.	83, 171.	54.
123=37, 24.	37, 9.	(XVII, 1.)	64.
124=103, 13.	53, 3.	57, 17.	66a.
125=103, 29.	53, 19.	57, 33.	66b.
126ı=104, 7.	54, 11.	57, 1.	66c.
126ıı=82, 11.	55, 11.	53, 14.	67.
127=84, 1.	56, 3.	53, 1.	72.
128=82, 24.	56, 16.	53, 53.	68. 69
129=83, 14.	57, 20.	53, 27.	70.
130=83, 27.	58, 13.	53, 40.	71.
131=11, 6.	38, 16.	80, 37.	35.
132=12, 30.	39, 10.	80, 49.	36.
133=11, 18.	39, 22.	80, 61.	37.
134=11, 30.	40, 11.	80, 1.	34.
135=12, 6.	40, 23.	80, 13.	38.
136=12, 18.	41, 11.	80, 25.	39.
137=26, 3.	41, 23.	84, 1.	75.
138=26, 13.	42, 9.	(XIV, 21.)	91.
139=28, 21.	42, 19.	84, 51.	90.
140=30, 9.	45, 7.	84, 81.	87.
141=30, 19.	45, 17.	84, 71.	88.
142=29, 25.	44, 5.	84, 41.	85.
143=29, 35.	44, 15.	(XIV, 31.)	86.
144=30, 29.	46, 8.	84, 101.	92.
145=31, 3.	(210, 17.)	(XIV, 1.)	93.
146=29, 4.	43, 10.	84, 91.	89.
147=26, 23.	47, 11.	84, 11.	76.
148=26, 33.	48, 10.	84, 21.	77.
149=28, 1.	47, 1.	84, 111.	78.
150=28, 31.	47, 21.	84, 121.	80.
151=27, 7.	49, 1.	84, 31.	81.
152=28, 11.	49, 11.	84, 61.	79.
153=29, 15.	50, 3.	84, 131.	82.
154=104, 33.	50, 13.	85, 1.	73.
155=104, 23.	55, 1.	86, 1.	74.
156=105, 11.	51, 8.	82, 1.	65a.
157ı=106, 3.	52, 14.	82, 29.	65b.
157ıı=105, 27.	51, 22.	82, 15.	65c.
158=10, 1.	59, 3.	92, 1.	102.
159ı=85, 1.	59, 11.	92, 17.	104.
159ıı=84, 22.	60, 1.	92, 25.	103.
160=84, 30.	60, 9.	92, 41.	108.
161=84, 14.	60, 17.	92, 9.	106.
162=85, 9.	61, 6.	92, 33.	105.
163=10, 17.	63, 5.	92, 57.	109.

Nr. L.	WR.	W.	S.	Nr. L.	WR.	W.	S.
164=10, 25.	61, 14.	92, 73.	111.	177=80, 3.	70, 17.	88, 89.	99.
165=10, 33.	62, 5.	92, 81.	110.	178=80, 11.	71, 1.	88, 49.	100.
166=85, 17.	62, 13.	92, 49.	107.	179=80, 19.	71, 9.	89, 57.	99.
167=10, 9.	63, 13.	92, 65.	112.	180=80, 27.	71, 17.	38, 33.	96. 97.
168=87, 1.	64, 3.	62, 1.	197.	181=81, 7.	72, 9.	89, 97.	99.
169=101, 23.	65, 21.	55, 1.	113a.	182=81, 15.	72, 17.	88, 105.	100.
170=102, 1.	56, 12.	55, 27.	113b.	183=81, 23.	73, 1.	88, 113.	99.
171=102, 15.	67, 3.	55, 14.	113c.	184=81, 31.	73, 9.	88, 121.	101.
172=85, 25.	67, 16.	56, 1.	188.	185=82, 3.	73, 16.	89, 129.	101.
173=78, 24.	68, 8.	88, 1.	95.	186=38, 10.	74, 1.	(XXX, 1.)	94.
174=79, 17.	69, 17.	88, 65.	98.	187=13, 5.	77, 1.	93, 1.	114a.
175=79, 25.	70, 1.	88, 73.	98.	188=124, 1.	74, 11.	95, 1.	115.
176=79, 33.	70, 9.	88, 81.	98.				

VERGLEICHUNG

DER LACHMANN'SCHEN ZÄHLUNG MIT DEN ANDEREN AUSGABEN.

L. P.	WR.	W.	S.	L. P.	WR.	W.	S.
3, 1=80.	1, 1.	89, 1.	116.	22, 18=91.	14, 4.	51, 76.	14.
8, 4=81.	8, 7.	49, 1.	1.	22, 33=93.	18, 14.	51, 91.	15.
10, 1=158.	59, 3.	92, 1.	102.	23, 11=94.	19, 3.	51, 151.	10.
10, 9=167.	63, 13.	92, 65.	112.	23, 26=95.	19, 18.	51, 136.	9.
10, 17=163.	63, 5.	92, 57.	109.	24, 3=96.	20, 9.	51, 121.	11.
10, 25=164.	61, 14.	92, 73.	111.	24, 18=88.	12, 4.	51, 16.	16.
10, 33=165.	62, 5.	92, 81.	110.	24, 33=86.	17, 9.	51, 1.	4.
11, 6=131.	38, 16.	80, 37.	35.	25, 11=85.	16, 16.	51, 196.	5.
11, 18=133.	39, 22.	80, 61.	37.	25, 26=83.	15, 11.	51, 46.	2.
11, 30=134.	40, 11.	80, 1.	34.	26, 3=137.	41, 23.	84, 1.	75.
12, 6=135.	40, 23.	80, 13.	38.	26, 13=138.	42, 9.	(XIV, 21.)	91.
12, 18=136.	41, 11.	80, 25.	39.	26, 23=147.	47, 11.	84, 11.	76.
12, 30=132.	39, 10.	80, 49.	36.	26, 33=148.	48, 10.	84, 21.	77.
13, 5=187.	77, 1.	93, 1.	114.	27, 7=151.	49, 1.	84, 31.	81.
13, 33=52.	129, 3.	23, 1.	142.	27, 17=fehlt.	(195,17.)	(XIV, 11.)	83.
14, 38=79.	81, 10.	90, 1.	200.	27, 27=fehlt.	(196, 1.)	84, 141.	84.
16, 36=102.	23, 13.	54, 1.	29.	28, 1=149.	47, 1.	84, 111.	78.
17, 11=103.	24, 4.	54, 15.	30.	23, 11=152.	49, 11.	84, 61.	79.
17, 25=104.	25, 18.	54, 29.	31.	28, 21=139.	42, 19.	84, 51.	90.
18,1=fehlt.	25, 9.	81, 1.	32.	28, 31=150.	47, 21.	84, 121.	80.
18, 15=105.	26, 1.	81, 15.	33.	29, 4=146.	43, 10.	84, 91.	89.
18, 29=97.	22, 1.	50, 1.	20.	29, 15=153.	50, 3.	84, 131.	82.
19, 5=100.	22, 13.	50, 25.	19.	29, 25=142.	44, 5.	84, 41.	85.
19, 17=101.	23, 1.	50, 49.	22.	29, 35=143.	44, 15.	(XIV,31.)	86.
19, 29=98.	21, 11.	50, 13.	21.	30, 9=140.	45, 7.	84, 81.	87.
20, 4=99.	20, 24.	50, 37.	23.	30, 19=141.	45, 17.	84, 71.	88.
20, 16=90.	13, 14.	51, 61.	13.	30, 29=144.	46, 8.	84, 101.	92.
20, 31=82.	14, 19.	51, 31.	3.	31, 3=145.	(210,17.)	(XIV, 1.)	93.
21, 10=92.	17, 24.	51, 166.	8.	31, 13=118.	34, 10.	83, 1.	55.
21, 25=84.	16, 1.	51, 181.	6.	31, 23=117.	33, 21.	83, 81.	52.
22, 3=87.	11, 14.	51, 106.	12.	31, 33=108.	28, 7.	83, 151.	60.

L. P.	WR.	W.	S.
32, 7=107.	28, 17.	83, 121.	59.
32, 17=106т.	29, 10.	83, 91.	57.
32, 27=106II.	29, 20.	83, 101.	58.
33, 1=111.	31, 1.	83, 11.	50.
33, 11=112.	31, 11.	83, 51.	46.
33, 21=110.	30, 9.	83, 41.	49.
33, 31=113.	31, 21.	83, 71.	45.
34, 4=115.	32, 9.	83, 21.	47.
34, 14=116.	33, 1.	83, 131.	48.
34, 24=114.	33, 11.	83, 61.	51.
34, 34=119.	35, 11.	83, 131.	62.
35, 7=109.	35, 1.	83, 114.	56.
35, 17=121.	36, 8.	83, 161.	63.
35, 27=122.	36, 18.	83, 171.	54.
36, 1=120.	35, 21.	83, 141.	61.
36,11ff.=fehlt.	(196, 11ff.)	(XXIII,1.) 40ff.	
37, 24=123.	37, 9.	(XVII, 1.) 64.	
37, 34=fehlt.	38, 3.	(XXIV, 1.) 53.	
39, 10=186.	74, 1.	(XXX, 1.) 94.	
39, 1=1.	90, 14.	59, 1.	117.
39, 11=9.	109, 8.	58, 1.	123.
40, 19=26.	122, 12.	29, 1.	138.
41, 13=56.	131, 1.	38, 1.	194.
42, 15=18.	144, 5.	32, 17.	160.
43, 9=16.	113, 7.	1, 1.	127.
44, 11=41.	154, 1.	45, 1.	156.
44, 35=67.	177, 1.	39, 1.	181.
45, 37=5.	110, 22.	16, 1.	125.
46, 32=25.	112, 5.	17, 1.	173.
47, 16=fehlt.	(191, 1.)	(XVI.)	136.
47, 36=68.	178, 19.	77, 25.	178.
48, 38=69.	180, 11.	77, 37.	179.
49, 25=14.	100, 19.	9, 1.	175.
50, 19=13.	102, 7.	10, 1.	177.
51, 13=fehlt.	(268, 15.)	27, 1.	132.
52, 23=46.	163, 19.	40, 1.	152.
53, 25=17.	115, 10.	18, 1.	174.
54, 37=27.	124, 1.	22, 1.	139.
55, 35=29.	125, 10.	22, 33.	139.
56, 5=28.	126, 1.	22, 41.	139.
56, 14=39.	158, 21.	52, 1.	126.
57, 23=70.	172, 6.	48, 1.	191.
58, 21=59.	162, 17.	31, 1.	150.
59, 10=40.	161, 11.	31, 28.	150.
59, 37=62.	170, 19.	43, 1.	185.
60, 34=74.	182, 5.	47, 1.	192.
61, 33=57II.	137, 11.	36, 33.	158.
62, 6=36.	138, 3.	37, 1.	159.
63, 8=55.	139, 1.	33, 1.	154.
63, 32=19.	142, 11.	46, 1.	145.
64, 13=20.	145, 7.	46, 17.	144.
64, 31=72.	26, 15.	76, 1.	187.
65, 33=24.	127, 16.	35, 1.	137.

L. P.	WR.	W.	S.
66, 21=75.	184, 1.	87, 1.	196.
67, 8=76.	185, 3.	87, 25.	196.
69, 1=32.	127, 4.	28, 1.	141.
70, 1=48.	103, 17.	34, 1.	149.
70, 8=50.	104, 9.	34, 7.	149.
70, 15=49.	104, 3.	34, 13.	149.
70, 22=fehlt.	165, 1.	15, 1.	148.
71, 19=fehlt.	(192, 9.)	24, 1.	167.
71, 35=15.	108, 1.	4, 1.	169.
72, 31=31.	174, 1.	12, 1.	143.
73, 23=34.	140, 22.	11, 1.	146.
74, 20=6.	94, 21.	2, 1.	120.
75, 25=2.	91, 7.	60, 1.	118.
76, 22=78.	78, 6.	91, 1.	199.
78, 24 ff.=173 ff.	68, 8 ff.	88, 1 ff.	95 ff.
82, 11=126II.	55, 11.	53, 14.	67.
82, 24=128.	56, 16.	53, 53.	68. 69.
83, 14=129.	57, 20.	53, 27.	70.
83, 27=130.	58, 13.	53, 40.	71.
84, 1=127.	56, 3.	53, 1.	72.
84, 14=161.	60, 17.	92, 9.	106.
84, 22=159II.	60, 1.	92, 25.	103.
84, 30=160.	60, 9.	92, 41.	108
85, 1=159т.	59, 11.	92, 17.	104.
85, 9=162.	61, 6.	92, 33.	105.
85, 17=166.	62, 13.	92, 65.	107.
85, 25=172.	67, 16.	56, 1.	188.
85, 34=fehlt.	(266, 6.)	19, 1.	128.
87, 1=168.	64, 3.	62, 1.	197.
88, 9=3.	87, 1.	63, 1.	170.
90, 16=66.	175, 11.	67, 1.	189.
91, 17=fehlt.	147, 11.	68, 1.	162.
92, 9=37.	145, 13.	69, 1.	176.
93, 20=30.	157, 19.	70, 1.	163.
94, 11=4.	92, 23.	61, 1.	119.
95, 17=22.	148, 18.	71, 1.	140.
96, 29=47.	104, 15.	72, 1.	164.
97, 34=35.	156, 1.	73, 1.	147.
99, 6=21.	152, 13.	74, 1.	165.
100, 3=45.	160, 13.	75, 1.	151.
100, 24=77.	186, 15.	78, 1.	195.
101, 23=169.	65, 21.	55, 1.	113a.
102, 1=170.	66, 12.	55, 27.	113b.
102, 15=171.	67, 3.	55, 14.	113c.
102, 29=63.	150, 20.	79, 1.	124.
103, 13=124.	53, 3.	57, 17.	66a.
103, 29=125.	53, 19.	57, 33.	66b.
104, 7=126I.	54, 11.	57, 1.	66c.
104, 23=155.	55, 1.	86, 1.	74.
104, 33=154.	50, 13.	85, 1.	73.
105, 11=156.	51, 8.	82, 1.	65a.
105, 27=157II.	51, 22.	82, 15.	65c.
106, 3=157I.	52, 14.	82, 29.	65b.

L.	P.	WR.	W.	S.		L.	P.	WR.	W.	S.
106, 17 ff.=fchlt.	(212, 4ff.)	fehlt.	24ff.		115, 30=38.	120, 17.	(XVIII,1.)	134.
107, 17 ff.=fehlt.	(214, 10ff.)	feblt.	17fg.		116, 33=60.	167, 20.	41, 1.	184.
108, 6=(S. 309.)	(246, 7.)	fehlt.	243.		117, 8=61.	168, 12.	42, 1.	184.
109, 1=53.	130, 17.	25, 1.	153.		117, 29=58.	151, 17.	65, 1.	161.
110, 13=7.	98, 13.	8, 1.	122.		118, 12=64.	181, 13.	66, 1.	182.
110, 27=fehlt.	(265, 8.)	64, 1.	183.		118, 24=23.	132, 13.	26, 1.	135.
111, 12=fehlt.	96, 15.	13, 1.	180.		119, 10=fehlt.	(S.134.)	(II, 1.)	168.
111, 23=fchlt.	89, 15.	14, 1.	171. 172.		119. 17=11.	99, 5.	3, 1.	168.
112, 3=8.	97, 3.	5, 1.	121.		119, 35=12.	100, 1.	3, 19.	186.
112, 10=71.	97, 10.	5, 8.	121.		120, 16=feblt.	(S. 194.)	(XIX,1.)	155.
112, 17=10.	97, 17.	6, 1.	133.		120, 25=51.	119, 1.	20, 1.	130.
112, 35=fehlt.	(198, 9.)	(XXII,1.)	129.		121, 33=65.	169, 12.	44, 1.	190.
113, 31=fehlt.	106, 11.	7, 1.	166.		122, 24=fehlt.	(194, 5.)	(XX,1.)	198.
114, 23=73.	166, 18.	30, 1.	193.		124, 1=188.	74, 11.	95, 1.	115.
115, 6=54.	118, 1.	21, 1.	131.					

Druck von F. A. Brockhaus in Leipzig.